サザエさん キーワード事典

戦後昭和の生活・文化誌

志田英泉子 編著
Shida Eiko

春秋社

はじめに

平成28〔2016〕年、『サザエさん』は誕生70周年を迎えました。昭和21〔1946〕年4月22日、「夕刊フクニチ」で始まった『サザエさん』は、「新夕刊」〔昭和23年11月21日～昭和24年4月2日〕、「夕刊朝日新聞」〔昭和24年12月1日～昭和25年12月31日〕を経て、昭和26〔1951〕年4月16日「朝日新聞」朝刊に引っ越し、連載は昭和49〔1974〕年2月21日まで続きました。

『サザエさん』の連載移転は、昭和26年4月16日で、この日はマッカーサー元帥が帰国した日にあたります。まさに『サザエさん』は戦後の日本と共に歩んできた作品といえます。

28年間で連載された作品は全6477話に及び、新聞に連載された作品の多くは、姉妹社発行の単行本全68巻、朝日新聞社文庫本全45巻に収められ、ロングセラーとして今も多くの読者を魅了しています。また昭和31〔1956〕年からは映画化、ドラマ化され、昭和44〔1969〕年に始まったフジテレビのアニメは、内容を時代と共に少しずつ変化させながら、現在も高い視聴率を誇っています。

テレビアニメ『サザエさん』に比べ、一女性の目線で描かれた原作『サザエさん』は新聞連載ということもあり、掲載時の時代を反映していて、戦後昭和の文化史的証言として、重要な資料的価値を持っています。

日常当たり前のことは、当たり前ゆえに日記にも書かれませんし、文字として残ることはありません。そのため、いつの間にか人々に忘れられ、消え去ってしまいます。しかしながら、歴史は、国々の駆け引き、戦争といった大きな流れだけではなく、一般の人々の日常生活の上に成り立っているものです。私たちは『サザエさん』を通して、その時代の生活、価値観等を省察すると同時に、戦後日本の復興と戦争のない社会での人々の明るさと逞しさを知ることができます。それは通常の歴史書に書かれている史実の行間を埋めることにもなるでしょう。

一方、戦後70年を過ぎた現在にしてみれば、新聞連載された『サザエさん』には、とりわけ若い世代にとって理解の及ばない言葉・事物・場面（絵）などが散見されるのも事実です。現在50代の者ですら「配給」という言葉を教科書で習っていても、その内実はよく知りません。また「炭団」と「豆炭」の違いも分かりません。そうした言葉がネックとなり、ゆくゆく原作が埋もれてしまう恐れがあります。さらには、戦後昭和の人々が培ってきた生活文化の豊かな実りが看過されてしまう事態を招くことにもなります。

そうした事情から、『サザエさん』に登場する諸々の「キーワード」を抽出し、それに解説をほどこすことによって、生きた言葉の事典があればよいのに、と考えてみました。こうして、当時の生活を知る年配者への取材はもとより、あまた資料を駆使して編まれたのが本書です。昭和史の中で再度、『サザエさん』作品を捉え直す試みといってもよいかもしれません。

『サザエさん』の舞台は福岡から始まり、第1巻の最後から東京へと移ります。生活習慣や風景も大きく変わり、登場する品々も七厘・かまど・薪からガスへ、木製氷冷蔵庫から冷凍庫付冷蔵庫へ、洗濯板から洗濯機へと変化していきます。磯野家にこうした電化製品が登場するのは、一般家庭への普及が半数を超えた頃からです。

残念ながら作品からは、品々の素材までは特定出来ませんでした。しかし、耐水性に富み錆びにも強く、屋外広告で使われたほうろう看板は、町を賑やかに飾っていました。戦後、アイロン、パン焼き器等に再利用されたジェラルミンは、戦争中戦闘機等に使われていたもの。昭和30年代後半まで、下敷きや筆箱、裁縫箱、おもちゃに使われた弱くてもろいセルロイドは、発火性の難点が災いして工場や倉庫で火事が相次ぎ、プラスチックの登場により姿を消していきました。いつの間にか姿を消した品々に「あのころ」をどうぞ思いだして下さい。

『サザエさん』を通して日本の戦後から高度経済成長期、オイルショック直後に至る激動の時代を知ることは、混沌として、危うげな現在に生きる私たちに、日頃忘れがちな大切なものを思いださせてくれるでしょう。本書が原作『サザエさん』を読まれる際の手助けとなり、「サザエさん」を昭和文化史の一側面として後世に伝えることができましたら幸いです。

末筆となりましたが、本書の制作にあたりまして『サザエさん』の商標登録の使用許可、作品のご提供をいただいた財団法人長谷川町子美術館をはじめ、様々な資料・写真をご提供くださった各企業、個人のみなさま方に心より御礼を申し上げます。そして本書の出版に至るまで、あらゆることでお世話になり、辛抱強くご指導くださった春秋社の高梨公明さまに心より感謝申し上げます。

平成29〔2017〕年9月20日

志田英泉子

[謝辞]

本書刊行に際し、資料提供を含め多大なご協力・ご助言を賜りました。厚く御礼申し上げます（順不同・敬称略）

[個人]

阿部昇、井筒亘弘、奥野伸夫、越村良久、髙橋久子、角田恵實子、長野實枝子、水野祐子

[企業]

財団法人長谷川町子美術館、株式会社 ADEKA、アサヒグループホールディングス株式会社、株式会社奥野かるた店、東京都生活文化局、株式会社帝国ホテル、独立行政法人都市再生機構、トヨタ博物館、日本通運株式会社、株式会社にんべん、パナソニック株式会社、物流博物館、森永製菓株式会社、モロゾフ株式会社

凡　例

■出　典

原作の『サザエさん』は、姉妹社と朝日新聞社から刊行されているが、本書では、読者が入手しやすい朝日新聞社の朝日文庫版全45巻を使用している。

■見出し語

1）原作に登場する台詞・ト書き、および絵（に描かれている対象の呼称）をキーワード見出しとし、｜｜で示す。台詞は、できるだけ原作通りとし、長い文章にわたる場合には適宜、省略して示した。また、絵で描かれた当該物に言及がない場合、文字にして見出しとした（例：行李、ねんねこ等）。
2）見出し語の横の○囲み数字は、『サザエさん』の巻数、次の数字はページ数を表す（例：①1＝第1巻1ページ）
3）原作での表記が現在と読み方が違う場合、見出しと説明の中での表記が異なる場合がある（例：ベトナムとヴェトナム等）。

■配　列

1）戦後昭和史を概観する意図の元に、原則として年代別としたが、元々年代が前後している箇所が多々あるため、あくまでも大まかな年代分けとなっている。
2）当該年のなかでの配列は、年代が前後するもの以外、朝日文庫版に掲載されている順とする。

■次の作品は対象外とする

「サザエさんと私」〔第3巻1～4頁〕、「銭形平次とりもの帖」「無名剣豪伝」〔第23巻79～96頁〕、「ヨーロッパかけめぐり」〔第29巻1～15頁〕、「アメリカの旅」〔第33巻98～103頁〕、「五千回こえたわたくしとサザエさん」〔第34巻92～96頁〕、「切られ與三郎」「劇作餘話」「文七元結」「木下藤吉郎」「銭形平次捕物帖」〔第45巻99～139頁〕。

■略　語

英：イギリス　仏：フランス　独：ドイツ　東独：東ドイツ　西独：西ドイツ
伊：イタリア　ソ：ソ連　米：アメリカ合衆国　中：中国・台湾　印：インド
パ：パキスタン　朝：朝鮮

☞　参照の指示。

目　次

付　録

索　引

サザエさんキーワード事典

戦後昭和の生活・文化誌

昭和21年 1946

出来事

01/01 天皇「人間宣言」。

01/03 米陸軍省報告：日本の食糧不足300万トン。

01/04 GHQ、軍国主義指導者公職追放を指令。

01/10 第1回国連総会開幕。

02/17 金融緊急措置令施行（預金封鎖と新円切換え）。

02/01 ハンガリー共和国成立。

03/23 宮城・女川で金華丸転覆。

03/05 英：チャーチル、ソ連を「鉄のカーテン」と非難。

03/06 ヴェトナム民主共和国成立。

04/06 満州からの初集団引揚船博多入港。

04/22 夕刊フクニチで『サザエさん』連載開始。

05/01 メーデー復活（11年ぶり）。

05/03 極東国際軍事裁判（東京裁判）開廷。

05/19 食料メーデー。

06/10 伊：共和国宣言。

07/01 米：ビキニ環礁で水爆実験。

07/04 フィリピン独立宣言。

07/29 パリ平和会議開催。

10/01 ニュールンベルク国際軍事裁判で判決。

11/03　日本国憲法公布（10/07成立、昭和22年05/03施行）。
12/05　樺太引揚第一船、函館入港。
12/08　シベリア引揚第一船、舞鶴入港。
12/21　南海道大地震。　12/20　第一次インドシナ戦争。

トピックス　東京裁判■ララ物資■闇市■ヘロイン、ヒロポン■婦人警官登場■NHK『のど自慢素人音楽会』■カムカム英会話■街頭録音■ラビット

ファッション　アメリカン・スタイル（パッド付きのいかり肩／細いウエスト／ショートスカート）■メンズにボールドルック■ネッカチーフ■ショルダーバッグ■ハイヒールが流行■更正服（もんぺ、着物をスカート、洋服に作り替える）が隆盛し、洋裁学校の急増■パーマネント復活■ヘアスタイルは三つ編み、内巻きが流行

流行語　鉄のカーテン■ララ物資■オフ・リミット■500円生活■カストリ■チャリンコ■バクダン■赤線・青線

ベストセラー　森正蔵『旋風二十年』■尾崎秀実『愛情はふる星のごとく』■永井荷風『腕くらべ』

着物につけた襟　①1

着物の襟を汚さないように布を縫いつけていた。掛け布団の顎（あご）のあたるところに布などを縫いつけるのと同じ。

サザエさんの洋服と髪型　①1

サザエさんは4巻〔昭和25年6月ぐらい〕までは白ブラウスに色の濃いスカートとベストを着用していて、その後、外出着や夏服が少しずつ増えていく。サザエさんの髪型は当時流行したもので、きつくパーマをかけたものらしく、特に前髪は長いままパーマをかけ、カールさせていた。ワカメちゃんの短いおかっぱは昭和初期の髪型と思われる。

大型ラジオ　①2

戦中戦後のラジオは木製の本体に選曲と音量のダイヤルがついた大きなものだった。これは当時のラジオが真空管によって作動していたからである。真空管はガラス管の中にコイルが見え、通電すると白色電球のようにコイルが赤くなってくる。コイルが真っ赤になり熱くなると電波をとらえて音が出てくるので、通電してから音が出るまでしばらく待たねばならなかった。真空管は大小あるものの、直径3㎝、長さ12㎝程度のものが中

心だったようだ。これを数本使ってラジオが作動する。熱を出すので一定の空間がなければ火事の心配があるし、真空管の抜き差しのための空間も必要になるので、ラジオは必然的に大型にならざるを得なかった。改良されて真空管は小さくなっていったが、小さくするにも限度があり、発熱の問題は残るので、本体をプラスチックにしてもポケットサイズなどには出来ようもなかった。また、白色電球同様、断線したり割れたりするので、ぶつけたりしないよう移動には注意が必要だった。

ラジオを革命的に変化させたのはトランジスタの発明である。直径数ミリ長さ1cm程度で真空管の働きをするトランジスタは熱も出さず、割れる心配もない。電気も少ししか使わないので乾電池で長時間使用することもできるようになり、ラジオは飛躍的に小さくなる。ポケットに入れて持ち運べるトランジスタラジオはブームとなり、「トランジスタ」という言葉は小型のものを表す言葉として使用された〔ちなみに、小柄だが豊かなバストやヒップの女性を「トランジスタグラマー」と呼ぶのも、ここから発していると思われる〕。やがてコメ粒程度の大きさでトランジスタ数十個分の働きをする集積回路〔IC〕と呼ばれるものが発明され、現在ラジオは厚さ数ミリの名刺大の大きさのものもある。

真空管は電気知識がなくても切れたり変色したりしたものを見つけて自分で差し替えられたが、トランジスタの故障は専門家でなければ見つけることはできない。かつてインテリアとしての価値もあったラジオは、今や機能中心の道具となっている。

インテリアとしての大型ラジオ

代用食 ①2

米の代わりの主食の総称。サツマイモ・南瓜（カボチャ）・豆かす・大豆、他。代表的料理は、すいとん、芋パン。マッカーサーは、昭和21〔1946〕年の最重要問題は食糧事情であることを同年6月の占領報告で指摘している。主食代用のジャガイモ、大豆等が配給されると、その分、米の配給が差し引かれ、さらに遅配・欠配が続いた。そのため、多くの家庭では庭・家の前の道路などにサツマイモ・南瓜などを植えていた。

引揚 ①3

ひきあげ。戦後、中国大陸・旧植民地・占領地から開拓民・軍人・

軍属らが内地〔日本本土〕に戻ってくることを指す。約653万人の引揚・復員に関する行政事務を担当したのは、厚生省の外局である引揚援護庁〔「引揚援護院」と「復員庁」を統合して設置され、昭和29（1954）年3月31日廃止〕である。その後、厚生省本省に「引揚援護局」が設置され、「援護局」「社会・援護局」と改称され、平成13〔2001〕年、厚生労働省社会・援護局となり、現在に至っている。

引揚に際し、NHKでは『復員だより』〔昭和21年1月〜昭和22年2月〕、『尋ね人』〔昭和21年7月〜昭和37年3月〕、『引揚者の時間』〔昭和22年7月〜昭和32年3月〕が放送された。『復員だより』は引揚船の入港予定、乗船者のお知らせ等、『尋ね人』は個人の消息を尋ねる番組。『尋ね人』では、依頼者から寄せられた、連絡が取れない人の特徴等を記した手紙をアナウンサーが読み上げ、本人もしくは消息を知る人から東京都千代田区内幸町の日本放送協会に連絡が寄せられた。3年間で読み上げられた依頼数は1万9515件で、約三分の一の消息が分かった。

行李　①3

こうり。荷物などを収納する、もしくは荷送する柳や竹で編んだ箱型の籠。湿度の高い日本では衣類を収納するのに適し、押し入れの中や部屋の隅などに置かれた。また、旅行や進学等で上京する際は行李に荷物を入れて送った。

行李

かいまき

かいまき　①3

袖付の綿入り寝具。首から肩が覆われるので暖かく休むことができる。

引揚援護週間　①4

太平洋戦争終結によって、海外に残された約653万人の日本人の復員、引揚が始まる。昭和23〔1948〕年5月31日、引揚援護庁が厚生省の外局として設置され、引揚援護院の業務〔内地以外から内地へ、及び内地から内地以外の地域へ引き揚げる人に対する応急援助と検疫業務〕と復員庁の業務〔旧陸海軍の復員、これに関連する仕事〕を行った〔昭和29（1954）年3月31日廃止、厚生省の内局として引揚援護局が設置される〕。また、引揚が始まると、引揚同胞援護「愛の週間」が全国的に実施され、「引き揚げてきた同胞を故国の愛でつつみましょう」と様々な活動が行われた。太平洋戦争終結で国外にいた軍人・軍属は陸軍308万人、海軍45万人の計353万人。これに一般人300万人を加えた約660万人が海外に残されていた。

昭和20〔1945〕年9月2日、マッカーサーによる「日本政府宛一般命令第1号」により、すべての日本人は軍管区ごとの軍隊の司令官の下に降伏することになる。軍管区は5つに分かれ、1 中国軍管区：在留全日本人の概数312万人〔在留全日本人の47%〕、2 ソ連軍管区：161万人〔在留全日本人の24%〕、3 イギリス、オランダ軍管区：74万人〔在留全日本人の11%〕、4 オーストラリア軍管区：14万人〔在留全日本人の2%〕、5 アメリカ軍管区：99万人〔在留全日本人の15%〕となった。引揚もこの軍管区ごとに実施され、連合軍の指示により日本陸海軍の移動を第一優先としたため、軍人軍属の帰還から始まった。昭和22年末までに海軍の復員はほぼ完了、陸軍の復員はソ連軍管区地域を除いて昭和23年1月までにほぼ完了。その後一般人の引揚が始まる。一般人の引揚では自力で運ぶことができる荷物と現金1000円の帯行が許された。

引揚者は厚生省開設の引揚港から上陸。地方引揚援護局もしくはその出張所が18カ所〔浦賀、舞鶴、呉、下関、博多、佐世保、鹿児島、函館、大竹、宇品、田辺、唐津、別府、名古屋、横浜、仙崎、門司、戸畑〕に設置された。昭和24〔1949〕年末までに軍人軍属を含む624万人、そして昭和51〔1976〕年末までには軍人軍属311万人、一般人318万人、計629万人が帰国。引揚者には旧兵舎利用もしくはバラック造りの宿泊所と食事が無料で提供され、上陸港から故郷までの旅費も1人100円〔1世帯500円〕を上限に提供された。そして引揚証明書をもらい、引揚者のために仕立てられた復員列車・引揚列車と呼ばれる特別列車で故郷へと帰って行った。しかし、ソ連軍によってソ連領に連行された人たちは強制労働に従事させられ、帰国は遅れ、多くの人がシベリアの地で亡くなった。

下駄

① 4

元々日本では和服を着用し、屋内では裸足もしくは足袋を履いていた。そのため、裸足に下駄、もしくは足袋に下駄の姿は当たり前。そこに洋服が入って来て、洋服に下駄を履く姿がみられた。サザエさんの時代は、学校へは靴を履くが、それ以外では下駄を履いていた時代のようである。最後にカツオ君が下駄を履いているのは昭和32年8月7日⑳118、ワカメちゃんは昭和34年10月30日㉒77。

しかし、昭和30年代後半から道路の舗装が進み、下駄を履くことはなくなっていく。靴も様々な商品が売られ、和服を着用することも減る。靴下着用が当たり前となり、外へ出る時に足袋に下駄という姿は見られなくなっていった。

買い物かご

① 4

昭和30年頃まで主婦は、い草等で編まれた買い物かごを持って買い物に出かけている。その後買い物かごは、口が大きく開いて形がしっかりした竹製のものや針金で編まれたものに変わる。昭和40年代頃まで、空のかごに財布を入れて食事の材料を買いに行く姿は、商店街でよく見られる風景だった。

水筒

① 5

遠足や郊外へ出かける時の必需品の1つは水筒。昭和20年代から30年代前半にかけて、水筒はコルク栓がついたアルマイト製のもので、肩掛け用の革ひもがついていた。なかには注ぎ口のキャップに方位磁石がついているものもあった。昭和30年代後半になると、水筒はプラスチック製のものに変わっていく。

水筒。キャップに方位磁石付き（右）

畑

① 6

食糧事情が悪化した戦争中から戦後、生き延びるため多くの家庭では自宅の庭や道端などを畑として野菜や穀物を作り、鶏を飼って卵を得ていた。磯野家では昭和22〔1947〕年4月9日② 34で、家の前の空き地に畑をつくっている。

ステッキ ①7

stick〔英〕がなまったもの。洋風の杖(つえ)。西洋では身分・位を示すもの、アクセサリーとしてのもの、歩行の際に身体を補助する実用的なものなどがある。17～18世紀イギリスでは、スティックはかぎ煙草入れと共に紳士の装身具として欠かせないもので、礼装・散策等には必需品だった。明治期中頃、舶来品として日本に入り、紳士の散歩・散策の時のアクセサリーの1つとなる。材料には紫檀・藤・桜等が用いられる。

帽子 ①7

写真を見ると昭和20年代中頃まで、男性は外出の際帽子をかぶっていたようだ。マスオさんが帽子をかぶらずに出勤したのは昭和33年8月26日⑳140。波平氏は昭和44年2月19日㊳61の外出ではかぶっていないが、その後はかぶったりかぶらなかったりしている。また、昭和31年文化人といわれる人たちの間でベレー帽が流行し、波平氏は昭和37年11月18日㉕102で黒のベレー帽をかぶっている。帽子は熱中症対策など頭部の保護のために有用だが、現在、東京のラッシュ時に帽子をかぶって出勤するのは困難だろう。

炭団 ①7

たどん。木炭の粉末に海草のフノリ、ツノマタなどを加えて混ぜ合わせ、玉子か団子のように丸めて成形し、乾燥させた黒い燃料。炬燵・火鉢等の灰に埋めて使用した。匂いもなく火力も柔らかく、種火の状態で燃焼し続けるので、煮物調理に向く。雪だるまの目にも用いられた。朝日新聞では昭和13〔1938〕年「粉炭を集めタドン作り」、昭和15年「落葉でタドンを　主婦の手で燃料難の解決に」といった記事を掲載している。季語は冬。『サザエさん』では、昭和33年暮れ、「炭もたどんもいらない」電気ストーブを購入〔㉑108〕、とある。

炭団

英語会話 ①8

敗戦の1カ月後の昭和20年9月15日、価格80銭、32ページの『日米会話手帳』〔誠文堂新光社〕が発売された。年末までに300万部を売り、戦後初の大ベストセラーとなる。続いて、昭和21年2月、NHKラジオで放送開始した平川唯一の『英語会話』も大好評となり、英会話ブームとなった。

タイロン・パワー　①9

Tyrone Edmond Power〔1914年5月5日～1958年11月15日〕。アクションスターとして活躍。二枚目スターとしてハリウッド・キングと称された。『スエズ』『世紀の楽団』『愛情物語』『情婦』他に出演。1958年『ソロモンとシバの女王』撮影中に急死。

ダービン　①9

ディアナ・ダービン Deanna Durbin〔本名：Edna Mae Durbin、1921年12月4日～2013年4月20日〕。カナダ人の女優・歌手。『天使の花園』『オーケストラの少女』他に出演。私生活では3度結婚。

満州引揚接待係　①10

満州からの引揚は、ソ連管区の旧満州地区からとなった。ここからの引揚はソ連軍の撤退と国府軍の東北への進駐開始後に始められる。昭和21〔1946〕年4月6日、満州からの初の集団引揚船が博多へ入港する。満州では昭和20年8月12日麻山（まさん）事件、13日小山克（しょうさんこく）事件、14日葛根廟（かっこんびょう）事件、牡丹江（ぼたんこう）事件、27日にはソ連兵によって連日集団強姦された日満パイプ製造敦化（とんか）工場の女性社員集団自決「敦化事件」が起きている。作品の中で引揚者の母親が危険を避けるため男装していたのも理解できる…。

ゲートル　①10

guêtre〔仏〕。西洋風巻脚絆。脛（すね）に布をまくことで、脛の保護とズボンのすそが障害物に絡まらないようにした。また長時間歩行する際、下肢を締めてうっ血を防ぎ、足の疲労を軽減する。戦中は陸軍、学校の軍事教練などで使用され、戦後は郵便局員ら、長時間歩く職業の人に着用された。

路上の飴売り　①13

露天商は今でも縁日やお祭りで見られるが、かつては縁日に関係なく路上で店を開く姿が見られ、アメ屋もその一つだった。大粒のアメは直径3～4㎝のものもあり、表面にはザラメがまぶしてあるものもある。赤・黄・青等の色が付いていたが、味はただ甘いだけだった。

配給　①14

戦中戦後の一時期、民需物資の生産量が少なくなり、米、麦、醤油等ほとんどの生活物資が統制配給の対象となった。『サザエさん』には、「配給」と叫びながら拍子木をたたくと人が集まって来る姿、世帯名がつけられた配給品等様々な商品の配給が描かれている。お米に関しては、1960年代には配給制そのものはなくなったが、昭和47〔1972〕年4月1日、米穀が物価統制令から除外され、米の統制価格が自由化されて標準米価制になる。しかし、昭和17〔1942〕年から米の配給を受けるために発行された米穀通帳は、必要性がなくなった後も昭和56年6月11日、食糧管理法の改正まで続けられた。

日本髪

① 14

戦後直後ではまだ、普段に日本髪を結う方がいたようである。作品15巻〔昭和31年頃〕あたりから日本髪の女性は見かけなくなる。

もんぺ

① 14

女性用の労働用ズボン。腰回りはゆったりとしていて、裾は足首の部分を絞ってある。第二次世界大戦中もんぺは厚生省などによって奨励され、防災訓練ではもんぺでバケツリレーが行われた。戦争末期にはもんぺ着用が義務づけられ、防空頭巾と共に女性の非常時服となる。素材は丈夫な藍（あい）絣（ひ）、縞木綿（しまもめん）等。

割烹着

① 14

かっぽうぎ。着物が汚れるのを防ぐために羽織って着用するエプロン。広い袖幅で、袖は手首まで、丈は膝まであり、肩と腰の後ろで紐を結び、袖口にゴムが入っている。

割烹着

おんぶ紐

① 14

一本帯タイプは幅広の長い紐（ひも）。兵児（へこ）帯を用いたりした。背中から赤ちゃんの左右の脇の下を通した紐を後ろから左右の肩にかけ、胸元で交差させて後ろに回し、赤ちゃんのおしりの下を支えるようにし、再び前に回してベルトのあたりで縛る。幅広の布の上辺に長い紐、下辺に輪の付いた短めの紐をつけておくタイプのものもある。このタイプは胸元で交差させた紐を下の紐の輪に通して前で縛る。いずれも赤ちゃんは親の背中に抱きつくような形になる。

魚を盗む猫

① 14

魚をくわえて逃げる猫は、『サザエさん』ではおなじみの風景。住居は今より戸建てが多く、魚屋さんの魚も冷蔵のケースに並べられたり、パックにされていなかった分、盗みやすかったのだろう。作品⑬ 107 では新巻鮭（あらまきじゃけ）1 匹を引きずる猫も登場する。

郵便ポスト ① 15

ここに登場するポストは明治 45〔1912〕年に登場した高さ 132㎝の丸形庇付（まるがたひさしつき）ポストと思われる。明治 41 年に制定された鉄製赤色ポストは回転式差入口だったが、明治 45 年には回転板を外し、雨除けの庇をつけたものとなる。戦時中は物資不足から陶器製やコンクリート等のポストが使用されたが、戦後、物資の流通が軌道に乗るようになった昭和 24〔1949〕年から、朱色の円筒形ポストの郵便差出箱 1 号〔丸型〕が鋳鉄製ポストとして実用化された。これは高さ 135㎝、直径 40cm で、高さ 20cm、直径 60 ㎝の花崗岩の根石が土台となる。昭和 26 年には収集袋を使用する差出箱の角型の郵便差出箱 3 号が登場。昭和 36 年には宛先別に郵便物を投函するため差入口が 2 つ付いた角型の郵便差出箱 7 号もおめみえし、昭和 37 年に実用化された。

バラック ① 15

barrack〔英〕。元々は「兵舎」のこと。戦後のバラックは一時しのぎに立てた小屋、粗末な木造家屋をさす。焼け跡で拾い集めた木材を柱にし、焼けたトタン板で囲った小屋を住居として暮らしていた人は多かった。

シソトウ ① 17

青紫蘇（あおじそ）の精油の主成分からつくられた甘味料。毒性が問題となり禁止された。

ダイナマイトトウ ① 17

代用甘味料である原子爆弾糖のことと思われる。3 月 8 日、浅草で代用甘味料〔原子爆弾糖〕による中毒死が起きている。

ミシン ① 18

sewing machine〔英〕が省略され、日本語風に変化したもの。ミシンの本格的工業生産が始まるのは、1951 年に特許をとったアイザック・メリット・シンガーが I. M. シンガー社〔シンガー社〕を設立してからである。日本では戦後ミシンの需要が増大し、内職として副収入を得ることができる足踏みミシンは嫁入り道具の 1 つだった。昭和 25〔1950〕年、ガシャガシャというミシンの音は「楽器より鋭敏に使い手の感情を伝へる」と獅子文六は『自由学校』で記している。その後、電動式、電子回路内蔵のものへと進化する。また既製服が安くなり、ミシン自体が必需品ではなくなった。

風呂敷 ① 19

ふろしき。様々な形の物を包み込んで持ち運んだり収納したりするもの。外出の際はこの正方形に近い形の布を持ち歩いた。買い物の際、しだいに紙袋やビニール袋のサービスがなされるようになり、ふろしきは必要なくなったが、近年エコブームから復活して来てもいる。

闇市 ① 22

やみ市（いち）。政府の統制価格を無視して勝手に物品を販売する市場。販売される物品を「闇物資」、販売する者を「闇屋」、闇屋が集まる場所を「闇市」と呼んだ。闇市と聞くと暗く恐ろしげにイメージしがちだが、それだけではない。闇市には無法地帯的怖さと共に、政府の統制を無視してでも生き延びようとする人々の理屈抜きの活気が溢れていた。闇市は関東大震災の後にも見られたが、第二次大戦後生まれた闇市が有名である。

戦後日本は食糧の生産量が不足しているところに復員兵、引揚者たちが加わり、都市部では人口増加による極端な食糧不足状況となり、特に東京・大阪などはひどい状況を呈していた。当時は「物価統制令」によって物品は公定価格で配給され、食料品も割り当ての証書を持って買いに行く建前になっていたが、実際に政府が用意できる食糧は生きていくのに足りる量ではなかった。裁判官山口良忠は「立場上、闇物資は買えない」と配給品だけで生活して餓死している。東京の上野駅付近での餓死者は1日平均2.5人。大阪でも毎月60人以上の栄養失調による死亡者が出たという。都市部の人々は生きるために地方へ行き、米、イモその他の食料や生活物資を背負って帰った。せっかく買えた物を没収されることも多々あったが、徹底的な取り締まりはできなかったのだろう。闇市も同様である。

昭和20年8月終戦数日後、新宿駅東口に露店市が開店し、これが闇市第1号といわれている。その後続々と増え、関東では秋葉原〔上野〕、池袋、渋谷、新橋、溝口、船橋、関西では梅田、阿倍野・天王寺駅、三宮などに大きな闇市が開かれた。東京北部の赤羽、十条、王子なども知られている。闇市では食料品や衣類の他、鍋、釜、外国たばこ、ゴム靴、石鹸などの雑貨も売られていた。人気メニューの「栄養スープ」は豚肉らしきもの、コンビーフの破片、ジャガイモ、セロリ、グリンピースなどが煮込まれていて飛ぶように売れた…。進駐軍食堂の残飯を集めて煮なおしたもので、時には銀紙やたばこの袋の一部などが混ざっていたが、気にする人はいなかったという。

闇市は露天商組合がそこを縄張りとして取り仕切り、場所代を払わせて店の場所割等を行ったりしていた。東京新橋北口前闇市：関東松田組、上野：飯島一家・西尾組・破れ傘一家、新宿：関東尾津組、池袋：関口組、銀座：上田組などが勢力を競い、ここに外国人グループなども加わって勢力闘争を行っていたので抗争の絶え間がなく、昭和21年7月には新橋・渋谷で華僑と露天商が乱闘した。闇市では当初地面に物を置いて売っていたが、移動式屋台やバラックに次いで長屋形式の店舗もできて、マーケットと呼ばれるようになる。上野では台東区長と上野警察署長の肝いりで、1コマを1坪半程度に区切って80コマの簡易マーケットを現在のアメ横の中枢部に作り、出店の段階で審査をしてヤクザ・グループを締め出し、闇市浄化活動のきっかけとなった。

新橋の闇市

終戦直後、必要に迫られて生まれた闇市だったが、昭和24年4月1日、野菜の統制廃止、同年東京で飲食店再開。昭和25年4月1日、水産物の統制廃止。昭和27年、麦の統制廃止で、米以外の統制は廃止され、闇としての価値はなくなり、同年12月、東京都内の常設露店は廃止され、闇市は姿を消していった。

| リヤカー | ①25

原型は荷車で、鉄のパイプで組み立て自動車用の車輪をつけ、積んだ荷物が荷崩れないよう両脇には枠がついている。人が引くか自転車に繋いで利用し、農作業や簡単な荷物の運搬に用いられた。

| カメラ | ①32

『サザエさん』に登場するカメラは3～4種類に分けられる。

1 横置き長方形の箱型で、レンズは本体の前面に1つ付いている。細かくいえばファインダー〔のぞき窓〕が本体の上に飛び出しているもの〔ライカ：大正時代からニコンⅠ型：昭和23年など〕とファインダーが本体の上部に組み込まれているもの〔コダック社アーガスC3など〕に分けられる。例：作品①32＝上記1の「アーガスC3」タイプ、作品②109＝上記1の「ライカ」「ニコン」

タイプ、作品⑱ 23 ＝上記1の「ライカ」「ニコン」タイプ。2 小型蛇腹式。横置き長方形の箱型で、レンズが本体前面中央に収納されていて、蓋をあけると蛇腹と共に飛び出してくる〔ミノルタセミⅢA型：昭和21年など〕。写真館が使用する大型でフィルムの代わりに感光版を使用するタイプもあった。例：作品① 65 ＝上記2型蛇腹式。3 二眼レフカメラ。縦型の箱型でレンズが前面に2つ付いている。箱の上部全体がのぞき窓〔ファインダー〕で上から覗き込む〔ローライフレックスなど〕。例：作品⑥ 132 ＝上記3の二眼レフ、作品⑮ 124 ＝上記3の二眼レフ、作品⑱ 7 ＝上記3の二眼レフ。

時代的には日本のメーカーが作った小型カメラで、大まかに焦点を合わせれば誰でもきれいに写せるものや自動で焦点を合わせるカメラなどもある。

鏡台 ① 34

きょうだい。傾斜を変えられる鏡が固定された台で、引き出しにはこまごまとした道具を入れることができた。

筋立櫛 ① 34

すじたてぐし。日本髪を結った時、きれいな櫛目をつけるために使う櫛。

男女ノ川 ① 35

男女ノ川登三（みなのがわとうぞう）〔本名：酒田供次郎、明治36〔1903〕年9月17日～昭和46〔1971〕年1月20日〕。茨城県筑波郡菅間村出身。第34代横綱。

都電・市電・路面電車 ① 36

サザエさんは最初九州在住だったため、作品① 36に登場するのは路面電車で、都電が登場したのは昭和22〔1947〕年3月26日② 25から。東京は戦争中爆撃で線路や車両に大きな被害を受けたが、昭和24年には営業路線が復旧、1950年代には停留所もほぼ復旧する。「ちんちん電車」と愛された都電・市電は戦後復興を象徴するものの1つだった。しかし昭和40年代マイカーの普及による交通量の増加、東京オリンピック前のインフラ整備により、都電は昭和42年から順次廃止されて行き、現在は三ノ輪橋—早稲田間の荒川線が残るだけとなった。現在、都電の名残は都バスに見ることができる。都電の最終電車は路面電車の行き先標識を赤い電灯で照らす「赤電車」＝「赤電」、最終電車の1本前は青い電灯を照らす「青電車」＝「青電」と呼ばれた。都バスでは最終バスのしるしとして行き先標識に「赤の枠線」が表示され、最終バス1本前までは「緑の枠線」

が表示されている。

カムカムエブリバディ　① 37

2月1日、NHKラジオで放送開始された平川唯一講師による『英語会話』の冒頭に流れた歌〔NHK、昭和21（1946）年2月1日～昭和26（1951）年2月9日、毎週月曜日～金曜日18：00～18：15〕。平川講師はJOAK海外放送の英語アナウンサーだった方。『証城寺の狸囃子』のメロディに「カムカムエブリボディ、ハウドゥユードゥーアンドハワユー」という英語の歌詞をつけたテーマソングで、英会話に興味のない人にも口ずさまれ、平川講師は「カムカムおじさん」、番組は「カムカム英語」と親しまれた。テキストの発行部数は月20～30万部。ファンが自主的に組織した「カムカムクラブ」は、全国で1000を超えたという。平川講師の巧みな話術、ユーモアのある題材でわかりやすい内容、軽快なテーマソングで、英会話ブームに拍車をかけた。

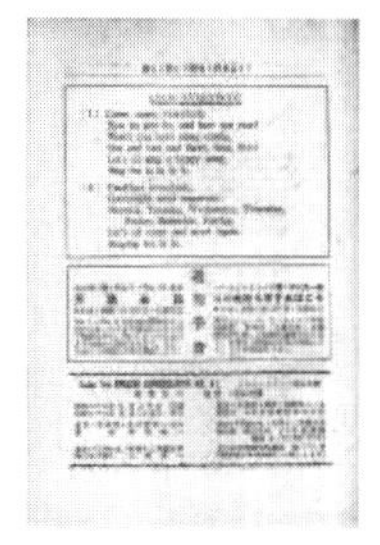

英会話のテキスト（NHKラジオ放送）

ゼネスト　① 37

ゼネラル・ストライキ〔general strike 総同盟罷業〕の略。主要産業部門の労働者が団結し、全国的規模で共同して行うストライキ。昭和22〔1947〕年1月18日、全官公庁共闘委は賃上げを含む統一要求を掲げ、2月1日、無期限ゼネストを宣言。これに対し、1月31日、GHQはマッカーサー元帥名でゼネスト中止命令を発令。全官公庁共闘委の伊井弥史郎議長はラジオで全組合員にゼネスト中止を呼びかけた。

パーマネント　① 39

パーマネントpermanentとは、1「永久の」、「不変の」の意味。2 パーマネントウエーヴpermanent waveの略。2 は毛髪に化学薬品や熱を用いて、半永久的に崩れない波形をつけること、もしくはその髪形を意味する。日本では、電髪〔電気パーマ〕と呼ばれ、昭和5〔1930〕年頃から一般に普及しはじめ、昭和10年代に大流行した。しかし、昭和14〔1939〕年に国民精神総動員委員会によって「ぜいたくは敵だ」「パーマネントはやめましょう」といった標語が出され、標語と同じ曲名の『パーマネントはやめましょう』〔「パーマネントに火が点いて、見る見るうちにはげ頭、禿た頭に毛が三本、ああ恥ずかしや、恥ずかしや、パーマネントは止めましょう」〕も歌われた。『サザエさん』でも描かれているように、戦後パーマネントはアメリカのモダンな髪型として大流行したが、電熱は熱い電線により毛髪が損傷するという欠点があり、1950年代前半からコールドパーマが徐々に普及し始める。

ハリウッド美容院 ① 39

ハリウッド美容室は、ハリウッド化粧品を基幹としたハリウッド株式会社の美容室。創業者牛山清人とメイ牛山は、ハリウッドで当時の最新技術を習得し、大正14〔1925〕年帰国。東京・銀座に美容室を開設、日本にパーマネント技術と機械を導入した。

大学生袴・角帽 ① 41

旧制高校生は丸帽、大学生は角帽だった。

ニッカーボッカーズ ① 42

knickerbockers〔英〕。長さがひざ下までで、すそが括られたゆったりしたズボン。19世紀欧米で流行し、ゴルフ、旅行、登山、自転車に乗る時などに着用された。

ニッカーボッカーズ

戦時利得者 ① 42

戦後の混乱に乗じて軍が蓄えていた大量の物資を私的に流用したあげく利益を得た者。例：昭和16〔1941〕年「児玉機関」を設立し、海軍航空本部の物資調達に携わっていた児玉誉士夫。

藁草履 ① 43

わらぞうり。稲藁を編んで作った深靴。雪の温度が低い季節では、稲藁が断熱材となって温く、水が染み込まない。

洗い張り ① 43

和服を解いて洗い、長さ3～4mの「板張り」に糊はりし、立てかけて自然乾燥させた。戦後しばらくは家庭で板張りをする景色が見られたが、着物を着る機会も減り、また着古した着物を仕立て直したりすることもなくなり、そうした光景は見られなくなる。かつて板張り用の板は、タンス、鏡台と共に嫁入り道具の1つだったのだが…。洗い張りに使用しない時は子供の滑り台代わりになっていた。

火鉢 ①46
ひばち。陶器・金属・木の内側に金属を張った物に灰を入れ、中で炭をおこして暖を取った。大きさは様々だが、丸形〔円筒型〕なら直径40～60cm、高さ40cm程度の物が手頃。焼物の場合固くしっかり焼き締めるので、大きい物は一人では動かせないほど重い。種火は七輪やコンロで熾し、十能〔柄杓やスコップ状の金属の道具〕で運んできた。

暖を取る他、炭火の上に「五徳」という足付きの丸い輪の金属を置き、これに薬罐や茶釜などをのせて常時湯を沸かしておき、お茶を入れたり酒の燗をつけたりした。酒は徳利だけでなく銅壺〔銅製の器〕に入れて火のそばの灰に埋めたり湯に浸けたりして燗をつけた。また、五徳に網を乗せて餅を焼いたり干物を炙ったりもした。ただし、火鉢はあくまでも暖房用であり、調理用の道具ではない。火鉢の炭火に水やお湯をかけると灰が濛々と舞い上がり、部屋中灰だらけとなるので、通常炭火は陶製や鉄製の火消し壺に入れ、蓋をして空気を遮断することで消火する。就寝時には炭火を灰に埋めておくとゆっくり燃えて数時間持つので、翌朝これを掘り出して火種として用いた。

炭の継ぎ足しや火力の調整は火箸で行い、灰をかけたり綺麗に均したりするのには平らな先端に細かい歯が浅く刻んであるへら状の「灰ならし」を用いた。火鉢には丸形・角形等があるが、長方形の木製火鉢の内側に金属を張り、引出しなども付けた長火鉢は少々大きめで、暖かい縁の板に猫が乗るので、その部分を猫板と呼んだ。猫板にはお茶や徳利などを乗せられたので便利だった。

インク壺 ①46
卓上用のインクを入れておく小容器。つけペン用のインクで、ペン先をつけて文字を書いた。

井戸 ①47
地面を掘って地下水を汲むようにしたもの。水道が普及するまでは、井戸から手押しポンプで水を汲み上げた。昭和47〔1972〕年、東京都は地盤沈下を起こさないため、飲用以外での地下水汲み上げを禁止。昭和37年5月11日㉔89の作品で庭に井戸が2

井戸ポンプ

つあるのは、広い敷地に住んでいる＝資産家であるということを示唆する記述がある。

馬糞拾い　① 47

戦前及び終戦直後、日本では物流の多くを牛馬や人力に頼っていた。馬が道路に落としていった馬糞は集めて燃料に使用することもできた。

ちゃぶだい　① 48

卓袱台は明治中頃から東京を中心に普及したが、一般には大正 12〔1923〕年の関東大震災後だといわれている。それまでは家父長制の下、家族一人一人がお膳で食事をしていた。明治の文明開化で西洋の「一つの食卓を囲む」スタイルと「床に座って食べる」という習慣を合体させたのが「卓袱台」という説や、さらには中国語の「卓袱 chofu」から来たとかの諸説がある。いずれにせよ初めの頃は衝撃的だったろう。東京の狭い部屋では直径 1m くらいの脚が折りたためる木製円卓が多く使用され、食事がすんだら家具のすき間に収納でき、便利だった。しかし、戦後公団住宅でダイニングキッチンが採用されると、1970 年代にはテーブルでの食事が中心となり、卓袱台は姿を消していく。

ちゃぶだい

姉さんかぶり

姉さんかぶり　① 49

「姉さま被り」ともいう。手拭のかぶり方の 1 つ。広げた手拭の中央を額に当て、左右の端を頭の後ろにもっていき、端を上に折り返して載せたりする。

コレラ〔予防注射〕　① 49

コレラ Cholera は、コレラ菌 Vibrio cholerae を病原体とする経口感染症。かつてコレラは多くの日本人の命を奪っている。明治 19〔1886〕年には患者数約 15 万人、死者数約 10 万人、明治 28 年には患者数約5万5000人、死者数約4万人と大流行した。コレラに罹(かか)ると下痢と嘔吐による水と電解質の損失で脱水症状に陥る。その症状を緩和するために明治時代にはラムネが用いられていた。

1920年代に入ると患者数も1万人を切り、コレラの脅威はひとまず収まり、多くの日本人はコレラを過去の感染症とみなしていた。しかし、終戦時日本の衛生状態、国民の栄養状態は極度に悪化して伝染病が再び蔓延。GHQはこの事態を恐れ、日本政府に厳格な検疫の履行を求めたが、昭和21年引揚者・復員兵による伝染病の国内持ち込みで、痘瘡、発疹チフス、コレラが流行。この年の伝染病による死者数は、天然痘3029人、発疹チフス3351人、コレラ560人〔感染者1245人〕、日本脳炎590人、赤痢1万3409人、腸チフス5446人に及んでいる。引揚船・復員船でコレラ患者が発見されると、船は検疫のため40日間沖に留め置かれた〔「コレラ船」と呼ばれた〕。昭和23〔1948〕年「予防接種法」が公布、施行〔対象疾病は、痘瘡、ジフテリア、腸チフス、パラチフス、百日咳、結核、発疹チフス、ペスト、コレラ、猩紅熱、インフルエンザ、ワイル病の12疾病〕。そして薬事法も施行された。

歩く御嫁さん、料亭での結婚式

① 50

昭和30年代前半まで、結婚式は家や料亭で行われることが多かった。田舎では障子を取り払えば宴会場にできるような家屋がまだ残っていたが、大都市では戦災の影響もあり、料亭が利用された。実家で嫁入り道具を整え、式当日は花嫁衣装を身に着け、近所の人、子供たちに祝われながらのお嫁入りとなる。当時の花嫁衣装は白無垢ではなく、黒の地色に柄が入った黒引き振袖だった。

高砂や

① 50

『高砂(たかさご)』は能の作品の1つで、「相生(あいおい)」「相生の松」とも呼ばれる。登場する尉(じょう)・姥(うば)をモチーフにした高砂人形はおめでたい人形として結納品にも使われた。能で謡われる歌詞は次の通り——「高砂や、この浦舟に帆を上げて。この浦舟に帆を上げて、月もろともに出で汐の、波の淡路の島蔭や遠く鳴尾の沖過ぎて、はや住の江に着きにけり、はや住の江に着きにけり」。

結婚披露宴の祝言謡として謡う場合は、「出で汐→入(い)り汐(しお)」「遠く鳴尾→近く鳴尾」と置き換え、「返シ」と呼ばれる文句を繰り返す箇所は1回だけ謡う。ただし最後の「はや住の江に着きにけり」の部分は、謡い留める意味で繰り返して謡ってもよい。

南瓜
① 51
かぼちゃ。昭和21年6月、代用食として南瓜畑をつくることが奨励され、南瓜の種子が東京では1軒に10粒まで配給された。サザエさんがよそから頂いた南瓜は、自分で作ったものと勘違いされた。

ハハノンキダネ
① 52
添田唖蟬坊（そえだあぜんぼう）〔明治5〔1872〕年〜昭和19〔1944〕年〕が明治43年に作った『ノンキ節』〔「貧乏でこそあれ日本人はえらい　それに第一辛抱強い　天井知らずに物価はあがっても　湯なり粥なりすすって生きている　アハノンキだね」〕。ここで描かれているのは、ヴァイオリンを弾きながら『ノンキ節』を歌って人気があった石田一松と思われる。石田は昭和21〔1946〕年4月10日、戦後初の衆議院議員総選挙で当選、芸能人代議士の草分け。

子供の学生服
① 53
詰襟（つめえり）の学生服は最近まで中学・高等学校の制服だったが、昭和30年頃まで、詰襟ではないがカラーがついた学生服を小学生も着ていた。小学生の学生服は、綻びを直した当て布があったり、鼻をぬぐったりして袖が汚れて光っていたりした。

外のごみばこ
① 54
戦前から戦後にかけてコールタール塗木製塵芥入れのごみ箱が各家の前に置かれ、ここにごみを捨てていた。『サザエさん』では昭和21年① 54／昭和22年2月① 109には木製ごみ箱が、昭和28年5月3日⑪ 86／③ 28などコンクリートの本体に木製のふたがついたごみ箱が描かれている。1960年代の高度成長と共にごみが増え始め、昭和37年、東京都はポリバケツを一定の場所に集め、定時に収集して回る方式を採用し、木やコンクリートのごみ箱は撤去される。最後にごみ箱が登場するのは昭和38年4月18日㉖ 70である。昭和45年8月4日㊶ 22には大型ポリバケツのごみ箱が各家に置かれている。その後、ポリバケツからポリ袋による分別収集へと変わっていく。

ルパン
① 54
当時横行した連続強盗・窃盗団で昭和21年6月12日、一人が逮捕された。「ルパン」はフランスの作家モーリス・ルブラン Maurice Leblanc〔1864年12月11日〜1941年11月6日〕の作品に登場する怪盗アルセーヌ・ルパンを気どったのかもしれない。

父兄会　①58

「児童・生徒の保護者の会」という意味だが、現在は多くの学校で「保護者会」「父母会」と名称が変わった。☞PTAの会〔④59〕

フラッパー　①58

flapは「バタバタ動かす」「羽ばたく」の意味で、flapperは「〔飛び方の練習中の〕まだ飛べないひな鳥」。その一生懸命な姿から、「おさげ髪の十代の少女」〔英〕、「おてんば娘」〔1920年代米国〕も意味する。日本では「おてんば娘」という意味だけでなく、揶揄的感情が加わった「はすっぱな女性」という意味でも用いられた。

MP　①61

Military Policeの略称。アメリカ軍の憲兵隊、軍警察とも呼ばれる。極東軍事裁判〔昭和21〜23年〕では、裁判護衛のために配置された。軍隊内の秩序維持〔軍規違反の米兵の取り締まり等〕と交通整理が主な任務。

電話　①61

明治9〔1876〕年、アメリカ人ベルが電話を発明し、日本は明治10年、これを輸入。明治11年に国産電話を製作した。電話機本体は木製が多く、四角い箱からコードが伸び先端に付いた受話器を耳に当て、本体のラッパ型の送話器に向かって話した。本体に付いているハンドルを回して電話局を呼び出し、交換手に相手方の電話局名と番号〔横浜局××…等〕を告げていったん電話を切り、交換手が回線をつなぐために折り返し呼び出してくれるのを待つことになる。本体は柱や壁に取り付けられていることが多く、子供が話すには踏み台が必要だった。

箱形電話機は現在も公衆電話に形の名残を留めている。送話器と受話器が一体化した小型の卓上電話機は現在も基本の形は変わらないが、当初はハンドルを回して局を呼び出すものだった。ダイヤル式の自動電話交換機は大正15・昭和元〔1926〕年には作られていたが、使用区間は市内に限定され、市外に自動でかけられるようになるのは戦後かなり経ってからで、局を呼び出す形式の電話機は戦後も使われていた。

自動電話機でも遠距離にかけるときは局にかけて繋いでもらったが、遠距離は料金が高いので話し相手を指名して呼び出してもらい、交換手が繋いでくれたときから料金が発生するコレクトコールも行なわれていた。やがて全国どこへでもダイヤルで繋がるようになり、料金も安くなったので、現在局員と話すのは番号案内や電報の時くらいになっている。

買い出し ① 63

第二次世界大戦中、そして戦後の食料不足の時、都会の住人が食料を買うために農村に出掛けた。買い出しでは着物や帯などと交換して、米、サツマイモ等を売ってもらった。しかし、食料の公定価格維持のため、警察は駅などで決められた量を越えた分を没収する「買い出し摘発」を行った。昭和21〔1946〕年5月12日、世田谷区民が「米よこせ大会」で皇居へデモを行い、19日には25万人が食料メーデーに参加。そして昭和22年2月25日、埼玉県の国鉄八高線高麗川付近で満員の買い出し列車が転覆、6両編成中後部4両が脱線、がけ下に転落し、死者184人、重軽傷者約800人の惨事となった。

肥えたご・肥柄杓 ① 65

日本では肥溜(こえだ)めで作った堆肥(たいひ)が農作物の肥料として長く使われて来た。特に戦中・終戦直後の食糧難の時代、都会の住宅街の家庭菜園にも使用された。肥溜めで作った下肥をとるためには肥柄杓を用い、肥桶をさげた天秤棒を使って運搬した。第二次世界大戦後、衛生的な化学肥料が大量・安価で安定供給されるようになると、下肥を使った堆肥は使われなくなった。

人力車 ① 68

「俥(くるま)」とも表記。腕俥、力車ともいう。客を乗せ車夫が引いて走る二輪車。今も観光地で活躍。

男女同権討論大会 ① 70

男女同権討論大会でサザエさんが「男性よ女性を解放すべし」と訴えている。戦後、男女同権・婦人参政権が訴えられていた頃だろう。昭和21〔1946〕年4月10日、新選挙法による総選挙で、女性は初めて参政権を行使し、79人の婦人候補のうち39人が当選。これを記念して昭和24年4月10日から1週間を「婦人週間」〔参政3周年記念〕とし、女性の地位向上のための啓発活動が展開された。

番傘 ① 71

ばんがさ。太い竹の骨に厚い油紙を貼った雨傘。傘の紛失を防ぐために家紋や屋号と一緒に番号をつけたことからこの名称となる。番傘は一般に直径約115㎝、約80㎝の柄に54本の骨がついていた。

おまわりさん民主化　①72
昭和21〔1946〕年1月16日GHQは警官の拳銃携帯を条件付きで容認。7月30日、警官の制服が改訂され、1月16日GHQは警官のサーベルの廃止、拳銃携帯と射殺権を条件つきで許可する。作品ではサーベルを携帯する最後の警官の姿が描かれている。

はたき　①73
積もった塵を除去する時などに使う、棒の先に布・羽などをつけた掃除用具。

海水パンツ　①74
まだ学校にプールがなかったころ、夏に子供たちは海や川で水泳を楽しんだ。昭和30年代前半くらいまでの夏休みに撮られた海水浴等の写真や絵ハガキを見ると、ほとんどの男の子が白い幅広ゴムのベルト付き紺色ニットパンツを着用している。

蓄音機　①79
レコードから音を再生する機械。蓄音機という言葉の前は「蝋(ろう)音器」「蘇言(そげん)器」「蓄語器」等と呼ばれた。主にゼンマイを動力源として、レコード盤を乗せた円盤を回転させ、竹製や鉄製の針を用いて振動を音に変えた。長時間の再生はできず、途中で音がよれたり、止ってしまうことがあった。このために、再生中にハンドルを回してゼンマイを巻いたりした。振動板からの音は朝顔型の拡声装置を通して聴くが、本体そのものを共鳴体とし、朝顔型拡声装置を使わない物もあった。ゼンマイ式の蓄音機はモーターを電気で回すタイプの電気蓄音機〔電蓄〕の登場で一線から姿を消したが、古い物は骨董品的な価値がある。レコードもSP盤が残っており、蓄音機は現在でも中古レコード専門店などでわずかながら販売されている。

電気蓄音機

なんとおっしゃるうさぎさん　①79
石原和三郎作詞・納所弁次郎作曲『うさぎとかめ』の2番の歌い始め。『うさぎとかめ』の初出は、明治34〔1901〕年『幼年唱歌　二編上巻』で、歌詞はイソップ童話『うさぎとかめ』“Le

Lièvre et la Tortue" に沿った内容となっている。

2. なんと　おっしゃる　うさぎさん　そんなら　お前と　かけくらべ
むこうの　おやまの　ふもとまで　どちらが　さきに　かけつくか

遠州森の石松の　① 79

平沢虎造（ひらさわとらぞう）の口演で有名になった「森の石松」の一節――「旅ゆけば、駿河の国に茶の香り、名題なるかな東海道、名所古蹟の多いとこ。なかに知られる羽衣の、松とならんでその名を残す、街道一の親分は、清水港の次郎長の数多身内のある中で、四天王の一人で乱暴者といわれたる、遠州、森の石松の、苦心談のお粗末を、悪声ながらもつとめましょう」

戦死したはずのせがれの帰宅　① 80

戦時動員体制で召集された兵士が動員解除されて復員してきた。内地からの復員は順調にいったが、海外からの復員は困難をともなうことになる。中には死亡通知が出されていた人もいて、作品のような「戦死したはずの息子の帰宅」の場合は大喜びだった。

簾　① 82

すだれ。竹、葦（よし）などを編んで部屋の仕切り、日除けなどに使う物。軒下や窓の外に垂らしたり、立てかけて、夏の日差し避け、虫よけ、目隠し等に用いる。ヨシを素材としたものは「葦簀（よしず）」という。

縁台　① 83

えんだい。外で腰を掛ける長方形の台板の四隅に脚をつけたもの。庭先、路地等に置かれ、数人が座ることができた。木製と竹製があり、上面はすのこ状になっているものが多い。お店では休息用、住宅では涼み台として用いられた。夏に縁台に座ってスイカやかき氷を食べた思い出のある方も多いのではないだろうか。涼みながら将棋に興じる縁台将棋もよく見かけた。縁台は人々に休息と共に談笑の機会を提供し、人と人を結びつけて来た。

戦災孤児　① 88

戦争によって保護者を失った子供のこと。太平洋戦争末期の昭和 20〔1945〕年、日本本土の都市への無差別爆撃で保護者を失った子供が急増、保護者の戦死によって孤児となった子供、そして戦後引き揚げてきた孤児らも含め、多くの孤児たちが浮浪児化し社会問題となった。戦災孤児たちの多くは、未成年の兄弟や同じ境遇の者たちと焼け残った建物や地下道を宿としていた。彼らの多くは新聞売り、モク拾い、靴磨き、「ショバ売り」

と呼ばれる列車の座席取りなどをしながら必死に生きていたが、スリやかっぱらいで暮らしている者も少なからず存在した。このことが戦災孤児の保護に関して、治安対策の要素を帯びる原因となった。

昭和20年9月20日、厚生省は戦災孤児等保護対策要綱を発表したが、実効性に乏しいものだった。同年12月15日、生活困窮者緊急生活援護要綱が閣議決定され、生活困窮者に戦災孤児も含まれることとなる。昭和21年4月15日、浮浪者その他の児童保護等の応急処置実施に関する件、9月19日、主要地方浮浪児等保護要綱が発表されたが、これは孤児たちの保護施設への収容を目的としたものだった。これに対し、同年10月、GHQは政府に戦災孤児・混血児らの問題に福祉的政策をとるよう指示、昭和22年、厚生省内に福祉的観点からの対策に取り組む児童局が設置された。

着物の物々交換

① 93

戦後国内の物資不足から、人々は闇物資を闇市で購入もしくは地方へ行って自分の品をコメなどと交換した。闇物資を入手するため家財・衣類を少しずつ売ったり、交換して生活する生活は「たけのこ生活」と呼ばれた。

コレラ患者

① 95

伝染病の蔓延を危惧したGHQは、戦後の引揚の際日本政府に検疫処置の厳格履行を求めている。厚生省によると全引揚者のうち10%が栄養失調・結核・マラリア・脚気等の患者で、18万人が国立病院他に搬送、うち2980人が亡くなっている。昭和21年4月5日、広東から浦賀に入港した引揚船内でコレラ患者を確認。国内への感染を防ぐため、海上隔離として20隻が沖合停泊を命じられた。2カ月間の海上隔離の間、多くの引揚者が待機を余儀なくされ、うち70人が死亡した。

1947

昭和22年

出来事

日本		世界	
01/01	『サザエさん』第1巻刊行		
01/20	全国主要都市で週2回、学校給食実施。		
01/31	マッカーサー、2.1ゼネスト中止命令。		
02/25	八高線列車転覆事故。	02/28	中：台湾暴動（2・28事件）。
		03/12	米：トルーマン・ドクトリン発表。
04/01	新学制開始（六・三・三制）。		
04/07	労働基準法公布（09/01施行）。		
05/03	日本国憲法施行。		
06/01	初の社会党首班・片山哲内閣成立。	06/05	米：マーシャル・プラン発表。
08/04	最高裁判所発足。		
08/09	古橋廣之進、400m自由型で世界新記録。	08/14	パキスタン独立。
		08/15	インド独立。
09/14	キャスリン台風。		
12/31	内務省廃止。	12/30	ルーマニア人民共和国成立。

トピックス 闇の女■初のストリップ■日本ダービー復活■フジヤマのトビウオ■100万円宝くじ発売■動物愛護週間■NHKクイズ番組『二十の扉』

ファッション アプレ族スタイル（アロハシャツ、水玉ワンピース、サングラス、リーゼント）流行■進駐軍のサングラススタイル流行■GIスタイル人気■ミリタリールック流行（いかり肩の上衣、ショートスカート）■第一次レインコート・ブーム■絹のストッキングが市場に復活■アメリカン・ヒール（約5cmのヒール、先が丸く、はき口がハート形の女性用靴）■ロングワンピースに合わせたレザーベルト登場■美容院は電気パーマからコールドパーマへ

流行語 不逞の輩■集団見合い■冷たい戦争■ニコヨン■ご名答■オンリー■額縁ショー

ベストセラー 森正蔵『旋風二十年』■尾崎秀実『愛情はふる星のごとく』■ヴァン・デ・ヴェルデ『完全なる結婚』

メチール ① 98

メチルアルコールの略称。戦後の物資不足の時代、お酒の代わりにメチルアルコールを薄めた密造酒が出回った。そのため昭和20年〜21年、メチルアルコール中毒者が続出。昭和20年12月30日GHQは政府にメチルアルコールなど毒性のある飲食物の製造者・販売者に対して重刑を課すよう指令。昭和21年1月には前年来メチルアルコール入り密造酒による失明や死亡者が相次いだことから、東京・銀座松坂屋などに警視庁と薬剤師会が無料検査を行う「お酒の相談所」が設置された。失明者が多く出たことから「目散るアルコール」と呼ばれたりする。この他に代用酒には、飲むと胃が破裂しそうになるアルコールを水で割って着色した「バクダン」もあった。

半纏 ① 105

はんてん。半天とも書く。普段着の上に羽織る襟を折り返さない、紐もついていない半身衣。紬・木綿で作られ、この一種に子供を背負う時に使われる「ねんねこ半纏」がある。

円満解決 ① 110

事件が穏やかに解決すること。通常、労組側の要求を会社側〔雇用主側〕が受け入れ決着した場合に用いる。

子供の野球 ① 113

戦後、野球は子供たちにとって人気のあるスポーツであり遊びでもあった。子供たちは空き地で野球をしたり、路地でキャッチボールをしたりして遊んでいた。立派な市販品でなくても木の枝、竹のバットと古布を丸めてつくったボール、手作りのグラブで野球を楽しんでいた。この中から後のプロ野球選手が登場した。

クワ

① 114

鍬。長さ2尺から6尺の木製の柄と90度以内の角度をつけて取り付けられた刃床部から成る道具。畑を耕したり、畝(うね)をつくったり、土木作業のため土壌を掘り起こしたり、地ならしをするために使う道具。

五徳

① 114

ごとく。火鉢の炭火の上に立て、釜・やかん・鉄瓶などを載せる3本か4本の足がついた鉄製・陶製の輪形の台。輪の方を灰の中に埋め、足を上にしてその上に釜などを置いて使う。

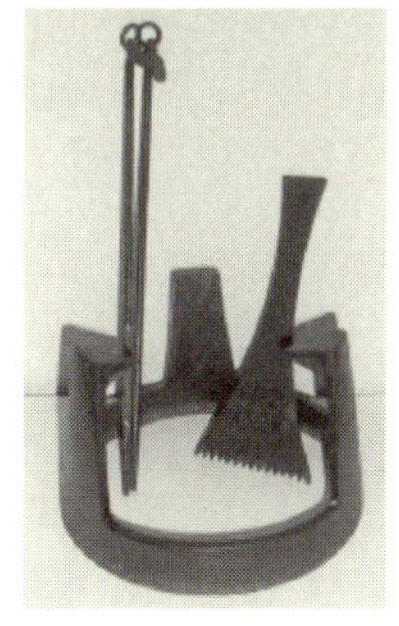

五徳と灰ならし、火箸

毛糸巻

① 114

かつて毛糸は大きなリング状の束になっていた。それを毛糸玉に巻き直すために、2人1組となり1人がリング状の束に両手首を入れ、もう1人が毛糸を巻きとって毛糸玉にした。古くなったセーター等を再利用する時も解きほぐして毛糸玉を作った。うっかり下に置いておくと猫が大喜びしてじゃれついた。

七輪

① 115

しちりん。「七厘」とも書く。珪藻土や粘土〔土師〕製で作った調理用の炉で、炭を使用して煮炊きする。胴体の中ほどに仕切りがあり、その上に新聞紙、細くした木切れ等を置いて火をつけ、消し炭を用いながら木炭を燃やす。仕切りの下には送風口用の小窓があり、火力の強弱の調節ができた。終戦直後には、土間や竈(かまど)がなくても使用でき、かつ薪や木炭が家庭の主な燃料だったこともあって、木炭を使って炊飯や煮炊きができるこの優れものが大活躍した。プロパンガス・都市ガスの普及や電気釜などの普及により、家庭での調理道具としての利用はほとんど見られなくなった。

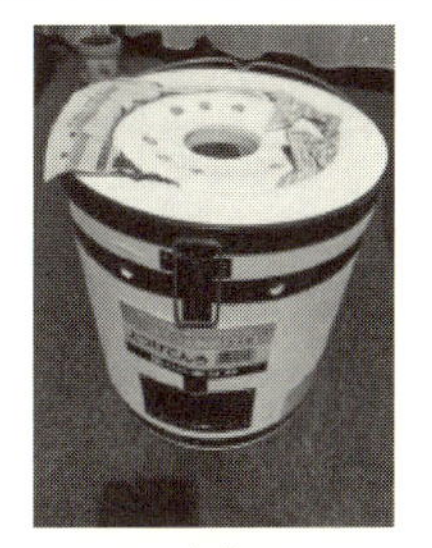

七輪

紙芝居

① 116

歴史上の物語やおとぎ話の有名な場面を絵に描いた紙をめくりながら内容を説明して子供に見せるもの。自転車で路地を回り、拍子木を売って子供たちを集め、水飴やのしいか等の代金で紙芝居を見せた。昭和5

〔1930〕年『黄金バット』が登場し、紙芝居は大人気となる。東京市社会局の調査によると昭和10年の時点で東京市内には約二千人の紙芝居屋さんがいたという。ちょうど映画が無声映画からトーキーへと移行した頃で、多くの失業した活弁士が紙芝居屋に流入したと思われる。戦後、昭和30年代までは子供たちにとってなくてはならない存在だったが、昭和30年代後半、貸本屋を中心に劇画ブームとなり、さらに電気紙芝居といわれたテレビの普及によって姿を消していった。

ねんねこ　① 117

ねんねこ半纏（ばんてん）、子守半纏。冬に子供を背負った上から羽織る広袖・半身の綿入れ半纏。「ねんねこ」は「眠る」ことを意味する幼児語。季語は冬。

むしろ　① 118

筵。藁（わら）や藺草（いぐさ）を編んで作った敷物。藁・藺草以外では竹・蒲（がま）などでも作られる。菰（こも）ともいう。筵作りは、農村の内職仕事の1つだった。

大八車　① 118

木製の大きな二輪車で、荷を載せる部分から人が引く部分までが平らな大きな荷車。1台で8人分の働きをすることから「代八」、それが「大八」となったといわれている。

大八車

たらいと洗濯板

たらい　① 126

水・お湯を入れて洗濯に使ったり、行水に使ったりする大きな平たい桶。木製のものはサワラ、スギ、ヒノキ、ヒバ等耐水性のある材料を使い、金属を使った「金だらい」もある。

洗濯板　① 126

washboard〔英〕。幕末に西洋から伝わり、大正期中頃に一般に普及するようになった。縦約60㎝、横約30cm、厚さ約1cmの丈夫な板で、上下の一部を除いて刻み目がついている。たらいの中に斜めに立てかけ、洗濯石鹸をつけて汚れた衣類をこすりつけて洗う。電気洗濯機の普及で姿を見かけなくなった。

|裏木戸| ①133
家の裏手にある木戸。

|シャン| ①133
「美人」の意。「美しい、可愛い、素晴らしい」他を意味するドイツ語の“schön”から転じた言葉。

|拍子木| ①141
ひょうしぎ。打ち合わせて鳴らす堅い方柱形の木。2本を1対もしくは1組とする。拍子や合図を送るための音具。相撲、紙芝居、夜回りなどで使用される。

|ボールでガラスを割る| ②2
高度成長期前には、あちらこちらに空き地があり、子供たちはそこで野球をしていた。しかし、路地や住宅街では、もっぱらキャッチボールやノックをしていた。しばしばボールで家のガラスを割る事故もあっただろう。

|木箱の荷物| ②4
木箱から段ボールへの移行は1951～60年頃に行われた。作品にも木箱につめられたリンゴが送られてきて、苦労して開けるシーンが登場する。木箱から段ボールへの移行には木材資源保護に対する官民の取り組みがあったこと、朝鮮戦争の勃発によりアメリカから送られてくる荷物の80％が段ボールだったために、段ボール包装の重要性を認識したことが挙げられる。1950年代、農産物ではまず外部からの衝撃に強いみかん等柑橘類で段ボール箱の使用が開始された。リンゴなど籾殻をクッションに使う外部からの衝撃で傷みやすい果物も1960年半ばになってから徐々に段ボールへと移行した。

磯野家には〔昭和45年1月21日㊵33〕、籾殻をクッションにした段ボール入りデリシャスが届いている。段ボールは、木箱に比べ1/3の重さで、釘抜きを使わずに開けることができ、重宝された。しかし、苦学生は机の定番だったリンゴ箱が消えたことで困った人もいたのではないだろうか。

氷嚢 ②4
ひょうのう。水または氷を入れて患部を冷やすために使うゴム製の袋。

氷嚢

コンチクショウ ②5
「この畜生」から転じた言葉で「こんちきしょう」ともいう。相手を強くののしる時、怒ったり、悔しがったりする時に使う言葉。

耳下腺炎 ②6
じかせんえん。ウイルス・化膿菌等によって起こり、耳の下がはれて痛みが出る。流行性耳下腺炎〔おたふく風邪〕はムンプスウイルス〔mumpsvirus〕によるもの。

往診する医者 ②6
医師が病人やその家族の求めに応じて病人のいる所に行って診察すること。

火箸 ②9
ひばし。炭火などを挟む金属製の箸。火鉢の必需品。持ったとき熱くないように木や竹の柄をつけたもの、頭の部分を輪や鎖でつないだものもある。暖房機器が火鉢からストーブ等に変わり、姿を消した。

野犬 ②10
やけん。野良犬とも呼ばれる。飼い主がいない犬。戦後混乱期には野犬が多く、毎年狂犬病が発生、死者が出た。昭和22〔1947〕年2月18日には東京・世田谷で野犬に女性がかみ殺される事件が発生している。昭和25年8月26日、狂犬病予防法が施行。狂犬病撲滅のため、狂犬病予防接種が義務化された。

昭和35年時点での日本の犬の登録数は190万頭だったが、法制定着後の数年は接種率が90%を超え、狂犬病は昭和32年以降日本では発生していない。しかし、これは多くの犬にワクチン接種をほどこしたからだけではない。実際には予防法に基づいて行われ、毎年100万頭以上の犬を殺した野犬狩り・駆除〔狂犬病に感染している可能性のある野犬を全部殺せば、その中にいるであろう感染した犬も殺すことができるという論理で行われた大虐殺〕の効果でもあるといわれている。悲惨な話である。

全国及び東京での犬と人の狂犬病発生数

年次	犬の発生 全国〔東京〕	人の発生
昭和19年	733 〔520〕頭	
昭和20年（終戦）	94 〔38〕頭	1名
昭和21年	24 〔14〕頭	1名
昭和22年	37 〔28〕頭	17名
昭和23年	141 〔91〕頭	45名
昭和24年	614 〔190〕頭	76名
昭和25年（法制定）	867 〔256〕頭	54名
昭和26年	319 〔115〕頭	12名
昭和27年	231 〔72〕頭	4名
昭和28年	176 〔128〕頭	3名
昭和29年	98 〔47〕頭	1名
昭和30年	23 〔3〕頭	0
昭和31年	6 〔0〕頭	1名
昭和32年	0 〔0〕頭	0

東京都福祉保健局「狂犬病の暦年発生状況」参照
注：狂犬病の発生は昭和32年に猫1匹の感染が最後。

新円かせぎ

②14

昭和21〔1946〕年2月16日、幣原内閣は金融緊急処置を発表。翌17日、金融緊急処置令が公布施行〔～昭和23年〕され、インフレ対策として預貯金の封鎖と新紙幣〔新円〕の発行、それに伴って旧円が流通禁止となる。これにより払い戻しは新円となり、額限度額は世帯主300円、世帯員1人に月100円。給与は月額500円まで新円、残りは封鎖円で支払われる〔＝封鎖預金として銀行に預け入れられ、引き出せない「封鎖預金」となる〕こととなった。

しかし一世帯500円で生活するのは難しく、平均的家庭では毎月赤字となった。サザエさんが出版社に働きに出ることになるのは、こういった事情があってのことからである。また当時のサラリーマンの耐久生活を表した「500円生活」という言葉も生まれた。2月25日、日本銀行は10円札、100円札の新円を発行、3月2日限りで旧円は失効し、3月3日から新円生活が始まる。同日には臨時財産調査も行われ、4月3日までに貯金・有価証券等の申告を義務づけた。3月5日、新5円札、3月19日、新1円札も発行された。

高勢實乗 ②15

たかせ・みのる〔本名：能登谷新一、明治30(1897)年12月13日～昭和22(1947)年11月19日〕。俳優。「わしゃかなわんよ」「あーのねおっさん」等の言葉が流行した。

菊池寛 ②20

きくち・かん〔本名：菊池寛、明治21(1888)年12月26日～昭和23(1948)年3月6日〕。小説家・劇作家・ジャーナリスト。文藝春秋社を創設。代表作：『父帰る』『恩讐の彼方に』『真珠夫人』他。

給仕 ②21

官庁や会社で、お茶くみ、上司への取り次ぎ等雑用を担当した少年・少女のこと。元々給仕とは食事をする人に対して食事の世話・補助をすることで、転じてそれを行う人を意味するようになる。多くは夜間中学、のちには定時制高校で学んでいた子たちだった。給仕が多く働いていたのは新聞社の編集局で、資料取り寄せ、原稿の持ち運び等を行い、「子どもさん」〔のちに「原稿係」〕と呼ばれていた。しかし、日本が高度経済成長期になると、中卒者の求人難となり給仕の人材がなくなった。

ひしゃく ②23

柄杓。湯や水をくんだり、配水したり、水をまいたりする用具。「ひしゃく」の「ひ」は瓢で、元々ひょうたんの実をくりぬいて柄をつけたことからこの名前がついた。ブリキのおわんに木の柄をつけた物が多い。

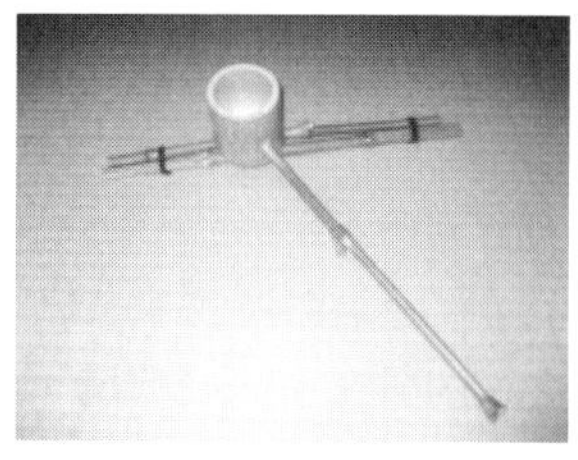

ひしゃく

子供たちに話しかける婦人警官(昭和26年)。

婦人警官

②24～29

昭和21〔1946〕年3月18日、警視庁が婦人警官を63人採用。戦前の特高警察、「オイコラ警察」からのイメージ・チェンジとなった。昭和21年3月9日、読売報知によると、志願者は大卒、特攻隊未亡人を含む約430人で、試験は「封鎖預金」「ウラニウム」等の常識問題、女学校2年程度の国語、代数、英語口述、体格検査だった。合格者たちは1カ月講習を受けた後、交通整理などの任務に就いた。その後全国でも婦人警官が採用されていく。初年度の婦人警官の夏服は、進駐軍の帽子に似た白の帽子、本麻の開襟半袖に三つボタン、乗馬用のスカート、絹のストッキング、靴は赤の短靴で、「婦人警官軽快な夏姿　あすからお目見得」という見出し写真付きで紹介された。当初は婦人警官といっても執行権のない「吏員警察書記」〔一般事務吏員〕としての採用だったため、犯罪容疑者拘引、現行犯検挙はできず補助的存在だったが、昭和23年度の制度改正により司法警察官として任用されることとなった。平成12〔2000〕年「女性警察官」と呼称が変更される。

やみ屋

②27

闇相場、闇物資を売買する商売人。

オタンチン

②27

江戸時代、吉原の遊郭の女性が「嫌な客」という意味で使っていた言葉。これが転じて、間抜け・鈍間（のろま）な人を罵る言葉となったといわれている。

発疹チブス予防注射

②29

発疹（はっしん）〔ほっしん〕チフス　typhusepidemic typhusともいう。シラミが媒介する病原体の発疹チフスリケッチアRickettsia prowazekiiによる感染症で、主要症状は40度前後の高熱・頭痛、全身に現れる赤く細かい発疹。戦場など不潔な衣類・入浴の不自由等シラミの繁殖に好条件がそろうと爆発的に大流行することから「戦争チフス」とも。第二次世界大戦中も世界各地で流行。日本では昭和18〔1943〕年から患者数が急増し、昭和21年には患者数3万2000人〔うち東京は9864人〕、死者3000人に及んだ。これを受け、昭和22年3月2日、病気を媒介するシラミ退治のため都のDDT散布班〔白いDDTの粉を噴霧〕が強制散布に出動、7日、DDT散布計画が発表された。また、17日、東京都は発疹チフスの予防注射済みの証明書のない人を対象に、都内主要23駅で予防注射も開始。昭和23年、予防接種法が制定〔義務接種、罰則有。対象疾患：疱瘡、ジフテリア、腸チフス、パラチフス、発疹チフス、コレラ、百日咳、結核、ペスト、猩紅熱、インフルエンザ、ワイル病の12疾患〕、予防接種が開始され、国による防疫体制が確立した。

六三三制

② 33

昭和22〔1947〕年4月1日、小学校6年、中学校3年、高等学校3年〔発足は昭和23年〕とする六三三制の学校制度が実施される。この前日、学校教育法が施行。教科書の全面改訂がなされ、民主主義的教育理念のもと新国定教科書が誕生。昭和22年にまず義務教育が発足し、翌年に新制の高等学校、昭和24年に新制大学が発足。新学制では、国民学校廃止により名称が小学校となり、男女共学、高等教育への門戸開放等、教育改革が行われた。

チンドン屋

② 38

派手な衣装を着用し、路上でチンドン太鼓〔一人で演奏できるよう太鼓と鉦（しょう）を組み合わせたセット〕と呼ばれる楽器を鳴らして、依頼者の商品・店舗等の宣伝活動を営利で行う広告業。奇抜ないでたちで人目をひき、依頼された場所へ人を呼び込み、宣伝の口上、ビラまきなどを行う。開店披露の仕事が多かったことから「披露目屋」、芝居の口上「東西（とざい）、東西（とーざい）」を用いて口上を始め宣伝を行うことから「東西屋」と呼ぶ所もある。「チンドン屋」という呼び名は昭和初期からといわれ、活動写真のトーキーの登場により失業した楽士や弁士がチンドン屋に転身したとされる。戦後はサーカスの演奏家、旅役者などからの転身もあり、多くのチンドン屋が存在し、昭和30年代には都内・姫路・富山他でチンドンコンクールも開催された。しかしテレビCMや新聞の折り込み広告の普及で昭和40年頃から数が減り始め、昭和46年の石油ショック以後、激減した。最後にチンドン屋が『サザエさん』に登場するのは、昭和30年7月28日㉛ 10。

話の泉

② 39

NHKラジオ番組『クイズ　話の泉』。昭和21〔1946〕年12月3日～昭和39〔1964〕年3月31日放送。アメリカのクイズ番組“Information Please”をモデルとして製作された初のラジオ・クイズ番組。聴取者から募集した様々な問題に回答者が答えるもの。レギュラー回答者は堀内敬三、渡辺紳一郎らで、司会の和田信賢（のぶかた）の言う「ご名答」という言葉が流行した。

勝手口　② 43
「お勝手」は台所のことで、そこから「台所の出入り口、台所に行く入口」を意味する。家の表の出入り口である玄関とは別に設けられ、御用聞き、子供の出入り口、近所の人たちの通用口、ごみの搬出、洗濯物の出し入れ等に使われた。

左官やさん　② 44
壁を塗る職人のこと。藁を泥に踏み込む姿が泥遊びのように見えた。

おちゃっぴー　② 49
おしゃべりでユーモラスなことをする人をさす。

裁縫の宿題　② 50
新教育制度発足により、新しい家庭科〔裁縫・料理など〕は男女共修の教科として初等教育から始まった。

針山　② 50
はりやま。裁縫で使う針を刺しておくもの。綿を布につめ、針を刺せるようになっている。針がさびないように、綿の変わりに油分をもつ毛髪、ゴマなどを入れることもある。「針立て」「針刺し」ともいう。

裁縫箱に付けられた針山

冷水摩擦　② 51
冷たい水につけて絞った手拭やタオルで皮膚を強く摩擦して、マッサージすること。血液循環と代謝がよくなる。

丸通　② 54
まるつう。日本通運株式会社 Nippon Express Co., Ltd.、通称「日通（にっつう）」。日本通運株式会社は明治5〔1872〕年大蔵省に認可され「陸運元会社」として創業、明治8〔1875〕年「内国通運会社」に改称し、社章をE㊂Eとした。昭和3〔1928〕年同業他社と合併して「国際通運株式会社」として

荷物の積み込み（三輪自転車）

発足、昭和12〔1937〕年、日本通運株式会社法に基づき半官半民の特殊会社として日本通運株式会社に改組・設立された。昭和25〔1950〕年、同法廃止により民間企業として再出発。宅配便がなかった当時、一般家庭から荷物を送る際には、鉄道小荷物という鉄道の客車便などを使ったサービスを利用した。駅まで荷物を出しに行き、届いた荷物は駅まで取りに行くか、料金を払うと区域内に限り配達してくれた。駅前にはたいてい運送店があり、鉄道小荷物の配達も行った。内国通運時代以降、その傘下に入った全国の運送店はいつの頃からか丸通と呼ばれるようになったが、昭和16〔1941〕年以降、多くの店が日通に統合されてその支店や営業所となり、引き続き丸通と呼ばれていた。

|でんとうのメートルしらべ| ②56
家庭の電気料金には、使用電力量にかかわらず一定の料金の「定額電灯」と電力使用量によって決められる「従量電灯」があった。定額電灯では、1軒につき電灯に限り3灯まで定額。しかし、戦後家庭での電化製品の電力需要が増え、メーター制の「従量電灯」となった。現在「定額電灯」は集合住宅の共同灯、広告灯、公衆電話の電話機、照明灯等となっている。

|あなたはこのごろおなかーぱいごはんをたべていますか| ②62
昭和20〔1945〕年9月JOAK〔後のNHK〕の録音自動車が東京・銀座、日比谷、丸の内で通行人や戦災孤児に「言いたいことを何でも言ってください」とインタビューした。これをテストケースとしてGHQの民間情報教育局の指導・監督の下、昭和21年5月6日NHKラジオ『街頭録音』を開始〔～昭和33年4月〕。アナウンサーと街の人々を対話させ、街頭討論会形式で自由な意見が紹介された。東京・銀座で録音が行われた6月3日放送の「あなたはどうして食べていますか」は大反響を呼ぶ。また昭和22年4月、藤倉修一アナウンサーが、有楽町のガード下の街娼に行ったインタビューも話題となり、その女性は「ラク町お時」として全国に知られることとなった。昭和30年11月24日⑮27ではサザエさんが「新内閣にのぞむ」というテーマの街頭録音で「嘘のない政治をして下さい」と意見を述べている。

|イーダ| ②63
人を馬鹿にして使う言葉、軽蔑の感情を強く示す語。

あまがさ

② 69

雨傘。こうもり傘。

団扇太鼓

② 70

団扇太鼓（うちわだいこ）とは仏教で用いられる太鼓の一種で、どんどんと打ち鳴らしながら唱題する。法華宗・日蓮宗で用いられることが多いことから「法華の太鼓」とも呼ばれる。

水あめ

② 73

穀物・芋類等に含まれている澱粉のブドウ糖を分解・糖化してつくられた粘液状の甘味料。ほぼ透明だが、攪拌（かくはん）して空気を含ませると銀白色に変化する。街灯紙芝居では水あめが売られていた。とりわけ、離乳期や病中病後等の体力が落ちているときや食欲がないときの栄養補給としてしばしば用いられた。

お砂糖

② 76

第二次世界大戦中配給制となっていた砂糖は、戦争末期に台湾からの粗糖の輸入が断たれ、昭和 19〔1944〕年に砂糖の配給は打ち切られる。戦後、主食の 1 つとして原料糖の配給が行われたものの量は少なく、国民は甘いものに飢え「芋飴」やさっかりん等の人工甘味料がもてはやされた。昭和 22 年 12 月から翌年にかけて GHQ が輸入砂糖の放出を許可し、主食の代用品としてキューバ産の粗糖が大量に配給される。キューバ産砂糖 300g で配給米 2 合 1 勺が差し引かれたが、連日かるめ焼を食べたという方もいらっしゃるのではないだろうか。昭和 23 年末からは「主食の代替品」として砂糖が配給されることはなくなる。昭和 26 年、業務用砂糖は自由販売となるが、まだまだ白砂糖は 2 斤〔1.2kg〕250 円、5 斤 620 円とぜいたく品で、お歳暮などの贈答品だった。昭和 27 年 4 月 1 日、砂糖の統制は解除され自由販売となる。昭和 38 年には粗糖輸入が自由化され、昭和 40 年以降は糖価安定法に基づいた体制となった。

セロファン製レインコート

② 79

セルロースを加工して作られる透明な膜状の物質セロファン cellophane 製のレインコート。

サザエさんのお嫁入り

昭和22〔1947〕年5月8日付「夕刊フクニチ」に掲載。福岡市総合図書館所蔵。昭和21〔1946〕年4月22日から始まった「夕刊フクニチ」での連載は1回の中断をはさみ、翌年1月3日に連載再開し、この作品で再度中断。作者が家族と共に東京へ引っ越した後、同年10月25日、連載は再開。舞台は福岡から東京へと移ります。デパートの食堂でお見合いしたマスオさんとサザエさん。大振袖に文金高島田のサザエさんは、文金高島田でも乗ることができる「トヨタAA型」〔82頁〕、もしくは「トヨタAC型」らしき車で自宅を後にしています。

昭和23年 1948

出来事

01/15	寿産院事件（乳児殺しで寿産院院長逮捕）。	01/04	ビルマ共和国成立宣言。
01/26	帝銀事件。	01/30	印：ガンジー暗殺。
		02/04	セイロン独立。
03/07	新警察制度発足。	03/17	英・仏・ベネルクス３国、西欧連盟条約調印。
04/01	新制高等学校発足。	04/07	世界保健機構発足。
04/28	夏時刻法公布（27/04/11 廃止）。		
05/01	海上保安庁設置。	05/14	イスラエル独立。
05/02	サマータイム実施。	05/15	第一次中東戦争。
06/23	昭和電工社長、贈賄容疑で逮捕。	06/24	ソ：ベルリン封鎖。
06/28	福井震災（死者 3895 人）。		
		07/29	第 14 回オリンピック・ロンドン大会開催（日独の参加は不許可）。
08/19	東宝争議に警察、米軍出動。		
09/15	アイオン台風。		
11/12	極東国際軍事裁判判決。		

トピックス　帝銀事件■冷たい戦争■サマータイム実施■マッチ８年ぶりで自由販売■「110 番」設置■日本脳炎流行■異国の丘■「第１回 NHK のど自慢全国コンクール優勝大会」始まる■セロハンテープ登場

ファッション　ロング・フレアースカート流行■アロハ・シャツ流行■パラシュート素材のレインコート人気■スラックス■プリントネクタイ、ナイロン

靴下登場■ビニールベルト登場■ブラジャー、コルセット、ペチコート等下着■リーゼント・ヘア流行

流行語　老いらくの恋■ノルマ■アルバイト■斜陽族■ロマンスシート

ベストセラー　太宰治『斜陽』■尾崎秀実『愛情はふる星のごとく』■レマルク『凱旋門』■吉川英治『新書太閤記』

公衆電話　②80

昭和22〔1947〕年12月20日、東京で戦後初のコイン投入式の公衆電話が160台登場。しかし、コインが不足していたため、紙幣の投入を交換手が確認後接続する「信用料金法」公衆電話も使われた。昭和27年4月には1通話5円の硬貨式公衆電話機が登場。昭和28年には10円玉でかけられる公衆電話「4号自動式ボックス公衆電話」〔通称「青電話」〕も設置され、交換手タイプは姿を消した。この青電話はダイヤルを回して相手が出たらボタンを押し、10秒以内に硬貨を投入するもの〔言い換えれば、10秒間は通話無料〕。昭和30〔1955〕年、料金前納式「五号自動式卓上電話機」〔通称「赤電話」〕が登場。市内電話は10円で時間無制限だった。こうして、電話でつながる範囲も市外・県外・全国・海外へと広がり100円玉使用可やテレホンカードが登場し、公衆電話はピーク時の昭和53〔1984〕年には全国で93万台を超えたともいわれているが、携帯電話の発展により年々数が減っている。

のど自慢　②80

昭和21〔1946〕年1月19日、NHKラジオ第1放送『のど自慢素人音楽会』が開始、翌年には歌の他に演芸も加え『のど自慢素人演芸会』と番組タイトルを変更。テーマ音楽と鐘の演出が登場する。司会は宮田輝アナウンサー。第1回応募者は900人、内予選通過者は30人。昭和23年3月21日にはNHK『第1回のど自慢全国コンクール優勝大会』〔司会は高橋圭三アナウンサー〕が東京・神田の共立講堂で開催され、26人が出場し、3人〔3部門〕が優勝。7月からは地方巡回が始まり、第1回は宇都宮市で行われた。昭和35年からはテレビ放映も開始。昭和45年、番組タイトルは現在の『NHKのど自慢』に変更される。第1回の司会は高橋圭三アナウンサー、昭和24年10月頃～昭和41〔1966〕年、宮田輝アナウンサーが毎週司会を担当した。

鳴くな小鳩よ　②80

昭和22〔1947〕年に発売された歌で、高橋鞠太郎作詞・飯田三郎作曲『泣くな小鳩よ』。岡晴夫が歌った。

毒殺犯人　②81

1月26日、東京都豊島区長崎の帝国銀行〔現・三井住友銀行〕椎名町支店に「東京都衛生課並びに厚生省厚生部医員、医学博士」という肩書の名刺をもつ厚生省技官に扮した男が、「銀行の近所の共同井戸で赤痢が発生し、感染者が来行したことがわかったので、GHQが消毒に来ることになった。その前に予防薬を飲むように」と話し、その薬と称する青酸化合物で12人を毒殺し、現金16万4450円35銭と額面1万7450円の小切手を強奪した事件〔帝銀事件〕が発生。被害者は行員と用務員一家合計16人〔8～49歳〕で、直後に11人、搬送先の病院で1人の計12人が亡くなった。現場には58万6540円が残された。8月21日、帝銀事件容疑者としてテンペラ画家平沢貞道〔56歳〕を逮捕。昭和30年、最高裁で死刑判決が出た。波平氏は、「45から50歳くらいの目鼻立ちが整ったインテリ風の男」といわれた犯人に間違われた。

物売り　②82

以前の東京では様々な物売りの声が聞こえていた。個人商店の御用聞きもあったが、それ以外に「しじみーあさりー」という呼び声の蜆浅蜊売り、「なっとー、なっとなっとうー、なっと」の納豆売り、「さおやーさおだけー」の竿竹売り、「きんぎょーえー、きんぎょー」の金魚売り、この他鍋・釜の修理や販売を行う鋳掛屋(いかけや)さんなど様々の物売りがいた。

雛飾り　②83

女の子の健やかな成長を祈る雛祭には、お客座敷に段を組み、人形・道具類を飾った。雛段には白酒、あられ、菱餅、大きな蛤等が供えられ、桃の花などが飾られた。雛祭にはお雛様を拝見するため、子供たちが集まってお雛様の前でおやつを頂くのが恒例だった。

豆の選別　②85

虫に食われたもの、かびたものなどをより分け、きれいな豆・そうでもない豆・食べられない豆に選別した。

食パンのお弁当　②92

食パンは長方形の箱型の器具で焼いたパンで、パン焼き型に１ポンドの生地を３つ入れて焼いたもの。食パンの重量は１斤、２斤と数え、現在１斤は340g以上と規定されている。切る前の食パンは１本、２本と数え、スライスした後は１枚、２枚、もしくは１切れ、２切れ…と数える。１斤は食パン１本の３分の１。サザエさんが３斤の食パンからワカメちゃんのお弁当用に切って渡している。

学生の店　②93

昭和22〔1947〕年６月、学生のアルバイトは、本売りや三角くじの販売が主流だった。作品では大学生が柄杓、シャツ、三脚の雑貨を路上で売っている。

東京ブギウギ　②95

鈴木勝作詞・服部洋一作曲の歌。笠置シズ子がブギのリズムに乗って歌って踊り、大ヒットした。この歌が最初に歌われたのは昭和22〔1947〕年９月、大阪の梅田劇場で、10月14日から行われた日劇の『踊る漫画祭・浦島再び竜宮へ行く』の挿入歌として歌われ、1948年１月、レコードが発売された。レコード録音は、スタジオに集まった米軍関係者の声援をうけ大乗りの雰囲気で行われたという。

『東京ブギウギ』レコード・ジャケット

なんきん豆　②96

落花生のこと。

鼻紙　②98

鼻をかんだりトイレで使用した紙。ちり紙ともいう。ちり紙とは楮の外皮のくずや屑紙を原料にした紙。昭和39〔1964〕年２月、山陽スコット株式会社〔現・日本製紙クレシア株式会社〕から、「スコッティ®フェイシャルティシュー」〔100組200枚で80円〕、６月、十條キンバリー株式会社〔現・日本製紙クレシア株式会社〕が「クリネックス®ティシュー」〔100組200枚で100円〕を発売。高級化粧紙として売り出した当初は、高価だということ、「ティシュー」という言葉の意味も使い方も分からないなどと戸惑われたが、「アメリカ生まれの万能紙ハンカチ」として大ヒット。発売十数年で鼻紙〔ちり紙〕の生産量を圧倒し、今では生活必需品の１つとなっている。

電熱器 ② 100

「電気コンロ」ともいう。土製の台に渦巻き状の溝を掘り、コイル状のニクロム線の電熱線を通したこんろ。電気を流すと電熱線が赤く熱せられ、この熱を利用して煮炊き等に使う。

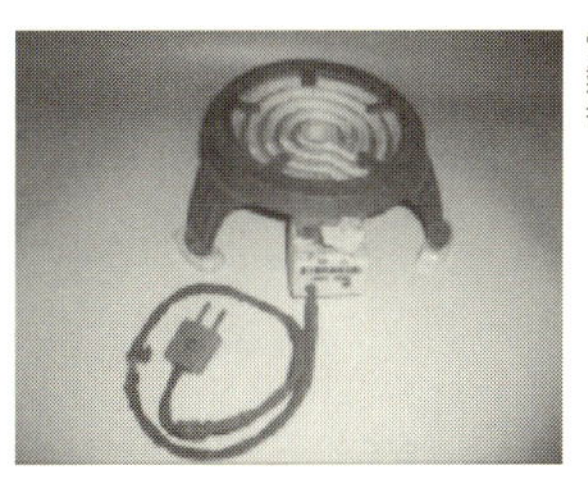
電熱器

おひつ

おひつ ② 100

檜、さわら、スギ等の木材で作られたご飯を保存する円型の桶（おけ）。おひつに使われる木材は湿気に強く、水分・空気を適度に通すため、ごはんがべとつかない。以前は、窯（かま）で炊いたご飯をおひつに移してから食卓へ運び、そこから茶碗にごはんを盛っていた。磯野家でおひつが最後に登場するのは昭和35年2月8日㉓38で、昭和36年11月29日㉓136では電気炊飯器がお目みえしている。

シベリアからの帰還 ② 102

戦後、ソ連軍管区からの引揚は困難を極めた。ソ連軍管区に在留していた日本人の概数は161万人で、これは在留全日本人の24％に相当した。さらに、57万人を超す日本兵を捕虜として連行。日本兵捕虜はソ連国内の1200カ所以上の収容所〔ラーゲル〕に抑留され、石炭採掘、森林伐採、鉄道工事、ダム・発電所の建設、石材採掘、農作業などにあたった。日本兵捕虜はスターリンの五カ年計画推進に必要な無料の労働力だったといわれている。近年、日本政府もシベリア抑留を容認した記録が発見された〔シベリア抑留〕。

昭和21年11月27日「引揚に関する米ソ暫定協定」、12月19日「在ソ日本人捕虜の引揚に関する米ソ協定」が締結されたが、ソ連からの引揚は遅々として進まなかった。まず昭和21年12月5日、樺太からの引揚第一船「雲仙丸」が1927人を乗せて函館港に到着。8日、シベリアからの引揚第一船が舞鶴港に入港した。その後、昭和28〔1953〕年11月19日、日ソ赤十字、捕虜送還の共同コミュニケが調印され、12月1日、シベリア抑留者の引揚が再開され、第一陣811人が、そして昭和31年12月26日、1025人が第11次引揚船「興安丸」で舞鶴に入港した。ソ連からの帰国は、最後の集団帰国者219人が舞鶴に到着することになる昭和32年8月1日まで続いた。

一方、ソ連軍管区からの引揚が終了していないにもかかわらず、昭和29年3月27日、引揚援護庁は閉庁式を行い、4月1日、同庁は引揚援護局に改組し、厚生省に移管される。そして昭和30年9月6日、外務省はソ連抑留者1365人の名簿を発表。昭和33年1月13日、厚生省はソ連抑留者の死亡・帰還者名簿を公表した。ソ連側〔現・ロシア政府〕はこれまでに約4万1000人の死者名簿を日本側に渡している。アメリカの研究によれば、確認済みの死者数は25万4000人、行方不明・推定死亡者は9万3000人、日本人約34万人が死亡したといわれている。

馬 ②104
終戦直後の日本では使役用の牛や馬の姿がよく見られた。1945年GHQ前のマッカーサー元帥の写真には車列の左側に牛車を引く男性の姿が見られる。馬車や牛車は米・草・荷物の運搬や肥たご車を引くために用いられた。その後、馬車からオート三輪が中小企業、農村のトラックとして活躍し、時代は軽三輪トラック、軽四輪トラックへと移っていく。

テルクニ ②108
照國萬藏（てるくにまんぞう）〔本名：菅（すが）萬藏、後に大野姓、大正8（1919）年1月10日～昭和52（1977）年3月20日〕。秋田県雄勝郡秋ノ宮村出身。第38代横綱。

畳たたき ②111
春秋の大掃除に畳を外に出して干し、2枚ずつもたれかけさせて、畳叩き棒でほこりを叩き出し、畳から余計な湿気をとること。「畳干し」ともいう。

蝿たたき ②116
蝿やゴキブリなどの害虫を叩いて駆除する道具。かつては棕櫚（しゅろ）製だったが、金網、樹脂製のものもある。戦後では、針金でフレームをつくり、蝿を叩く部分には金網がつけられ、重みを利用して蝿を叩いた。蝿退治には蝿たたきの他に、1 台所などの天井からつり下げた粘着テープの蝿取りリボン、2 天井にとまっている蝿には長いガラス棒の先はじょうご状の

蝿取り棒

形で、手元の丸みのある球に水を半分入れ、天井の蝿にじょうご状の部分をかぶせると蝿が管をとおって下に落ちる蝿取り棒がある。また、蝿を防ぐためには金網の張ってあるハエ帳や食卓にかぶせる蝿除けもあった。

戸籍調べ ② 119

交番の警官が担当地区の各家庭を戸別訪問し、家族構成等を調べた。

ねずみとり ② 121

mousetrap。捕鼠器（ねずみとり）。病原菌を媒介し、かじって家財などに被害をもたらす鼠を捕獲・駆除するもの。ネズミ捕り器は中央におびき寄せる餌を置き、それをネズミが食べようとすると罠が作動する仕掛けになっている。ネズミ捕り器には3種類あり、1 パチンコ、ギロチンと呼ばれる「ばね式捕鼠器」、2 餌に誘われて中に入ると先がどんどんすぼまり、かごから出られなくなる「かご式捕鼠器」、3 ヨーロッパから輸入された2をアレンジしたもので、餌を食べようとすると入口の蓋が閉まる「日本風かご式捕鼠器」。捕まったネズミはかごのまま水につけられ殺される。昭和30年代まで多くの家庭に常備されていたもので、『サザエさん』に登場するのは3のタイプ。明治32〔1899〕年ペストの発生により、日本中に普及した。

日本では明治32〔1889〕年、最初のペスト患者が現れ、全国に拡大。この事態に対し東京市長は東京市中で捕獲したネズミ1頭を5銭〔かけそば2〜3杯分の値段〕で買うとの布告を発する。「いたずら者はいないかな」と呼びながら、ネズミとりの薬売りも売り歩いたという。明治30年代には「猫より働く鼠とり薬」という黄燐80%の「猫イラズ」が発売。パッケージには“RAT POISON”と“NEKO IRAZU”の文字、上には「免職」と書いてあるリボンを首に巻いた猫と「オハライモン」という札がついたかご式捕鼠器のイラストが描かれている。ネズミ捕り器や殺鼠剤を手に鼠狩りをした人々のお蔭で、1カ月後には日本橋で1万9250匹、神田で1万8000匹、京橋で1万3800匹が捕獲され、5銭銅貨と交換されたという。

電報 ② 124

電信を使って早く文書を届ける知らせ。郵便より早い通信手段として使われた。郵便局や電報局窓口などで「依頼紙」にカタカナで文章を書いて提出すると、それを配達先の電報局に電報通信網で送信し、受け取った電信局が印刷し配達する。休日・深夜配達の至急電報の「ウナ電」もあった。

集団見合い大会　② 129

戦争によって男女の人口バランスが崩れ、戦後、女性の結婚難となる。昭和22〔1947〕年11月6日、東京・多摩川河畔に男女386人が集い、集団見合い大会を開催。その後、雑誌主催のものなど同様の催しが流行し、各地で開催された。

サンマータイム　② 130

サマータイム、summer time〔英〕、daylight saving time〔米〕。夏時間のこと。4月28日、夏時間法公布、5月2日GHQの指導で午前零時、時計の針が1時間進められ、日本で初のサマータイムが実施された。期間は5月〔1949年のみ4月〕第一土曜日24時〜9月第二土曜日25時〔＝日曜日0時〕。しかし不評のため、昭和27年4月11日、廃止となる。昭和25年5月10日掲載④91に登場する年配の女性は、時計の針を1時間進めるところを勘違いして遅らせてしまった。

ビー・シー・ジー　② 131

結核の予防注射。結核は結核菌によって起こされる感染症で、結核患者のせき、くしゃみ、つばから空気感染する。以前、日本では肺結核を労咳（ろうがい）と呼んだ。BCGは結核を予防するワクチンの通称で、これは本来、牛に感染する結核菌を弱めたもの。結核は昭和20年代まで日本人の死因第1位で、「国民病」「亡国病」と呼ばれた。第二次世界大戦後の昭和23〔1948〕年6月30日、予防接種法、昭和26年3月31日、結核予防法が制定。抗生物質を用いる化学療法の普及等によって結核は激減。しかし平成8年以降、結核の罹患率の上昇傾向から、結核予防法は平成19〔2007〕年4月1日から感染症法に統合され、BCG接種は予防接種法に追加された。近年、日本では約1万8000人が新たに結核を発症、約2000人が亡くなっている。また、新種の多剤耐性肺結核〔結核菌が治療薬に対して抵抗性がついてしまう〕も問題となっている。

手水鉢　② 132

ちょうずばち。手・口・顔を清める水〔手水〕をためておく鉢。多くの場合、石造りだが、銅製、陶磁器の物もある。ここではトイレの後、手を洗うために置かれている。

手水鉢

輪タク（昭和29年）

輪タク ② 133

りんたく。「銀輪タクシー」、略して「輪タク」。戦前に考案された自転車の後部に客席を取り付けた自転車タクシー。昭和 22〔1947〕年 2 月、東京で輪タクが営業を開始する。GHQ の航空機製造禁止により放出されたジェラルミンで作った客席用車体を自転車で引いた。料金は 2 人乗り 2km まで 10 円で、バスや都電と比べて 20 倍だが、終戦直後の乗り物不足から人気を博し、後に大阪・名古屋でも営業された。昭和 23 年、東京で 3000 台、昭和 24 年には東京で 4000 台、全国では 1 万 3000 台を数えた。昭和 24 年、タクシーが営業開始、昭和 25 年、都内の輪タクが免許制となる。そしてタクシーの普及と共に輪タクはその役目をとって代わられていき、昭和 20 年代後半には姿を消した。とはいえ東南アジアなどで自転車タクシーは今も活躍している。

腕カバー ② 135

「肘当て（ひじあて）」ともいう。繻子、木綿製の黒か濃紺の筒状の布で、ワイシャツの袖の上に着用して事務を行った。謄写版、カーボン紙、インク等で袖を汚す機会が多かったことから、とりわけ役所や会社でワイシャツや背広への付着防止のために着用された。

二十の扉 ② 136

昭和 22〔1947〕年 11 月 1 日 NHK ラジオでクイズ番組『二十の扉』放送開始〔～昭和 35 年 4 月 2 日〕。放送時間は毎週土曜日 19：30 ～ 20：00。アメリカのクイズ番組『Twenty Questions〔二十の質問〕』をモデルに、CIE〔民間情報教育局〕の指導の下、製作された。司会は藤倉修一、レギュラー回答者は CIE が面接後選出した柴田早苗〔女優〕、大下宇陀児（うだる）〔作家〕、宮田重雄〔医師・画家〕他。ゲスト大会では歌舞伎界・プロレス界・政界などからも回答者が招かれた。出題は聴取者から寄せられたもので、4年間〔第1回～第200回〕で約130万通ものはがきが番組に送られた。出題は動物・植物・鉱物、いずれかに分けられ、回答者は20回質問する間に答を見つける。司会・藤倉が使う「ご名答」が流行した。

アイスケーキ ② 136
割りばしが真ん中に入った棒状のアイスキャンディーの別名。チリンチリンと鐘を鳴らして売り歩いた。値段は昭和20年50銭、昭和21年1円、昭和22年1円50銭。

ネット ② 137
女性が髪を一部、もしくは全体をまとめるために使われたアミ状の装飾具。着物の際は髪をまとめ、それをネットに入れるだけで着物に似合う髪形になる優れもの。

学校給食 ② 142
小学校・中学校などで組織的・継続的に専門の施設を使って提供される給食。戦後は児童の欠食対策として、アメリカ、ララ物資、ユニセフからの食糧援助によって再開された。この時代の給食から考えると、カツオ君がお土産に持って帰ったのは脱脂粉乳のミルクではないだろうか。☞付録：学校給食／ララ物資

用談 ③ 5
大切な相談、話合い。

手洗い器 ③ 8
ほうろうやブリキ製のもので、便所の扉のすぐ横の軒先に吊るされていた。容器に水がためられていて、下についている細い棒を押し上げると少量の水がじょうろのように流れる。少量しか出ないので、節水となった。中には手洗い器の中に絵の具を入れて、家の人を驚かせたイタズラッ子もいたようである。水道が普及し、屋内で蛇口をひねって水が出るようになると、いつの間にか姿を消した。

手洗い器（陶製）

井戸さらい ③ 9
井戸の水をくみだした後、落下物を取り出し、井戸の内側を

洗う掃除のこと。井戸浚い専門の職人も存在した。共同井戸がほとんどだった江戸では、旧暦7月7日〔現在の8月中旬〕に住民全員で一斉に井戸浚いを行い、正午までにその作業が終わり、御酒・塩を供えた。井戸浚いは、盂蘭盆を迎えるための穢れを祓う禊の儀式である「七夕」の、一連の水を清める行事と考えられる。

木の風呂 ③10

大きな木製の樽に金属製の焚口と煙突をつけて、直接湯を沸かせるようにする風呂。形は小判型が多い。水をためる部分を湯船と呼び、湯船につかり、その湯をくみ出して身体を洗う。湯船には小さく区切られた場所があり、この湯はいつもきれいなので、上がり湯として使用した。身体を洗う部分〔洗い場〕には木製のすのこを置き、使用した湯はすのこの下に落ちて下水に流れるようになっていた。すのこの下はコンクリート、木製など様々。磯野家のお風呂は、昭和43年10月15日㊲87、木製からタイル張りへと変わる。

たんぜん・どてら ③10

丹前、どてらは同じもの。綿を厚く入れた防寒用の広袖の長着。江戸前期、江戸神田佐柄木町・堀内丹後守の屋敷前にあった湯女風呂・紀伊国屋に通う際、着物の上に綿入り広袖を着て旗本が風流を競ったことから、丹前と称するようになり、これが一般にも広まったという。女性用には黒繻子、ビロード、男性用には黒八丈の掛襟がつけられた。着物より丈が長く、袖が広くて綿を入れた衣類。

停電 ③11

終戦直後はとにかく停電が多く、夜になると真っ暗になることが日常茶飯事だった。そのためロウソクや石油ランプが必需品となる。昭和22年明るく周囲を照らす「ハウスライト」が三洋電機製作所〔現・三洋電機〕から発売。これは「停電灯」とも呼ばれ、生産が追いつかないほどの人気となった。

昭和26年5月1日、戦時下の電力国家管理に拠って設立された日本発送電や各地域の配電会社が解体され、北海道から九州まで9電力会社が発足。しかし発足早々、夏に向かうにつれて電力会社は深刻な電力不足となる。当時は朝鮮特需で電気需要が伸びる一方、渇水で水力発電ができず、石炭の入手も困難だった。そのため、昭和26年6月から全需要家に昼間負荷の深夜

角型ランプ（昭和2年）

移行と1割の節電を要請、7月からは週1回の休電日を実施する。また公益事業委員会は、同年9月、電灯・業務両電力の昼間使用禁止、本州全域の電熱器等の使用禁止、小口・大口電力の週1回休電日実施等の電力使用制限を告知した〔11月と昭和27年2月に一部緩和されたが、3月後半まで続けられた〕。昭和28年には1月に異常渇水となり、通商産業省告示により1月9日から本州全域で使用制限となり、週2回の休電日、輪番緊急停電が行われた〔3月2日解除〕。この電力需要の危機的状況に改善の兆しが見えたのは、昭和28～30年度のことだった。

注：輪番停電〔rolling blackout〕は、電力需要が電力供給を上回ることが予想される場合、大規模停電を回避するため、電力会社が事前に地域を区分して電力供給を順番に一時停止することで、日本では戦後混乱期と東日本大震災の時に実施された。

しなそば

③13
中華そば、ラーメンのこと。

傘修理

③14
昔の日本人は直して使えるものは直して使っていた。作品では、足にゲートルを巻いた男性が路上で傘の修理をしている。以前は、「コウモリ傘の直し～」などと言いながら、傘の修理の注文を取るために各家をまわり、依頼を受けた傘を抱えて路上などに筵を敷いて座り、小工具を使って傘の修理をしていた。そんな姿も安い傘が普及して使い捨ての時代になると見られなくなった。

かもじ

③16
古来は「かずら」「入れ髪」などともいった。日本髪を結ったり垂らすとき、髪の毛に補い添える髪。「ヘアピース」という名称で洋髪でも用いられる。

取引高税の切手

③17
取引高税 transactions tax。昭和23〔1948〕年、取引高税法が制定〔昭和25年1月1日廃止〕。物品販売業・銀行業・製造業等、全39業種の売上高などに1%の税率で課税され、取引高税印紙で納入することとなった。「取引高税の切手」はこの印紙を指すと思われる。

糸電話 ③ 26

紙や竹の筒の底を切り取ってハトロン紙をつけ、真ん中に穴をあけて木綿糸を通して、筒の内側から紙で貼りつけて固定する。反対側も同様にして繋ぐ。糸をぴんと張っておくと振動が伝わるが、実際はすぐ破れてしまう。糸がたるんでいることから、ワカメちゃんは大きな声でお友達と電話のつもりで遊んでいる模様。

文 ③ 36

もん。足袋のサイズの単位。江戸時代に寛永通宝の一文銭を並べて足袋底（たびぞこ）のつま先からかかとまでの長さを計ったことからきている。一文銭の直径は 2.4cmなので、一文は 2.4cm。文の後は、2.4cmの間隔を「二分」、「半」、「七分」というように分けて言った〔例：7 文半など〕。かつては靴のサイズにも用いられた。

借り電話 ③ 36

有線電話はその地域や家庭に電話回線工事がされていなければ設置できなかった。そのため緊急の場合は商店や個人の所有者に使わせてもらうことになる。ここでは壁掛けの電話が使われている。昭和 27〔1952〕年 2 月、商店などに委託して電話を設置し有料で使用できる委託公衆電話が登場し、当初は現金で使用料を支払っていた。

吉田茂 ③ 41

よしだ・しげる〔明治 11（1878）年 9 月 22 日～昭和 42（1967）年 10 月 20 日〕。外交官・政治家。第 45・48・49・50・51 代内閣総理大臣。皇學館大学初代総長、学校法人二松学舎舎長を歴任。葬儀は戦後初の国葬。

昭和24年
1949

出来事

日本		世界	
01/26	法隆寺金堂内陣火災。		
03/07	ドッジ・ライン。		
04/25	1ドル＝360円の単一為替レート実施。	04/18	アイルランド共和国成立。
05/31	国立学校設置法公布施行。	05/23	ドイツ連邦共和国（西独）成立。
06/30	平事件。		
07/06	下山事件（東京・足立区で国鉄総裁の轢死体発見）。		
07/15	三鷹事件（国鉄三鷹駅で無人電車暴走）。		
08/16	古橋廣之進、全米水上選手権1500m自由形で世界記録。	08/24	北大西洋条約機構（NATO）発足。
08/17	松川事件。		
		10/01	中華人民共和国成立。
		10/07	ドイツ民主共和国（東独）成立。
11/03	湯川秀樹、ノーベル物理学賞発表。		
12/01	『サザエさん』夕刊朝日新聞で連載開始。	12/07	中国国民政府、台湾・台北に首都を移転。
		12/27	インドネシア連邦共和国成立。

トピックス　JIS規格■トンチ教室■青い山脈■ビアホール復活■お年玉付き郵便はがき

ファッション　ツートーンカラー出現■アメリカン・スタイル全盛（フレアースカート／明るい色の大柄プリント／フレンチスリーブ／原色コート等）■スラックス・ス

タイル流行■ロングスカート全盛■パネルスカート■正絹のジョーゼット・スカーフ発売■ビニール・ベルト流行■レーヨンのオープンシャツ登場■ショートカット

流行語 アプレゲール■ドッジ・ライン■竹馬経済■自転車操業■ワンマン■白亜の恋■厳粛なる事実■トイチ■駅弁大学■三バン■てんやわんや■ギョッ■アジャパー■逆さくらげ

ベストセラー 永井隆『この子を残して』■小泉信三『共産主義批判の常識』■ミッチェル『風と共に去りぬ』

炭十能 ③44
すみじゅうのう。台(だい)十能ともいう。火がついた炭を運ぶための道具。金属製のお椀状の容器に木製の台と柄がついている。

炭斗 ③46
すみとり。「すみいれ」「すみかご」ともいう。炭俵から炭を小出しにして入れておく器。木または竹でできている。火鉢の中に起こした炭を入れ、それが燃え尽きる前に火箸などで炭斗に入れてある炭を継ぎ足した。季語は冬。

ターザン ③49
「アーアーアー、アアアア〜」の雄叫(おたけ)びで有名。アメリカ映画。1月『ターザン砂漠へ行く』、10月『ターザンの怒り』、12月『ターザン紐育へ行く』が公開され大ヒットした。

酔っぱらいのお土産折 ③50
宴会場の残った料理を入れたもの、ないし寿司屋の折(おり)と思われる。当時は飲んで帰宅する時、お寿司屋さんで土産用にお寿司を入れた「寿司折」を作ってもらった。折箱はエゾ松杉、シナ、檜などを使った容器で、折箱に食品を詰めたものを「折詰(おりづめ)」という。持ち帰るときは、折詰に十字に紐をかけ、中心部から紐を伸ばして水平にぶら下げた。一杯飲んだお父さんのお土産の定番。

内職洋裁 ③51
洋服はリフォームや生地を買って手作りすることが中心だった時代、サザエさんは洋裁の腕を活かして洋服裁縫の内職を始める。当時の婦人雑誌にも「進駐軍用ソックス編み」「和服裁縫」等、家庭でできる内職の紹介が掲載されている。

くじら ③52
鯨尺（くじらじゃく）。和裁用に使われていた物差し。名称は、鯨のひげで作られていたことに由来するという。鯨尺1尺は37.88cm〔曲尺の1尺2寸5分に相当〕。昭和33年、尺貫法の廃止で法定単位でなくなったが、昭和24年当時は、鯨尺と曲尺〔1尺＝1mの33分の10〕を併用していた。

のの字を書く・むしる ③54
指先で「の」の字を書く、若い女性が恥ずかしがったりするときのしぐさ。じゅうたんの毛をむしったりもした…。

湯たんぽ ③58
お湯を入れて暖をとるための道具。豆炭を入れたあんか同様、寝床の足元に入れて用いた。江戸時代に生まれた湯たんぽは陶器製で、明治以降は金属製となったが、第二次世界大戦中は金属不足から陶器製の湯たんぽが流通した。

『サザエさん』では、昭和41年9月17日㉝78で湯たんぽは廃品回収に出されている。電気毛布等の電化製品の普及の影響で、湯たんぽは昭和40年頃から徐々に一般家庭から姿を消していくが、現在も国内外の被災地等ほかで活躍している。

御膳台 ③60
おぜんだい。食べ物を載せて出す台。多くは漆塗りで、一人分の食べ物を載せて出す。波平さんは4脚付きの御膳台を使っているが、会席で使用する半月膳などのように足のないものもある。

英語のローレライ ③60
ローレライは「妖精の岩」を意味し、ドイツのライン川ヒンゲン〜コブレンツの右岸の岩山、そしてこの岩の美しい水の精をさす。波平氏が歌ったのは英語訳の歌詞。原曲はハインリヒ・ハイネHeinrich Heine〔1797〜1856〕作詞、フィリップ・フリードリヒ・ジルヒャー〔ジルヘル〕Philipp Friedrich Silcher〔1789〜1860〕作曲による『ローレライ Die Lorelei』。日本では明治42〔1909〕年『女声唱歌』に近藤朔風の訳詞で掲載され、愛唱された。

The Loreley
I know not what it presages, ／ That I am so sad to-day; ／ A legend of former ages ／ Will not from my tho’ts away.

The air is cool and it darkles, ／ The Rhine flows calmly on, ／ The peak of the mountain sparkles ／ In the glow of the evening sun.
〔朔風の訳詩――なじかは知らねど心わびて／昔の傳說はそぞろ身にしむ／寥しく暮れゆくラインの流／入日に山々あかく榮ゆる〕

吸入器 ③ 62
スチームの吸入や薬剤の吸入をして、呼吸器系の病気の症状を緩和させる器具。作品では悪い風邪が流行っているため、予防のために行っている。

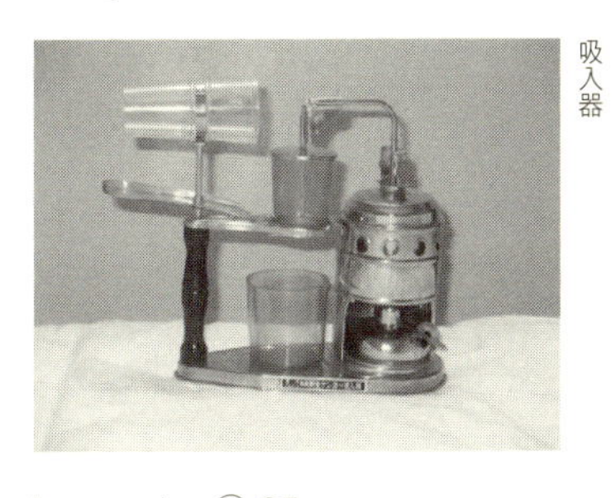
吸入器

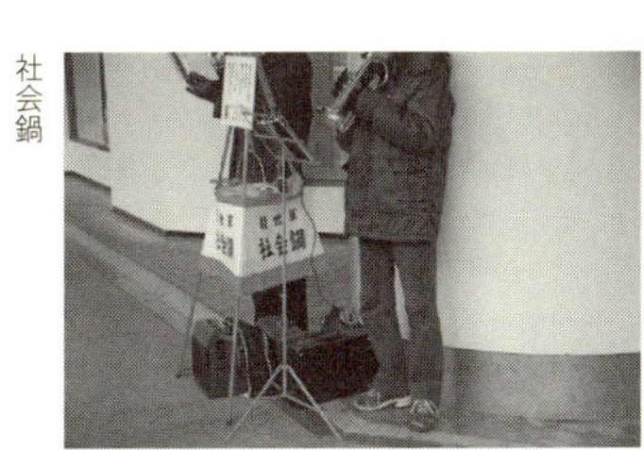
社会鍋

救世軍 ③ 65
救世軍〔The Salvation Army〕はイギリスに本部を置き、世界128の国と地域で社会福祉、医療事業等を通して伝道を行うプロテスタントのキリスト教団体。軍隊流組織形態や年末に行われる「社会鍋」の募金活動が知られている。

上野のおさるの電車 ③ 66
昭和23〔1948〕年9月8日、上野動物園で「おサル電車」の営業が開始される。運転手のおサルは占領軍兵士が寄贈したカニクイザルだった。笛を合図にサルがハンドルを引くと通電して電車が動き、35mの環状線を2周まわる。運賃は3円。この電車の人気は高く、休日には10万人が入園したという。しかし、昭和49〔1974〕年4月「動物愛護管理法」が施行され、同年6月30日〔動物虐待を理由に〕「さよなら運転」を最後に「おサル電車」は廃止された。26年間にわたる乗客数は約160万人だったという。

土管 ③ 68
粘土を焼いて造った陶製の円管で、大きさはさまざま。日本では古くから下水管用として使用された。戦後、日本中に空き地があった頃、そこは土木工事用の資材置き場として使われ、土管もよく置かれていた。大きな土管の場合はホームレスの寝泊まりに使用された。

T・T・K　③ 74
「都下禿頭会（とかとうとうかい）」の略号。波平氏が所属していた団体。

屑や　③ 77
廃品回収を生業（なりわい）とする人のこと。紙・古着・古鉄等各家からめかたで回収され再生の道をたどった。作品には籠を背負い、さおばかりをもった屑屋さんが登場。昭和 40 年代になると、自動車を使った「ちり紙交換」を行うようになる。

宮田重雄　③ 79
みやた・しげお〔明治 33（1900）年 10 月 31 日～昭和 46（1971）年 4 月 28 日〕。医師・洋画家。慶応義塾大学医学博士。洋画家梅原龍三郎に師事。昭和 22 年 11 月 1 日に放送を開始した NHK ラジオ・クイズ番組『二十の扉』のレギュラー回答者として出演。

吉川英治の『宮本武蔵』　③ 79
昭和 10〔1935〕年 8 月 23 日～昭和 14〔1939〕年 7 月 11 日、朝日新聞に連載された新聞小説。

不朽の超ロングセラー
（講談社文庫版表紙）

水おしろい　③ 80
水で溶いた白粉のこと。戦前のベースメイクは、化粧下地として無脂肪性のクリームのバニシングクリームを使用し、その上に粉白粉を使う「粉化粧」もしくは水白粉・練白粉等、水で溶いた白粉を使う「水化粧」が一般的だったが、戦後は白粉の下にコールドクリームか乳液を使うようになった。また、昭和 24〔1949〕年頃から新しい化粧品としてファンデーションが使用され始まる。

はながきかん　③ 84
においがしないこと。

まな板　③ 84
昭和 30 年代までの台所では、まな板は板の間や高さの低い調理台で使われていたため、まな板には、3 ～ 5cm 位の高さの足が左右に 2 本もしくは4本、脚が四方に付いていた。しかし、昭和30年頃から公団住宅等でステンレスの流し台が使われるようになり、そこで立って調理をするようになると、まな板から足が消えていった。

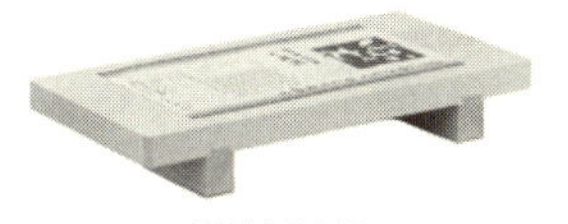
脚付きまな板

主婦の店 ③86

2月15日、物価庁で主婦の店選定全国婦人団体会議が開催され、主婦連合会〔主婦連〕の名前で「主婦の店」選定運動が一本化された。「主婦の店」選定運動とは、品質、正確な計量、衛生、公平、親切という基準で主婦の目で信頼できる良い店を選ぶという運動。3月17日、都内47万人の主婦が投票して、都内の八百屋・魚屋・肉屋・雑貨屋、869業者が選ばれ、4月15日、東京・神田の共立講堂で「主婦の店認定マーク」の贈呈式が行われた。主婦連合会は昭和23年10月、婦人運動家・奥むめお参議院議員を会長に結成された婦人団体で、「消費者の権利を確立し、いのちとくらしを守るために必要な活動をする」ことを会の目的としている。かっぽう着を着、トレードマークの大きなしゃもじ〔昭和26年9月登場〕を持って街頭デモ行進する姿が印象的だった。☞主婦連〔大きなしゃもじ、⑮94〕

とんび ③87

「とんび合羽（がっぱ）」「二重まわし」ともいう。ポルトガルからもたらされた合羽に、明治になってイギリスから伝わったインバネスケープの付いた袖なしの外套。日本では丈を長くして男性の和服用コートとして用いられた。厚地ウールや羅紗が使われている。金色の鎖をつけた懐中時計をもち、とんびを羽織り山高帽をかぶった姿は、明治時代の典型的紳士のスタイルといわれた。

とんび

よしなにお伝えください ③87

「よしな」は「よいように、いい具合いに」という意。

反物一匹 ③90

たんものいっぴき。「一匹」は反物の数え方の単位の1つで、他に一反（いったん）、一本（いっぽん）がある。一反は成人一人の衣装に対応する布の量で、反物二反で「一匹」という。紙の製法が発見される前、文字は高価な絹生地に書かれ、馬1頭と反物二反〔約23m〕が交換されたことからこの長さを「一匹」と呼ぶ。

へのへのもへじ　③93

「へ・の・へ・の・も・へ・じ」の7個のひらがなを用いて人の顔を書く文字絵。「つるには〔さん〕はまるまるむし」もあって、親しまれている。

オート三輪　③94

大正期から戦後1950年代頃まで生産された前1輪、後ろ2輪で、後輪に荷物を運ぶため荷台をつけたオートバイ。昭和10〔1935〕年頃から東洋工業〔現・マツダ〕、ダイハツ、鈴木自動車等が生産を始め、昭和2～30年には中小企業、農村のトラックとして活躍した。その後小型四輪トラックも登場したが、オート三輪の代わりに、昭和32年、ダイハツ工業から総排気量249cc、8馬力の軽三輪トラック「ミュゼット」が発売され、軽三輪トラックブームとなる。「軽三輪トラック」「オート三輪」の代名詞ともいえるミュゼットシリーズは、昭和47年まで生産された。しかし昭和40年代には、軽三輪トラックは乗り心地、安全面等から小型四輪トラックに対抗することができず、次第に姿を消していった。2017年、イタリアで人気が沸騰している。

オート三輪

夕刊　③97

第二次世界大戦の影響による新聞の統制令で、専業紙をのぞいて朝刊だけとなっていた新聞に夕刊が復活することとなる。まず11月3日、神戸新聞社が「夕刊神戸」を発行、これに続き読売、毎日新聞は26日、朝日新聞は30日から夕刊が復活。そして昭和24年12月1日「夕刊朝日新聞」で『サザエさん』の連載を開始する。

木の扉に木の鍵　③97

トイレや裏木戸の扉は、木の扉に細めの角材を横おきに埋め込み、扉の外側に付けた木品とつないで左右に動かし、扉から柱の穴に出し入れして鍵としたものが多かった。

藁苞納豆 ③97
わらづとなっとう。納豆売りは「ナットナット、ナットー」という売り声で、朝夕、藁苞入り納豆を町で売り歩いていた。

アイロンの電気を上からとる ③98
昭和30〔1955〕年、新築住宅にコンセントが付けられるようになる。古い家では家にコンセントがなかったため、たとえばアイロンの電源はどうしていたのか。1 ソケットから電球を取り、そこにさし込み口がコンセント型になった部品をねじ込んでアイロンの電源とした、2 電球の代わりに電源を二つに分ける二股ソケットを用い、片方に電球、もう片方に差し込み口をコンセント型にする部品をねじ込んで、そこからアイロンの電源をとっていた。電灯と電化製品を両方同時に使用可能とした二股ソケットでは、大正9〔1920〕年に松下電気器具製作所〔現・パナソニック〕が発売した「ト型2灯用クラスター」が有名。同社は昭和10〔1935〕年に電球二つと電化製品の差し込み口を一体化させた「国民ソケット」を発売。電球は紐を引くことで片方や両方を点滅させることができ、差し込み口は常時通電だった。昭和44〔1969〕年12月10日、磯野家にコンセントが登場する。

年賀はがき ③98
昭和23〔1948〕年12月15日、9年ぶりに年賀郵便が復活し、受付を開始する。翌年の昭和24年12月1日にはお年玉つき年賀はがきが初めて発売された。

靴の値上げ ③102
12月16日、物価庁は靴の値上げを実施。革靴特級が2580円となる。

熊手 ③104
庭の掃除や穀物等をかき集めるのに使用する。長い柄の先に竹製の先が曲がったものを櫛状に並べて扇形に付けたもの。

鍋の修繕 ③105
使用頻度の高い金属製の鍋・釜はひび割れしたり穴が開いたりすることがあった。その時は破損した部分を切り取り、そこにブリキや金属をあてたり、小さな穴は鋲やハンダで固定し、たたいて平らにするといった補修を繰り返し、とにかく何でも大事に長く使った。その破損した部分の修理を請け負ったのが、金属を「鋳て」〔溶かして〕「かける」ことから「鋳掛屋」と呼ばれる職人である。鋳掛屋は、ふいごを持参し、町中を呼び歩き、声がかけられると仕事をした。しかし簡単に補修できるものではないプレス成型のアルミ鍋等が大量生産・流通するようになって格安となり、流しの鋳掛屋の姿は消えていった。

薪割 ③ 107

まきわり。樹木は大量の水分を含んでいるため、伐採後適当な長さに切って、乾燥させて薪とする。太すぎる場合は、割って使用した。1950年代まで薪は炊事、風呂焚き等、ほとんどすべてに用いられたため、各家には斧や鉈があり薪割が日課となっていた。

畳替え ③ 113

畳替えには、1 裏返し：畳の裏面を表にして張り替える。2 表替え：裏返しが済んだり、長期間使用した畳の畳表、畳縁を新しいものと替える。3 新規畳：使用が10年を超え、畳がぶかぶかしてきたら畳床の交換をする。この作品では上記のどれを行なっているか分からないが、畳表の張替をしている。

畳替え（山形県長井市の總宮神社）

フランチェスカの鐘 ③ 113

昭和23〔1848〕年、二葉あき子が歌ってヒットした菊田一夫作詞・古関裕而作曲の歌。

アメリカ留学 ③ 114

昭和23〔1948〕年7月23日、戦後初、ロックフェラー財団留学生に選ばれた看護婦・保健婦ら女性4人が横浜港からアメリカへ留学。昭和24年12月1日、第1回ガリオア留学生選抜試験が全国7会場で行われた。6491人が筆記試験に臨み142人〔うち女性27人〕が合格、翌年軍用機で渡米〔第2回の試験は昭和25年7月実施〕。これは、戦後の日本のリーダーとなる若者にアメリカの民主主義を実現させる目的で設立された「ガリオア」〔占領地域救済政府資金〕による留学生派米制度で、これにより4年間で1097人が渡米。昭和27年、フルブライト留学生計画に引き継がれる。

|賃餅| ③ 121
ちんもち。お金を払ってつかせた餅のこと。

|お隣同士の防犯ベル| ③ 122
長島茂雄さんの「セコムしてますか！」また「東京オリンピックをセコムした…」等のキャッチフレーズで、防犯を「セコムする」とイメージづけさせたセコム等、当時は警備会社の宣伝が目に付く。女性や子供が使用する防犯ベルも多種発売されている。昔から様々な防犯対策が考えられてきたが、『サザエさん』の時代にはボタンを押すと隣の家に設置された防犯ベルが鳴る仕掛けが出てくる。その時代は現在とは異なり、プライバシーの侵害をしない、個人生活に干渉しないではなく、「助け合い」「干渉し合い」がうまい具合に作用していたと思われる。

|天光光論| ③ 124
てんこうこうろん。園田天光光〔旧姓：松谷、1919年1月23日～2015年1月29日〕は女性参政権が認められた最初の第22回衆議院議員総選挙で初当選した女性代議士の一人。昭和24年、労働党の松谷天光光と民主党員で妻子ある園田直（すなお）との恋愛が発覚。党派を超えた二人の恋は話題となり、国会議事堂になぞらえて「白亜の恋」と呼ばれた。一方、園田の2番目の妻は園田の病床の父の看病をしながら夫の帰りを待っていたことから、世間から大ひんしゅくをかった。同年、妊娠という「厳粛な事実」が明らかになり、家出同然で同棲、12月10日結婚。園田直〔1913年12月11日～1984年4月2日〕は陸軍軍人、衆議院議員。内閣官房長官・外務大臣等を歴任した。

|おしつまりました| ③ 125
押し詰まる。年末に近くなるという意味。

|仏壇の灯明| ③ 126
神仏に供える灯火で、仏教では灯明は闇を照らす智慧の光にたとえられる。仏壇の灯明は古くは油を灯す油皿や蠟燭が使われたが、火事を防ぐために電気製のろうそくもある〔昭和46年5月8日㊷95〕。灯明の火を消す時は、「浄火」なので息ではなく手であおいで消す。

|障子張| ③ 126
しょうじはり。障子は木枠に和紙を張った建具。扉や窓に使用した。年末の大掃除の時、和紙を張り替える「障子張」を行う。作品中フネさ

んの横においてあるのは、障子張用の糊で、多くは小麦粉に水を加えて混ぜ、溶けたら弱火でとろみがつくまで煮て糊状にしたもの。障子張をするときはまず古い障子の糊の塗ってある部分にはけで水をつけて、古い紙をきれいに取り去り、乾いてから先程の糊をはけに付けて木枠に塗り、和紙を張る。糊が完全に乾いたら薄く均一に霧吹きで水をかけると数日後、障子がぴんと張る。

障子張

毛皮 ③ 127

戦後、毛皮に憧れを抱く女性が多かったようである。それまで限られた人の高価な贅沢品だった毛皮が、復興と共に誰でも頑張れば手が届くものとなっていった。特に毛皮が注目されたのは、昭和34〔1959〕年1月、皇太子と正田美智子さん婚約の時だという。美智子さんが実家を出る際に着用していたミンクのストールは、ミッチーブームの熱狂と共に女性たちを魅了した。

昭和25年

1950

出来事

日本		世界	
01/07	千円札発行（聖徳太子の肖像）。	01/06	英：北京政府を承認。
		02/09	米：マッカーシー旋風始まる。
		02/14	中ソ友好同盟条約締結。
06/06	レッド・パージ、日共幹部の追放。	06/25	朝鮮戦争勃発（米軍戦闘参加）。
		06/27	国連安全保障理事会、朝鮮出兵を決議。
		06/28	朝：北朝鮮軍がソウル占領。
07/02	金閣寺が放火で全焼。		
07/24	GHQ、新聞協会にレッド・パージを勧告。		
07/25	朝鮮戦争の国連軍総司令部、東京に設置。		
08/23	警察予備隊発足。		
09/03	ジェーン台風襲来（～4日）。	09/15	朝：マッカーサー指揮の国連軍、仁川奇襲上陸。国連軍38度線突破。
		09/26	国連軍ソウル奪還。
10/13	GHQは1万90人の公職追放解除を承認。	10/25	中国人民義勇軍参戦。
11/10	NHK、テレビの定期実験放送開始。		

トピックス　朝鮮特需■レッド・パージ■パチンコブーム■胃カメラ開発■お好み焼き流行

ファッション　カラー：パステルカラー志向（～52年）■ニュールック全盛（～51年）■ビニール・レインコート市販開始■ブレザージャケット■アコーディオン・プリーツのスカート／短めのタイトスカートも流行■ネッカチーフ流行■ナイロンブーム■口ゴム付きメンズソックスの市販始まる■下着101号（国産初のブラジャー・和江商事〔現・ワコール〕）■女性の化粧にアイメーク登場■ボブヘア流行

流行語　アルサロ■一辺倒■糸へん・金へん■つまみぐい■オー、ミステイク■貧乏人は麦を食え

ベストセラー　谷崎純一郎『細雪』■辻政信『潜行三千里』■ミッチェル『風と共に去りぬ』■石坂洋次郎『石中先生行状記』

憎まれっ子世にはびこる　③128

憎まれるような人ほど、世間では幅をきかせる〔のさばる〕ものであるという意味。『江戸いろはかるた』の一札。ちなみにIll weeds grow apace〔雑草は発育が早い〕。

塵も積もれば山となる　③128

塵（ちり）のような小さなものでも積もれば山のようになることから、小さなことをおろそかにしてはいけないという戒め。出典は『大智度論（だいちどろん）・九四』大品般若経（だいほんはんにゃきょう）〔摩訶般若波羅蜜経（まかはんにゃはらみつきょう）〕の注釈書で『江戸いろはかるた』の一札。Many a little〔pickle〕makes a mickle〔少量のものが多く集まれば多量となる〕。

いうてくらしているうち…みえぬ　ほうそうで…わしの心もしらずして　③130

浄瑠璃の演目『壺坂霊験記（つぼさかれいげんき）』の台詞。歌舞伎、浪曲の演目にもなっている。『壺坂観音霊験記』『壺坂』とも言う。疱瘡（ほうそう）にかかり痘痕（あばた）顔と盲目になった沢市と妻お里の話。沢市の目を治してほしくて毎晩観音様にお参りに行っていたお里を他の男と逢引していると疑った沢市にお里が口にする台詞。「みえぬほうそうで」の箇所は少々異なっている。誤解が解けた後、二人で観音様にお参りに行くが、沢市は自分がいない方がよいだろうと山から身を投げ、お里も後を追う。しかし観音様が二人を生き返らせ、沢市の目も治る。

「ええそりゃ胴欲な沢市様。いかに賤しい私ぢやとて、現在お前を振捨てゝ、ほかに男を持つやうな、そんな女子と思ふてか。そりゃ聞こえませぬ

聞こえませぬ聞こえませぬわいな。父様や、母様に別れてから伯父様のお世話になり、お前と一緒に育てられ、三つ違ひの兄さんと、云ふて暮してゐるうちに、情けなやこなさんは、生れもつかぬ疱瘡で、眼かいの見えぬその上に、貧苦にせまれどなんのその、一旦殿御の沢市様。たとへ火の中水の底、未来までも夫婦ぢやと、（思ふばかりかコレ申しお前のお目をなおさんと）この壺坂の観音様へ、明けの七つの鐘を聞き、そつと抜け出でただ一人山路いとはず三年越し。せつなる願ひに御利生のないとはいかなる報ひぞや。観音様も聞こえぬと、今も今とて恨んでゐた、わしの心も知らずして、ほかに男があるやうに、今のお前の一言が、私は腹が立つはいの」

千円札　③131
1月7日、初の千円札が発行された。聖徳太子〔表〕、法隆寺の夢殿〔裏〕の図柄で、偽造防止のため透かしが入った。昭和56〔1981〕年7月7日には夏目漱石の新千円札が登場する。

ひふきだけ　③136
火吹竹。吹いて火をおこしたり、たきつけたりする道具。竹筒の節を1つ残して小さな穴をあけた30～60㎝の長さの竹筒。息が強く噴き出るように小さな穴を開けた方を火種に向け、もう一方の端から息を吹き火をおこす。

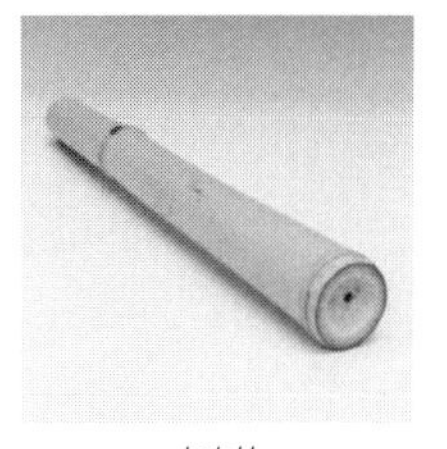
火吹竹

暁の脱走　③141
田村泰次郎『春婦伝』を原作とした昭和25年、新東宝製作の日本映画。昭和40年には原作名『春婦伝』で再映画化された。池部良演じる三上上等兵と山口敏子演じる慰問団員として前線に赴いた歌手・晴美が、手に手を取って「暁の脱走」を企て、二人とも機関銃で撃たれ倒れる。晴美は身をよじりながら、なんとか倒れた三上の指に触れようとするが…。三上の指に触れることができないまま息絶える晴美に多くの人が「ああ、届かない、あと10cm届かない」と涙した。また、昭和24年には一晩中裸で木に縛り付けたリンチ「暁に祈る」事件が報道された。これはウランバートル収容所で吉村隊長がノルマを果たせない隊員にリンチを加え、死亡させた事件。

小鳥屋　④1
昭和22〔1947〕年から日本では「バード・デー」を決め、網で鳥をとることを一斉に禁じた。昭和25年、5月10日～16日を愛鳥週間

〔バードウィーク〕とした。

火の用心の夜回り
④4
多くの家が木造で建物が密集する日本では、昔から火災に対して注意が払われた。特に空気が乾燥し、火を使う機会が多い冬にはなおさらである。昭和23〔1948〕年、消防が警察組織から離れて自治体の組織となり、各家庭では台所に朱色で書かれた「火の用心」という紙を貼り、防火意識を高めていた。一方、町内では輪番で「火の番」を務め、夜間拍子木を持って「火の用心」と連呼しながら巡回。子供たちまでも数人で「火の用心」を連呼しながら注意喚起と見回りを担っていた。昭和34年2月3日㉑31では腰提灯を下げて拍子木を打つ波平さんが描かれている。現在、原宿でも夜になるとカチカチする音と共に夜回りが続いている。

ヤギの乳
④8
磯野家のご近所でヤギを飼い、その乳を売る家が登場。磯野家でも牛乳の代わりにヤギの乳を使っている。この作品の少しあと、昭和25年2月22日、牛乳・バター等乳製品の価格統制が廃止され、自由販売が認められる。

御用聞き
④12
店の人が商品の受注を得るために、お得意先の各家を定期的に巡回して注文を受け、商品を配達する販売方法。磯野家には八百屋・酒屋・米屋・クリーニング屋が御用聞きとして登場する。スーパー、コンビニエンスストアの登場で次第に姿が少なくなったが、運送業等他業種では広く行われているようである。

チューインガム
④17
chewing gum〔英〕。南米の木・サポディラ sapodilla からとれるゴムのような液体にハッカ・砂糖等を混ぜ、薄く固めたガム。チューインガムは戦後急速に普及したものの1つで、GHQの影響からか、ガムをかむのが新しいファッションとなる。昭和27〔1952〕年、砂糖の統制が解除されたこともあり、4月にロッテが発売した球状の風船ガム「カーボーイ」は大人気となった。

米国の食べ物
④21
戦後、米軍の品の中身を辞書で調べた方は多かったのではないだろうか。千葉に住んでいたNさん一家では、長兄が進駐軍からもら

って来た四角い包み〔中に銀紙が貼ってある〕を開けると中には何やら、黒い粉と白い粉。家族全員寄り集まって、恐る恐る黒い粉に指につけてなめたら、ただただ苦かった…。「アメリカさんは変なものを食べるね」と話したという。数年後クリープが登場した時、あの黒と白い粉の正体が分かったとか。

みがきずな ④21

磨き砂。炭酸カルシウムを主とした白い粉末で、「磨き粉」ともいう。金属製の器を磨いたり、歯磨き粉としても用いた。

鰹節削り ④24

鰹節（かつおぶし）を削（けず）る箱型の道具で、箱の上に裏返した鉋がはめ込まれている。削った鰹節は下の引き出しに落ちる。『サザエさん』には鰹節を削るシーンが度々登場する。鰹節は乾いたふきんでカビをふき取ってから鰹節削り器で削る。

ちなみに、だしを引く時のコツ——鰹節は煮ると香りが飛んでしまうため、水が沸騰したら火をとめて鰹節を素早く均一に入れ、混ぜずに静かに１〜２分待ち、ぎゅっと絞らず、ガーゼやキッチンペーパーで濾（こ）すとシャンパンゴールド色の一番だしが出来上がる。鰹節は捨てる所がない食品で、２番だしをとった後は、ふりかけにして頂いた。また、白色電球のガラス片で鰹節の角を削ると糸削りが出来た。

終戦直後、鰹節は高価だったため、出汁をとる時は煮干しがほとんどで、鰹節はおひたし、豆腐など料理にかけていたようである。昭和39〔1964〕年、にんべんは「つゆの素」を発売する。当初は販売に苦戦したが、醤油をベースに鰹節と昆布のだしを合わせた「つゆの素」は簡単に美味しいつゆを頂くことができることから次第に人気を得ていった。200ml、65円。また、昭和44年には「かつおぶし削りフレッシュパック」を発売。鰹節は「お客様の顔を見てから削れ」といわれたが、その削りたての風味を長期間保持することが可能となり大ヒットした。だしの取り方の詳しい方法は www.ninben.co.jp をご覧ください。

鰹節削り

物干しの二股 ④25

洗濯ざおを洗濯柱にかけるための道具で、先端が二股になっている棒状の道具。

肩パッド　④29

肩の形を整えるために使う詰め物。進駐軍婦人の肩パッドが入ったいかり肩の洋服が流行した。

木製氷冷蔵庫　④42

木製氷冷蔵庫が昭和24〔1949〕年ブームとなる。上部に氷を入れて冷やす木製の冷蔵庫で、外装は堅い無垢のなら材、内側にはトタンやブリキが張ってある物が多く、水漏れ防止にコールタールが塗ってあった。上下2段に分かれ上段は氷、下段に食料を入れた。2貫目〔7.5kg〕の氷で一昼夜持つといわれ、上段は2貫目の氷が入る大きさ。氷は毎日、氷屋さんが配達した。氷を積んだリヤカーを自転車で引いてきて家の前で大きな氷を2貫目に切って台所まで運ぶ。配達には後にオート三輪車や小型トラック等も使われた。氷屋さんは、夏には氷、冬には炭を売る店が多かった。家庭用木製冷蔵庫の大きさは高さ1m、幅63㎝、奥行54㎝。大正時代には上流階級の家庭で使われていたが、昭和24年頃から一般家庭へと広がったといわれる。しかし、30年代には電気冷蔵庫が登場し、姿を消していった。

木製氷冷蔵庫

米屋さんの前掛け　④44

八百屋、酒屋、米屋等では、屋号・商店名・メーカー名・商品名を紺地に白抜きで文字を染め抜いた前掛けをしていた。厚手の綿の前掛けは重い荷物を運ぶ際に服を傷めたり、汚したりしないための実用品であり、広告ともなった。

母の日　④47

昭和6〔1931〕年、大日本連合婦人会が、3月6日、地久節〔皇后誕生日〕を「母の日」とした。そして昭和12〔1937〕年5月8日「森永母の日大会」が豊島園で開催。その後昭和24年頃からアメリカに倣って5月第2日曜日に行われるようになる。

ミス日本 ④48
4月22日、東京・目黒の雅叙園で渡米平和使節を兼ねた第1回ミス日本の審査会が行われ、ミス京都・山本富士子さん〔18歳〕が選ばれた。彼女は翌年アメリカからの支援物資の答礼平和使節として公式訪米した。

盆暗 ④50
ぼんくら。元々は博打用語で、盆のサイコロを見通す能力に暗い意味で、ぼんやりしている、間が抜けたさま、そのような人のことを意味する。

PTAの会 ④59
PTAはParent-Teacher Association。生徒の保護者と教師の学校単位の団体。戦後アメリカ教育使節団の勧告、GHQの指導の下、昭和22〔1947〕年以降、全国の小中高校に普及した。昭和25年6月16日④129の作品では、PTA総会にフネさんが出かけている。

お金がつまってきました ④64
お金が入ってこなくて生活に苦しくなること。

貸本 ④65
料金を取って貸す本のこと。貸本屋は補償金をとって小説、雑誌、漫画を中心に貸し出していたが、第二次大戦後は大衆小説、漫画を貸し本としていた。昭和28〔1953〕年、テレビ放映開始後、紙芝居が衰え、多くの紙芝居作者が貸本屋むけ長編漫画の制作へと移った。

つまりましたな ④66
「つまる」は困るの意味。

放出品 ④71
戦後の食糧不足は深刻で、昭和21〔1946〕年5月12日、世田谷区民が「米よこせ大会」で皇居へデモを行い、19日には25万人が食料メーデーに結集。このような状況に、GHQは輸入小麦粉1万トンを放出、その後も輸入した食料放出を続けた。一方、軍需工場等に備えられていた物資、政府関係の工場・施設等の貯蔵物資は、放出品として百貨店等で安売りされた。

ブロッター ④72
万年筆やペンで字を書いた後、余分なインクを吸取紙〔ブロッティングペーパー〕を使って取る道具。半円形の台の平らな面には把手がついていて、曲面には吸い取り紙を付け、吸取紙が滑らないように押しつけて使う。

近所同士の助け合い ④ 74
当時は、御用聞きやお客が突然訪れることがあったため、外出時、近所の方に留守番をお願いすることがあったという。また、うっかり切らした醤油やパン粉を近所の家に借りに行くという近所同士の助け合いもあった。

謄写版 ④ 78
ガリ版ともいう孔版印刷の一種。ろう引きされた原紙に鉄筆やタイプライターで細かい傷をつけ、そこから印刷インクをにじませて刷る。鉄筆で原紙に書く時にガリガリする音から「ガリ版」といわれる。明治27〔1894〕年、東京で堀井新治郎・耕造が考案し、手軽な複写道具として普及する。学校のテスト、お知らせ、台本、同人誌等様々な所で大活躍した。

謄写版

踏み台 ④ 79
「ふみつぎ」「あしつぎ」ともいう。高い所に上がったり、高い所の物をとったりするために乗る台。

郵便配達夫 ④ 82
戦後、郵便配達人は足にゲートルをまいて徒歩で郵便を配達していた。高度経済成長期に入り、郵便量の増加、スピード化から配達に自転車が用いられるようになる。その後、配達の際の乗り物はスクーター、バイク、自動車へと変化していく。

別当薫 ④ 82
べっとう・かおる〔大正9（1920）年8月23日〜平成11（1999）年4月16日〕。プロ野球外野手、コーチ、監督。1970年代、HOYA眼鏡のCMが有名。

バリカン ④ 83
山型の2枚の刃を左右に動かして髪を切る理髪器具でhair clipperという。バリカンという名称は、明治時代、東京帝国大学正門前の理髪店「喜多床」で使用されていた刃にフランスの製造元バリカン・エ・マール Bariquand et Marreの社名が刻印されていて、これが名称として広まったという。髪型を丸刈りにするとき、バリカンに髪の毛が引っ張られ痛い思いをした方は多いのではないだろうか。

消防車 ④83

昭和25〔1950〕年、地上高18m放水塔付消防ポンプ自動車が完成した。

ボンネットバス ④94

運転席の前にエンジンがあるタイプの車。エンジンのカバーの部分を「ボンネット」という。路線バスで使用された。キャブオーバーやリアエンジンの登場により、それらと区別するため、ボンネットバスといわれるようになった。『サザエさん』では、昭和32年に現在のような前が出ていない型が登場〔昭和32年4月6日⑱40。しかし同年6月24日⑱92ではボンネット型も登場している〕。

ボンネットバス

バスガール ④94

バスの女性車掌。大正9〔1920〕年、東京の青バスが25人の女性車掌を採用したのが、最初のバス女性車掌だったという。バスガールは当時の最新の乗合バスにサージの洋装で、人気の職業。

看護婦とバスガールは日本の洋装化に貢献したといわれている。しかし戦後、女性の社会進出が進むなか、女性車掌は恵まれた職場とはいえなかった。昭和32〔1957〕年『東京のバスガール』という歌がヒットしたが、実際は売った切符と受け取った料金が合わない時は不足分を個人で弁償させられるような状況だった。そして昭和34年、私鉄総連関東地連の21組合のバス女性車掌が不足金弁納の廃止を要求する。昭和36年、東急バスにワンマンバスが初登場、昭和40年にはワンマンバスに自動料金箱が設置され、ワンマンバスが一般化していくと車掌は姿を消していった。「バックオーライ、オーライオーライ」といいながらピッピ、ピッピと笛を吹き、ピーッと長く笛を吹いて車を止めるバスガールの姿に、英語で仕事をしていて格好いい…と憧れる少年少女もいたようだ。

駅ホーム牛乳スタンド ④105

ミルクスタンド。普通の売店とは異なり、瓶入り牛乳や派生飲料を主に取り扱う店。都内駅構内ではJR秋葉原駅構内、総武線ホームに「パンと牛乳の店　ミルクスタンド」が残っている。

振袖石　④110
ふりそでいし。大きさは畳約33枚分で、大阪城本丸で3番目に大きな石。一番大きな石は、畳約36枚分の大きさの蛸石。

若草山　④113
三つ菅笠のような山が重なって見えることから「三笠山」、もしくは山頂の鶯塚古墳から「鶯山」とも呼ばれる。奈良県奈良市、奈良公園東端にある山、標高342m。

嗚呼玉杯　④115
ああぎょくはい。第12回紀念祭東寮寮歌。矢野勘治作詞・楠正一作曲。旧第一高等学校の代表寮歌の1つ。

嗚呼玉杯に花うけて／緑酒に月の影宿し／治安の夢に耽りたる／栄華の巷低く見て／向ケ岡にそそり立つ／五寮の健児意気高し

『嗚呼玉杯』(絵はがき)

都の西北　④115
明治40〔1907〕年、早稲田大学創立25周年に制定された相馬御風作詞・東儀鉄笛作曲『早稲田大学校歌』。

南禅寺　④116
京都市左京区にある臨済宗南禅寺派大本山の寺。山号は瑞龍山、寺号は太平興国南禅寺。

つけペン　④118
インクをペン先につけながら筆記・描画に用いるペン。ペン先とペン軸が一体化したものが多いガラスペン以外は、ペン先とペン軸に分かれていて使用目的、好みにより組み合わせて用いる。昭和40年代初頭まで振込用紙記入のため、郵便局や銀行にはつけペンとインク壺が置かれていた。

蚊帳　④120
かや。蚊などから身を守る網で、四方の力布から環の吊り手がついていて鴨居から吊るして使用する。虫は通さず風を通すので寝苦しい夏の夜には、窓を開けて涼しい風を取り入れることができた。幼児用には傘のように広げて使用する折り畳み式の蚊帳も使われた。

『サザエさん』にも登場するが、「雷が鳴ったら蚊帳に入ると安全」という言い伝えがある。また、組織・情報などから疎外されることを「蚊帳の外」と表現し、「蚊帳」の単語を現在に残している。一般的には麻で作られるが、昭和20年代後半、六畳用の蚊帳で約5000円と、大卒銀行員初任給とほぼ同額。昭和30年代に入るとナイロン他合成繊維の蚊帳も登場。しかし、殺虫剤や網戸の普及で、蚊帳は姿を消していった。現在は、蚊の対策として海外で大活躍している。

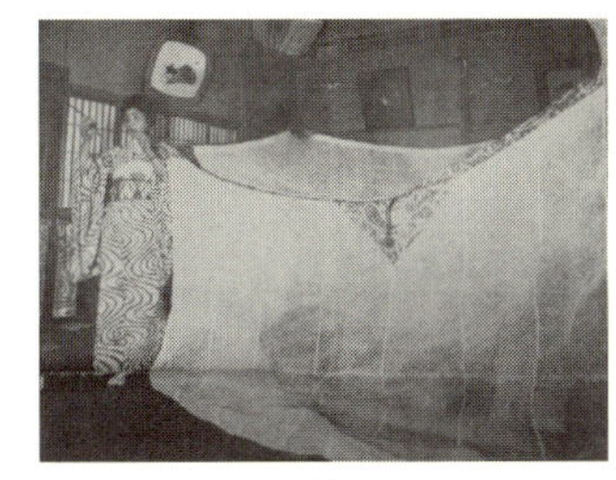
蚊帳

公休日 ④124

休日・祝日以外に勤労者が権利として与えられている休み。もしくは同業者が一定の日に休むこと、休む日。

開けごま ④128

アラビア語で「イフタフ〔開け〕・ヤー〔呼びかけの間投詞〕・セサミ〔胡麻〕」。『アリ・ババと40人の盗賊』で、盗んだ宝物を隠した洞窟を開く時の呪文。ゴマが成熟後乾燥させるとさやが割れて種がはじけることから、勢いよく開くさまをさす当時の慣用句だったといわれている。

乳母車

あめあめふれふれ ④132

大正14〔1925〕年『コドモノクニ』初掲。北原白秋作詞・山本晋平作曲。

乳母車 ④133

うばぐるま。乳幼児を載せて運ぶ手押し車。日本初の乳母車は、1867年アメリカから福沢諭吉が持って帰ったものといわれている。昭和20年代中頃の乳母

↓側面の図柄

車には藤等の植物のつるや竹が使用され、通気性がよかった。昭和30年前後の乳母車には宝船やつる等の縁起物の図柄が着色されて描かれていた。いずれも大きな車輪、2～3人は入れそうな子供を乗せる籠など、大きなサイズが特徴的。昭和30年代後半にはビニール製カバー付きスチールパイプの骨組みの乳母車が主流となっていく。

ノミ ④135

小さくよくはねる世界各地に分布する虫で、成虫は哺乳類などから吸血する。ペストと伝染病の媒介者。昭和21〔1946〕年日本で発疹チフスや天然痘などの伝染病が蔓延し、この原因をノミ、シラミの繁殖と考えたGHQはDDT散布計画を発表、DDTの強制散布を行った。

氷屋 ④138

暑い夏に氷屋さんで配達してもらった氷は、夏の風物詩の1つ。戦後、製氷工場の約4割が焼失し、氷の生産量も少なかったので氷は貴重品だった。昭和20年代、『サザエさん』には氷屋さんがたびたび登場する。氷屋さんは氷をリヤカーに積み、氷が解けないよう筵をかけて家庭を回り、玄関先で氷を氷鋸で切った。氷屑が出ると子供たちが奪い合うようにほおばったという。当時の家庭では、氷は飲食用というより、木製の氷冷蔵庫用に用いられた。氷冷蔵庫では上段に3.75kgのブロック2個〔2貫目〕を入れて、冷気で下段の食品を冷やした。昭和30年代、氷冷蔵庫の普及によって氷屋さんも増加し、1万件を越えた。しかし、電気冷蔵庫の普及により、氷屋さんは激減していく。

アイスキャンデー ④140

アイスキャンデーは木の棒に甘味料などをまぜた水を12～3㎝の棒状に固めた氷菓。昭和23年7月、東京重機工業は小銃の銃床に使ったクルミ材を利用してアイスキャンデーボックスを発売。昭和30年頃までは割りばし等に固まらせたアイスキャンデーが自転車で売られていた。アイスキャンデーを入れた箱は2重構造になっており、おがくず等を断熱材として詰め、ふたにアイスキャンデーの取り出し口がついていた。夏にチリンチリンと振鈴を鳴らしながらや

アイスキャンデー売りはもっぱら自転車で

って来るアイスキャンデー売りも夏の風物詩の1つだった。

赤痢・ハエ ④141

赤痢は発熱・下痢・血便・腹痛等をともなう大腸感染症。アメーバ性赤痢と細菌性赤痢に分かれ、一般的には赤痢菌による細菌性赤痢を指す。細菌性赤痢の感染源は主に人で、患者・保菌者の糞便や汚染された手、食品、蝿等を介して直接・間接的に感染する。水系感染の場合は大規模な集団発生となる。細菌性赤痢は戦後10万人を超え、2万人近くの死亡者が出たが、昭和40〔1965〕年半ば頃から激減した。乳幼児・小児・高齢者が重症化しやすい。

セパレートの水着 ④142

昭和22〔1947〕年6月、セパレート水着が登場。セパレート separate とは、分かれていること、もしくは分かれているものを意味する。戦後、女性のモードへの飢餓にも似た思いは強く、水着は柄・形、共に大胆なものになった。マネキンガールが着用する新型水着を見たフネさんはその大胆さに驚いたようである。

マネキンガール ④142

マネキンの元々の意味「マヌカン」〔仏〕は医学・美術用の人体模型を指す。マネキンガールは、マネキン人形の代わりを行う生きた女性をいう。大正時代からマネキン人形は存在したが、マネキンガールが登場したのは昭和3〔1928〕年。松竹の女優が着物を着て東京・日本橋高島屋のショーウィンドーに立った。これが評判となり、マネキンガールという職業が生まれた。マネキンガールの仕事といえば、デパートの店頭で新作の洋服を着用して人目をひいたり、化粧品を実演して商品を宣伝するのが主だった。

行水 ⑤1

たらいに湯や水を張って身体を洗いながすこと。元々は穢れを落とすための清水での水浴を指す「みそそぎ」、「みそぎ」を意味する。手押しポンプでくみ上げられた水はとても冷たかったという。そこで、夏たらいに水を張って日光の下で温める、もしくはお湯を足して水が少し温まったところで木陰や庭で行水をした。小さな子供にとっては水遊び場となり、ブリキの金魚の形をしたじょうろと共に思いだす人は多い。家庭風呂が普及し、家の周囲に高い建物が建ちはじめた昭和40年代に入る頃から、行水の景色は東京から消えていった。

藪入り　⑤8
やぶいり。お正月と7月16日に奉公人が休みをもらって生家へ帰ること。地方によっては嫁・婿も里帰りした。7月16日は盂蘭盆（うらぼん）の供養として加えられ「後（のち）の藪入り」ともいう。

三つ指　⑤10
みつゆび。親指・人差し指・中指の3本。本来の座礼は両手の人差し指と親指で菱形を作り、そこに鼻が入るようにお辞儀をする。これを略式化したのが三つ指を床に就き、頭を下げる礼。

天花粉　⑤17
てんかふん。あせも・ただれ予防のために使われたキカラスウリの根からつくられる澱粉。別称となっている「シッカロール」はアサヒグループ食品の登録商標。ベビーパウダーは滑石〔タルク〕等の鉱物とコーンスターチなど植物の澱粉で出来ている。水分の吸収が良く、あせもの治療に使用された。あごの下、股の付け根、脇の下などにぱたぱたとはたく。赤ちゃん、力士の他、80年代以前のウルトラマンなどヒーローたちにも、衣装であるゴム製ウエットスーツのゴムと身体との摩擦を減らして滑りをよくするため不可欠なものだった。季語は夏。

天花粉

ダグウッド　⑤18
アメリカのチック・ヤングChic Youngが1930年から新聞で連載した新聞連載漫画『ブロンディ Blondie』に登場するブロンディの夫。日本では昭和21〔1946〕年〜昭和31〔1956〕年、『週刊朝日』、昭和24〔1949〕年〜昭和26〔1951〕年4月15日、朝日新聞朝刊に掲載。ブロンドの美人ブロンディ・ブーパドゥープBlondie Boopadoopの夫ダグウッド・バムステッドDagwood Bumsteadの趣味は食べることと昼寝すること。ダグウッドは眠れないと台所に行って冷蔵庫にある残り物〔トマト、チーズ、レタス、オニオン、アボガド、ペパロニ、パストラミ、カピコーラ等！〕で超特大サンドイッチSuper-sized Sandwichをつくって食べる。戦後の食糧難の時、山のように積み上げられたサンドイッチは憧れだったのだろう。漫画『ブロンディ』の作者は1973〔昭和48〕年から息子のディーン・ヤングDean Young

氏に代わるが、ディーン氏は20年以上のサンドイッチの研究を経、2006〔平成18〕年アメリカにレストラン「Blondie's」をオープン。レストランでは、秘密のイタリアン・スプレッドを塗った3枚のパンにハム、トマト、チーズ、レタス、オニオン、サラミ、ペパロニ、モルタデッラチーズ、カピコーラ、レッドペッパーをはさみ、一番上にオリーブをさした重さ約680gの「ダグウッドサンドイッチ」を頂くことができるようである。

コンクリートのながし ⑤22

台所の流しはコンクリート、木製、木の上にブリキを張ったもの、タイル張りなどがある。公団住宅のステンレスの流しはまばゆいばかりだった…。

活劇 ⑤25

かつげき。立ち回りなどの激しい動きの場面を主とした映画・演劇。アクションドラマ。

虫干し ⑤29

虫やカビを防ぐために夏の土用の頃、衣類・書籍・調度等に風を通すこと。土用干し。季語は夏。

日米対抗 ⑤32

8月4日、東京の神宮プールで開催された第3回日米対抗水上競技大会。「フジヤマのトビウオ」と呼ばれた古橋廣之進が200m、400m、800m自由形で世界新記録を出し、優勝したが、総得点46〔米〕対17〔日〕でアメリカチームが圧勝した。

蝿帳 ⑤33

はいちょう。「家具タイプ」と「折りたたみタイプ」があるが、作品に出てくる蝿帳は家具タイプのもの。別名：「蝿入らず」。季語は夏。

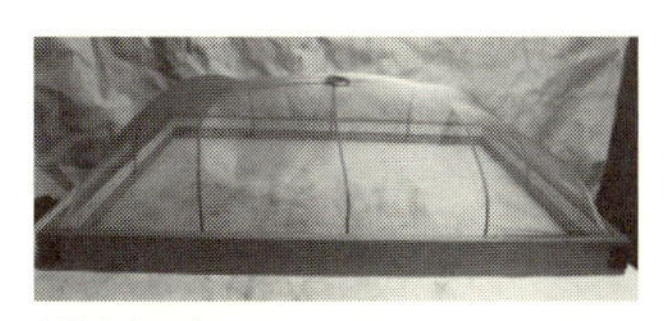
折りたたみ式

蝿帳、二つのタイプ

木製戸棚

人間と蝿との戦いは長く、撃退する方法、防御の方法共に様々な対策が考えられた。撃退法で挙げられるのは、1 蝿たたき、2 蝿取り棒、3 蝿取りリボン。一方、防御法として生まれたのが蠅帳である。家具タイプの蠅帳は小型の木製戸棚で、木で作った枠組みに細かい金網や紗をはり、中に2、3段の棚が設置されていた。氷式冷蔵庫を使用していた頃は、生(なま)ものはその日のうちに使い切り、作り置きの惣菜や煮物などは、通気性がよい蠅帳の中に一時的に入れ常温で保存。電気冷蔵庫の普及と共に家具タイプの蠅帳は姿を消していった。

柄杓で水まき ⑤40
ひしゃく。道路が舗装されていなかった頃は、埃がたたないよう、そして夏には涼を求めて家の前で水まきがよく行われた。

折りたたみ蠅帳 ⑤44
傘のような骨組みがある網を開いてテーブルの食器の上からかぶせて使う、折りたたみタイプの蠅帳。フードカバー。家具タイプの蠅帳よりおくれて普及した。

DDT ⑤44
ディクロロディフェニルトリクロロエタン dichloro-diphenyl-trichloroethaneというのが正式名称。1939〔昭和14〕年スイスのパウル・ヘルマン・ミュラー Paul Hermann Müller〔1899年1月12日～1965年10月12日〕らによって、DDTの毒作用〔殺虫性〕が発見され開発された。この業績によりミュラーは1948年度ノーベル生理学医学賞を受賞。DDTは農業害虫の他、シラミ、ノミ、蝿、蚊などにも有効のため第二次世界大戦中から戦後にかけて大量に用いられた。

終戦後、日本ではシラミが媒介する発疹チフスが流行。進駐軍は進駐間もない昭和20〔1945〕年9月10日、立川基地の軍用機からDDTを散布。22日GHQは日本政府に公衆衛生に関する覚書を交付、米製DDTを供給。昭和21年からは国産も用い、自治体に命じて駅、各家庭で強制的に頭・衣服に吹きかけた。一般家庭でもノミ対策に畳と壁の間に散布。この作品〔⑤44〕では保健所の係員による戸別訪問の散布が描かれている。しかし残留性が高く、環境汚染や神経繊維への毒性が問題となり、昭和44〔1969〕年、日本での生産中止、現在は使用を禁止されている。

日本脳炎 ⑤45
日本脳炎〔Japanese encephalitis〕は、日本脳炎ウイルスにより発生する病気。蚊を介して感染する。突然の高熱・頭痛・嘔吐などの症状が出て、意識障害や麻痺等の神経性障害を引き起こす。後遺症が出たり、死に至ることもある。感染した場合、約1000人に1人が発症し、発症した患者の20～40％が亡くなり、生存者の45～70％に後遺症が出る。昭和25〔1950〕年8月12日、都内の日本脳炎患者は前年同時期の7.5倍に当たる105人〔25人死亡〕だった。1960年代、日本では年間約1000人が発病したが、昭和42〔1967〕年～昭和51〔1976〕年、ワクチン接種を行った結果、劇的に減少した。

平常時間 ⑤58
夏時間が終わり、1時間戻した時間のこと。☞サンマータイム〔②130〕

羽のはたき ⑤64
棒の先に羽を取り付けた掃除用具。毛ばたき。積もった埃をはたきで除去する。道路が舗装される以前、お店の中は埃っぽくなりやすかった。間口が開いていて平台に書籍を並べている本屋さんでは、書籍にほこりがつかないよう羽根のはたきをかけていた。また、掃除をよそおいながらお客の近くではたきを動かし、長居するお客を追い出す時にも用いられた。

本の平積み ⑤64
戦後間もない書店では、本を平台に平積みしていた。その後書籍の出版数の増加に伴い、棚も併用されるようになり、現在の書店のように棚に書籍を置くのが中心の書店へと変化していった。今日では、平積みは売筋のよい商品が中心で、売れゆきが落ちると棚差しされる。

ソ連から帰ってこない ⑤68
シベリア抑留からまだ父親が帰ってこない少年が作品に登場。昭和25〔1950〕年4月22日、信濃丸が舞鶴港に帰港。ソ連はこれで引揚完了としたが、同年12月11日、日本の外務省はソ連からの未帰還者は37万人と発表した。

躍る宗教 ⑤81
昭和23〔1948〕年9月8日「踊る宗教」教祖・北村サヨ他20人が東京・数寄屋橋で「無我の舞い」を踊った。この風刺と思われる。

徳田球一 ⑤83
とくだ・きゅういち〔明治27（1894）年9月12日～昭和28（1953）年10月14日〕。大正11〔1922〕年、日本共産党創立に参加。昭和3〔1928〕

年、治安維持法違反で逮捕、18年間獄中で過ごした。昭和20年、日本共産党書記長に就任。昭和25年5月「共産党は破壊的宣伝を遂行している」とマッカーサーは示唆。同年6月6日、レッド・パージを本格化させ、徳田球一他を公職追放する。7月、団体等規正令に基づく出頭命令を拒否した徳田に逮捕状が出され、地下に潜行した。10月、徳田は中華人民共和国に亡命、昭和28年、北京で病死。「レッド・パージ」とはGHQの指令に従って共産党員及びその同調者と見なされる人を罷免・解雇した政策のこと。

とんでもハップン、トッポイ、ネバーすき　⑤86

5月26日から12月にかけて朝日新聞に掲載された獅子文六の小説『自由学校』、その登場人物が話す日本語と英語が混ざった言葉。「とんでもハップン」は「とんでもない」という意。「トッポイ」は明治時代には「ずるがしこい」「抜け目がない」という意だったが、昭和では「生意気」「気障で不良じみた人」という意味で使われた。「ネバーすき」は「好きではない」の意。

人は右、車は左　⑤97

人も車も左側通行だった日本の交通ルールが戦後の自動車数増加による交通事故死者数の増加により対面交通となったのは、昭和24〔1949〕年11月1日のことである。この新道路交通取締法により、「人は右、車は左」という対面交通が実施された。

観音開きの車　⑤101

結婚式の移動の際は、高島田でもゆったり乗ることができる観音開きのトヨダ〔もしくはトヨタ〕AA型乗用車が用いられた。トヨダAA型乗用車は昭和11〔1936〕年から7年間製造され、同年、商品名を「トヨダ号」から「トヨタ号」に改称、その後「トヨタ・AA号」として販売された。1台3350円、販売台数は1404台。大卒初任給が75円だった頃のこ

車のドアを開くと…

トヨタAA型

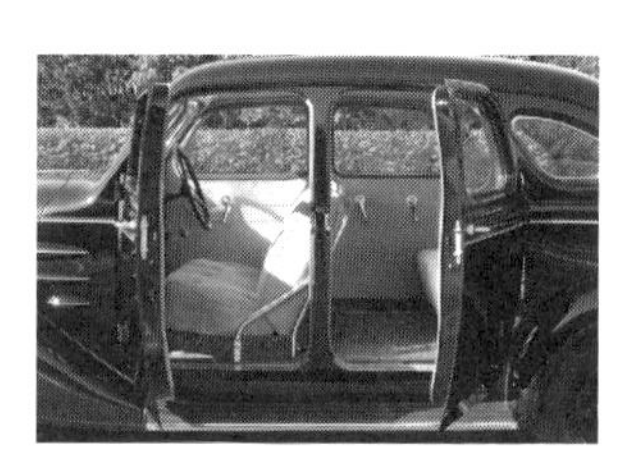

このようになる

とである。残念ながら購入者・顧客の資料は残っていないが、大金持ちの他、ハイヤー業界なども購入し、花嫁の移動に使用していたようである。昭和12年8月、トヨタは豊田自動織機から分離独立し、「トヨタ自動車工業株式会社」となる。

昭和22〔1947〕年5月8日、夕刊フクニチには、文金高島田に黒振袖の花嫁姿のサザエさん、黒留袖のフネさんと着物を着たワカメちゃんと共に、フードクレストマーク等はないが、その形からトヨダ〔トヨタ〕AA型もしくは後継のAC型と思われる車が描かれている〔40頁〕。トヨダ〔トヨタ〕の車はどれほど多くの夢と幸せを運んだのだろう。

赤ん坊コンクール　⑤102

昭和24〔1949〕年10月23日、赤ちゃん審査会が復活し、戦後初の赤ちゃん審査会が日本児童愛護連盟主催により上野松坂屋で開催。参加者は約5000人で、静岡・長野等の農家からの参加が多かった。

引き出物　⑤111

祝宴の時などに主人から招待客にさし上げる贈物。昔、馬を庭先に引き出して贈物としたことから、「引き」もしくは「引き物」ともいう。作品に見られるかまぼこなどの料理や焼いた鯛もあったが、忘れられないのは餡のお菓子だろう。

砂糖が入手困難だった頃は、砂糖を贈答品として使うこともあり、祝砂糖〔鯛の形にした砂糖〕を縁起物として引き出物にすることもあった〔昭和30年代には結納品として鯛の形にしたビニールに砂糖を詰めたものもある〕。この他、縁高折におめでたい練り切り鯛〔白あんや求肥で形作り、中は黒餡〕や松竹梅などの絵が入った羊羹がドンと置かれ、手前に練りきりもしくは求肥の梅・竹、鶴・亀のお菓子が入ることもあった。甘いものが貴重だった時代、結婚式などがあると、家族皆で帰りを待って引き出物として頂いた品々を等分して楽しんだという。

他の家の果物をとろうとする　⑤117

昭和30年代ぐらいまで東京でも個人宅の庭に柿の木、夏ミカンの木など実のなる木が植えられていて、子供たちがこっそり取って食べたりしていた。

二部教授　⑤121

戦後、六・三・三制の新体制で授業を行おうにも、空襲により教室を焼失した学校が多く、教室の数が不足していた。そこで授業は午前からと午後からと二つに分けて行われた〔二部制〕。

清元 ⑤ 122

清元〔節〕とは、江戸時代後期の文化11年〔1814〕年に生まれた三味線の伴奏による浄瑠璃の1つ。主に歌舞伎の伴奏音楽として発展した。

ドロップの缶 ⑤ 123

ドロップが発売開始されたのは、明治29〔1896〕年。芥川鉄三郎がモルトン社の輸入ドロップを研究し、水天宮の芥川松風堂から発売した。明治41〔1908〕年、佐久間惣次郎が創業した佐久間惣次郎商店からは「サクマ式ドロップ」が登場する。クエン酸を使用したドロップは、透明感があり、夏でも解けにくいと好評だった。そして、大正2〔1913〕年には保存性を重視した初の缶入りドロップが発売される。その後、大正期の終り頃からきれいな缶入りドロップが各社から売り出され、子供たちに親しまれた。戦後は、芋飴を用いて鍋で製造が開始されたが、真空式煮結鍋の普及によりドロップ製造が盛んになる。缶の丸い蓋を開けて、カラカラと缶を振って色とりどりの飴を取り出す楽しみは、今も多くの人を魅了している。

ドロップの缶

白菜漬け ⑤ 125

外葉を除き、水洗いした大根を四つ割りにし、半日ぐらい天日干しにした白菜を漬物樽に入れ、塩を振り、白菜の切り口を上にして株元を交互に並べる。並べた白菜に塩、赤唐辛子〔腐敗防止〕、昆布等を散らし、それを何重にも重ねる。蓋をのせ、その上に重石をのせ白菜に味をしみこませてつくる漬物。

スクエアーダンス講習会 ⑤ 127

スクエアーダンス square dance は4組のペアが1セットになり、コーラー caller の指示に従って踊るアメリカ発祥のダンス。年齢・性別の制限がなく、基本的な動き〔コール〕を覚えれば踊ることができる。また、ダンス好きのGHQの教育担当者を介して日本にもたらされたフォークダンスも、学校の体育の授業などを通してスクエアーダンス同様、全国に広まった。

布団の綿入れ
⑤ 129
フネさんとサザエさんが手拭でマスクをしながら、布団の綿入れをしていたようである。布団の脇には新しい布団綿が積まれている。昔の主婦は古くなった布団の側生地をはがして洗濯後、綿入れから綴じまで行って布団を再生していた。

ふすまや
⑤ 131
襖（ふすま）は木製の枠組みの両面に和紙または布を張った建具。2本の溝が設けてあり、引合戸になっている。季語は冬。和紙は空気中の汚れを吸収、湿気も調整する作用がある。さらに襖は汚れたり破れたりしても、表紙を張り替えたり枠や取っ手を交換すると綺麗な状態に戻すことができる。ふすまやさんは、襖の張替等を行う職人。

傷病兵
⑤ 132
傷痍軍人。戦傷を負った軍人。昭和20年12月、146カ所の陸軍・海軍病院は「国立病院」に、53カ所の傷痍軍人療養所は「国立療養所」となる。昭和23年当時、日本には約32万人の傷痍軍人が国立療養所等で過ごしていた。治療費は無料だが、日々の生活費や更生資金が不足していた彼らは、街頭で白衣姿でアコーディオンやハーモニカ等を演奏し、募金を呼びかけていた。

サンタ
⑤ 134
6月25日に勃発した朝鮮戦争の特需により、経済的余裕が出てきた一般庶民にクリスマスが浸透し始め、デパートなどでは家庭向け歳末商戦の呼び込みにサンタクロースが登場して来る。

竹馬
⑤ 139
竹竿の適当な高さの所にそれぞれ足置きの横木を付け、そこに足をのせ、竿の上部を握って手と足を一緒に動かして歩くようにした子供の遊び道具。季語は冬。

お中元・お歳暮を直接届ける
⑤ 142
近年はお中元やお歳暮を宅配便で贈ることが増えているが、『サザエさん』の時代では、直接持参してご挨拶と共に手渡すのが普通だった。相手のお宅を訪問する際は、前もって訪問の主旨を伝える手紙を送り、その後相手の都合を伺い、訪問日時を決めた。また、頂戴したお中元・お歳暮を包み直して他の所に回すことも多々あった。

新しい祭日　⑤143
昭和23〔1948〕年7月20日、国民の祝日に関する法律が公布、即日施行され、年9日を国民の祝日と制定。これにより、元始祭〔1月3日〕、新年宴会〔1月5日〕、紀元節〔2月11日〕、神武天皇祭〔4月3日〕、神嘗祭〔10月17日〕、大正天皇祭〔先帝祭。12月25日〕が廃止され、春季皇霊祭が「春分の日」、天長節〔4月29日〕が「天皇誕生日」、秋季皇霊祭が「秋分の日」、明治節〔11月3日〕が「文化の日」、新嘗祭〔11月23日〕が「勤労感謝の日」と改称。このことから国民の祝日は「名を捨て身を残す」制定などといわれた。

鶏を絞める　⑥1
戦中戦後、一般の家庭でも栄養価が高い卵を得ることができ、肉も食用になる鶏を飼っていた。鶏を食肉にする際は「絞(し)める」という。また、昭和41〔1966〕年12月6日㉝132で鳥小屋はカツオ君のお仕置きに使われている

電車ごっこ　⑥5
輪にした紐の中に2人以上が縦1列に入り、皆でその状態のまま歩いたり走ったりして電車の運転を模す遊び。『新訂尋常小学唱歌』の中に井上赳(たけし)作詞・信時潔(のぶときよし)作曲の『電車ごっこ』という唱歌がある。

顔にすみ　⑥6
カルタ、ゲーム、羽根突き等で勝った人が負けた人の顔に墨を塗った。元々は魔よけのために墨を塗ったのだという。

知恵の輪　⑥9
パズルの一種で、様々な形をした金属製の輪を繋ぎ合わせたり、外したりする玩具。外したり、元に戻したりする方法を試行錯誤しながら探す過程を楽しむ遊び。

下足札　⑥13
下足(げそく)とは脱いだ履物のこと。江戸時代から芝居小屋などは下足番をおき、客の履物を預かった。その際下足を預かったしるしに渡す札を下足札といった。下足札は「いろは順」になっている。

下足札

1951

昭和26年

出来事

01/03	第1回NHK紅白歌合戦放送。	01/01	朝：中国・北朝鮮軍反撃、38度線を越える。
04/16	マッカーサー元帥帰国。『サザエさん』朝日新聞で連載開始。	04/11	マッカーサー連合国最高司令官解任。
04/24	国電桜木町事件（死者106人）。		
		05/23	チベットが中国の自治区に。
06/03	NHK、テレビ実験放送でプロ野球実況中継。	06/18	仏：総選挙でド・ゴールの国民連合が第一党。
		07/10	朝鮮休戦会議〔～8月23日〕。
09/08	サンフランシスコ講和条約、日米安全保障条約調印。		
10/19	日米親善野球開幕。		
10/28	国際プロレス試合（力道山対ブラウンズ）。		
		11/01	米：ネヴァダ州で核実験開始。

トピックス

初のファッションショー■薪タクシー廃止■銀座の街灯復活■パチンコ大流行『軍艦マーチ』復活■ミルキー

ファッション

衣料切符が正式に廃止■和装と洋装の比率が戦前と逆転する■カラー：原色からパステルカラー■ナイロンストッキング■カーディガン■パナマ帽流行■シャツブラウス登場■ロングスカート全盛■GIカット流行■コールドパーマの登場■日航エアーガールのショルダーバッグ流行

流行語
「老兵は死なず、ただ消え去るのみ　Old soldiers never die; they just fade away.」（マッカーサー元帥、4月19日米議会上下両院合同会）■親指族■エントツ■社用族■ノー・コメント

ベストセラー
波多野勤子『少年期』■笠信太郎『ものの見方について』■谷崎潤一郎『新訳源氏物語』■大岡昇平『武蔵野夫人』

電車で焼け死ぬ

⑥25

4月24日13時40分頃、横浜の国鉄桜木町駅で起きた「桜木町事件」をさす。4月24日、横浜の国鉄桜木町駅で切断架線に接触した京浜東北線電車の屋根から発火。車両が火に包まれ、10分間で1両目が全焼、2両目は半焼した。定員156人の車両はほぼ満席で、乗客106人〔うち入院後8人死亡、負傷者92人〕。最大の原因は物資不足の昭和19年以降に製造された車両の欠陥だった。この車両の屋根は板、天井はペンキ塗装で燃えやすく、窓は中央を固定した3段式型で人が外へ出ることはできず、デッキもなく8カ所の出入り口は乗客が開けることのできない欠陥車両だった。この事故後、国鉄・私鉄共に乗客の自主避難ができるようドアコックを設置。三角マークと「非常時の場合ドアは手で開けられます」と表示するようになる。横浜市鶴見区の総持寺内に慰霊碑が建立されている。

天秤棒を担ぐ行商人

⑥26

「天秤棒」は2m弱の棒で、両端に荷物を下げ肩でバランスをとって担ぐ棒。肩の部分は平らに削られており、全体にはソリがつけられていて、両端に荷物を下げると、しなった。人力が運搬の主力だった頃は、シャボン玉屋〔⑥26〕、豆腐屋〔⑥42〕、魚屋、金魚屋等の行商人が天秤棒を担いで売り歩いた。シャボン玉屋さんは水で溶いた石鹸水に松油を入れてかき混ぜた物を売っていたらしい。

シャボン玉液は縁日の屋台や駄菓子屋でも売られていたが、家にあるせっけん・洗剤などを水で溶いてつくることが多かった。シャボン玉液に麦藁の先をつけ、息をゆっくり吹いてシャボン玉をつくり、飛ばして遊ぶ。シャボン玉を吹く道具は、昭和30年頃までは麦藁、その後はセルロイド製ストローとなり、続いてストローの先に工夫がされたものが登場した。

チョチチョチアワワ

⑥28

遊びうたの1つ。歌詞やその意味はヴァリエイションがある。歌詞とその意味の一例は下記の通り。

1）チョチ　チョチ〔柏手を２回〕　意味：柏手。
2）アワワ　〔手を数回口にあてる〕意味：口は禍の元。
3）かいぐり　かいぐり〔糸まきの要領でグーをした両手を回す〕　意味：月日はぐるぐるとめぐるからしっかり働かなければいけません。
4）とっとのめ〔右指で開いた左掌をさす〕意味：人を指さしてはいけません。
5）おつむてんてん〔両手で頭をポンポンとたたく〕
6）ひじぽんぽん〔右手で左ひじをたたく〕
1）～5）行は子供に一番最初に覚えさせる大切なことといわれている。

合服　⑥36
あいふく。寒暑の間〔春・秋〕に着る服の意味で、合い着、間着（あいぎ）ともいう。

ラジオ体操　⑥39
ラジオ体操は、昭和３〔1928〕年に放送開始。戦後昭和22〔1947〕年にGHQによって禁止されたが、昭和26年５月６日再開。NHK第一放送で６時15分～６時25分に放送された。

赤ちゃん用傘状蚊帳　⑥43
赤ちゃんのお昼寝の時、蚊に刺されることを防ぐもの。傘状の蚊帳で傘のように開いてかぶせる。麻製の緑色の生地に金魚等が描かれたものがあった。

明日天気にしておくれ　⑥43
浅原鏡村〔浅原六朗〕作詞・中山晋平作曲『てるてる坊主』の１番。

月が出た出た　⑥48
元歌は三池炭鉱の女性労働者が歌っていた『伊田場打選炭唄』。
月が出た出た　月が出た〔ヨイヨイ〕　三池炭坑の　上に出た　あまり煙突が　高いので　さぞやお月さん　けむたかろ〔サノ　ヨイヨイ〕

バナナ　⑥50
バナナが商業的に輸入されたのは明治36〔1903〕年。台湾から台湾航路の貨客船の船員が10.8kg入り７籠（かご）を輸入したのが始まりといわれている。大正14〔1925〕年には台湾青果株式会社により一貫して取引が行われることとなり、バナナのせりが始まり、門司ではバナナのたたき売りが始まる。戦後、昭和22〔1947〕～24〔1949〕年、バナナは進駐軍用に輸入され、横流し品が闇市で取引された。昭和25年7月、台湾からバナナの輸入が再開される。今回の作品はバナナの輸入が再開されて暫くした頃のもので、当時は外貨不足でバナナの輸入制限がされていたためバナナは貴重品だった。病気や特別な時にしか口にすることはできなかったという。昭和30年、ガット加盟以降バナナの輸入自由化が進み、昭和38年4月、バナナの輸入自由化に伴い、バナナは貴重品ではなくなる。

雨漏れ ⑥53
家屋は古くなると屋根が傷んで雨漏りすることがある。そのため、おもに男性が屋根に上って屋根のメンテナンスを行った。雨漏りの時は洗面器等で雨を受ける。昭和39年1月11日㉗98では、寒さで雨漏りの水が雪になる。

暗い夜道 ⑥54
東京でも高度経済成長期になるまで夜は暗いものだった。

ヤール ⑥66
ヤードyard〔仏〕。ヤードの単位で測った幅をヤール幅〔約92㎝〕という。

キャラコ ⑥66
calico〔英〕。平織・広幅の白木綿。足袋などに用いられる。

チャンバラごっこ ⑥68
「チャンバラ」は「ちゃんちゃんバラバラ」の擬音語。おもちゃの刀がなくても竹、棒など細長いものがあれば、いつでもどこでもできる遊び。以前の男の子たちは、時代劇や時代劇の名優に憧れ、原っぱや路地でチャンバラごっこに興じた。

現像 ⑥71
銀塩写真で露出されたフィルム・乾板・印画紙を薬品で処理して写した映像を目に見えるようにすること。現像は押し入れの中など、暗室で行われた。

土俵の四本柱 ⑥72
以前の相撲の土俵の屋根は土俵の四隅に建てられた4本の柱で支えられていた。4本の柱には東西南北を司る青龍〔東〕、白虎〔西〕、朱雀〔南〕、玄武〔北〕の四神を配し、青〔東〕、白〔西〕、赤〔南〕、黒〔北〕の布を巻いた。柱の側には４人の検査役が座る。４本の柱が撤去されたのは昭和27年秋場所以降。

膏薬 ⑥73
こうやく。傷口等につける油薬。動物の油で練った薬。

バレエの基本 ⑥78
戦後バレエブームをつくったのは、昭和21〔1946〕年８月９日～８月30日に行われた『白鳥の湖』〔全４幕〕公演だった。この公演では、当時男性ダンサーは３人しかおらず、一部男性ダンサー役を女性ダンサーが担当、踊りのないエキストラ男性役として慶應義塾大学・早稲田大学・上智大学各演劇部の学生が舞台に立っている。戦前からバレエを踊っていた人以外は、戦後の物不足の中、タイツの代わりに男性は水泳用パンツ〔寒い時は下にズボン下を重ね着〕、女性はラクダの股引を着用することも。この他、練習用ズック製トウューズを白墨で白く仕上げたトウシューズ等、様々な工夫と英知によって戦後日本バレエ界は再出発した。昭和25年３月１日、英国バレエ映画『赤い靴』が封切られ、バレエへの憧れが高まり、バレエが大人から子供まで大流行。東京では会社の屋上で練習に励む女性社員も多く見られた。GHQが見かけたら、びっくりしたことだろう。

ぬかみそ ⑥85
米糠を乳酸発酵させてつくった糠床（ぬかどこ）のこと。糠床に野菜を漬けこんだ漬物が「ぬか漬け」。きゅうりやナスといった野菜を漬けこむことで糠の栄養が野菜に浸透し、酵母・乳酸菌によって発酵する。毎日、下からかき混ぜて糠床の手入れ〔腐敗防止〕をしていると糠床独特の香りが出て来る。カツオ君が言っている「くさい」はこの匂いである。あまり漬かっていないのを「一夜漬け」「浅漬け」、漬かり過ぎたのを「古漬け」と呼ぶ。沢庵は干した大根を糠につけたもの。代々その家に伝わって来た糠床もあり、各家各味のぬか漬けがある。

ぎょうさん ⑥87
おおげさなこと。

蝿取りリボン ⑥100
蝿駆除用品の１つ。蝿取り紙ともいう。ロジンと油を主原料とする粘着性が強い液体が塗布された粘着テープで、台所・居間の天井や鴨居などから吊るし、

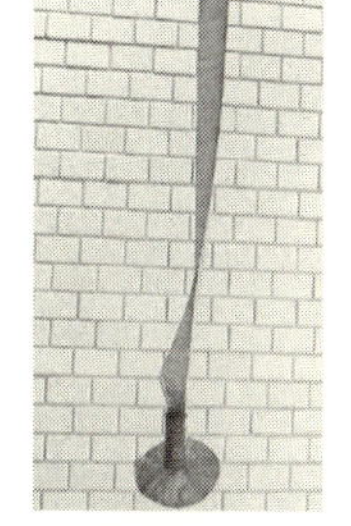
蝿取りリボン

接触した蝿を捕獲する。液体が塗布された箇所がある間は有効だが、定期的に交換が必要。蝿は病原菌やウイルスを運ぶため、家庭だけでなく、食料品の小売店の店先には必需品だった。日本でおなじみの蝿取りリボンは、昭和5〔1930〕年にカモ井加工紙が発明した天井からつり下げるタイプである。水洗トイレや下水道の普及、農村部での肥溜めの消滅等による蝿の減少と共に姿を消していった。

長靴　⑨ 103

道路の舗装がされていなかった時代、道路は晴天が続けば埃が立ち、雨が降るとぬかるんだ。そのため、高価だが、雨の日に長靴は必需品となった。

着物のおし　⑥ 121

ズボンやスカート等の衣類のしわを伸ばし、折り目やひだを整える時は、敷布団の下に衣類を敷いて寝る「寝押(ねお)し」〔寝圧〕を行ったが、ここでは急な外出に間に合わせるため、着物を座布団の下に敷き、フネさんとサザエさんが二人で坐って「押し」をしている。

ヘチマ　⑥ 122

糸瓜と書く。インド原産ウリ科、一年草の蔓性植物、その果実のこと。比較的簡単に栽培できるため、家庭でよく作られた。ヘチマは実を腐らせて繊維のみの状態にした「たわし」や「ヘチマ水」と呼ばれる化粧水が有名。ヘチマの伸びた蔓を地上から30～40cmの位置で切り、その切り口を瓶にさし込んでおくと液体が溜まる。その液体をヘチマ水という。保湿効果があるヘチマ水は化粧品として用いられ、それを用いた化粧水やクリームなども販売された。

洗濯バサミ　⑥ 127

洗濯物を干すとき、洗濯物が風で飛ばされないようにとめたり、靴下などを単品で干す際にとめるもの。作品では素材までは特定できないが、昭和20年代なら現在のプラスチック製ではなくアルミ製だろう。さびないアルミは濡れた洗濯物を干すのに適し、薄く軽い。しかし、鉄製のばねの部分がうっかり濡れた洗濯物に触れると錆がついてしまう恐れがあるので要注意だった。

廊下の応接テーブル　⑥ 128

世田谷の磯野家は廊下にテーブルと椅子を置いて、

応接間代わりとして用いている。一般の住宅で応接間が設置されたのは関東大震災以降の文化住宅から。

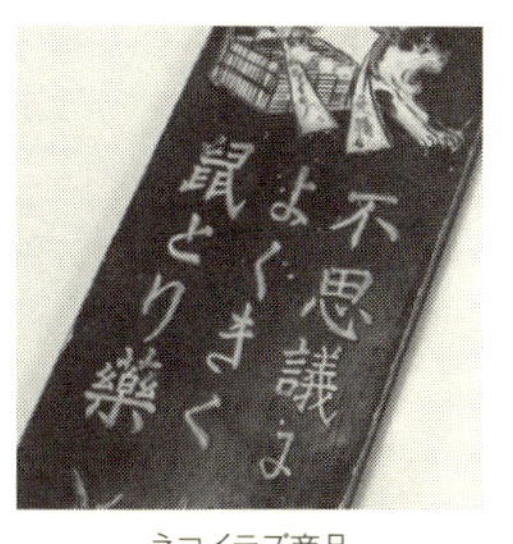

ネコイラズ商品

ネコイラズ ⑥ 130
猫イラズ。黄燐を主成分とした殺鼠剤。だんごに混ぜて鼠の通り道に置く。キャッチコピーは「猫より働く鼠とり薬」他。

氷柱 ⑥ 136
昭和25〔1950〕年8月1日、東京・高島屋で全館冷房が復活。しかし冷房装置がないデパート、喫茶店、食堂などでは夏場、大きな氷柱が設置され、涼を呼んだ。デパートには閉店時間でも半分以上残る34kg〔9貫〕の氷が置かれ、お客は氷柱にハンカチを当てて冷やし、額に当てたりして涼を楽しんだ。冷房の有無がデパートの客の入りに影響を与えたことから、1954年、都内ほとんどのデパートが全館冷房となる。磯野家でも昭和36年、電気冷蔵庫を購入している。

アイススマック ⑥ 136
作品中、店頭のアイスボックスに書かれている「アイススマック」は薄いチョコレートでアイスクリームを包んだ固形のアイスクリーム。ちなみに、「ヒヤシコーヒー」はアイスコーヒー。

とりもち ⑥ 143
小鳥・昆虫などを捕まえるために用いる粘着性のもの。もちの木などの樹皮・果実等が原料。黐竿(もちざお)と呼ばれる長い竿の先に塗って直接獲物をくっつけて捕獲した。

型紙 ⑥裏表紙
洋裁の際、布地の裁断用に各部分の形を印刷した紙や当該部分の形を切り抜いたもの。パターンともいう。生地を買って来て洋服を作った時代、婦人雑誌には当時の「流行スタイル」「婦人子供男子服」という特集がしばしば組まれ、付録には型紙と共に仕立て方が詳細に記載されている。洋裁が得意のサザエさんは、自分で型紙を起こしていたようである。

魚籠 ⑦ 2
びく。釣った魚を入れておくもの。魚籠には消臭・界面活性・防腐効果が期待できる竹がよく使われる。

祝講和　⑦5
サンフランシスコ講和条約のこと。☞全権が返る〔⑦36〕

祝い事に鯛　⑦19
身近な関係者の御慶事に鯛を届けるのは、昔から現在に至る風習。

追放解除　⑦19
追放解除の「追放」とは、昭和21〔1946〕年1月4日GHQが、ポツダム宣言に基づく日本の民主化政策の一環として発表した「望ましからざる人物の公職罷免排除に関する覚書」による軍国主義指導者の公職からの追放〔罷免・排除〕、政治的活動の禁止を意味する。追放該当者は戦争犯罪者、職業軍人、大政翼賛会活動家、占領地での行政長官等だった。しかし、昭和22年1月4日の「公職に関する就職禁止、退職等に関する勅令」で公職の範囲が広げられ、追放は地方政界・財界・言論界に拡大され、対象者は昭和23年までに約20万人となる。

昭和25年10月13日、政府は1万90人の公職追放解除を発表。昭和26年6月20日、政府は公職追放されていた人たちを復権させる第1次追放解除を発表。石橋湛山、三木武吉、菊池寛ら2958人が追放解除された。8月6日には第2次追放解除を発表。鳩山一郎ら1万3904人が解除され、昭和27年4月21日「公職に関する就職禁止、退職等に関する勅令等の廃止に関する法律」により公職追放令が廃止〔施行は平和条約の最初の効力発生の日から〕となり、追放解除とならなかった岸信介ら5700人も自動的に解除となり、4月28日、対日講和条約発効と同時に実施された。

ギョ〜　⑦23
驚きや感嘆を大げさに表現した言葉。昭和24〔1949〕年4月5日NHKラジオ『陽気な喫茶店』の放送が開始され、番組の中で内海突破（うつみとっぱ）が使った「ギョギョギョのギョ」が大流行。

氷2かんめ　⑦30
氷冷蔵庫を使うために上部に収納する氷は2貫目だった。

靴磨き　⑦33
道路が舗装されていなかった頃、埃や泥などで靴は汚れやすかった。また革靴自体が高価なため、手入れをして大切に使用していた。ビジネスマンは、特に靴の汚れに気を使っただろう。戦後混乱期、新橋、有楽町他には多くの靴磨きが存在した。また靴磨きは、家では子供たちのお手伝いの定番となっていた。

講和首席全権　⑦34
日本の首席全権は吉田茂が務めた。

全権が返る　⑦36
9月8日、日本の独立回復のため48の連合国と日本との間にサンフランシスコのオペラハウスでサンフランシスコ講和条約が調印された。しかし、中国・ソ連・ポーランド・チェコ等の共産圏諸国、インド・ビルマ・ユーゴは含まれず、インドネシアは批准しなかった〔1958年1月平和条約締結〕ので、単独講和だった。サンフランシスコ講和条約は前文他7章27カ条からなり、琉球・小笠原諸島はアメリカの信託統治地域に予定され、樺太・千島等の帰属は未決定、不明確のまま残された。この条約と同時に日米安保条約が結ばれ、日本は独立と同時に「西側入り」を果たした。

ゴムひもとび　⑦39
横に張った長いゴムひもを跳び越え、高さを競う遊び。主に女の子の遊び。ゴムの端を2人でもったり、電柱にゴムひもを張りわたしたりする。ゴムの伸縮を活かして、様々な跳び方が考案された。

ベンジン　⑦48
揮発油の一種。透明な液体で、引火しやすい。家庭では油性の汚れの染み抜き〔襟・袖〕や機械の洗浄〔器具の油、シールはがし、油性マジック落とし等〕などに使われる。着物など衣類を大きく濡らすことができないとき役立つが、生地を痛める場合があるので使用の際は前もってテストが必要。

メニューヒン　⑦52
イェフディ・メヌーヒン　Sir Yehudi Menuhin, Baron Menuhin of Stoke d'Abernon〔1916年4月22日〜1999年3月12日〕。日本ではユーディ・メニューインと呼ばれている。米国出身のヴァイオリニスト、指揮者、音楽教育者。年少の頃は神童と称賛された。1985年イギリスに帰化。愛器〔愛称「ロード・ウィルトン」〕は1742年製グァルネリ・デル・ジェス。昭和26

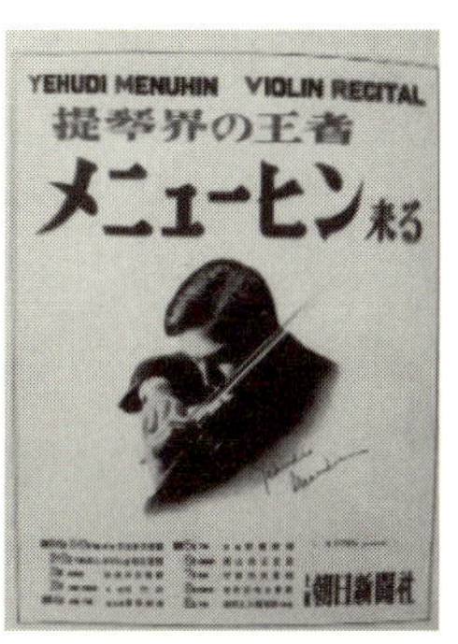

コンサートのポスター

年9月18日、東京・日比谷公会堂で演奏会を行う。ピアノ伴奏はアドルフ・バラー。演目は、タルティーニ作曲『悪魔のトリル』、フランク作曲『ソナタ』、パガニーニ作曲『協奏曲第1番』、バッハ作曲『無伴奏パルティータ第2番“シャコンヌ”』。聴衆2700人。来賓席にはリッジウェイGHQ総司令官夫妻、吉田茂首相夫妻の姿も見られた。

呼び鈴を鳴らして逃げる ⑦54

呼び鈴〔あるいはブザー〕を鳴らし、走って逃げるいたずら。現在のような様々な機能を持つインターホンが登場する前は、おおかた電気で「ブーッ」と音が鳴るブザー式の呼び鈴だった。最初は大きな屋敷にしかなかったが、高度経済成長期に一般家庭にも普及し、「ピンポ〜ン」という音になる。

薪をひく ⑦55

木を鋸で切って薪にすること。

こうこ ⑦72

お香香(こうこう)、香の物。元々は大根の漬物を指す女房詞(ことば)。昔、味噌は匂いが強いことから「香」と呼ばれ、聞香(もんこう)で新たに香をきく時、感覚を戻すために大根の漬物の香りをかいだことから「香々」「香の物」という名称が付いたといわれている。また、干した大根を塩・糠で漬けた物を京阪では「香々」「香の物」、江戸では「沢庵漬け」と呼んでいたという。このことから元来沢庵を指していた「こうこう」が、後に漬物一般をさすようになったと思われる。

赤い羽根 ⑦81

昭和22年、社会事業共同募金中央委員会が発足し、11月25日第1回共同募金が開始され、5億9297万円が集められた。募金者の家には「寄付済みの家」という印刷物が貼られ、真鍮のバッジが配られたが、コストが高いことから、昭和23年から赤い羽根が使われることとなり、「赤い羽根共同募金」として定着した。

養老の滝 ⑦82

実際の養老の滝は、岐阜県の養老公園内にある落差32m、幅4mの滝。「日本の滝」百選にも選ばれた滝で、菊水泉として名水百選にも選定されている。また、滝の水がお酒に変わったという親孝行伝説「養老孝子伝説」〔古今著聞集〕も有名。

お米統制撤廃

⑦ 85

昭和30〔1954〕年の大豊作のお蔭で、食糧不足はほぼ解消され、昭和42～44年の大豊作以降、米の需要は不足から過剰へと変化する。これにより古米在庫の蓄積、食糧管理特別会計の赤字となり、米の統制継続は難しくなる。そして昭和44年、自主流通米制度が導入される。当時はまだ物価統制法により米の小売価格は規制されていたが、自主流通米の小売価格は適用から除外されていた。自主流通米が多くなるに従い、米の小売価格の統制は意味をなさなくなり、昭和47年4月、政府米の販売価格は物価統制令適用から除外された。サザエさんが待っていたお米統制撤回である。米穀類を購入する米穀通帳も、昭和56年の食糧管理法改正により緊急時以外は廃止された。

米穀通帳

霧吹き

⑦ 90

水を霧のように細かく吹きかけるための道具。裁縫・アイロンかけのときに使った。

岩見重太郎

⑦ 92

いわみ・じゅうたろう。講談や歌舞伎等でおなじみの安土桃山時代の伝説的剣豪。各地でのヒヒ・大蛇・山賊退治、宮津の天橋立（あまのはしだて）での仇討ちは有名。

押し売り

⑦ 96

相手に買う意思がないのに無理やり品物を売りつける行為、およびそれをする人。主婦が一人でいる時間を見計らって玄関に座り込み、「昨日刑務所から出て来たばかり…」という決まり文句を使って、ゴムひもやつかないマッチ、落ちない石鹸などを売りつけた。現在、各地方自治体の迷惑防止条例では押し売りに対し刑事罰が課せられている。

経木

⑦ 98

きょうぎ。檜・スギ等の木材を紙のように薄く広く削ったもの。元々、経文を書き写したことから経木という。魚屋さんではお刺身を包み、和菓子屋さんでは和菓子を包んだり、菓子折りに敷いて使った。作品では白滝を入れている。

たき火　⑦111

磯野家では、たき火を家の前の道路でよく行っていた。日本では晩秋から冬にかけて、庭、寺社の境内などで枯れ木や落葉を一カ所にまとめてたき火をした。その際にサツマイモ、栗、餅なども焼いて食べた。落葉を用いるたき火は「落葉焚」という。たき火は注意を怠ると火事になりやすいので、気候・地形に対して十分な配慮、水の用意等が必要である。

味噌をする　⑦114

大豆や麦の粒が残っている味噌をすり鉢ですって口当たりを滑らかにすること。

どぶ掃除　⑦115

どぶは汚い水の流れている溝のこと。どぶは浅いのでごみが積もりやすく、流れが悪くなる。そのため定期的にごみを掃除して取り、底に溜まった泥を除去し、流れを良くする必要があった。

煙管　⑦118

きせる。刻みたばこを詰めて煙を吸うのに用いた道具。カンボジア語で管を意味するクセル kusier が語源。紙タバコの普及で使われなくなった。

ラクダ　⑦122

ラクダの毛の織物。「らくだの股引」はラクダの毛を利用した品なのではなく、「ラクダ色」の股引。

用水桶　⑦127

消火等のために水をためておく桶。防火用水として設置されたが、事故や蚊の発生といった問題で除去されていき、代わりに消火栓が道路に整備された。

だるまストーブ　⑦134

明治から昭和40年代中頃まで使用された鋳鉄製のストーブで、石炭や薪等をくべる部分の膨らんだ寸胴形〔寸胴型・球型もある〕から「だるまストーブ」と呼ばれる。冬の暖房として鉄道車両、駅の待合室、公共施設、会社、学校の教室などで使われた。その横には石炭が入ったバケツとシャベル、上には乾燥を防ぐため、そして万が一の

だるまストーブ

時の消火のために水の入ったヤカンが置かれた。ストーブの回りには人が集まりおしゃべりに花が咲き、会社ではストーブを囲んで一升瓶からじかに冷や酒を飲む人もいた。また、だるまストーブは、上に網を置いてもちを焼いたり、するめをあぶったりすることもできる優れ物だった。しかし昭和40年代後半には列車内の暖房は蒸気暖房に、教室等での暖房は石油ストーブに代わり、津軽鉄道の「ストーブ列車」を除き、姿を消していった。

壺焼いも ⑦142
壺の中にさつま芋を針金でつり下げ、コークスと炭を混ぜたもので焼いた焼き芋。ほくほくと焼き上がる。

七面鳥 ⑧3
アメリカでは最初の感謝祭の伝統から、感謝祭・クリスマス・結婚式等のお祝いに七面鳥が食べられる。さらにチャールズ・ディケンズ『クリスマス・キャロル』の影響もあって、七面鳥のローストはクリスマスのメニューとして定着していった。イギリスもクリスマスの定番メニューは七面鳥のロースト。日本では一時期、クリスマスに七面鳥を食べる所もあったが定着しなかった。

ふくわらい ⑧17
福笑い。目隠しをした人がお多福・お亀等の顔の輪郭を描いた紙の上に、目鼻等それぞれの部分の絵を置いていくお正月の伝統的遊び。

昭和27年

1952

出来事

01/21 白鳥事件。

02/20 ポポロ事件。

03/04 十勝沖地震。

04/01 琉球政府発足。手塚治虫『鉄腕アトム』連載開始（雑誌『少年』）。

04/09 日航機「もく星号」墜落。

04/10 NHK ラジオドラマ『君の名は』放送開始。

04/28 対日講和条約・日米安全保障条約発効。GHQ 廃止。

05/01 血のメーデー事件。

01/04 英：スエズ運河封鎖。

01/18 韓：李承晩ライン宣言。

02/06 英：国王ジョージ 6 世死去。

02/08 英：エリザベス 2 世即位。

02/14 オスロ冬季五輪開催。

02/24 欧米 10 カ国、対共産圏輸出禁止協定調印。

02/26 欧州軍 NATO 創設、西独加盟決定。

05/27 欧州防衛共同体（EDC）条約調印。

05/31 東独、東西ベルリンの境界線封鎖。

07/19 ヘルシンキ五輪開幕。

07/23 エジプト：ナギーブ中将のクーデター。

09/24 電産労組、電源・停電のスト（～12/18）。
10/15 保安隊創設。
11/01 米：水爆実験を行う。
11/04 米：アイゼンハワー大統領選当選。

トピックス 君の名は■新丸ビル落成■ラジオ受信契約1000万台突破

ファッション カラー：パステルカラー、オパールカラー人気■夏に新素材の透け透けナイロンブラウス■透明ビニールレインコート■トッパーコート人気■ベンベルグ・ブラウス出現■パーマネントプリーツ・スカート初めて市販（秋）■正絹プリントマフラー流行

流行語 忘却とは忘れ去ることなり■エッチ■火炎ビン■恐妻／風太郎（プータロー）

ベストセラー 安田徳太郎『人間の歴史』■源氏鶏太『三等重役』■ゲイン『ニッポン日記　上・下』

れいじん ⑧24
麗人。容姿が美しい女性。美人。

獅子舞 ⑧27
ししまい。獅子頭をかぶって舞う民俗芸能。お正月などの縁起の良い日に登場する。獅子舞の期限はインドといわれているが、日本では16世紀に伊勢で疫病や飢饉を祓うために舞われたのが最初とされている。室町時代から江戸時代初期、「伊勢大神楽師（いせだいかぐらし）」が全国で獅子舞をしながら、厄払いをしたことから日本各地に広まった。獅子頭につけられた胴幕に二人以上の人が入る「二人立ち獅子舞」と一人で舞う「一人立ち獅子舞」がある。『サザエさん』では昭和30年以降、一人獅子舞が登場する。昭和40年代には正月以外、街中では見かけなくなった。

正月の餅を切る ⑧28
1980年代にパック餅が登場するまで、お正月ののし餅は正月前に切っておかないとすこぶる固くなってしまい、切るには大変な苦労が伴った。家族総出でおこなっていた餅つきは、1971年に自動餅つき機「もちっ子」が東芝から発売されると簡単に餅をつくことができるようになる。

かるた　⑧30

家庭でのカルタ取りでは、幼い子でも取れる札があるときは、その子に札を取らせるために他の者はその札に手を出さないという配慮がなされた。

櫓炬燵　⑧33

やぐらごたつ。練炭や炭の火をおこし木製の櫓を置いて布団をかけたもの。

櫓炬燵

ごみを庭の穴に埋める　⑧42

昭和26年になると東京の人口増加と共にごみも増加してきた。そこで庭のある家では庭に穴を掘ってごみを埋めるようになる。増え続けるごみに東京都は昭和30年、ごみ減量運動を始める。そして夢の島のごみ埋め立てが昭和32年12月16日から開始される。

ぬかるんだ道路　⑧43

道路が舗装されていなかった頃、雨が降ればぬかるみ、乾燥すれば土ぼこりが舞って大変だった。『サザエさん』にも、泥はね、水まき、はたきでほこりを払うシーンがしばしば登場。東京の主要道路が舗装されるのは東京オリンピック直前のことである。

電気洗濯機　⑧46

テレビ、電気冷蔵庫と共に「三種の神器」の1つとして、憧れの電化製品。電気洗濯機自体は大正から昭和にかけて開発・販売されていたが、一般家庭への普及はテレビ・電気冷蔵庫と同様、昭和30年前後からで、磯野家には昭和38年に登場。昭和24〔1949〕年、洗濯機槽の中央にある攪拌（かくはん）棒を回して洗濯する「攪拌式洗濯機」が、昭和27年「振動式洗濯機」が、昭和28年洗濯機の底にある凸凹の皿が回って洗濯する「噴流式洗濯機」が発売される。このタイプは洗濯時間も短く、攪拌式に比べて価格も安く好評だった。

手動式洗濯機

ぜんまい　⑧59

弾力性のある鋼を薄く細長くして渦巻き状に巻き、そのばねが戻って行く力を動力として用いる仕掛け。フグタ家の目覚まし時計、タラちゃんの歩く象さんのおもちゃもゼンマイを手で巻いて動かしている。

なんと十何人分をひょいと…

店屋物　⑧65

てんやもの。かつ丼やざるそばなど飲食店に注文して配達してもらう食べ物。

豆まき　⑧70

「節分」は雑節の1つで立春・立夏・立秋・立冬の前日をいう。ここで指すのは立春の前日の節分。元々は宮中行事だった。季節の変わり目の邪気払いのため、「福は内、鬼は外」〔地方・神社によって異なる〕と掛け声をかけながら、豆をまき、炒(い)った大豆を自分の年齢の数、もしくは自分の年の数の1つ多く食べると丈夫になるという。柊鰯(ひいらぎいわし)を邪気除けとして飾るところもある。

犬の前では走れない　⑧80

犬は人が急に走り出すと追いかけるといわれ、犬の前では走ることができなかった。

石盤・石筆　⑧89

この作品の中でカツオ君が持っている小さな板は、黒板か石盤(せきばん)だろう。石盤は粘板岩等の薄板からなり、石筆〔白色で蠟石を細い棒状にしたもの〕、白墨などで文字や絵を書きつける道具。小学校・幼稚園など低年齢児童の学習用筆記道具として用いられた。石盤は小さな黒板のようなもので、木枠をはめたものや、携帯用のものなどがある。書いたものは布などで消し去ることができ、何回でも書いたり消したりできる。鉛筆やノートの普及で姿を消した。

台上の交通整理のおまわりさん　⑧90

昭和22〔1947〕年12月27日、警視庁が「進め・注意・止まれ」の三方式交通信号機導入を決定。しかし、人々が交通信号に不慣れだったため、交差点などでは交通巡査が台に乗って交通整理をしていた。昭和35年、東京に「赤・黄・青」の三段式系統信号機が設置される。

隆鼻術 ⑧92
りゅうびじゅつ。鼻を高くする美容整形のこと。

駄菓子屋 ⑧99
だがしや。描かれた作品の絵だけでは何のお店か判別しづらいが、飴屋、せんべい屋さん同様、駄菓子屋さんも、ガラスの覆いが付いた平らな木のケース、ブリキの丸い蓋の縦型ガラスケースに様々なお菓子が入れられていた。飴やお菓子の多くは「量(はか)り売り」だった。あんこ玉、きな粉飴、キャラメル、ニッキ、梅ジャム・グミ…駄菓子と聞いて思いだす品は年代によって異なるだろう。駄菓子以外にセルロイドのお面、紙風船、メンコなどのおもちゃもあった。駄菓子屋が特に活気があったのは、昭和30年代。駄菓子屋の担い手には、戦争で一家の大黒柱を失った女性たちも少なくなかった。

駄菓子屋

100め ⑧120
100匁〔約375g〕のこと。「め」は匁の別称。重さの単位で、貫の千分の一〔＝3.75g〕。

家出娘 ⑧134
1月、「前年1000人だった少女の家出が急増」と新聞が報道している。

駅の窓口 ⑧140
自動販売機が登場する前は、切符は駅の切符を売る窓口で買っていた。この作品では昭和27〔1952〕年4月の網戸で駅員の顔が見えない窓口だが、㉒89では透明な窓口となっている。

再軍備反対 ⑧141
1月17日、GHQは防衛費が約2割の政府予算案を承認し、2月28日、日米安全保障条約に基づき、駐留米軍の配備条件を規定する日米行政協定が調印される。そして3月8日にはGHQは兵器製造禁止を解除〔4月権限委譲〕、4月26日、定員6038人の海上警備隊が設置された。サンフランシスコ講和条約と同時に結ばれた日米安全保障条約は、日本の再軍備を暗示させるものだった。

緑の週間　⑧ 143

3月21日「講和記念植樹運動」の一環として緑の羽募金運動が始まる。国土緑化推進委員会と農林省は1000本の苗木代金調達を目指し、「一人一本、記念の植樹」と呼びかけた。

ハンカチを胸に付けた1年生　⑧ 142

以前の幼稚園児・小学生〔低学年、特に新1年生〕は胸に名前を書いたハンカチを安全ピンでとめていた。

遠足（羽田飛行場）

童は見たり野なかのバラ　⑨ 8

ゲーテ　Johann Wolfgang von Goethe〔1749-1832〕作詞・近藤朔風訳詞『野なかの薔薇』“Heidenröslein”

童(わらべ)はみたり　野なかの薔薇(ばら)　清らに咲ける　その色愛(め)でつ　飽かずながむ
紅(くれない)におう　野なかの薔薇

キーソケット　⑨ 12

昭和4〔1929〕年、松下電気器具製作所〔現パナソニック〕は側面にスイッチが付いたキーソケットを発売。キーソケットには横にスイッチがついていて、それを回して電球を点滅させる。点滅スイッチは電灯の笠の上だったため、子供では、背伸びをしたり、台にのらなければ手が届かなかった。

キーソケット

はなせつこ　⑨ 18

原節子(はらせつこ)のことを指していると思われる〔本名：会田昌江(あいだまさえ)、大正9（1920）年6月17日～平成27（2015）年9月5日〕。映画女優。代表作は『青い山脈』『東京物語』他。

引越し手伝い　⑨ 19

個人経営の八百屋さん、酒屋さんたちが各家を回って注文を取る「御用聞き」が多かった時代、近所で引越しがあると彼らは荷物の運搬の手伝いをし、新規の御客を開拓していった。

ゴム製玩具

⑨20

球状のポンプで空気をゴム製の蛙の後ろに付いたチューブを通して送り動かす人形。蛙にはピョンピョン蛙とスイミングフロッグ〔泳ぐ蛙〕があった。

マッチ箱のコレクション

マッチ

⑨21

生活必需品のマッチは昭和初めから喫茶店、旅館等のサービス・宣伝、福引の景品等として配られた。広告や絵が印刷されたマッチ箱のコレクションも流行。

交通安全週間

⑨25

戦後、自動車事故、交通事故の増加に伴い、昭和23年12月10日〜16日「全国交通安全週間」が実施される。12月11日には第1回交通安全週間のキャンペーンの一環として全国から53名の警官が集まり、東京・銀座4丁目交差点で交通指導コンクールが行われた。交通安全週間は昭和27年からは春・秋、年2回開催されることになる。

水鉄砲

⑨26

細長い筒の先から水を飛ばすおもちゃ。昔は竹筒が用いられた。カツオ君のものは筒型の途中に細いノズルがついている。水を張ったたらいやバケツに水鉄砲を立て、T字の柄を上げて筒の中に水を吸い上げ、柄を下げることで水を飛ばした。季語は夏。

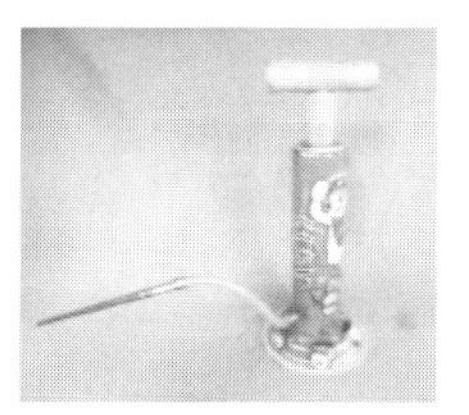
水鉄砲

独立日本、恩赦

⑨28

4月28日午後10時30分〔時差の関係でアメリカが4月28日になるのに合わせた〕サンフランシスコ平和条約・日米安全保障条約が発効。これによりGHQ・対日理事会・極東委員会が廃止となり、日本は主権を回復する。これを記念して行われたのが「講和恩赦」で、1 大赦令、2 減刑令、3 復権令が公布施行された。また、この日からNHKは放送終了時『君が代』の放送を開始する。独立式典は、5月3日、日本国憲法施行5周年記念式典と共に開催された。

手拭　⑨34
てぬぐい。日本手拭。薄い木綿の平織の布。汗をぬぐったり、顔や手を洗った後ふいたり、入浴時に身体を洗ったりする。吸水性もよく、乾きも早い。お祭りの装身具としても使われる。

たばこや　⑨38
自動販売機が普及する以前、煙草は「たばこ屋」で購入した。「角のたばこ屋」という言葉がよく聞かれたように、売り場は街角の専売店や何かの店の片隅だったり自宅の一部だったりした。ほとんどの店の間口は狭く、中に煙草を陳列したガラスケースの幅だけという感じだった。タバコ屋のケースには下がモルタルにタイル張りの物や脚にレールがついていて出し入れできるものもあった。厚いガラスのケースの横や上には、「タバコ」「シガレット」と赤字に白文字で書かれた看板が置かれ、昭和30年代には「ゴールデンバット」「いこい」「ピース」等の銘柄がよく売られていた。

両切(ぎ)り煙草が中心で「朝日」は一見フィルター付きだがフィルター部は中身がなく紙だけで、これを半分ずつ縦横につぶして吸う。両切り煙草はそのまま吸ったり紙巻きたばこ用のパイプで吸ったりした。パイプは長さ10センチ程度の棒状で、片側の穴にたばこを詰め平たくなった反対側を咥(くわ)え、パイプの中心の直径2ミリ程度の管を通して吸った。紙巻き煙草をキセルに詰める場合もある。店番は高齢者が多く「たばこ屋の爺ちゃん、婆ちゃん」等と呼ばれていた。たばこは専売制で値段も決められ、代金の9割が仕入れ値で1割の配分と儲けが少ないので、年配者の小遣い稼ぎの色合いが強かっただろう。めったに人が来ない場所にも店があったが、地域住人の数に応じた数しか出店許可が出なかったので倒産することもなかったようだ。

山ほととぎす初鰹　⑨41
俳人・山口素堂(そどう)〔1642（寛永19）年～1716（享保元）年〕の句「目には青葉　山ほととぎす　初鰹(はつがつお)」から。「耳には」「口には」を省き、初夏の風物三つを読み込んでいる。当時「初鰹」は、「まな板に　小判一枚　初鰹」〔宝井其角、1661～1707〕といわれるほど高価だったが、この句が有名となった後、江戸っ子の間では縁起が良い「初鰹」を食するのが粋(いき)の証(あかし)とされた。

野天風呂　⑨73
屋根や囲いを設置していない屋外の風呂。

ジュース　⑨74
サザエさんが飲もうとしたのは色付きジュース。かつて昭和26〔1951〕年、朝日麦酒〔現・アサヒ飲料〕が戦後進駐軍と共に入って来たバャリースオレンジ〔1987年から「バヤリースオレンジ」〕の製造元と業務提供し、販売権を獲得。それまで清涼飲料水ではサイダー、ラムネが主流だったが、果汁飲料が加わることとなり人気を得た。1本55円〔瓶の補償金15円〕。

金魚売り　⑨85
金魚が入った桶を天秤棒の両端に振り分け、金魚鉢を載せて「きんぎょーえ、きんぎょー」と独特な節（ふし）回しの呼び声で売り歩いた。

回り灯籠　⑨97
まわりどうろう。走馬灯（そうまとう）。外側に薄い布や紙を貼り、内側に様々な形を切り抜いた円筒を組み、中心にロウソクを立てた灯籠。ろうそくに火を灯すと円筒が回転し、外側の紙に影絵が回って見える。季語は夏。

バナナのたたき売り　⑨97
露店で露天商、的屋が口上を述べながら〔一房丸ごとの〕バナナを売る手法。口上を述べる人と口上に合いの手を入れたり、料金を受け取ったりする人の計2人1組で行うことが多い。バナナの売値は高い値段から初めて徐々に値を下げていくのが普通だが、安い値段から値を上げていく方法もある。福岡県北九州市の門司港周辺が発祥の地。戦後高価だったバナナが安価になった頃から、バナナのたたき売りは東京の街角から消えていった。

風呂場に水道　⑨101
今まで水を汲んできてお風呂に水を入れ、お風呂を焚いていたサザエさんの家のお風呂に水道が取り付けられた。

こっちの水は甘いぞ　⑨110
『ほたるこい』わらべ歌。

ほう　ほう　ほたる　こい　あっちのみずは　にがいぞ　こっちのみずは
あまいぞ　ほう　ほう　ほたる　こい

去年の秋のわずらいに…　⑨115
安永元年12月26日〔1773年1月18日〕大阪で初演された竹本三郎兵衛・豊竹応律の合作『艶容女舞衣（はですがたおんなまいぎぬ）』。人形浄瑠璃、歌舞伎の演目。元禄時代に起きた、茜屋（あかねや）半七と島の内の遊女美濃屋三勝（さんかつ）の心中事件を題材としている。

「艶容女舞衣」——あとは園が憂き想い、かかるとしても鳥羽うば玉の世の味気なさ身一つに、結ばれとけぬ片糸の、くりかえしたる独言。いまごろは半七さん、どこにどうしてござろうぞ、今更かえらぬことながら、わしというものないならば、子までなしたる三勝どのを、とくに呼び入れさしゃんしたら、半七さんの身持ちもなおり、御勘当もあるまいに、思えば思えばこの園が、去年の秋のわずらいに、いっそ死んでしもうたら、こうした難儀はできまいものを。お気に入らぬと知りながら…。

オリンピック中継日本入賞　⑨115

7月19日〜8月3日、ヘルシンキ五輪が開催された。初参加ソ連を含め69カ国から5900人余が参加。日本も戦後初めて参加。メダル獲得は金1〔レスリング・バンタム級の石井庄八〕、銀6、銅2。

虫籠　⑨116

昆虫採集で、取った虫を一時的に入れる物、もしくは蛍や鈴虫など取ってきた虫を飼育する籠。昭和20〜30年代の虫籠は竹製、木枠に竹ひごをはめたもの、ブリキや木のフレームに金網を止めたものなどがあった。

人工降雨テスト　⑨123

発達した雲の上から氷晶核となるドライアイスやヨウ化銀の微粒子を撒き、人工的に雨を降らせること。昭和26〔1951〕年10月27日、東京電力は裏磐梯上空、関西電力は琵琶湖上空で航空機からヨウ化銀などを撒いて人工降雨実験を行ったが、失敗。磯野家の3人が山登りに出掛けた日、人工降雨テストは無事成功した模様。

アイスクリン　⑨140

アイスクリームの昔の呼び方、もしくは卵、砂糖、脱脂粉乳、香料等を用いて作られる乳脂肪分3%以下の氷菓。しゃりしゃりしてあっさりした味わい。

炉裏　⑩6

いろり。民家の床の一部を四角に切り抜いて火を焚けるようにした場所。日常生活の中心的空間に設置された。灰を敷き、その上で火を焚き暖房・料理等に用いる。季語は冬。

自在鉤　⑩6

じざいかぎ。囲炉裏の上の梁からつり下げ、囲炉裏の火で煮炊きするために鍋・鉄瓶等を下げる道具。竹筒に下に鉤が付いた鉤棒を通し、それを「子ざる」と呼ばれる横木で固定し、鉤を上げ下げする。火が強い時は鉤を上に、弱い時は下におろし、鍋などの高さを自在に調節できる。横木は穴をあけただけの木片の時もあるが、魚をかたどったものが多い。

自在鉤

ざあましょうか　⑩7
「ざます」は「ざんす」から転じた言葉で、「〜である」の意味を表す丁寧語。「〜でございます」の意。江戸時代の廓言葉だったが、明治以降有閑マダムが用い、「ざあます言葉」と呼ばれた。昭和28年トニー谷が用いた「サイザンス」は流行語となった。

お茶うけ　⑩9
お茶を飲む時に食べるお菓子、もしくは漬物。

匁　⑩9
もんめ。尺貫法の重さの単位。1貫の1000分の1で約3.75g。

学校で映画　⑩10
第二次世界大戦前から昭和30年代前半くらいまで、夏休みの学校の校庭等で無料映画会が行われた。校庭に柱を立て、白い布を張り、そこに映写した。日が暮れると人々が集まり、新聞紙を敷いて腰を下ろし、蚊除けの団扇を扇ぎながら映画を楽しんだ。風が吹くとスクリーン用の布が波打ち、裏から鑑賞すると丹下左膳が右手で刀を持って立ち回った。人々がテレビを見るようになると、いつの間にか消えていった。

ははこものの映画　⑩10
大きく分けて2つのパターンがある。1 母親と離ればなれとなった子供が母親を慕って訪ねて行く話、2 継母にいびられる子供の話。

昆虫採集の箱　⑩15
空き箱からは、切ったり貼ったりして自動車をはじめ様々なものが生み出された。昆虫採集用の箱は通常お菓子の空き箱が利用された。ブリキ製の空き箱は使い勝手がよいので、母親が重宝して使っていた。昭和30年代ではワイシャツが入っていた空箱が、中蓋に透明のセロハンが貼ってあり、ガラスケースのようで、すこぶる人気があった。

洗髪

⑩ 23

フネさんが昼間、髪を洗っている。洗髪を頻繁に行うようになったのは戦後のこと。銭湯では洗髪代が別料金で存在した頃のことである。洗髪の回数は美容関係の資料によると、1950年代で月2回、夏には5〜10日に1回、1960年代で2週間に3回くらいだったようである。

「シャンプー」という名称は昭和5〔1930〕年頃から登場した〔1926年葛原工業が粉末洗髪材「モダン・シャンプー」発売、1930年にライオン油脂が液体「すみだ髪あらひ」発売〕。この頃のシャンプーはアルカリ性だったため、髪を洗うと髪がキシキシしていたようである。この大問題に対し、昭和27〔1952〕年、合成界面活性剤〔中性シャンプー〕のソープレス液体洗髪料三共ヨウモトシャンプーが発売される。そして昭和30年、髪を滑らかに洗うことができ、「しっとり」「しなやかになる」とされた「花王フェザーシャンプー」が登場、大ヒットとなる。花王フェザーシャンプーは、3g入りで2個10円のアルミフォイルに個包装粉末洗髪剤で、「お湯に溶かさずにそのまま使え」、コールドパーマをかけた髪に適していた。

シャンプー登場

昭和31年『若い女性』に掲載された花王フェザーシャンプーを使った「上手な髪の洗い方」によると、洗髪後は水気をふき取りすぐ櫛でよくとかし、生乾きのうちに前髪、横等にピン・カール〔注〕をし、ピンカールのピンをはずしたとき脱脂綿でオリーブ油をすりこんで髪の毛をまとめると一層つややかに仕上がる、と紹介されている。また、ポマード等の整髪料を使い始めた男性たちにも泡立ちがよい爽快感が好評だった。

こうしてシャンプーでの洗髪も日常的になっていき、1960年代になるとリンスも登場。リンスは最初の頃、洗面器の中のお湯に溶かして、洗髪後使用していた。リンスを普及させたのは昭和45年「ふりむかないで」のテレビコマーシャルで有名なライオン「エメロンクリームリンス」だった。

［注］ピンカールとは当時流行していた指で髪を丸めてピンでとめるカールのこと。

としよりの日

⑩ 40

昭和22〔1947〕年、兵庫県・野間谷村〔現・多可町〕の村長が「老人を大切にし、知恵を借りて村づくりをしよう」等の理由から農閑期の9月中旬に村の敬老会を開催したことに始まるといわれている。翌23年、新しい国民の祝日に関する法律が施行されるも老人のための祝日がなかったため、第2回敬老会で9月15日を「としよりの日」として村の祝日とすることを提唱し、県にも祝日制定を働きかけた。昭和25年、兵庫県が「としよりの日」を制定。昭和26年、中央社会福祉協議会〔現・全国社会福祉協議会〕が9月15日を「としよりの日」と制定し、9月15日～21日を運動週間とした。昭和38年、老人福祉法制定。9月15日を「老人の日」、9月15日～21日を「老人週間」とし、昭和39年から実施された。そして昭和41年、国民祝日法改正で、「敬老の日」が制定され、9月15日の「老人の日」が「敬老の日」と改められる。「多年にわたり社会に尽くしてきた老人を敬愛し、長寿を祝う」日となった。

|婦人投資相談部〔証券〕| ⑩43

1953〔昭和28〕年、朝鮮特需の衰退と不況の深刻化の中、証券会社に婦人を対象とした投資相談窓口が設けられた。

|開票速報| ⑩45

「速報」といっても、新聞社の横で大きな板に書き上げたもの。8月28日、吉田首相が衆議院を抜き打ち解散。10月1日、第25回衆議院選挙。講和条約の是非を問う選挙で、自由党は議席を減らしたが過半数を確保。左右両派社会党が躍進。当選者中139名は追放解除者で、鳩山一郎、石橋湛山他が復活当選した。

|茶碗蒸し| ⑩46

卵の生産量が飛躍的に伸びたのは昭和36〔1961〕年のこと。1960年代初頭、一般家庭でも卵が入手しやすくなり、「巨人・大鵬・たまごやき」と卵焼きは子供が好きな料理の代表として挙げられるようになる。この作品が掲載された昭和27年ではまだまだ卵は高級品で、茶碗蒸しはご馳走だったと思われる。

|缶づめのジャム| ⑩47

ジャムは缶に入っていたため、缶切りで蓋を開けた。当時の缶切りは先端の鋭い部分を缶の真ん中に挿し、てこの原理で缶を回しながら切って行く。裁断面がギザギザになるため注意が必要。

|スピッツ| ⑩49

この時期、白くてフワフワした被毛の小型犬のスピッツが大流行。ピーク時には日本で登録された犬の約4割がスピッツだったという。

しかしよく吠えて近所迷惑しきり、愛玩の多様化ともあいまって次第に人気がなくなっていった。

かぐや姫がいた　⑩65
12月27日、京都市の農家で、17歳の長女がトイレで赤ちゃんを産み、赤ちゃんを竹やぶに裸のまま放置して死亡させる事件があった。両親も妊娠に気づかず、前日腹痛で診察した医師も腹膜炎と診断。本人も知能が低かったため不起訴処分となった。この事件から描かれた作品なのかもしれない。

虎の敷物　⑩74
当時のお金持ちの家では、虎・鷹・熊等の皮の敷物が好まれていたようである。

サンガー婦人　⑩84
マーガレット・ヒギンズ・サンガー　Margaret Higgins Sanger〔1879年9月14日～1966年9月6日〕。アメリカの産児制限〔受胎調節〕活動家で「アメリカ産児制限連盟〔American Birth Control League、後のPlanned Parenthood〕」の創立者。戦後、世界的な家族計画運動の指導者として日本にも訪れている。

観光バス・コンクール　⑩92
1952〔昭和27〕年2月17日、東京陸運局、京都乗合自動車協会共催でバスガイド・コンクールが東京・共立講堂で開催された。審査員は、金田一京助・徳川夢声等。参加者は国内バス会社のバスガイド54名。

カンパン　⑩93
乾板。写真感光板の1つで、感光乳剤を塗ったガラス。

惣領　⑩96
長男。

恐妻　⑩99
きょうさい。大宅壮一が流行させた言葉。戦後、「民主主義」「男女同権」といった思想で女性の立場が強くなり、強くなった妻に夫が頭の上がらないことをさす。作品では恐妻家が昭和38年11月24日㉗52、昭和44年1月17日㊳33にも登場。一方、戦前のような夫が昭和44年10月22日㊴98に登場する。

軍人恩給復活　⑩ 108

「軍人恩給」とは命を捧げて国に尽くした人を処遇するための恩給。戦後廃止されたが、昭和28〔1953〕年8月1日、恩給法改正で復活。総額500億円。対象は准士官以上が13年以上、下士官・兵が12年以上の在職者。遺族にも恩給に近い額が引き継がれて支給される。これに先立ち、1952年11月21日、厚生省は60歳以上の元軍人軍属と未亡人8万人に特別給与金2000円を支給することを決定している。

スト中の電気代払いません　⑩ 118

11月〜12月は電産・炭労のストで電気とガスの供給が不安定となる。まず、9月24日、電産労組は電源・停電の波状ストに突入〔〜12月18日〕。東電は11月1日から週1回の休電日実施を発表、12月9日渇水と120時間ストにより、週2日休電となる。12月10日、電産労組は全国で120時間連続ストに突入、12月18日、電産はスト中止を指令。一方、炭労は10月17日、大手17社が賃上げを要求し無期限ストに突入〔12月16日妥協〕。11月24日、炭労ストで貯炭量が減った東京瓦斯が午前5時から午後1時、午後4時半から8時の時間供給になる。この時間供給は、炭労ストが解決する年末まで続いた。

電蓄　⑩ 125

電気蓄音機の略。

ビール瓶のお中元　⑪ 10

昭和25〔1950〕年に勃発した朝鮮戦争の特需景気を契機とし、日本経済は好転、昭和30年には神武景気となる。この作品では、まだまだぜいたく品だったビールをお中元として届けるマスオさんが描かれている。電気冷蔵庫が普及していなかった時代、ビールは自宅の井戸や氷冷蔵庫で冷やしたり、酒屋さんに「冷やし代」を払って冷えたビールを購入していた。昭和24年5月、ビールの自由販売が再開され、7月には配給以来初の値下げで大びん1本126円50銭となる。〔しかし、下がったとはいえ、ビール約2ダースとサラリーマンの初任給がほぼ同じという高価な品だった。〕そして12月には商標も復活。昭和28年3月、ビールは107円に値下げされ、昭和29年、製造・販売とも自由競争の時代となる。

アサヒビール
大瓶

1953 昭和28年

出来事

		01/14	ユーゴ：ティトー大統領選出。
		01/20	米：アイゼンハワー大統領就任。
02/01	NHK東京テレビ局、テレビ本放送開始（1日約4時間）。		
03/14	バカヤロー解散。	03/05	ソ：スターリン死去。
03/23	中国からの帰還開始。		
06/04	中央気象台、台風の呼び方を発生順位番号に。	06/02	英：エリザベス女王戴冠式。
06/25	西日本豪雨（7月に集中豪雨水害が多数発生）。	06/16	東独：東ベルリンで反政府暴動。
		06/18	エジプト：共和制宣言。
07/16	伊東絹子、ミスユニバース3位入賞。	07/27	朝鮮戦争休戦協定。
		08/12	ソ：水爆実験成功。
09/25	台風13号、近畿東海に上陸。	09/12	ソ：フルシチョフが共産党第一書記に就任。
10/22	日米親善野球で全米オールスター来日。		
11/25	クリスチャン・ディオール、ファッションショー開催。	11/09	カンボジア、フランス保護領から独立。
12/31	NHK、紅白歌合戦放映（以後大晦日に）。		

トピックス 街頭テレビと力道山■スーパーマーケット第1号「紀ノ国屋」

ファッション カラー：グレーに関心、コロネーション・カラーのうち特にラベンダーが流行■クリスチャン・ディオール■プリンセス・スタイル（ワンピース、コート）人気■シネマ・ファッションブーム■落下傘スタイル（そのためのペチコートも登場）■「透けるファッション」が話題に■レディース用レース手袋■デパートで婦人服のイージーオーダー開始■国産初ナイロン製シームレスストッキング発売■真知子巻き大流行

流 行 語 おこんばんは■さいざんす■街頭テレビ■八頭身■クルクルパー

ベストセラー 『昭和文学全集』■安田徳太郎『人間の歴史』■菊田一夫『君の名は』■ボーヴォワール『第二の性』

|女王| ⑪ 18

6月2日、父王ジョージ6世の後を継ぎ、エリザベス2世英国女王戴冠式がウエストミンスター大聖堂で行われた。女王は27歳。世界74カ国から代表が出席。

|水害| ⑪ 19

6月25日～30日にかけて襲った西日本大水害のこと。700ミリの記録的豪雨が九州中部・北部を中心に襲い、死者・行方不明者は1166人、154万人が被災した。

|飛び出す映画| ⑪ 31

4月8日から2週間、東京・ピカデリー劇場で米映画『メトロスコビックス』が上演され、偏光眼鏡を通すと、映像の立体感が得られる〔飛び出して見える〕立体映画として話題になる。しかし、耳にかけるつるが眼鏡に付いていなかったため、上映中ずっと眼鏡を手に持っていなければならないので疲れると不評だった。

|トンチ教室| ⑪ 41

昭和24〔1949〕年1月3日～昭和43〔1968〕年3月28日NHKラジオで放映されたバラエティ番組。学校の授業形式をとった番組で、青木一雄が先生役〔司会〕、各界の著名人が生徒役となって珍答を繰り広げた。レギュラー出演者は「落第生」と呼ばれ、年度末には「落第式」が開かれた。当初の生徒は、石黒敬七〔柔道家〕、渋沢秀雄〔東宝元会長〕、内田誠〔明治製菓重役〕、六代目春風亭柳橋、三代目桂三木助、長崎抜天〔漫画家〕他。

石黒敬七

⑪ 41

いしぐろ・けいしち〔明治30（1897）年8月10日～昭和49（1974）年10月1日〕。柔道家〔講道館8段、大日本武徳会10段〕、随筆家。空気投げが有名。レジオン・ドヌール勲章受章者。

珈琲

⑪ 41

喫茶店が東京で復活したのは昭和22〔1947〕年。当時は1杯5円。復活から5年経ち、コーヒーは以前のように一般でも飲まれるようになる。

傘を持って出迎え

⑪ 62

電話が各家になく、折りたたみ傘もなかった頃は、急な雨で家族が濡れないよう、帰宅時間を想定して駅やバス停に傘を届けることが多々あった。

婦人週間

⑪ 67

昭和24〔1949〕年、女性の自主性や地位向上を図るため労働省が設けた週間。日本の女性が参政権を初めて行使した昭和21〔1946〕年4月10日を記念して、この日に始まる1週間を婦人週間とした。

スクーターの横乗り

⑪ 67

昭和21〔1946〕年、富士産業（現・富士重工）がスクーターの「ラビット」を発売。これは米軍落下傘部隊使用のスクーター「パウエル」をモデルに開発したもので、国防色の本体にうさぎとラビットのマークのロゴが白く描かれていた。同年、三菱重工業もスクーター「ピジョン〔鳩〕」を発売。乗用車に比べ、値段も手ごろなスクーターが流行。昭和33年にはホンダ「スーパーカブ」が発売され、人気に拍車がかかる。昭和27年頃からこのサザエさんの作品と同様、東京をさっそうと走るスクーター二人乗りの姿が目立ち始めた。昭和28年6月、写真新聞には「初夏の風切るあなたと私」というタイトルの写真と新風俗の特集が掲載されている。

和風ヘップバーン現わる?
（東京・銀座4丁目交差点にて）

むしくだし

⑪ 68

虫下し。かつて日本は人糞肥料を用いていたため、昭和40

年頃まで寄生虫〔特に回虫〕に悩まされた。昭和27年、藤沢薬品工業株式会社〔現・アステラス製薬〕は「マクニンS」という虫下しを発売し、評判となる。〔マクニンとは「まくり」という海草にふくまれる「海人酸」を利用した虫下し〕。昭和28年11月16日、厚生省は寄生虫予防運動月間を実施。寄生虫保有者は東京で全住民の3割、農村で8～9割といわれ、全国各地で街頭検診、巡回検診が行われた。

ストッキングを引き上げる　⑪71
昭和27〔1952〕年、厚木編織からシームレス・ストッキングが発売された。当初ストッキングは太ももまでの長さで、それをずれ落ちないようにぶら下げるタイプ〔garter belt〕〔㊱107〕と押さえるタイプ〔garter ringもしくはring garter〕のガーターがあった。作品ではストッキングがずれ落ちて来ているので、おそらく押さえるタイプのガーターを使用していたと思われる。ストッキングは伝線しやすく、伝線すると街頭で伝線を繕う人に直してもらって着用した。

月賦　⑪76
げっぷ。代金などの全額を一時に支払わず、月々に割り当てて一定額ずつ月毎に支払う方法。戦後、経済復興につれて戦争で中断していた月賦販売が昭和23〔1948〕年頃から再登場する。作品が掲載された昭和28年は日本での月賦販売が急上昇を始める頃である。当時は毎月、集金人が各家を訪問して集金していた。

脚気の検査　⑪78
脚気（かっけ）の臨床診断法の1つである「膝蓋腱反射（しつがいけん）」を往診に来たお医者さんが波平さんに行っている。ビタミンB1欠乏症の脚気は末梢神経に障害が現れることが多く、「打診槌（だしんづち）」という小さなハンマーでひざ下を打って腱反射を知らべる検査。この検査では通常、下肢が少し持ち上がり、㉚120のワカメちゃんのように足が大きく持ち上がることはない。

中国からの帰国の少年　⑪83
2月15日、北京で日本赤十字社・日中友好協会等と中国紅十字会との初会談が開かれ、同年3月23日から残留日本人の中国からの引揚が開始される。中国帰還第一陣「興安丸」と「高砂丸」で3968人が舞鶴港に入港。約6万人ともいわれた残留日本人の帰還が始まった。昭和28年11月12日、中国紅十字会は日本人集団引揚の終了を通達。

この作品では中国から帰国した少年が中国での学習成果を披露している。

ビアホール　⑪92

ビアホールが戦後再開されたのは昭和24〔1949〕年6月1日。5月にビールの自由販売が再開され、飲食営業を禁止する「飲食営業緊急処置令」も廃止となり、主要都市各地でビアホールが復活。都内ではビアホール21店が営業を開始、値段はジョッキ1杯100〜300円。当時は、盗難の恐れがあったため、自転車は店内に持ち込まれた。昭和27年、東京・銀座のビアホールの屋上でビールを客に提供、東京・日本橋高島屋では「ビールの祭典　屋上庭園」がオープンするなど、屋上ビアガーデンも定着していく。夏の風物詩として全国に拡がっていった屋上ビアガーデンは、夏のビール消費量増加に大きく貢献した。

昭和24年9月開店「阿倍野橋アサヒ店」（大坂）

灰式カイロ　⑪95

形からすると桐灰（きりばい）、藁灰（わらばい）などに除燃剤を加えて紙袋に包んだ灰式カイロだろうか。

マヌス島からの帰還　⑪101

日本軍は昭和17〔1942〕年、マヌス島に基地を建設。昭和19年2月末〜5月、連合国軍と日本軍との間で闘われたアドミラルティ諸島攻略戦で戦場となった。日本軍の戦死者は3280人、捕虜75人。マヌス島山中に潜伏した日本兵の多くも戦死・戦病死。昭和24年3月、終戦を知らないまま潜伏していた兵士のうち2名が原住民に発見・収容され、同年11月帰国した。

質屋　⑪102

品物を担保にお金を貸してくれる。持ち込む品を「質草（ぐさ）」「質種（だね）」と呼び、期日までに利息をつけてお金を返せば品物を返してくれる。これを「受け出す」という。受け出せなかった品は質屋の所有となる。これを「流れる・流す」という。受け出せなくても利息を払い続ければ質草は流れない。流れた品は「質流れ品」として売買される。時代劇にも登場し、かつては庶民や学生の金策先として繁盛した。

|音羽屋| ⑪ 108
音羽屋（おとわや）は歌舞伎役者の屋号。清水寺に近い所で生まれた初代尾上菊五郎の父・半平（はんぺい）が、清水寺境内の「音羽の滝」に因んで音羽屋半平と名乗っていたことに由来。

|知らざぁいってきかせやしょう| ⑪ 108
河竹黙阿弥作『白波五人男』の弁天小僧菊之助の名台詞。

白波五人男〔雪下浜松屋の場〕
〈弁天小僧菊之助〉
「知らざあ言って聞かせやしょう／浜の真砂と五右衛門が歌に残せし盗人の／種は尽きねえ七里ヶ浜、その白浪の夜働き／以前を言やあ江ノ島で、年季勤めの稚児が淵／百味講で散らす蒔き銭をあてに小皿の一文字／百が二百と賽銭のくすね銭せえ段々に／悪事はのぼる上の宮／岩本院で講中の、枕捜しも度重なり／お手長講と札付きに、とうとう島を追い出され／それから若衆の美人局／ここやかしこの寺島で、小耳に聞いた爺さんの／似ぬ声色でこゆすりたかり／名せえゆかりの弁天小僧菊之助たぁ俺がことだ」

|羽左衛門| ⑪ 108
うざえもん。市村宇左衛門／羽左衛門は歌舞伎役者の名跡。7代目まで宇左衛門、以後、羽左衛門。屋号は7～16代目が菊屋、16代目以降は橘屋。15代市村羽左衛門〔明治7（1874）年11月5日～昭和20（1945）年5月6日〕は、その美貌から「花の橘屋」と呼ばれた。

|月も朧に白魚の| ⑪ 108
河竹黙阿弥作『三人吉三巴白浪（さんにんきちさともえのしらなみ）』「大川端庚申塚の場」での「厄払い」と呼ばれるお嬢吉三の独白。

「月も朧（おぼろ）に白魚の篝（かがり）も霞む春の空、冷てえ風も微酔（ほろよい）に心持よくうかうかと、浮かれ烏（からす）のただ一羽塒（ねぐら）へ帰る川端で、さおの雫（しずく）か濡手で粟、思いがけなく手に入（い）る百両、〔舞台上手から呼び声〕「御厄（おんやく）払いましょう、厄落し！」ほんに今夜は節分か、西の海より川の中、落ちた夜鷹は厄落し、豆沢山（まめだくさん）に一文の銭と違って金包み、こいつぁ春から縁起がいいわえ」

|一声千両| ⑪ 109
一声（ひとこえ）に千両の価値があること。歌舞伎役者の台詞回し等を称揚する言葉。

キャラメル

⑪ 118

日本のキャラメルは明治37〔1904〕年10月、森永製菓が製造を開始、大正3〔1914〕年「ポケット用　紙サック入りキャラメル」を発売。大正11年、合名会社江崎は栄養菓子「グリコ」を発売、昭和2〔1927〕年、おまけ入りとなり、昭和4年からはおまけの小箱が登場する。また昭和2年、明治製菓が「サイコロキャラメル」を発売している。

戦後、昭和21年、川島製作所がキャラメルの自動包装機械の国産化に成功。昭和22年、政府はキャラメルを労働力のエネルギー源にするため米軍にキャラメル生産用原料の提供を要請。同年10月、米軍は砂糖2603トン、ココア1511トンを供出する。これを受け、昭和23年3月から主要菓子メーカーは「ココアキャラメル」の製造を開始し、8月に学童と鉄鋼・石炭等の重労働就労者に配布された。しかし、昭和24年に自由販売が許されるまでキャラメルは進駐軍の特需品・配給品、復員局用のみの統制品で、砂糖ではなくサツマイモから作ったブドウ糖のキャラメルだった。

菓子類の原材料は昭和24年に水あめ、練粉乳、昭和25年に乳製品、昭和27年に砂糖の統制が撤廃。これにより戦前と同じ砂糖で作られるキャラメルが製造されるようになった。

昭和26年、キャラメルに入っているカードで景品が当たるという2つのキャラメルが登場し大ヒット。まず、東京紅梅製菓株式会社は巨人軍と契約して、「紅梅キャラメル」〔10円〕に野球カードを入れて発売。当りのカードでグローブ、バット、サイン入りブロマイド等、巨人軍チームのカードを揃えると野球道具一式やユニフォームが当たった。同年、カバヤ食品はカバヤキャラメル〔10円〕を発売。こちらは「ターザン」の絵入り点数カードを集めるとカバヤ文庫1冊が当るというもので、なかなか本を買ってもらえない子供たちの心をとらえた。また、セロファンでキャラメルの箱が包まれる前は、キャラメルの紙の箱に縦に紙が貼られて封がされていた。森永のキャラメルには赤い帯が縦に巻かれていた。

昔のいろいろなキャラメル

なお、本書のカバー〔表1〕に登場する「森永ミルクキャラメル」は昭和25年の新聞広告とされる。

ふとどき
⑪ 125
けしからぬようす。道徳や法に背く様子。

パン助
⑪ 142
「パンパン」「パンパンガール」「パン助」は占領軍相手の娼婦のこと。戦後6大都市だけで4万人いたといわれる。身持ちの悪い女性を「パン助」と軽蔑の意を持って呼ぶこともあった。

三助
⑪ 143
三助(さんすけ)の語源は、番台、風呂屋のお湯を沸かす釜焚き、湯加減の調整を兼ねたことといわれている。浴場での客の背中流し、風呂掃除等も行う。

街頭テレビ
⑫ 1
2月1日、NHK東京テレビ局が放送を開始した。契約数は866、受信料は月額200円。当時受像器は高価で、昭和27年に松下電器産業から売り出された17インチ白黒テレビが29万円。大卒公務員の初任給が7650円の時代。とほうもない値段である。昭和28年8月28日には日本テレビ放送網が初の民放局として放映を開始したが、商売にならないのではと懸念されていた。開局式典に参加した吉田首相は正力松太郎社長への祝辞の中で「〔テレビ放送事業を行うことは〕とうてい正気の沙汰ではあるまいとまで申し上げたのであります」と語っている。正力社長はテレビの魅力を知らせるためにテレビを街頭に設置し、9月3日に初公開。駅や商店街、銭湯など人が集まる場所に17型〜27型テレビを置いて、無料で視聴させた。

野外では柱の上に箱入りのテレビがあり、時間が来ると係が扉を開けた。開局当時は新橋駅前など都内・近郊53カ所だったが、やがて300台近くになった。スポーツ中継の人気が高く、8月23日NHKが全国高校野球を初放映。23日プロ野球「阪急対毎日」戦〔西宮球場〕。日本テレビは29日の巨人戦〔後楽園球場〕を放映。10月27日は世界フライ級タイトルマッチ、白井義男対テリー・アラン戦があり、テレビ開局1年後の昭和29年2月19日、力道山・木村政彦対世界タッグ王者シャープ兄弟戦3連戦が蔵前国技館で行われ、初日の放映を見たファンが押しかけて怪我人

街頭テレビに群がる人たち

まで出た。

この頃一般家庭でテレビを購入した家があると、近所の子供やときには大人も見せてもらいに行った。また昭和28〔1953〕年5月には松下電器のテレビカーが全国を巡回しながら放映して人気を呼んだ。さらにプロレス人気が拍車をかけ、価格の低下もあってテレビは急速に普及し、やがて街頭テレビは姿を消していく。昭和30〔1955〕年からの神武景気にはテレビ・電気洗濯機・電気冷蔵庫は「三種の神器」と呼ばれ、昭和34〔1959〕年4月10日の皇太子と美智子さんのご結婚を機に、急速に普及。白黒テレビの保有台数も昭和33年には91万台だったのが、結婚式直前の4月3日には200万台を突破した。

空からちらし

⑫11

プロペラ飛行機から宣伝・告知のちらしが放たれ、大空にぱっと広がって落ちて来る…。千葉に住んでいたN氏〔昭和23年生まれ〕によると落下地点の見当をつけ、畑の中を走り回って皆でビラを拾いに行ったという。お百姓さんはさぞ迷惑だったことだろう。ビラを撒く方も風向きが大切で、落下予定地点にビラをバラバラにして撒くのに苦労したようである。昭和27〔1952〕年12月19日、名古屋市で飛行機から撒かれた宣伝用ビラの束が小学生に当たり、4週間の重傷を負わせる事故が起きた。当時の子供たちは、宣伝といえばアドバルーン、空から撒かれるちらし、サーカスの到来を知らせるオート三輪に乗ってジンタを演奏する楽団を懐かしく思いだすようである。

海老蔵

⑫15

えびぞう。市川海老蔵。第十一代目市川團十郎〔本名：堀越治雄（はるお）、明治42（1909）年1月6日～昭和40（1965）年11月10日〕。戦後歌舞伎界の花形役者の一人。昭和28〔1953〕年9月29日再婚。夫妻には2人の子供が生まれていた。

人造米

⑫31

人造米は小麦粉、でんぷん、米粉を混ぜ米粒状に加工した食品で、お米と混ぜて炊くことでカロリーを補う。米不足を補充する対策として開発された食品。米の食感の再現に配慮されていて、米と混ぜて炊いても溶けずによく混ざった。米不足となった昭和28年には日本橋のデパートでも人造米が発売された。

提灯ブルマー ⑫37
運動会でおなじみだったブルマーの原型は、1850年アメリカの女性解放運動家エリザベス・スミス・ミラー Elizabeth Smith Miller〔1822年9月20日〜1911年5月22日〕によって考案され、同じく女性解放運動家のアメリア・ジェンクス・ブルーマー Amelia Jenks Bloomer〔1818年5月27日〜1894年12月30日〕によって世に広まった。ブルマー "bloomer" の名称は彼女に由来する。最初はひざ下までのズボンとショートドレスの組み合わせだったが、後に運動着として改良され、女性が運動を行う際に下半身に着用する衣服として普及した。提灯（ちょうちん）ブルマーの生地は黒の綿製やナイロン入りのもので、伸縮性がなかった。ウエストと裾口にゴムが入っていてそれ以外はゆとりがあり、ギャザーやプリーツがついていて、提灯のようにふくらんだ形を維持していた。また、この時代、小学校の運動会では、子供たちは白い足袋を履いている。

運動会の白い足袋と
提灯ブルマー

米の没収 ⑫39
5月以降の多雨・低温・病虫害の影響でこの年の収穫高は前年比19%減となり、9月お米は大凶作となる。そのため人造米が登場し、闇米騒動も起きた。11月14日には上野駅でヤミ米摘発も行われた。

鼠にひかれる ⑫40
あるものが神隠しにでもあったように、いつの間にか姿を消すこと。

皇太子殿下ご帰朝 ⑫41
3月30日、昭和天皇の名代としてエリザベス2世英国女王の戴冠式に出席するため、皇太子継宮明仁親王が横浜港を出発。6月2日戴冠式に出席した後、フランス、スペイン、スウェーデン、アメリカ等を訪問、同年10月12日に飛行機で帰国された。

たいがいになさい ⑫51
ほどほどになさい、の意。

庭の千草

⑫ 92

里見義作詞・アイルランド民謡『庭の千草』。原曲：アイルランド民謡 “The Last Rose of Summer”。初掲の文部省音楽取調掛編纂『小学唱歌集 第三編』〔文部省、明治 17（1884）年 6 月掲載〕のタイトルは『菊』。

第七十八『菊』

1. 庭の千草も　むしのねも／かれてさびしく　なりにけり／あゝしらぎく　嗚呼白菊／ひとりおくれて　さきにけり。

よいとまけ

⑫ 92

建築現場等の地固めの作業で、櫓を組んで槌を滑車とロープで上げ下げすること。また、それに従事する人。着物に姉さんかぶり、手甲脚絆、地下足袋の十数人の女性たちが櫓を囲んで、掛け声の「よいとまけ」「えーんやこーら」とともに一斉にロープを引いて槌を上げ、ドスンと落とした。この掛け声に由来する。

木箱の中の籾殻

⑫ 93

籾殻(もみがら)。戦前から昭和 30 年代にかけて、壊れやすいものを運ぶ際に用いられるクッション材には、木材を薄くカットしたものや籾殻が使われた。卵やリンゴなどは脱穀の際に出る稲の実の外皮であるこの籾殻が用いられた。軽く細かい籾殻は隙間をきれいに埋めることができ、クッション材として最適。

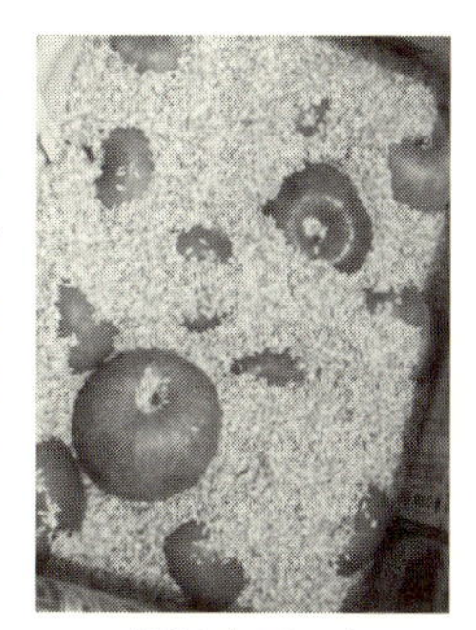

籾殻の中のリンゴ

騒音

⑫ 98

この作品の前年、昭和 27〔1952〕年 10 月 15 日～ 17 日「都市騒音防止に関する協議会」答申に基づき、東京都は騒音防止キャンペーンを行った。都内では、自動車の警笛、拡声器、パチンコ、宣伝放送等の騒音についての苦情が絶えなかった。昭和 28 年年末も騒音は、おさまっていなかったことが分かる。

黒電話

⑫ 103

昭和 25〔1950〕年「4 号自動式卓上電話機」、通称「黒電話」が誕生。そして昭和 37 年「600 型自動式卓上電話機」が登場し、家庭電話として普及した。まず受話器を耳に当て「ツー」という発信音を聞いてから、ダイヤルで番号を回す。元に戻るまで時間がかかる。ジーコジーコと回してかけたものだった。現在「ダイヤル」式はほとんど姿を消したが、それでもダイヤル式黒電話は今も健在である。コンセントが不要なダイヤル式は、停電でも通話ができることから震災時も力を発揮したという。

国産初期型
卓上ダイアル式電話器B750

中央の文字
「受話器を外してから
廻轉盤を右へ指止め迄
廻してお放しなさい」

早手回し ⑫ 105
はやてまわし。先に手廻し〔対処〕をしておくこと。

1954 昭和29年

出来事

	日本		世界
01/02	二重橋事件。		
02/01	マリリン・モンローが夫ジョー・ディマジオと来日。		
03/01	ビキニ米水爆実験で「第五福竜丸」被爆。	03/01	米：ビキニ水爆実験。
04/21	犬養健法相、造船疑獄で指揮権発動。	04/29	印：ネルー首相ら「平和五原則」提唱。
		05/07	ヴェトナム：ディエン・ビエン・フー陥落。フランス、インドシナより完全撤退。
06/04	近江絹糸人権争議始まる。	06/16	ヴェトナム：ゴ・ジン・ジエム、ヴェトナム共和国首相に就任。
07/01	防衛庁・陸海空自衛隊発足。	07/21	インドシナ休戦協定調印（ジュネーブ協定）。
09/26	青函連絡船「洞爺丸」沈没。	09/27	中：中国第一期全人代、毛沢東を国家主席に選出。
		10/09	ヴェトナム民主共和国、ハノイを首都に。
		10/19	英・エジプト協定。
11/03	東宝特撮映画『ゴジラ』封切。		

トピックス	『ローマの休日』封切■ゴジラ■放射能雨■美容体操■第1回全日本自動車ショー開催■アリナミン糖衣錠
ファッション	カラー：スモークカラー、赤と黒の配色■「太陽族」登場■ヘップバーンスタイル流行（ヘップバーンカット／トレアドル・パンツ／サブリナ・シューズ他）■ダスターコート人気■ナイロン・レインコート流行■フレンチスリーブ増える■マンボズボン流行
流　行　語	死の灰■イタリアン・ボーイ■サブリナ・シューズ&パンツ■シャネルの5番■ロマンスグレー
ベストセラー	伊藤整『女性に関する十二章』■角川書店編『昭和文学全集』■筑摩書房編『現代日本文学全集』

八頭身美人看板

⑫ 54

昭和28〔1953〕年7月、アメリカ・カルフォルニア州ロングビーチのオーデトリアム・コンベンション・ホールで開催された第2回「ミス・ユニバース」世界大会で、日本代表として出場した伊東絹子〔1932年6月29日生〕が3位に入賞。ファッションモデルの伊東は、身長164㎝、バスト86cm、ウエスト56cm、ヒップ92cmという均整の取れたプロポーションの八頭身美人だった。

昭和29年5月、東京・有楽町の日劇前に「美人測定器」が登場。これは伊東の等身大のシルエットを切り抜いた看板で、東宝と契約した伊東の主演映画『私の凡てを』の宣伝用だった。『サザエさん』に描かれている看板には「ここを通り抜けた方は八頭身美人です」と書かれているが、「美人測定器」には「これを通り抜けられるお方は世界的美人です。世界第三の美人に選ばれた伊東絹子嬢の等身大の写真を切り抜いたものですから自信のある方はどうぞお試しください」という挑戦的な言葉が添えられていた〔2日間で数十人が挑戦、二人成功〕。この看板は全国の東宝系列の映画館に設置され、「通り抜けられたら招待券進呈」という映画館もあったことから、多くの女性が「ミス・ユニバース3位」に挑戦した。

「八頭身美人」看板

女性に席を譲る

⑫ 55

昭和20年代、進駐軍の影響で若い女性に電車の席を譲る時期があったようである。

百面相　⑫ 106
顔の表情を様々にかえること。

電気掃除機　⑫ 117
大きな袋が付いた電気掃除機がマスオさんの会社で使われている。国産の掃除機が発売されたのは昭和 6〔1931〕年。しかし日本の家庭ではあまり普及せず、電気掃除機は会社等で使用され始めた。家庭用の電気掃除機が登場したのは昭和 30〔1955〕年のこと。ポータブルタイプの掃除機が発売された。この電気掃除機は、肩にかけて掃除できる軽量タイプのもの。こうして毎日の掃除で使われるはたき、ほうき等の道具に、新たに電気掃除機が加わっていく。

レストランでのお見合い　⑫ 121
サザエさんとマスオさんのお見合いは百貨店の食堂。お見合いはレストラン、劇場、資生堂パーラー、ホテル等様々なところで行われた。

一酸化炭素中毒　⑫ 123
一酸化炭素中毒は一般家庭では、屋内での木炭焜炉の使用、石油ストーブの不完全燃焼、火災等で一酸化炭素の発生量が急激に増えたことにより発生する。都市ガスが一酸化炭素を含む石油ガスから天然ガスに転換したことで、一酸化炭素中毒は激少した。

先じゃ　⑫ 124
「先方」の意。

結婚式場での洋式結婚式＆披露宴　⑫ 134
嫁入先でとり行われた婚礼に変化がみられるのは、明治 33〔1900〕年に挙げられた大正天皇の「神前結婚式」からといわれている。明治 35 年、民間人の神前結婚式が日比谷大神宮〔現・東京・大神宮〕で行われ、帝国ホテルで披露宴が行われた。その後、神前結婚式や料亭等での披露宴も普及していく。戦争中は記念写真を撮るだけ、召集の際、「死ぬかもしれないから結婚する」というケースもあった。そして戦後、昭和 22〔1947〕年、明治記念館が誕生。結婚式場が誕生していく。

昭和 30〔1955〕年頃、戦前から自粛されていた貸衣装屋が復活し、昭和 35 年頃から白無垢姿のお嫁さんがみられるようになり、お色直しも行われるようになった。そして結婚式もホテル等でおこなわれるようになる。ノリスケさん夫妻は洋装で披露宴に登場し、テーブル着席スタイルで洋食の披露宴を行っている。

新婚旅行〔電車〕 ⑫ 135

ノリスケさんとタイコさんが新婚旅行へ行ったのは熱海だろうか…。もし熱海だったら、東京にも近い湯治場で、明治期以降、文化人の隠れ別荘の地であり、『金色夜叉』でも名が知られている。昭和 30 年以降、熱海は新婚旅行の行き先ナンバー 1 となり、高度成長期には接待・社員旅行で賑わった。その後、昭和 35 年、島津久永・貴子〔昭和天皇第五皇女〕夫妻が青島、昭和 37 年、皇太子ご夫妻〔現・天皇、皇后陛下〕が宮崎を訪問されたことから、にわかに宮崎が憧れの新婚旅行の地となる。昭和 42 ～ 48 年には新婚旅行客用に東京、大阪から全席 1 等寝台臨時急行「ことぶき」が運行された。

細君 ⑫ 136

さいくん。奥さんのこと。

月給袋 ⑫ 141

現在、大手の会社では月給は銀行振り込みとなっているが、月給袋でお給料を手渡しする会社もある。

給料袋

久米の仙人 ⑬ 7

くめのせんにん。『今昔物語』によると大和国吉野郡竜門寺に籠り、空中飛行の仙術を得たが、飛行中に吉野川で洗濯をする女性の白い脛(はぎ)を見て神通力を失い墜落。後、高市の新都造営の際、力を取り戻して山頂の木材の空中運搬に成功し、天皇から久米に田 30 町を賜り、そこに久米寺〔奈良県橿原市〕を建立した。『徒然草』にも登場する伝説上の人物。

ビール飲み比べコンクール ⑬ 11

戦前ビアホールでビールを飲む女性はほとんどいなかった。しかし、「朝日新聞」は昭和 30〔1955〕年 4 月 24 日「女もふえる“ビール党”」、昭和 31 年 6 月 7 日には「ビアホールの客五人のうち一人は女性に」と伝えている。昭和 31 年の意識調査では半分以上、特に都市部では 70％が「女性が飲んでもよい」と答えている。その後、昭和 43

〔1968〕年頃にはビアホールの女性だけのグループが特別目を引くこともなく当たり前になって来た。この頃にはビールは夏だけでなく、年間を通じて飲まれるようになる。

酔っぱらって客を連れて帰る ⑬11
以前は外で飲んだ後、お客・会社の同僚等を自宅に招き飲み直しをしばしば行った。通常は前もって家族に連絡を入れておくものだが、突然に連れて帰ることもあり、その際は多くの場合、奥方の顰蹙を買った。

ヴァイオリンのお稽古 ⑬26
幼児教育の一環として子供にヴァイオリンを習わせる家庭が増える。昭和30〔1955〕年3月27日には東京・千駄ヶ谷の東京都体育館で第1回才能教育研究会全国大会が開催され、子供たちが1万人の聴衆を前にヴァイオリンを演奏した。

ポカン ⑬35
人に呼びかけ、相手が返事をしたら「ポカン」というだまし遊び。

ものいいがつく ⑬36
異議がだされること。

全員へ運動会の景品 ⑬40
学校の運動会でワカメちゃんは参加賞として手拭とノートを頂く。この頃から小学校の運動会で入賞者以外にも、平等という観点から全員に参加賞が出されるようになった模様。

オルガン ⑬46
足踏みオルガンの音を懐かしく思いだす方は多い。足踏みオルガンはピアノよりも安く、音も大きく移動もでき、さらにピアノと違って音が狂うこともない便利な楽器だった。

からす何故なくの ⑬46
野口雨情作詞・本居長世作曲『七つの子』。大正10〔1921〕年『金の船』7月号で発表された。

からす　なぜなくの　からすはやまに かわいいななつの　こがあるからよ　かわいい　かわいいと　からすはなくの かわいい　かわいいと　なくんだよ　やまのふるすへ　いってみてごらん　まるいめをした　いいこだよ

みんな無事に上がったか？〔風呂屋で〕

⑬ 49
9月26日、青函連絡船「洞爺丸」が転覆、1155人死亡。10月8日、相模湖で遊覧船が転覆。船長が35人の定員を守らなかったため、修学旅行中の東京・麻布学園の中学生78人のうち22人が死亡した。作品は、これらの事故から描かれたと思われる。

豆画伯

⑬ 50
父親と来日したパリ生まれ7歳の天才画家クロード・岡本君は、東京・有楽町ピカデリー劇場の壁画用に200号の大作風景画『赤い騎士』を製作した。

デフレーション景気

⑬ 54
5月6日、デフレが進み、賃金遅配が全国化する。8月4日、労働省は6月末の賃金未払いは前年の4倍と発表。そして8月30日、地方財政悪化により鳥取県で給料遅配となり、鳥取市は市職組、労金から融資を受けることになる〔またデフレにより6月にはラジオ生産は減少、11月には中古自動車が投げ売り状態、と新聞が発表した〕。

バス転落事故・船事故

⑬ 55
10月7日、佐賀県嬉野町でバスが転落13人死亡。翌8日、神奈川県の相模湖で遊覧船が転覆、東京・麻布学園の修学旅行中の中学生78人のうち22人死亡。

豪華三本立て

⑬ 56
昭和20年代後半～30年代前半、人々の最大の娯楽は映画だった。興行も「三本立て」で、カレーライスと同じ100円。ナイターと呼ばれる深夜上映もあり、格安で名画を見ることができた。また、同じ映画を繰り返し見ることもでき、朝から夕方まで映画館に籠る人も多かった。国税庁調査によると国民一人が映画館へ行く回数は、昭和29〔1954〕年9月20日は年に10回〔入場料は東京約100円、徳島47円〕、映画人気のピークをむかえた昭和33年は年12回以上といわれている。しかし、テレビの普及に伴い、娯楽の中心は映画からテレビへと移っていく。

中共

⑬ 58
9月28日、安倍能成（よししげ）氏を団長とする中国学術文化視察団が中国へ出発。一方、10月30日、日赤の招きで中国紅十字訪問代表が来日し、留守家族と面会し、抑留者の早期帰国を約束した。この訪日を契機に日中交流

が活発化する。「中共」とは「中国共産党」の略語であると共に「中華人民共和国」を指した。第二次世界大戦後に始まった中国の内戦は中共軍が勝利し、1949年、蒋介石率いる国民政府は台湾に移り、両政府が中国の正統政権を名のった。1951年の講和条約の締結の際、日本は締結先に台北政府を選択し、アメリカのマスコミが中国を「レッド・チャイナ」と呼ぶのに対応し、中華人民共和国を「中共」と呼んだ。しかし台湾と断交し、北京政府を承認する国が増加するにつれ、1964年頃から「中共」を「中国」と呼ぶよう改めていく。そして1972年、日本は中国と正式に国交を樹立する。

ゴジラ ⑬60

11月3日、東宝の特撮映画『ゴジラ』が封切られる。ゴジラの名はゴリラとクジラを併せて作られた。体型はイグアナドンとティラノサウルスとステゴサウルスの特徴を合わせたものとのこと。映画ゴジラは、ビキニ環礁におけるアメリカの水爆実験により漁船第五福竜丸が被爆した事件を受けて、人類の所産である水爆に人類が復讐されるというテーマで作られた。核実験により目覚め、その巨体と口から吐き出す放射能を含む火炎で東京を焦土と化す初代のゴジラは水爆そのものの化身のように思われ、怖さという点では抜群だった。総監督は本多猪四郎（いしろう）。特撮はウルトラマン・シリーズでも有名な円谷（つぶらや）英二監督が担当した。

2メートルの着ぐるみのゴジラが一瞬で破壊する銀座の町並みのミニチュアセットの制作には1カ月以上かかったという。瞬時に溶ける送電塔を蝋細工で作りつつライトの熱で溶けないうちに撮影する等の苦労が積み重ねられ、特撮の技術の素晴らしさでも知られている。現在ならコンピュータグラフィック（CG）で処理できるだろうが、ミニチュアといえども実物を破壊する撮影の方が実在感を感じさせるのは気のせいではないだろう〔ただし、東京タワーは完成していないので壊してはいない〕。ポスターには「水爆大怪獣映画。ゴジラか化学兵器か、脅威と戦慄の一大攻防戦！」とあり、まさに「放射能をはく大怪獣の暴威は日本全土を恐怖のドン底に落とし込んだ」。

サラリーマンの平均月収が1万円前後だった頃、特撮予算2200万円を含む映画制作費1億円は当時の映画3本分の制作費だったが、観客動員数961万人という大記録を達成。次々と続編が作られ、海外にも紹介され、アメリカ版ゴジラも作られるほどに〔2015年の“GODZILLA”〕。当初、悪と恐怖の権化だったゴジラは後には人類の味方となり、宇宙怪獣と戦ったりしている。ミニラという子供のゴジラが登場したこともある。生誕60周年となった平成26年〔2014〕には、「もっとも長く継続しているフランチャイズ映画」としてギネス世界記録に認定された。

学生の就職難

⑬61

11月29日、労働省は不況による就職難打開のため、学生就職対策本部設置を決定する。

灰神楽

⑬64

はいかぐら。火の気のある火鉢の灰の中に水やお湯をこぼしたり、火鉢の炭火を吹くはずが、うっかり他を吹いてしまって灰煙を舞い上がらせてしまうこと。

女性に関する12章

⑬71

伊藤整著『女性に関する十二章』。これは『婦人公論』に連載したエッセイをまとめて新書版で出版されたもので、昭和29〔1954〕年のベストセラートップとなった。この本のヒットのお蔭で、新書判は新しいタイプの出版メディアとしてブームとなり、そして「十二章」という言葉が入った本が多数生まれた。伊藤は『文芸春秋』臨時増刊として『漫画讀本』が創刊されたとき、「漫画に関する十二章」という序文も書いている。

おしくらまんじゅう

⑬85

冬、子供たちが背を向けて輪になり四方八方から押し合う遊び。「おしくらまんじゅう、押されて泣くな…」というのは関東で、関西では「押せ押せごんぼ」というそうである。

ヒゲをたてる

⑬95

髭を生やすこと。

きよしこの夜

⑬96

原曲はヨーゼフ・モール　Joseph Mohr〔1792～1848〕作詞・フランツ・グルーバー　Franz Xaver Gruber〔1787～1863〕作曲 “Stille Nacht”。ローマ・カトリック教会では『しずけき』という題で歌われている。

死んだはずだよお富さん

⑬96

昭和29〔1954〕年8月、キングレコードから発売、山崎正作詞・渡久地政信作曲『お富さん』。春日八郎が歌った。

|デフレ経済の展望|　⑬ 103

12月28日、経済審議庁は、特需は前年比43％減と発表。

|ガリバー|　⑬ 104

『ガリヴァー旅行記』“Gulliver's Travels” は、アイルランドの作家ジョナサン・スウィフト　Jonathan Swift〔1667～1743〕の風刺小説。1726年には改編された初版が、1735年完全な版が出版された。正式な題名は “Travels into Several Remote Nations of the World, in Four Parts. By Lemuel Gulliver, First a Surgeon, and then a Captain of several Ships”。子供向けの作品では、最初の2編だけが収められている。

|あげをおろす|　⑬ 108

上げを下す。「上げ」とは、着物の肩、腰に縫っておく襞。

昭和30年

1955

出来事

03/02　プロレスごっこ流行、横浜市で中学生死亡。
05/08　砂川闘争始まる。
05/11　宇高連絡船「紫雲丸」、貨物船と衝突し沈没。
06/10　石原慎太郎『太陽の季節』発表。
07/28　三重県津市海岸で水泳講習中の女子中学生、高波にのまれ36人水死。
08/00　森永粉ミルクのヒ素中毒、各地で患者続出。
11/15　保守合同で自由民主党結成（55年体制）。

02/19　東南アジア集団防衛条約（SEATO）発足。
04/30　南ヴェトナムでクーデター。
05/05　西ドイツ主権回復、NATO加盟。
05/14　ソ・東欧7カ国相互援助条約調印（ワルシャワ条約）。
07/18　米・英・仏・ソ、四カ国首脳会談（〜07/23）。
09/19　アルゼンチン内乱、ペロン大統領辞任。
10/26　ヴェトナム共和国（南ヴェトナム）成立。

トピックス　春闘■『広辞苑』発行■自動式電気釜発売■ヒロポン中毒■後楽園ゆうえんちオープン■トランジスタラジオ■セイコーオートマチック■

花王フェザーシャンプー

ファッション カラー：宝石調カラー（〜57年）■クリスチャン・ディオールが「Aライン」「Yライン」発表■ロカビリー流行／マンボスタイル流行／落下傘スタイル■スカート丈が膝下のシャネルスーツに人気■モノセックス出現■ポロシャツ流行■ビキニスタイル■シームレスストッキング発売■ボディビルブーム■男性にベレー帽流行■映画「エデンの東」ヒットで女性の髪型にポニースタイル大流行

流行語 三種の神器■ノイローゼ■押し屋■頼りにしてまっせ

ベストセラー 佐藤弘人『はだか随筆』■経済学教科書刊行会訳『経済学教科書』■望月衛『欲望』

三河万歳 ⑬109

みかわまんざい。「千秋（せんしゅう）万歳」とも呼ばれる。お正月に関東・関西地方を門付して回る新春の祝福芸。一般に大夫と才蔵が一組となり、大夫が扇をかざして寿詞を言い、才蔵が鼓を打ち囃して合の手を入れて掛け合い、舞を舞って祝儀をもらう。現在、東京ではホテル以外では見かけない。平成7〔1995〕年、国の重要無形民俗文化財に指定された。

冷水浴 ⑬118

冷水をかぶって〔冷水に身体を浸して〕皮膚を強くすること。

トースター ⑬121

マスオさんたちはトースターのことを「パン焼き器」と呼んでいる。昭和30年代にはティーパッグの紅茶が出始め、コップ等の洋食器も普及していき、朝食でパンを食べる人たちが増えていった。ちゃぶ台からテーブル&イスへと変化していったのもこの頃である。ポップアップ式トースターは2枚のパンの両面を焼くことができ、焼き上がるとパンが跳ね上がる仕掛け。

トースター

付属小学校試験場　くじ引きで落ちる ⑬128

昭和28〔1953〕年1月11日、東京教育大学付属小学校が学科試験合格者513人から20人を抽選して選ぶ新方式の入試を実施した。新方式では、校長が福引で使うガラガラ〔抽選機〕の取っ手を回して1人目を決定。2人目からはその前の当選者が取っ手を回して決める方法。これを繰り返して当選者 20 名を決めて行く。

うぐいす笛

⑬ 129

竹製の鶯の鳴き声に似た音を出す笛。季語は春。

重要無形文化財

⑬ 137

文化庁は、無形文化財を「演劇、音楽、工芸技術、その他の無形の文化的所産で我が国にとって歴史上または芸術上価値の高いもの」とし、そのうち重要なものを重要無形文化財に指定している。無形文化財の指定の対象は人間の「わざ」そのもので、そのわざを体得した個人または個人の集団を保持者〔「人間国宝」〕、保持団体として認定する。文化財保護法は、昭和 24〔1949〕年 1 月 26 日、法隆寺金堂壁画が焼損したことを契機に昭和 25 年 5 月 30 日制定された。その後、大きな改正が昭和 29〔1954〕年、昭和 50〔1975〕年、平成 8〔1996〕年、平成 16〔2004〕年に行われている。重要無形文化財の指定とその保持者の認定制度は昭和 29 年の改正で設けられた。

練炭

⑬ 142

れんたん。石炭・木炭を粉末にし、海草のツノマタを加えて練り固めた燃料。円筒形で、蓮根の穴のように縦に 10 数本穴が開いている。火力も穏やかで、火持ちがよく、掘り炬燵・火鉢・調理・練炭式煙突付ストーブ・風呂等で使用。養蚕農家の養蚕室でも多く使われた。1960 ～ 1970 年中頃、プロパンガス・灯油の普及により家庭での燃料としての役割は、そちらに移行する。『サザエさん』では大型の練炭火鉢が使われ、灰は道路に捨てている。

練炭置台、ひょっとこ

入学試験

⑭ 4

中学校入試に備える塾が増え、昭和 29〔1954〕年 12 月、都内だけでも百数十カ所存在した。

みとめ

⑭ 6

認め印のこと。ふだん使う略式のはんこ。

お相伴

⑭ 15

おしょうばん。お客の相手となって、客と一緒にもてなしを受けることをいう。

椅子に座る勉強机　⑭ 23

それまで床に座って勉強していたカツオ君が椅子に腰かけて勉強するようになる。

外国人の観光団　⑭ 24

昭和 30〔1955〕年、外国人観光客向けの観光ガイドが大盛況。ガイドの日当は、交通費・宿泊費付き、外国人観光客 6 人以下で 1 日 1300 円。6 人以上なら 1600 円。これに多額のチップがつく。当時の日本通訳協会所属会員は全国で 270 人〔東京 150 人、横浜 23 人、京都 25 人、神戸 29 人他で、うち学生は 39 人〕。戦時中名を知られた海軍中将が 2 人、少将が 1 人もいて、名前を伏せて仕事をしていたという。

ねんねこ[2]　⑭ 24

1955〔昭和 30〕年 10 月 28 日、日本風の半纏スタイルがアメリカの海岸や保養地のプールで人気を呼ぶ。「ニューファッションとして登場」と新聞にも掲載される。

サーカスの曲芸　⑭ 25

昭和 30 年頃まで、お正月、お祭りなどでは様々な興行が行われた。サーカスの楽団が演奏するジンタ『美しき天然』を覚えていらっしゃる方は多いだろう。サーカスは人間の曲芸、動物の芸等様々な演目を見せる見世物で、1960 年代までは 20 ～ 30 団体が存在した。近年、サーカスとはいわないサーカスが多く開催されている。なぜか終戦直後と重なって見えてくるような気がしてならない。

電車のラッシュ　⑭ 30

ラッシュアワー。朝夕、通勤・通学等で交通機関が混雑する時間帯。10 月 24 日、東京でも特に混雑する新宿駅でラッシュ時の「押し屋」が業務を開始した。

昔も今も

夜の観光バス　⑭ 37

10 月 29 日の新聞によると、都内の婦人会・町内会等の母親の間では「日帰りバス旅行」が流行していたようである。サザエさんも「はとバス夜の観光ツアー」に参加し、ネオン輝く夜の東京を観光している。

俵藤太秀郷　⑭39

たわらとうたひでさと。平安時代中期の武将。平貞盛と共に平将門の乱を鎮圧し、その功により従四位下〔死後、正二位に追贈〕となり、下野・武蔵の国司・鎮守府将軍に叙せられた。波平氏が話しているのは、俵藤太が瀬田川に住む龍王の娘に懇願され、三上山の百足（むかで）退治をした伝説。この百足は三上山を七回半巻くほどの怪物で、俵藤太が放つ弓をことごとくはね飛ばした。俵藤太は最後の1本の矢の先に唾をつけ、八幡大菩薩に祈って矢を射ることで、百足を退治することができた…というお話。

掛け値　⑭39

誇張の意。

下駄を使った天気占い　⑭41

片方の下駄を足で蹴り上げ、表なら晴れ、裏なら雨といったふうに翌日の天気を占った。

のど自慢で鐘を鳴らす　⑭43

昭和21〔1946〕年1月19日に始まった「のど自慢素人音楽会」は昭和22年7月「のど自慢素人演芸会」となり、合格・不合格を判断する「鐘〔チューブラーベル〕」が登場。当初不合格の時は司会者が「もう結構です」と伝えていたが、「歌の出来が結構です」と間違えるケースが続出。楽器倉庫にあった鐘を打つ数によって合格・不合格を知らせるようになる。1音〔ド〕と2音〔ド・レ〕は不合格。合格は11音鳴らされる。司会者が合格を「鐘3つ」というのは、〔最初の8音は装飾音と考え〕11音中最後の3音に歌唱力に対する評価を表す意味合いがあるからという。

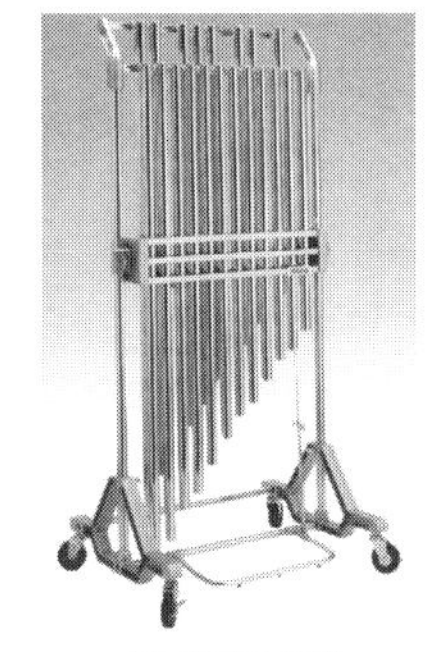

「のど自慢」の鐘

僭越　⑭43

せんえつ。出過ぎること、分際・身分を越えること。催しものを盛りあげるやらせパフォーマー。

サクラ　⑭44

お客のふりをした大道商人のお仲間。

たばこ拾い　⑭47

または、「モク拾い」。戦後、たばこ不足から吸い殻をひろう

「モク拾い」という職業があった。針が先についている杖で吸い殻を拾い、袋に入れて集めていた。「モク」はたばこの煙の「雲」を倒置した言葉。拾ったたばこで再製品を作って売るのだが、中身は国産の吸い殻、海外のたばこの吸い殻、ブレンド等様々だった。

リラの花散るキャバレーで ⑭50
佐藤惣之助作詞・山田栄一作曲『上海の街角で』冒頭の歌詞。昭和13年、東海林太郎歌唱のヒット曲。

もしもしカメよ、カメさんよ ⑭50
石原和三郎作詞・納所弁次郎作曲『うさぎとかめ』。明治34〔1901〕年『幼年唱歌二編上巻』に掲載。

1. もしもし　かめよ　かめさんよ／せかいのうちで　おまえほど／あゆみの　のろい　ものはない／どうして　そんなに　のろいのか

ペナント ⑭50
昭和40年代から50年代にはペナントが旅行のお土産として流行。ペナントは細長い二等辺三角形の布で、そこに風景・名物・文字等が刺繍やプリントで描かれていた。長三角旗以外にはいずれも細長い長方形、台形、先がふたまたに分かれた燕尾型がある。

プレイガイド ⑭61
映画・コンサート・お芝居等、各種興行のチケット予約・発券業務を代行する店。

コレクション ⑭64
趣味として集めた切手、美術品等の収集品を指す。昭和30～40年代、こけしブームとなり、様々なこけしが作られた。

肥たご車 ⑭71
肥担桶車と書く。肥担桶は肥桶〔糞尿を入れて運ぶ桶〕のこと。肥担桶車は肥桶を運ぶ車のこと。昭和36年〔1961〕年11月17日㉓125の作品にはバキュームカーの横に「肥たご」も描かれている。東京にバキュームカーが登場したのは昭和29〔1954〕年4月29日で、東京都清掃本部が発注していた5台のバキュームカーが完成し、お披露目された。

おうつり ⑭72
御移り。贈物を頂いたとき、その場で贈物をくださった方にお返しする心ばかりの品。

履物 ⑭77
はきもの。これまで下駄を履いて買い物へ行っていたサザエさんがつっかけを履くようになり、冬には色足袋に下駄を履いていたサザエさんが白いソックスに下駄を履くようになる。

牛乳 ⑭80
昭和29〔1954〕年末、1合〔180ml〕14～15円で販売されていた牛乳を、主婦連は1合10円で販売する「10円牛乳運動」を東京・世田谷で開始。昭和30年1月には1000件が加入した。

病院で出産 ⑭84
戦前～戦後混乱期、国民の90％は自宅出産だったが、戦後10年を過ぎ徐々に病院での出産が増えていく。

鬼ごっこ ⑭90
「鬼ごっこするもの、この指とまれ」と言って遊び仲間を集める。集まった子供の中からじゃんけんで鬼を一人決め、他の人は鬼に捕まらないよう逃げる。つかまったら、その子が鬼になる。

美容によい ⑭95
昭和29年4月12日NHKラジオで竹腰美代子の『美容体操』の放送が開始。テレビ放送も14日に始まり、美容への関心がにわかに高まる。昭和30年8月21日、東京・日比谷公会堂での化粧品会社招待の公開放送には4000人も殺到し、将棋倒しで女性6人が負傷するという事故が起きた。

ぼる ⑭97
ひどい利益をむさぼること。

ポータブルラジオ ⑭100
昭和30〔1955〕年8月7日、東京通信工業（現・ソニー）は、真空管に代わる半導体トランジスタを開発。日本初の5石トランジスタラジオTR－55を発売。宣伝文句は「ラジオはもはや、電源コードつきの時代ではありません。ご家庭のラジオもすべてTRにすべきです。皆様のお好みの場所に。TRはおともできます」。値段は1万8900円〔昭和30年の勤労者世帯の平均月収は2万6262円〕。軽くコンパクトな大きさに加え、単三電池を4本使えば屋外へ持ち出して使えることから注目され、昭和32年には月産6万2000台のヒット商品となり、生産台数が真空管式を上回った。

たいていにしてきたらどう？　⑭110
いい加減にして来たらどう？　ほどほどにして来たらどう？の意味。

人口調査　⑭115
国勢調査のこと。昭和30〔1955〕年までの人口調査は、現在人口の調査を基礎とした。「現在人口」とは調査日の午前零時における当該地区の人口のこと。現在人口では、外国人を含む宿泊中・入港中の人員は調査時にいた場所の現在人口に含まれた。昭和30年以降は「常住人口」を基礎とする国勢調査となる。

おたふく　⑭118
お多福。「おかめ」ともいう。頬高で鼻の低いふっくらとした女性の顔。

縁談のききこみ　⑭124
興信所などが縁談相手の情報を調べること。

キャラメルの味　⑭126
砂糖の統制が撤廃されたのは、昭和27〔1952〕年。これによりキャラメルが戦前と同じ砂糖で製造されるようになる。波平氏が戦前に口にしていた味に戻ったわけである。

マネキン　⑭127
朝鮮特需により昭和27年、小売業界も盛況となり、一時洋服を着せるマネキンの生産が追いつかなくなった。

新生活運動　⑭130
虚礼廃止等の普及で国民の生活様式を合理化しようとする運動。生活水準が回復する中、鳩山内閣が打ち出した政策の一つだった。昭和30〔1955〕年9月30日「新生活運動協会」が発足。「大政翼賛会の復活だ」との反発もあったが、農村部では運動が広がり、冠婚葬祭費用の抑制などの効果をあげた。

ダイニングテーブル　⑮4
カツオ君がクリスチャンのお友達の家で夕飾を食べている…。お友達の家はダイニングテーブルを食卓としていた。封建制度の中、家族で食卓を囲む習慣がなかった日本で、ちゃぶ台は西洋の影響で明治20年頃から使用され、昭和にかけて普及した。磯野家の食卓がちゃぶ台からダイニングテーブルに代わるのは昭和44年以降。昭和40年代がちゃぶ台からテーブルへの移行期とされている。これに伴い食生活も変化していく。

地球儀型ネオン

地球儀型ネオン ⑮11

昭和28〔1953〕年4月11日、森永製菓が銀座4丁目角の不二越ビル屋上に直径11mの地球儀型巨大ネオンを設置。銀座のシンボルとなるも、昭和58〔1983〕年解体された。

アドバルーン ⑮11

デパート等の屋上から気球を上げてその下にお知らせ、広告を記した字幕をつけて宣伝効果を狙った。「アドバルーン」は和製英語。アドバルーンの前身、気球自体に文字・絵を書いた「広告気球」が登場したのは大正2〔1913〕年。大正10年には小型の気球に字幕入り幟(のぼり)をつけたもの、昭和に入ると、つり下げる幟はネットとなり、戦中は掲揚が禁止された。戦後初めてアドバルーンが揚げられたのは昭和23〔1948〕年、東京・有楽町の日劇屋上。しかし「風船爆弾のイメージが残存する」という理由でGHQに禁止される。とはいえ、翌年の昭和24年6月17日、銀座に水素ガスを充満した合成樹脂製風船、通称「ニュー・バルーン」という名で再出現。そして昭和26年「繋留広告気球制限規則」の緩和によりアドバルーンは本格的に解禁となり、イベント告知、選挙の投票の呼びかけ等で大活躍。かくて、昭和39年、東京銀座のデパート・松屋の新装開店には553本のアドバルーンが揚げられたという。

アドバルーン

ヘップバーン・スタイル ⑮15

昭和29〔1954〕年4月、オードリー・ヘップバーン　Audrey Hepburn〔本名：Audrey Kathleen Ruston, 1929年5月4日～1993年1月20日〕初主演作『ローマの休日 Roman Holiday』が公開され、清楚な彼女の魅力に日本中が夢中になった。若い女性の間では、ヘップバーン・カット〔短い前髪を額に垂らしたショートカット〕が大流行。同年6月29日、東京・日本橋白木屋では「ヘップバーン・スタイル審査会」が開催され、ソフトクリームの食べ方〔ローマのスペイン広場の階段でのシーン〕までもが審査の対象となったという。同年9月28日に公開された『麗しのサブリナ Sabrina』でヘップバーンが着用したトレアドール・パンツ、サブリナ・シューズも大流行。『サザエさん』作品では、トレアドール・パンツ、サブリナ・シューズを身に着けたヘップバーン・カットの女性が登場している。サブリナ・シューズはヒールが低く、はきぐちが浅いパンプス。トレアドール・パンツは丈が足首より短めで、足にぴったり合う闘牛士風ズボン。「トレアドール」は闘牛士のこと。『麗しのサブリナ』でヘップバーンが身に着けたことから、「サブリナ・パンツ」ともいう。

ベビーベッド ⑮16

畳の部屋で添い寝をしていた日本に西欧のベビーベッドが普及する。

ノイローゼ ⑮29

戦前は「神経衰弱」と称していたが、高尚な病気になったような気がするということから、昭和25〔1950〕年、ドイツ語の医学用語「ノイローゼ」という言葉が流行し、日常語となった。

虚礼廃止運動 ⑮36

昭和26〔1951〕年9月13日「より良い暮らしは自主的な工夫から」と主婦連が始めた新生活運動の1つ。昭和30年11月10日、主婦連は森林保護のため門松廃止を決議した。

救世軍の社会鍋 ⑮41

救世軍が12月に行う生活困窮者支援等のための街頭募金を入れてもらう三脚に吊るした鉄鍋。救世軍が活動する国・地域では、同様の形〔「クリスマスケトル Christmas kettle」〕で募金活動が行われている。日本では「慈善鍋」「社会鍋」と呼ばれている。

芋版 ⑮44

いもばん。サツマイモやじゃがいもを輪切りにし、切った面の部分に図案や文字を彫った版。炭や絵の具を塗って紙や布に押す。

おつかいもの ⑮49

御遣い物・御使い物。少し改まった気持ちで贈る贈物、御進物のこと。

コールドパーマ

⑮50

昭和21①39に登場したハリウッド美容院では戦中「電髪」といわれたパーマが行われていた。しかし、電髪は熱い電線による毛髪の損傷という欠点があるため、昭和20年代後半から薬品だけで行うコールドパーマが普及し始め、昭和31〔1956〕年11月「コールドパーマネントウェーブ用剤基準」が制定され、コールドパーマが一気に広まった。

丸通まえかけ

⑮52

日本通運株式会社〔以下「日通」と省略〕のマークとしておなじみの「赤丸に白抜きの隷書体“通”」の丸通マークは、明治8〔1875〕年頃に制定されたが、丸に通の印自体は、江戸時代から通行鑑札の焼印や飛脚仲間の印として使用されていたものだった。明治5年6月「陸運元会社」として創業した日通は、明治8年3月に「内国通運会社」と改称するにあたり、日の丸に通の文字を白抜きにし、その両側にExpressを意味するEの文字を配した「E㊣E」のマークを社章と定めた。昭和12年〔1937〕、日通の前身の会社が日本通運株式会社法により解散し日通が設立された際に、Eの文字は廃された。戦後、昭和25年〔1950〕2月1日、日通は民間企業として再出発。なお、各地の旧日通系業者も歴史的経緯から「赤丸に白抜きの隷書体“通”」マークを共通使用している。前掛けは運送に従事する人が着用し、荷物を担ぐ際に肩当てとしても使用した。「運べない物はない」といわれる日通は、安全に徹し、環境に配慮しながら、コンサート・オペラ・美術展、引越し等世界を舞台に物流を通して社会に貢献し続けている。

丸通のまえかけ

かずのこ

⑮57

数の子はニシンの卵。黄金色をして高価のため「黄色いダイヤ」ともいわれる。その粒の多さから子孫繁栄を連想させ、縁起物としておせち料理等に用いられた。明治から昭和初期までは北海道を中心にニシン漁が盛んだったが、昭和30〔1955〕年頃からニシンの水揚げ量が激減し、日本産の数の子は貴重で高価なものとなった。

1956

昭和31年

出来事

日付	日本	日付	世界
01/01	新潟県彌彦神社の初参りで事故。	01/26	冬季オリンピック・コルチナ大会開催。
		02/14	ソ；共産党第20回大会、スターリン批判。
03/19	日本住宅公団、千葉・大阪で初の入居者募集開始。		
05/17	石原裕次郎、映画『太陽の季節』でデビュー。	05/02	中：毛沢東、「百家争鳴・百花斉放」提唱。
05/24	売春防止法公布。	05/21	米：ビキニ環礁で初の水爆投下実験。
06/15	茨城県東海村に日本原子力研究所発足。	06/23	エジプト：ナセル、エジプト大統領選出。
07/01	気象庁発足。	07/20	西独で徴兵法成立。
		07/26	エジプト：ナセル大統領、スエズ運河国有化を宣言。
10/19	日ソ共同宣言。	10/23	ハンガリー動乱（11月4日ソ連軍制圧）。
		10/29	スエズ戦争（イスラエル軍、エジプトへ侵攻、31日英仏軍、侵攻開始）。
		11/22	第16回オリンピック・メルボルン大会。
12/18	日本の国連加盟、総会で可決。		

トピックス ハンガリー動乱■モナコ大公とグレース・ケリー結婚■団地族■週刊誌ブーム■チロリン村とくるみの木■水俣病問題化■集団就職列車の定着

ファッション カラー：ビタミンカラー（トマト／レモン／オレンジetc）■太陽族（慎太郎刈／アロハシャツ）■女性ファッションではディオールブームが続く■ダスターコート■フレアースカート全盛■チュニック全盛■レーヨンの色無地シャツ人気■ワンポイントマークのポロシャツ登場■ジーパンスタイル出現、流行しはじめる

流行語 もはや戦後ではない■一億総白痴化■愚連隊■太陽族■戦中派■抵抗族■デイト■ドライ

ベストセラー 石原慎太郎『太陽の季節』■三笠宮崇仁『帝王と墓と民衆』■加藤正明『異性ノイローゼ』■ハーバート・ブリーン『あなたは煙草がやめられる』

ガスストーブ ⑮55

昭和31年12月12日〔⑰73〕、波平氏が購入し、磯野家にガスストーブがやって来る。

千円札、百円札、一円札 ⑮63

昭和28〔1953〕年12月1日、板垣退助の肖像が描かれた新百円札が発行される。この時の千円札の絵柄は聖徳太子、一円札は二宮尊徳。昭和30年6月1日には初のアルミ硬貨の1円が発行される。

LPレコード ⑮67

昭和23〔1948〕年、アメリカでLP〔ロング・プレイング・レコード〕が生まれ、それまでのものはSP〔スタンダード・プレイング・レコード〕と呼ばれる。国産のLPは昭和26〔1951〕年に登場。SP盤の収録時間の短さを解決するため開発した1分間に33と1/3回転するレコード盤。割れにくいビニール盤で長時間収録が可能となる。1960年代には名曲喫茶が全盛を迎えた。昭和51〔1976〕年、CDが製品化される。

ピストル ⑮78

昭和26〔1951〕年、連続して撃てる巻玉鉄砲「百連発ピストル」が登場。子供たちの間で大流行した。巻き玉火薬をピストルにセットすると立て続けに引き金を引いて破裂音を楽しめる。玉は出ないが、自分で「バーン」と言うよりも西部劇のガンマンの気分を味わえた。ブリキ製のピストルは30円前後、巻き玉火薬は1巻5円。

グレース・ケリー　⑮80

グレース・パトリシア・ケリー　Grace Patricia Kelly〔1929年11月12日～1982年9月14日〕。モナコ大公レーニエ3世大公妃。アメリカの女優。『真昼の決闘』『裏窓』『泥棒成金』等に出演。『喝采』でアカデミー主演女優賞受賞。1956〔昭和31〕年4月18日モナコ大公レーニエ3世〔33〕とモナコ大公宮殿で結婚。4月19日モナコのサン・ニコラ大聖堂で挙式。1982年9月13日、南仏の別荘からモナコに戻る途中で交通事故を起こし、翌日死亡。9月18日モナコ大聖堂で葬儀が行われた。

雪やこんこん　⑮83

正しくは「雪やこんこん」ではなく、「こんこ」。『雪』1911〔明治44〕年『尋常小学唱歌（二）』初掲。

1. 雪やこんこ霰やこんこ／降っては降ってはずんずん積もる／山も野原も綿帽子かぶり／枯れ木残らず花が咲く

南極探検の記事・宇宙旅行の記事　⑮87

11月8日、南極予備観測隊の観測船「宗谷」が晴海桟橋を出港。昭和32〔1957〕年1月29日、南極予備観測隊は観測基地を開設、「昭和基地」と命名する。昭和31年1月31日、日本宇宙旅行協会が東京・銀座に事務所を開設。

親指を立てる　⑮92

父親のこと。

浪人　⑮93

昭和32〔1957〕年、短大を含む大学進学率は前年の14.7%から16.8%となり、受験生約43万人の約2/3の28万人があぶれていた。そこで多くの浪人生が東京の大学へ進学するため上京するようになる。昭和32年、大手の予備校代々木ゼミナールが開校、この他予備校の開校が相次ぐ。

主婦連〔大きなしゃもじ〕　⑮94

主婦連合会〔主婦連〕は昭和23〔1948〕年10月に結成された消費者団体の1つ。しゃもじとエプロンがトレードマーク。「しゃもじ」が初登場したのは昭和26年9月。

主婦連の街頭デモ

様々なスローガンを書いた「大きなしゃもじ」をプラカードにして、街頭デモ行進を行った。

医薬分業
⑮ 97
医師は診断と薬の処方を、薬剤師は薬の調合と投薬をそれぞれ分業で行うこと。当時、安い薬を高く売ったり、高い薬を調合したりする悪質な医師が出たため、昭和26〔1951〕年2月28日、臨時医薬制度調査会が医療分業の必要性をまとめ、厚生省に答申した。しかし、医師会は反対。実施は昭和31年4月1日からとなる。

禁煙
⑮ 105
昭和31〔1956〕年話題の本はハーバート・ブリーン『あなたは煙草がやめられる』。

ゴルフ
⑮ 107
昭和27〔1952〕年4月1日、サンフランシスコ講和条約の発行で、駐留米軍に接収されていたゴルフコースが日本に返還される。昭和32年、日本はカナダカップの個人と団体で優勝。全日程がテレビ放映され、人々は熱狂し、ゴルフ人口が倍増した。昭和33年度、ゴルフ場の数は約110カ所。以後、ゴルフ場数、利用者は急増していく。

集団就職
⑮ 133
神武景気の中、都市部の企業・商店では人手不足が深刻化し、その解決策として地方の中卒者・高卒者が集団で都市部に就職する「集団就職」が行われた。日本の高度成長期を支えたのは地方出身の若い労働者の彼らである。とくに新中卒者は小規模企業にとっては、安価な労働力として魅力的な人材で、「金の卵」と呼ばれた。

集団就職列車は、昭和29〔1954〕年4月5日、青森発上野行き臨時夜行列車から運行が開始され、昭和50〔1975〕年に運行終了。集団就職が本格化したのは昭和39〔1964〕年、労働省、都道府県、公共職業安定所、日本交通公社が協力して集団就職を行った時からである。この年には35都道府県から7万8407人を記録、その後年々減り、昭和51年には沖縄県261人となり、昭和52年、労働省は集団就職の廃止を決定した。

多くの集団就職列車が着いた東京の上野駅。「金の卵」が流行語となった昭和39年、関口義明作詞・荒井栄一作曲『あゝ上野駅』が発売され、彼らの心の応援歌として愛唱された。平成15〔2003〕年、上野駅広小路口に

『あゝ上野駅』の歌碑が建てられ、平成25年からは上野駅開業130周年を記念して東北本線・高崎線乗り場13番線ホームの発車メロディとしてこの歌が使用されている。

レガッタ　⑮141

regata〔伊〕、regatta〔英〕。原動機のついていない船を複数の人数で漕ぐボート競技。

丸ビル　⑯6

大正12〔1923〕年、桜井小太郎設計で東京駅前に建てられた「丸の内ビルヂング」のこと。『東京行進曲』等の歌にも登場する。平成11〔1999〕年、取り壊され、平成14〔2002〕年、新しい丸ビルが竣工。

お蔦主税の湯島天神　⑯6

お蔦主税（つたちから）。湯島天満宮〔旧称：湯島神社。通称：湯島天神〕は東京・文京区にある神社。学問の神様・菅原道真を祀っている。境内の梅の花も有名。お蔦、主税は明治40〔1907〕年「やまと新聞」に連載された泉鏡花の小説『婦系図（おんなけいず）』の主人公。『婦系図』といえば、湯島神社での二人の別れの名台詞——「早瀬主税：月は晴れても心は暗闇だ。…／お蔦：切れるの別れるのって、そんな事は芸者の時に云うものよ。…私にゃ死ねと云って下さい」が有名だが、原作にはこの場面は存在しない。これは明治41年9月、新富座で上演された際、脚色者・柳川春葉とお蔦役・喜多村緑郎が二人で付け加えたもので、この「湯島境内の場」が評判となった。大正3〔1914〕年、泉鏡花は一幕物の脚本『湯島の境内』を書き下ろし、二人の別れの場面だけを描いている。

ちなみに泉鏡花の『婦系図』は、『金色夜叉』『不如帰』と共に明治の三大メロドラマともいわれ、三作共人口に膾炙（かいしゃ）した名台詞が含まれていることでも有名。『金色夜叉』と『不如帰』の名台詞は以下の通り。

『金色夜叉』——熱海の海岸での貫一の台詞、「一月の十七日、宮さん、善く覚えてお置き。来年の今月今夜は、貫一は何処で此の月を見るのだか！　再来年の今月今夜…十年後の今月今夜…一生を通して僕は今月今夜を忘れん、忘れるものか、死んでも僕は忘れんよ！　可いか、宮さん、一月の十七日だ。来年の今月今夜になつたらば、僕の涙で必ず月は曇らして見せるから、月が…月が…月が…曇ったらば、宮さん、貫一は何処かでお前を恨んで、今夜のように泣いて居ると思つてくれ」

『不如帰』──逗子の海岸で浪子が夫・武男にいう台詞、「なおりますわ、きつとなおりますわ、──あああ、人間はなぜ死ぬのでしょう！　生きたいわ！　千年も万年も生きたいわ！」

児島高徳　⑯7
こじま・たかのり。南北朝時代の武将。『太平記』に記された南朝の忠臣。元弘元〔1331〕年の元弘の乱以後、後醍醐天皇に忠勤を励み、翌年、後醍醐天皇が隠岐へ遠流となる際、天皇の奪還を画策するが失敗。院庄の行在所へ侵入するも厳重な警備の前に奪還を断念し、そばにあった桜の大木に「天莫空勾践　時非無范蠡」〔天は越王・勾践（こうせん）のような方を不幸のままにしてはおきません。勾践は范蠡（はんれい）の助けを得、天下を取りましたが、今度も必ずや勾践のような人が現われ、あなたをお救い求し上げるでしょう〕と書き、後醍醐天皇への忠誠を示して励ました。『尋常小学唱歌（六）』所収の『児島高徳』は有名。

無実の罪で殺人罪　⑯11
4月4日、京都市の運転手殺害事件で真犯人が自首し、少年ら4人の無実が判明した。

スタンドイン　⑯18
スタンドイン stand in は映画のスターの役を代わりにする人、吹き替え。

前途遼遠　⑯22
行く先、将来、先がほど遠いこと。

電話で天気予報を聞く　⑯24
昭和29〔1954〕年9月1日、東京地方でだけ電話による天気予報サービス〔222番、現・177番〕が開始された。その後、電話の天気予報サービスは全国に拡大。昭和41年、全国共通「177番」となる。サザエさんがかけているタバコ屋の店先に置かれた電話は、昭和26年に始まった「簡易・委託公衆電話」で、料金箱が横に置かれている。昭和28年、10円硬貨の投入口がある赤電話、昭和34年、ピンク電話〔加入電話兼用〕が登場する。〔磯野家に電話が登場するのは昭和38年以降。〕なお、作品掲載時、東京23区の市内通話の番号は6桁。ダイヤルを3回まわして、一般家庭に電話がつながることはなかったと思われる。

ピアノ　⑯29
昭和30年代、都市では家電の普及、子供への教育熱心、食生活の欧米化等、様々な変化が見られるようになる。昭和29〔1954〕年、ヤマハ音楽実験教室が開設され、ピアノ学習者が急増する。昭和30年代半ばには月賦販売もあってピアノは購入しやすくなり、昭和34年8月の新聞は「生産が追いつかず　町はピアノブーム」と伝えている。

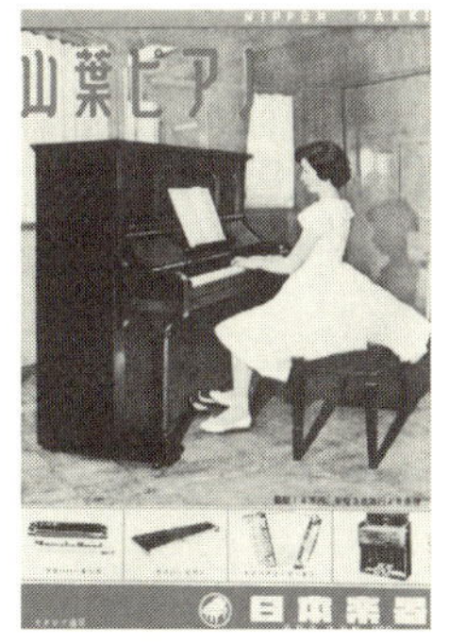

日本の楽器ブランド
（当時ヤマハは漢字表記）

熱帯魚とエアーポンプ　⑯30

牧野信司氏考案の水中に定期的に酸素を送り込むエアーポンプが発売された。発売元は日本熱帯魚研究所。このポンプの普及で熱帯魚の飼育も一般に広がり、熱帯魚ブームとなる。

ペニシリンによるショック　⑯46

1929〔昭和4〕年、青かびから発見されたペニシリンは、戦時中チャーチル首相の肺炎を治したとされてから奇跡の新薬と注目された。しかし、昭和31〔1956〕年5月15日、東大法学部教授・尾高朝雄（ともお）氏が抜歯後の感染予防で使用したペニシリン注射でショック死、6月6日には自分の腕に注射した北海道の医師が50分後に死亡。死因はアナフィラキシー・ショックと呼ばれる激しいアレルギー反応だった。同様の事件が続発して「ペニシリン・ショック」という言葉が広まり、7月、厚生省はペニシリン注射の規制に乗り出した。

料金メーター制　⑯49

昭和13〔1938〕年3月1日、京都市でタクシー料金メーター制が導入される。料金メーター制は走行距離や時間から運賃を自動的に計算するもの。

エントツ　⑯49

昔のタクシーのメーターは空車表示が旗のように立っていて、客が乗るとこれを横に倒し作動させる。この旗を立てたまま走るので「エントツ」という。ドライバーがタクシー料金を着服する不正行為。

タクシー料金メーター

放射能の雨　⑯59

原水爆実験により大気中に放出さ

れた放射性物質を含む雨をさす。1956〔昭和31〕年5月21日、アメリカはビキニ環礁で初の水爆投下実験を行った。この実験の2年前、昭和29〔1954〕年3月1日未明、ビキニ環礁での水爆実験により静岡県焼津市のマグロ延縄漁船・第五福竜丸が被爆。実験の数日後から「放射能の雨」が日本列島に降り始めた。同年5月18日、京大工学部物理学教室が5月16日の雨から8万カウントの放射能を検出。

|パン焼き器| ⑯62

昭和30〔1955〕年、自動式と手動式のポップアップ式トースターが発売された。両者とも上部にパンを入れる空間があり、自動式はパンが焼き上がると空間から1/2出てくるもの、手動式は外についているハンドルを操作してパンを上下させて焼く。磯野家のものは手動式の模様。

|トラ| ⑯65

泥酔している人のこと。

|買ってきた生地でワンピースをつくる| ⑯66

当時、洋服は生地を買って手作りするのが日常だった。そのためデパートでは200～300坪の生地売り場を一番目立つところに設置していた。1960年代前後からは家庭用ミシンが普及、1970年代には既製服が安く大量に出回るようになる。

|2億の抜き取り〔郵便〕| ⑯72

昭和24〔1949〕年、逓信省から分離した郵政省は、郵政監察官に犯罪捜査と被疑者を検挙送検する司法警察権が付与される。これにより犯罪は減るが、昭和28年から再び増加する。昭和30年度「郵政監察年次概況」によると、犯行の85％が部内者で、郵便の窃取等、郵便関係で検挙された被害額〔2400万円ほど〕に横領、保険・年金の保険料詐欺を合わせた被害総計は1億8623万円。昭和30年の郵便物抜き取り、貯金等の横領の郵政業務にかかわる不正行為による犯罪は国会でも問題となった。

|ノー上着運動| ⑯74

上着を着ないで通勤しようという運動。クールビズの動きは昔からあった…。

|外国漫画大会| ⑯83

ミッキー・マウスはウォルト・ディズニーが製作したアニメーションに登場するねずみ。1928年11月18日の日曜日、ニューヨーク

生まれ。1978年、ハリウッド・ウォーク・オブ・フェームに名前が書かれた星型プレートを設置。当初モーティマーという名前になる予定だった。ミニーマウスという恋人がいる。犬はミッキーのペットのプルート。1930年に発見された冥王星から名前が付けられた。一方、ポパイは1929年アメリカの漫画"Thimble Theatre"で発表された架空の水兵もしくは船乗りで、ほうれん草を食べると超人的な力を発揮する。当初主人公はハム・グレイヴィーとその恋人オリーヴ、その兄カスターだったが、脇役だったポパイの人気が沸騰、ポパイとその恋人オリーヴ、ブルートのお話となる。

1930年代、短編アニメ映画が次々と製作された。日本では昭和34〔1959〕～昭和40〔1965〕年TBS『不二家の時間』で放送、昭和37年4月3日～9月30日NHKで短編アニメ『まんが「鉄腕ポパイ」』が放映された。昭和34年11月7日㉒110マスオ氏と一緒に喫茶店に入ったカツオ君が見ているテレビのポパイは『不二家の時間』で放送されたものだろう。

夜明かし喫茶　⑯94

深夜喫茶。昭和30年代に入って大都市で急増した終夜営業の喫茶店。コーヒー1杯の料金で長時間滞在でき、カーテンで仕切られたボックス席は「布団のない旅館」として用いられた。東京都は昭和31〔1956〕年8月7日「喫茶店営業等の深夜営業の取り締まりに関する条例」を公布施行。18歳未満立入禁止、室内照明を20ルクス以上にする等の規制が定められた。

太陽族　⑯97

「太陽族」とは、石原慎太郎の小説『太陽の季節』から批評家の大宅壮一が作った言葉。この小説で描かれた奔放な生き方をする戦後世代の若者を称して「太陽族」という。石原慎太郎の作家デビュー作でもあるこの作品は、昭和30〔1955〕年に文芸雑誌『文學界』で発表され、昭和31年1月23日芥川賞を受賞。5月には映画化され、作者自身と実弟・石原裕次郎が俳優として登場し、大ヒット。そして男性は後頭部と側面は刈り上げ、前髪を垂らす「慎太郎刈り」、アロハシャツにサンダル、女性は落下傘スタイルのスカートといういでたちの太陽族が街にあふれた。太陽映画と呼ばれる作品には他に『狂った果実』『処刑の部屋』があるが、これらの映画に対し、上映制限運動が起こり、文部省青少年教育分科審議会では「不良映画に法的な処置をとる」と言明。映倫も対策を協議し、第三者委員を加えるなど機構改革がなされた。警視庁も太陽族や愚連隊の徹底した取り締まりを行い、昭和31年8〜9月で1万1699人の若者を検挙した。

バンガロー
⑯98
キャンプに使われる山小屋。

山下清
⑯99
やました・きよし〔大正11（1922）年〜昭和46（1971）年7月12日〕。「裸の大将」「放浪画家」と呼ばれた。下駄ばきで絣の単衣にリュックを背負う姿が有名。

肝をつぶす
⑯102
落雷等の突然の出来事などにとても驚くこと。

電気冷蔵庫
⑯104
昭和27〔1952〕年、家庭用小型冷蔵庫〔90L〕が発売される。価格は当時のサラリーマンの給料の約10カ月分相当の8万円前後。昭和36年、1ドアのフリーザー付き冷蔵庫〔冷凍庫約10L、冷蔵庫約80L〕が約6万円で発売。昭和30年代に「三種の神器」と呼ばれたが、電気冷蔵庫は普及が他の2つよりやや遅れた。

電気冷蔵庫

洗濯機
⑯104
昭和27年、振動式洗濯機が発売。翌年には底に平たい凸凹のある皿が回って洗濯する噴流式洗濯機も発売。洗濯時間も短く、主婦に好評だった。その後昭和31〔1956〕年、4万3000円で高速遠心脱水装置付噴射式洗濯機VF-3型〔一槽式〕が発売される。1回の洗濯量は1.3キロ。洗濯と脱水が切り替えられ、大型回転翼で布のよじれも少ない優れもの。

ミキサー
⑯104
ミキサーは「食材を撹拌・粉砕して栄養素を摂取しやすくしたり、料理の下ごしらえに使う」調理器具。ジューサーは「野菜・果物の擦りおろし、繊維質と栄養素に分離しジュースを作る」調理器具。先に登場したのはミキサーで昭和28〔1953〕年、2段スイッチの取手の無い六角形ガラスボトルのミキサー、昭和30年には取手付きが発売された〔ボトル容量800ml、価格1万5000円〕。ジューサーは昭和30年に発売〔価格

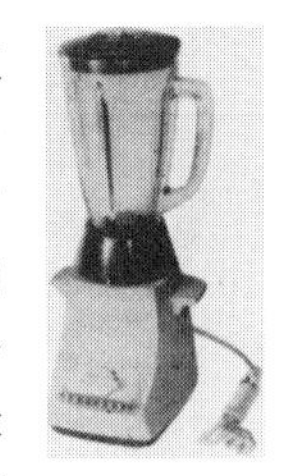
ミキサー

1万5000円〕。

左団扇　⑯104
ひだりうちわ。何もしないで楽に暮らすこと。

大腸菌　⑯106
7月6日、隅田川の汚染のため、360年続いた東京・佃島（つくだじま）の住吉神社の神輿水中渡御（とぎょ）が中止。そして同年7月12日には、厚生省が各都道府県に大腸菌汚染の海水浴場278カ所の遊泳禁止を指示した。

ボナンザグラム　⑯109
Bonanzagram。1954年アメリカのNANA通信社が考案したといわれるクイズ。マス目の中、縦・横に文や単語を書き、その中のいくつかの文字を空白にし、ヒントによってその空白部に正しい文字を当てはめ、完全な文または単語にする。日本では昭和31〔1956〕年5月、読売新聞が「日曜クイズ」として日曜版に掲載したのが始まり。正解者が出ない時は賞金を次回に加算する方式で人気となり、他社・他誌でも掲載されクイズブームとなる。Bonanzaは金・銀の富鉱帯、大当たり、幸運の意味で、ゲームに正解すると相当な賞金がもらえることからボナンザグラムという名称となった。

玉やかぎや　⑯109
「玉屋」「鍵屋」は江戸を代表する二大花火師の屋号で、両国の花火大会を発展させた。「鍵屋」は万治2〔1659〕年、日本橋横山町に店を構えて花火を売り出した、現存する日本最古の花火業者。享保18〔1733〕年5月28日、両国の大川〔現・隅田川〕で川開き花火大会が開催され、8月28日まで日本橋横山町の花火師・鍵屋六代目弥兵衛が両国川開き花火を担当した。一方、八代目「鍵屋」の番頭清七〔『鍵屋伝書』には新八〕は、文化7〔1810〕年、暖簾分けしてもらい両国広小路吉川町で創業。名前を玉屋市郎兵衛と改めた。

こうして両国川開きでは、両国橋を挟んで上流を「玉屋」、下流を「鍵屋」が担当、交互に花火を上げて技を競い、双方の花火を見て観客が善いと思った花火師の屋号を叫んだといわれる。玉屋は、当時の狂歌で「橋の上　玉屋玉屋の声ばかり　なぜに鍵屋と　いわぬ情なし」と詠まれたように、次第に人気が高まったようで、多くの浮世絵にも描かれたほど。ところが、天保14〔1843〕年に「玉屋」は失火で全焼、町並みを半町ほど類焼させてしまう。

その罪を受けて、玉屋市郎兵衛は江戸追放となり、玉屋は廃業となってしまう。一方、鍵屋は12代目が同業者に暖簾を託し、現在の15代目に引き継がれている。

竹皮　⑯114
包装用に竹皮を用いてつくったもの。しなやかで抗菌性もある。

択捉・国後はかえすべき　⑯123
「北方領土」問題〔南千島の国後、択捉、歯舞、色丹四島の日本への帰属問題〕。日本は1855年の日露和親条約以降、この四島は日本固有の領土であったとし、昭和26〔1951〕年の対ロ講和条約で破棄したクリル諸島には含まれないとした。昭和31年9月、日ソ共同宣言で「ソ連は平和条約締結後歯舞諸島と色丹島を引き渡す」とされ、10月19日「日ソ共同宣言」が調印されモスクワで発表された。12月12日、日ソ共同宣言の批准書が交換され、11年4カ月ぶりに日ソ間の国交が回復した。しかしソ連は日米安保改正後、これを撤回、今日に至っている。

太陽映画　⑯125
昭和31〔1956〕年5月〜10月に公開された6本の映画。特に『太陽の季節』『処刑の部屋』『狂った果実』。これら太陽族映画の上映反対運動が契機となり、同年12月に映倫改組が行われる。☞太陽族〔⑯97〕

男女共学反対　⑯126
7月10日、清瀬一郎文部大臣が記者会見で、男女共学は弊害がある、改めて廃止を考慮すべきと発言した。

行動芸術アトリエ　⑯128
昭和20〔1945〕年、新しい時代に合う美術団体を目指して設立された公募美術団体、行動美術協会のアトリエ。

行動美術展（昭和30年）

若乃花　⑰4
若乃花幹士〔本名：花田勝治、昭和3（1928）年3月16日〜平成22（2010）年9月1日〕。第45代横綱。「土俵の鬼」と呼ばれた。弟は大関・初代貴ノ花。第65代横綱・貴乃花、第66代横綱・若乃花の伯父。

女学校　⑰8
戦前の日本の女子教育を行う学校。高等女学校。

お里が知れる

⑰ 12
「里（さと）」とは生い立ち、素性のこと。

火星の土地

⑰ 14
1月31日、日本宇宙旅行協会の宇宙旅行案内所が東京・銀座に開設され、火星の土地が500万坪100円で分譲された。火星の地主第一号は伊藤逸平氏。9月7日には32年ぶりに火星が地球に接近。東京・上野の科学博物館では多くの人が5600万キロに接近した火星観測を楽しんだ。

ドライ・ウエット

⑰ 16
ドライは若者の割り切った考え方やさばさばした性格、もしくは非情な人を表す言葉として使われた。一方、ウエットは情緒的な態度、性格をいう。「太陽族」は「ドライ」の典型といわれた。

鳩山一郎

⑰ 18
はとやま・いちろう〔明治16（1883）年〜昭和34（1959）年〕。第52・53・54代内閣総理大臣。犬養・斎藤内閣の文相で滝川事件を起こした。戦後、日本自由党を結成、昭和21年、組閣寸前に公職追放。追放解除後、昭和29年に日本民主党総裁となり、首相に就任。昭和30年11月15日、自由党と日本民主党の保守合同により、自由民主党が結成され、初代総裁となる。日ソ国交回復を実現した。

大東京祭

⑰ 19
10月1日、「東京開都500年」〔1457年江戸城築城から〕を記念して「都民の日」〔昭和27年に命名〕に「大東京祭」が開幕。大名行列パレード等様々な催しが行われた。この大東京祭以降、都民の日を記念して「大東京祭記念徽章」が毎年発売されるようになり、昭和34〔1959〕年からはカッパのデザインのバッジが発売された。これは隅田川にカッパの巣が沢山あったという伝承によるそうで、〔都民の日に限り〕都営施設の入場無料等の目印となる。作品⑰ 21の掲載日は「大東京祭」の真っ最中の昭和31年10月8日で、提灯が飾られている。

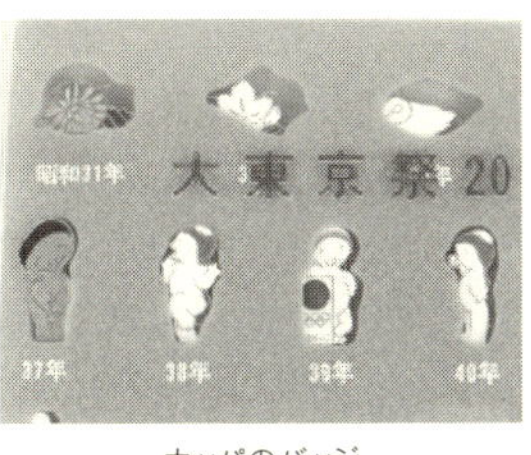

カッパのバッジ

花電車

⑰ 19
電飾や造花で装飾し、運行する路面電車。一般の乗客は乗れない専用車両や業務用車両を用いる。昭和31〔1956〕年に開催された大東京祭

で運行。戦後、東京都電で運行された花電車は以下の通り。1 昭和22年5月「日本国憲法施行記念花電車」、2 昭和30年9月「祝復興10周年・都民の日花電車」、3 昭和31年10月「開都500年大東京祭記念花電車」、4 昭和34年4月「皇太子殿下御成婚奉祝記念花電車」、5 昭和53年「荒川線再出発〔完全ワンマン化〕新装花電車」、6 平成23年10月「都営交通100年記念」。

花電車（戦前）

カチューシャかわいや

⑰21

島村抱月〔1番〕、相馬御風〔2～5番〕作詞・中山晋平作曲『カチューシャの唄』。初演は大正3〔1914〕年3月26日、芸術座第3回公演、トルストイ原作『復活』の劇中歌として歌われた。相馬御風は島村抱月の早大時代の教え子で詩人、中山晋平は島村抱月の書生だった。

活動写真

⑰21

motion pictureの訳語。動く写真＝映画のこと。明治・大正時代に用いられた。

8mmフィルム

⑰23

8mm幅のフィルム。テレビドラマ用には面積が4倍の16㎜、劇場用映画には35㎜のフィルムが使われた。8mmフィルムは一般家庭や企業等の映像記録用として活用され、昭和7〔1932〕年から8mmフィルムを用いた8ミリ映画も主に家庭用に発売される。8mmフィルムは家庭用を目的としたため、価格を抑えるため当初は音が出ないサイレント方式だった。昭和31年11月1日キャノンは8mmカメラ「シネ8－T」を発売。通産省のグッドデザイン賞「Gマーク」第1号となる。

イタリア歌劇団

⑰24

NHKが指揮者、演出家、ソリストを招聘して昭和31〔1956〕年～昭和51〔1976〕年、8回来日。第1回はNHK放送開始30周年を記念して開催された。第1回公演では、オペラでは、ヴェルディ『アイーダ』、モーツァルト『フィガロの結婚』、プッチーニ『トスカ』、ヴェルディ『ファルスタッフ』が上演され、ジュリエッタ・シミオナート〔アイーダのアムネリウス、フィガロの結婚のケルビーノ〕、ジュゼッペ・タディ〔フィガロの結婚のフィガロ、トスカのスカルピア、ファルスタッフのファルスタッフ〕等が素晴らしい歌声を披露した。イタリア歌劇団はオペラの他にコンサートも行い、日比谷公会堂ではヴェルディの『レクイエム』、「原爆被災者救済慈善演奏会」では様々なオペラのアリアと重唱が歌われた。

第１回のトスカ公演では舞台の関係で、最終幕のサンタンジェロ城のシンボル、聖ミカエル像が見えず、演出家が「これはトスカではない」と怒鳴った話、『アイーダ』の全身黒塗りの黒人役の合唱団・協演者のために風呂屋を貸し切ったが、汚れひどく２〜３日使えなくなったと抗議を受けたといった話が残っている。

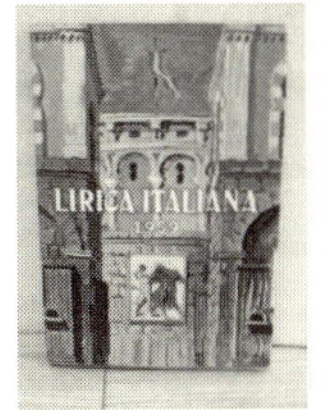

イタリア歌劇団来日公演プログラム

気象庁 ⑰35

７月１日、中央気象台から改称して気象庁が新発足。

南極観測隊 ⑰36

昭和31〔1956〕年１月25日、北海道で３週間にわたる極寒地訓練を開始。予備訓練をした南極観測隊は、第一次予備観測隊員53人を乗せ同年11月８日、南極予備観測隊観測船「宗谷」で東京出港。翌年１月29日、南極の西オングル島に到着、昭和基地を開設する。

学校の道具の上をまたぐ ⑰43

書籍や学校の教材や道具は大切なものなので、その上をまたいではいけないという躾の１つ。

したうけ ⑰52

下請け。仕事を請負った人からその請負いをすること。

棒ぞうきん ⑰55

長柄の先に約30cmの横木をつけ、そこに長さ約50cmの刺子をした木綿布を数枚重ねたものをとりつけたもの。

おまわりさんがオイコラ ⑰61

薩摩の方言で人を呼び止める「おい、そこの君」といったニュアンス。大正２〔1913〕年３月、巡査の傲慢ぶりを戒め、警視庁総監から「おいおい」「こらこら」といった粗雑な言葉を用いてはならないと注意が出され、人を呼ぶときには「もしもし」といわなければならないと訓達があった模様。昭和31〔1956〕年、曽根史郎が歌う井田誠一作詞・利根一郎作曲『若いお巡りさん』が流行。この歌では「もしもし」と呼びかけている。

縞模様の信号 ⑰61
「信号灯背面板付き信号機」、通称「ゼブラ板」。戦後、電圧が低下して見えにくくなった信号機をはっきりと見せるため、緑字に斜線のはいった縞模様の背面版がつけられた。昭和30～40年、信号機がはっきりと見えるようになったので、ゼブラ板は廃止されていく。

一万円札 ⑰67
昭和33〔1958〕年12月1日、日本銀行が一万円札を発行。

ボーナス ⑰76
11月30日、ボーナスが「戦後最良、前年の3～5割増」と新聞に掲載されている。

国連加盟で囚人恩赦 ⑰78
12月18日、国連総会で51カ国共同提案の日本国連加盟案は、77カ国全会一致で可決され、80番目の加盟国として承認される。これを受け、12月19日、選挙違反者7万人余が恩赦となる

お菓子をいれたおひねり ⑰79
お菓子を半紙で包んで、上の部分をひねったもの。通常、お菓子は缶から飴やキャラメル等のお菓子を小分けにして子供に与えていた。

流感 ⑰80
12月17日、流感が蔓延し、都はワクチン50万人分を配布。

損なしょうぶん ⑰88
性分とは生まれつきの性質、性格、天性の意。

昭和32年

1957

出来事

01/29	南極地域予備観測隊、昭和基地開設。	01/05	米：アイゼンハワー・ドクトリン。
02/20	原子力委員会、ストロンチウム90の汚染状況を発表。		
		03/04	イスラエル軍、エジプト撤退開始。
		03/06	国連軍、ガザに進駐。
		03/25	欧州経済共同市場（ECC）条約調印。
04/01	メートル法。		
04/12	瀬戸内海で「第五北川丸」転覆。		
		05/15	英：クリスマス島で第1回水爆実験。
07/25	諫早豪雨。	07/06	カナダ：パグウォッシュ会議で国際科学者会議開催。
08/27	茨城・東海村原子力研究所に「原子の火」。	08/26	ソ：大陸間弾道弾（ICBM）の実験成功（米も12/17成功）。
		09/09	米：米大統領、公民権法案署名
10/01	初の5千円札。日本、国連安全保障理事会・非常任理事国に選任される。	10/04	ソ：世界初人工衛星「スプートニク1号」の打ち上げ成功。
12/11	100円銀貨発行。		
12/28	NHK・日本テレビ、カラーテレビ実験放送開始。		

トピックス	コカ・コーラ■Gマーク■FM放送■そごう東京店開店■ストロンチウム90
ファッション	カラー：ツートーンカラー■カリプソ・スタイル流行■イタリアンモード流行■スペンサー・スーツ■ダッフルコート流行■チュニック全盛
流行語	カックン■シスター・ボーイ■何と申しましょうか■神様、仏様、稲尾様■デラックス■よろめき
ベストセラー	原田康子『挽歌』■深沢七郎『楢山節考』■谷崎潤一郎『鍵』■三島由紀夫『美徳のよろめき』

純情

⑰ 97

純真な心〔である様子〕。

神武以来の好景気

⑰ 102

神武（じんむ）景気。神武天皇が即位して以来、類を見ない好景気という意味。「神武以来〔このかた〕の…」という言葉が流行した。昭和25〔1950〕年～昭和28〔1953〕年の朝鮮特需により起こった昭和29〔1954〕年12月～昭和32〔1957〕年6月までの好景気を指す。昭和31年6月6日、株価は急上昇、東京株式市場でダウ平均株価を初めて500円台に乗せる。7月17日、経済企画庁が発表した経済白書の副題には「もはや戦後ではない」〔『文藝春秋』昭和31年2月号、中野好夫のエッセイの題〕と記され、戦後復興を計りながらの成長が終わり、今後の日本の経済成長は技術革新が支えると宣言された。この好景気は、「三種の神器」〔白黒テレビ・電気洗濯機・電気冷蔵庫〕の家庭電化ブームと大衆消費社会への端緒を開いた。

子供は風の子

⑰ 105

子供は活発で寒風が吹いていても、元気に屋外で遊びまわること。この後に「大人は火の子」と続く。

回すチャンネル

⑰ 115

テレビが普及し始めた頃、テレビには丸いチャンネルがついていて、チャンネルは回すものだった。チャンネルには1～12の数字が書かれていた。チャンネル争いやガチャガチャとチャンネルを回す音と感覚を覚えていらっしゃる方もおられるのでは？

ナショナル・テレビ14型

先方のきせんをせいする　⑰ 119
「機先を制する」とは、事の始まろうとする時を制すること。先手を取ること。

紀元節　⑰ 128
四大節の1つ。明治5〔1872〕年、太政官布告で神武天皇の即位の日を紀元とし、1月29日を祝日と定めた。明治6年に紀元節と命名され、祝日は太陽暦に換算して2月11日となる。昭和23〔1948〕年GHQの意向で廃止。昭和32年2月、自由民主党衆議院議員らが2月11日を建国記念日とする「国民の祝日に関する法律」の改正案を国会に提出したが成立できず、紀元節復活論議が盛んになる。昭和32年2月11日、東京で紀元節復活を主張する「日の丸行進」が行われた。昭和41年6月25日「建国記念の日」を定める祝日法改正によって「建国記念の日」は国民の祝日に加えられ、12月9日「建国記念の日」を「2月11日」とする答申が出され、佐藤内閣は「建国記念の日となる日を定める政令」〔昭和41年政令第376号〕を定めて公布し、即日施行。昭和42年から2月11日が建国記念の日として国民の祝日となった。

牧野富太郎　⑰ 129
まきの・とみたろう〔文久2（1862）年5月22日〜昭和32（1957）年1月18日〕。植物学者。独学で植物学を学び、新種1000、変種1500余に命名。学士院会員、文化功労者。死後、文化勲章受章。著書に『牧野日本植物図鑑』他がある。

重光葵　⑰ 129
しげみつ・まもる〔明治20（1887）年7月29日〜昭和32（1957）年1月26日〕。外交官・政治家。東条・小磯・東久邇内閣外相。昭和20年、ミズーリ号上で首席全権として降伏文書に調印。ソ連代表検事の強硬な要求により、A級戦犯として極東軍事裁判で禁錮7年の判決を受けたが、講和条約発効、公職追放解除後、改進党総裁・日本民主党副総裁をつとめた。昭和29年12月〜昭和31年12月、鳩山内閣の副総理・外相として日ソ国交回復、国連加盟を実現した。

宗谷が南極に上陸　⑰ 129
昭和31〔1956〕年11月8日、南極観測船「宗谷」〔2610トン〕が永田武〔東大理学部教授〕を隊長とする第1次予備観測隊員53

人と乗組員77人を乗せて晴海を出港。昭和32年1月29日、観測隊は南極に到達した。

ひばりが塩酸をかけられる ⑰129

1月13日、東京・浅草の国際劇場で正月公演を行っていた美空ひばりが、19歳の女性から塩酸をかけられて顔などに全治3週間のやけどを負った。

演習で死の行軍 ⑰132

2月6日、広島県の陸上自衛隊が前夜から武装して80kmを歩く行軍演習を行い、隊員2名が過労で死亡。幹部による強制と暴行が発覚し、幹部10人が処分された事件。

つゆのおかげんが悪くなる ⑰138

「かげん」は具合の意。ここでは汁が冷めるということ。

のりこしぶくろ ⑰140

海苔を漉(こ)して不純物を除くときに使う袋。

北枕 ⑰141

死んだ人などが枕を北に向けて寝ることをいう。縁起が悪いといわれる。

いなせ ⑰142

勇み肌。義に勇み、強きをくじき弱きを愛する気風〔の男〕。時代劇などによく登場する江戸の勇者。

耳の日 ⑱3

耳の衛生についての知識の普及を目的に、3月3日がごろ合わせで「ミミ」となることから「耳の日」となる。昭和32年から実施。

ポーズが職業化 ⑱7

6月21日、新東宝俳優・児玉一男を代表として、菅原文太、岡田真澄ら男性モデルが「ソサエティ・オブ・スタイル（S.O.S.）」を結成し、東京・銀座茶廊で発会式を行った。

ミルクのみ人形 ⑱10

昭和29〔1954〕年、軟質ビニール製のミルクのみ人形が大人気となる。哺乳瓶からミルク〔実際は水〕を飲ませることができ、人形を抱いたときの柔らかい感触に女の子たちは夢中になった。

チョコレート ⑱11

昭和25〔1950〕年までカカオ豆の輸入が禁止されていたため、国内の会社ではグルコースに原料統制外の薬用カカオバター製造の副産物のココア粉等を配合した代用グルコースチョコレートを開発・生産した。昭和24年には代用グルコースチョコレート約80万枚が東京都復興宝くじの景品となっている。昭和25年、カカオ豆の輸入が再開、国産チョコレートも生産が再開される。昭和26年、明治製菓「ミルクチョコレート」、森永製菓「ミルクチョコレート」が20円で復活発売、28年、不二家「パラソルチョコレート」が発売される。カカオ豆・ココアバターが輸入自由化されるのは昭和35年。翌年、キャラメルを抜いてチョコレートはお菓子の売り上げで第1位となる。

ホッピング ⑱11

昭和31〔1956〕年12月、高橋製作所が「ホッピング」を発売。6種類あって、値段は580～980円。スプリングのついた1本足の鉄製の竹馬のようなもので、スプリングの反動でピョンピョン飛び跳ねて遊んだ。

電気座布団 ⑱16

昭和7〔1932〕年、松下電器〔現・パナソニック〕からサーモスタット等の安全装置付きの電気座布団が5円50銭で発売される。

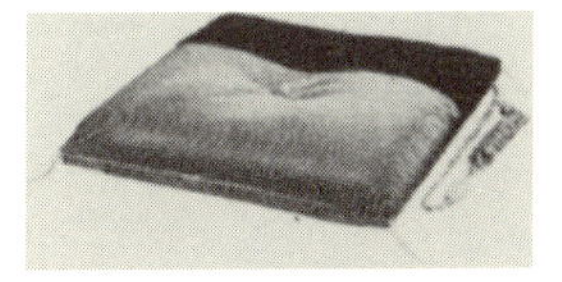
電気座布団（八端地）40W

小笠原流 ⑱16

弓術・弓馬術・礼法の3つを教授するもの。原型となったのは小笠原氏家伝の故実。

耳打ち ⑱17

相手の耳へ口を寄せて小さな声で話すこと。

坊さんがスクーターで檀家まわり ⑱20

作品でお坊さんが乗っているスクーターは、当時スクーターの代名詞といわれた「ラビット」と思われる。「ラビット」は、アメリカ軍落下傘部隊使用のスクーター「パウエル」をモデルに富士産業〔元・中島飛行機、現・富士

ラビット・スカーレットの広告

重工業〕が昭和21〔1946〕年に開発した。国防色に塗装された車体に、白いRabbitとウサギのマークが描かれていた。2馬力、135cc。

おふるいところを一席うかがいます

⑱22

一席(いっせき)は講談・演説・落語などの1回の話、1つの演目の意味。この作品では多分、落語の艶笑話を聞いてカツオ君が一緒に笑ったので、波平さんがおませなカツオを、怒っているところ。当時、落語は国民共通の娯楽の1つだった。

どっちの生地もしっている

⑱25

生地はもとからの性格の意味。

家なき子

⑱26

『家なき子』〔Sans famille〕は、1878年フランスのエクトール・アンリ・マロ　Hector Henri Malot〔1830年5月20日～1907年7月17日〕が発表した孤児の少年レミの物語。日本では明治36〔1903〕年『未だ見ぬ親』というタイトルで読売新聞に連載された。

ユール・ブリンナー

⑱31

ユール・ブリンナー　Yul Brynner〔本名：Юлий Бори́сович Бри́нер　ユーリイ・バリーサヴィチ・ブリーネル、1920年7月11日～1985年10月10日〕。ロシア・ウラジオストック出身の俳優。中国・フランスで育ち、1941年渡米。1952年ミュージカル『王様と私 The King and I』のシャムの王様役でトニー賞、1956年映画版でアカデミー主演男優賞を受賞。『十戒 The Ten Commandments』『追憶 Anastasia』等に出演。日本では昭和31〔1956〕年公開された『王様と私』で有名となる。

映画のポスター

サイクリング

⑱32

余暇を自転車で楽しむ人が増加、サイクリングがブームとなり、1日400円の貸自転車事業が繁盛した。

バスガール「おきらせねがいます」

⑱36

「お切らせねがいます」は、「切らせていただきます」の意味。昭和7、8年頃にはすでに車掌さんが言っていたようである。昭和29〔1954〕年ヒットした三木鶏郎作詞作曲の『田舎のバス』

お後が、よろしいようで…
なかった？

昭和 32〔1957〕年 3 月 23 日付〔⑱ 22〕に掲載。一家団欒のひととき、昭和 30 年代初めの頃はラジオが楽しみでした。相撲も野球もアナウンサーの巧みな実況放送からさまざまに想像を巡らして聞いていたことでしょう。落語ブームもあってか、冬の夕べのお茶の間の楽しみが毎度の一席、たまたま今日は艶笑モノだったのでしょうね。おませなカツオ君、意味が分かってか、勢いで笑いころげてか、波平さんはこれはまずいと、はたと気づいて…。

の台詞にも「只今御乗車の方は乗車券のお切らせを願います」という同様の表現が登場する。

前のでっぱりがないバス ⑱ 40
リヤエンジンバスが今回初めて登場。しかし、昭和32年6月24日⑱ 92には前がでっぱっているボンネットバスも登場している。都バスでは昭和43年までボンネットバスが活躍した。1950年代頃までは運転席より前にエンジンを設けた構造のボンネットバスだったが、1960年代以降、路線バス用として前にでっぱりのないリヤエンジンバスが登場。リヤエンジンバスの第1号は昭和24〔1949〕年8月8日、東京都交通局と富士重工が共同で製造した「フジ号」6台で、エンジンの真上まで座席が設けられることから乗車人数を増やし騒音を減らすことができ、その後の主流のバスとなる。定員59人、価格は約121万円。

岸信介 ⑱ 42
きし・のぶすけ〔明治29（1896）年11月13日～昭和62（1987）年8月7日〕。公職追放後、政界に復帰。第56・57代内閣総理大臣。昭和35年6月23日、日米安保条約の批准書を交換。同日、臨時閣議で退陣を表明した。第61・62・63代内閣総理大臣佐藤栄作は実弟。

この作品では岸信介に似ているシンちゃんがあちこちの始球式から来てほしいと依頼される。

お料理番組 ⑱ 50
江上トミ〔明治32（1899）年11月19日～昭和55（1980）年7月21日〕。料理研究家。夫・巖の赴任から1年遅れて昭和2〔1927〕年渡仏。パリのル・コルドン・ブルー料理学校でフランス料理を学ぶ。昭和31年、日本テレビ『奥様お料理メモ』、昭和32年、NHK『今日の料理』他の講師を務め、優しい笑顔とゆったりした口調で視聴者を魅了し、家庭料理の普及と研究に尽力した。

あいちゃんはタロウの嫁になる ⑱ 51
原俊雄作詞・村沢良介作曲『愛ちゃんはお嫁に』。昭和31〔1956〕年に大ヒットし、「愛ちゃん」ブームを起こした。

手動エレベーター ⑱ 52
水戸・偕楽園の中の「好文亭」に同様の仕掛けがある。ただし人間は乗れない。

バードウィーク ⑱55

昭和32〔1957〕年、小鳥ブームとなったことで、狩猟禁止の野鳥を販売する店が増え、日本鳥類保護連盟が12月13日までに28店を摘発した。

時の記念日 ⑱61

6月10日。大正9〔1920〕年に設定された記念日。天智天皇が671年4月25日〔太陽暦6月10日〕初めて漏刻〔水時計〕を置き、実際に用いたという故事による。

ふとん包事件の犯人 ⑱63

3月5日、東京都豊島区の下宿自室で19歳の洋服生地販売業者が21歳の同業者の頭を丸太で滅多打ちして殺害。被害者の着衣と預金通帳を奪い、3月8日、被害者の家財道具も下宿の主人をだまして強奪、3月10日、死体を布団包みに入れて東京・汐留駅から名古屋駅留めで、さらに名古屋駅から福岡駅留めで送った強盗殺人布団包み事件。一審二審とも無期懲役の判決が下った。

グレイのギャバジン ⑱65

ギャバジン〔gabardine〕は、スーツ、コート等に用いられる折り目がきつく丈夫に作られた綾織の布。1879年、バーバリーの創業者トーマス・バーバリー Thomas Burberry〔1835年8月27日～1926年4月4日〕が発明、1888年に特許をとった。

ぴちぴちちゃぷちゃぷ ⑱66

北原白秋作詞・中山晋平作曲『あめふり』。大正14〔1925〕年『コドモノクニ』11月号初掲。「じゃのめ」は蛇の目傘。

1. 雨 雨 ふれふれ 母さんが 蛇の目でお迎え 嬉しいな
   ピチピチ チャプチャプ ランランラン

100円ビール ⑱67

宝酒造が500mlのビールを100円で売り出した。これ以降500mlが中瓶の規格となる。

ゴールデン・ウィーク ⑱68

4月末～5月初めにかけての大型連休期間のこと。昭和23〔1948〕年に祝日法が施行され、4月29日～5月5日の1週間に祝日が集中。黄金週間ともいう。昭和26年大映・松竹共作の獅子文六原作

『自由学校』が大ヒットし、正月映画やお盆映画以上の興行成績となったことから、この時期に多くのお客を生み出すことを狙って作られた映画業界の宣伝用語である。そのためNHKなどでは、「〔春の〕大型連休」という表現で統一している。

ビニール袋 ⑱70
塩化ビニル樹脂製品が戦後登場する。当時はほとんどがポリ塩化ビニルを原料としていたので『サザエさん』に出てくる袋はたんに「ビニール袋」と呼ばれた。現在はポリエチレンやポリプロピレン製の袋が主流となり、「ポリマーを原料とする袋」略して「ポリ袋」と呼ばれる。英語ではplastic bagという。

スカートをカミソリで切る事件 ⑱76
昭和31〔1956〕年12月26日、中学3年生〔15歳〕が電車から降りようとした女性事務員〔24歳〕のスカートをカミソリで切り、1週間のけがを負わせた。少年は通学途中の総武線で11月から女性ばかり7人の腿を切っていた。翌年、昭和32年7月7日22時、大阪府大阪市の路上で19歳くらいの少年が女性会社員〔24歳〕の右胸を刃物で刺し〔重体〕、逃走という通り魔事件も起きている。

押し入れに入れるお仕置き ⑱77
磯野家ではいたずらをしたり行儀が悪かった子供たちに反省を促すため、様々なお仕置きが登場する。押し入れに入れて入口を棒で留めて閉じ込める〔⑱77、昭和33年10月30日㉑55〕のもその1つ。この他、家の外に出す〔昭和25年2月28日④34〕、庭の物置〔昭和41年10月21日㉝116〕、鳥小屋に閉じ込める〔昭和41年12月6日㉝132〕などがある。

クリスチャン・ディオール ⑱78
クリスチャン・ディオール　Christian Dior〔1905年1月21日～1957年10月24日〕。フランスのデザイナー。1946年12月、自身のクチュールメゾンをパリで立ち上げ、1947年、花冠を意味する「コロールCorolle」というコレクションを発表。細く絞ったウエストとゆったりしたフレアスカートを特徴とした。このコレクションを『ハーパース・バザー』誌の編集長が「ニュールックNew Look」と評した。その後も、様々なラインをテーマに作品を意欲的に発表し、オートクチュール界の頂点に君臨。彼のブランドは「クリスチャン・ディオール」「ディオール」

と呼ばれる。

子供の誘拐
⑱ 84
2月26日、東京・田無町で28歳土木作業員が小学3年生の女の子〔8歳〕を誘惑してレイプ殺人。2月27日、神奈川県相模原市で農業手伝い〔22歳〕が近所の女の子〔5歳〕をレイプしようとして絞殺。5月7日、広島県・広島市で小学4年生の女の子〔10歳〕がレイプ殺害の後、死体は汲みとりトイレに投げ込まれた。

流感予防注射
⑱ 86
5月31日、都教委は修学旅行中止等、流感予防策を通達。6月12日、厚生省は全国の流感感染学童が50万人超すと発表した。

ラジオの効果音
⑱ 87
ラジオなどで臨場感を持たせるために自然現象、季節等を表現する様々な擬音が作られた。例：1 うちわに小さな穴をあけ糸やテグスを使ってビーズを20カ所くらい吊るし、うちわの揺らし方によって様々な雨の音を表現する「雨うちわ」。2 ざるの中に大豆・小豆等を入れてゆすって波の音を表現する「波ざる」。3 木綿等の袋に小麦粉を入れ、しっかり手でもむと雪の上を歩く音がする。

老幼優先車
⑱ 91
6月20日、中央線・京浜東北線に老人・子供優先車が設けられた。しかし中央線は昭和33〔1958〕年、京浜東北線は昭和36年11月に廃止。昭和48〔1973〕年の敬老の日、国鉄は「シルバーシート」を初めて設置した。

羽衣の松、自衛隊機墜落
⑱ 96
「羽衣（はごろも）の松」は、「羽衣伝説」で天女が羽衣をかけたとされる松。静岡市清水区三保にある。作品に描かれた自衛隊機墜落は、3月4日、航空自衛隊カーチスC－46が着陸寸前に滑走路西端の三保基地沖合海上に突っ込み17名死亡の事故のことと思われる。この年、自衛隊機の墜落は、1月9日、2月26日、3月4日、4月19日、5月20日、6月4日、6月13日、6月19日、12月17日、12月26日と続いた。

スト解除
⑱ 101
3月23日、国労は14時から、業績手当て問題で職場大会などの抜き打ちストを実施したが、運輸大臣の支給命令で17時に解除。

小学生水死

⑱114
7月20日、夏休みを前に小学生の水死が相次いだ。明石市で小学4年生が潮流に流され死亡、神戸兵庫区で小学3年生がため池の中で死亡、堺では小学5年生がカニをとっていて誤って深みに落ち死亡している。

二本差し

⑱118
刀と脇差をさす武士のこと。

かき氷

⑱119
昭和20年代のかき氷器は鋳造品でずっしりしたもので、横についているハンドルを回すと氷が回転してかき氷ができた。30年代に入ると上部にモーターがつけられた電動式かき氷器が使われる。駄菓子屋さんの入口近くでは、かき氷が販売され、かき氷器の周囲にシロップを入れた器が置かれていたという。磯野家も駄菓子屋さんからかき氷を購入して来たのだろうか。

手動式かき氷器

花火大会と思って屋根に上る

⑱127
10月29日⑲45では波平氏が修繕のため屋根に上っている。当時は出来ることは自前で修理をしていたので、男性陣はしばしば屋根に上っていたようである。

水上スキー

⑱128
水上スキーの日本初公開は昭和28〔1953〕年8月、箱根芦ノ湖で行われた。

九州地方の水害

⑱129
7月25日、梅雨前線が活発化し、長崎県諫早市を中心に日量700ミリの降雨となり、本明川が氾濫。被害は佐賀・熊本・鹿児島にも及んだ。死者・行方不明者992人〔諫早豪雨〕。

カリプソスタイル

⑱130
カリプソ〔calypso〕はカリブ海の音楽スタイルの1つで、リズムは四分の

『バナナボート』レコード・ジャケット

二拍子。この年、浜村道子がこのリズムの『バナナ・ボート』を歌って大ヒット。彼女のファッション&メークは「カリプソスタイル」「カリプソメーク」と呼ばれた。カリプソスタイルの特徴は、1 細身のパンツや短めのタイトスカート〔落下傘スタイルもある〕、2 シャツ・ブラウス・セーター等カジュアルなものが多い。カリプソメークの特徴は、1 長い茶髪、2 はっきりと描(か)く黒いアイライン&緑のアイシャドー、3 まゆずみで輪郭だけ描いた唇、4 ブラウン系のファンデーション、5 頬紅はつけない、とのこと。

公園の水のみ器

⑱ 132

水を飲もうとしたら、水の勢いが強く、水が高く上がり周囲に降り注いでしまったことはありませんか？　普通の蛇口が直径約 13 ～ 14mm に比べ、水のみの直径は約 4mm。直径が通常の 1/3 しかなく、水の勢いも強くなる。蛇口が丸い形をしているのは汚れを流しやすく、清潔に保ちやすいからだという。近年は蛇口の開きを調整して水の勢いが調整できる。またガードがついたものや水が斜めに出るものもある。

箒を逆さにたてる

⑱ 136

箒(ほうき)は塵やごみをはく掃除道具。座敷箒には、ほうき草、棕櫚等を使ったものが用いられ、もち手には通常竹が使われる。箒を逆さに立てかけると長居する客を帰すことができるというおまじないもある。

放射能の灰　セシウム 137

⑱ 141

7 月 3 日、気象研究所の三宅泰雄部長が核実験によるストロンチウム 90 の世界分布図を公表。ストロンチウム 90 は核分裂の時に生じる放射性物質で、半減期は約 28 年、骨に付着して骨髄を侵す。日本でも野菜や煎茶から放射性核種が検出。そして 8 月 5 日、東京で空中からプルトニウムが初検出された。放射能被害や「死の灰」の蓄積が明らかになっていく状況にもかかわらず、この年アメリカ・英国・ソ連の 3 カ国で 50 回、翌年には 101 回の大気圏内核実験が行われた。

小判が掘り出された

⑱ 141

8 月 6 日、東京の富士銀行数寄屋橋支店建設工事現場で、江戸時代中期の元文小判 67 枚、38 万円相当が見つかる。これは当時の商家が隠したものだった。

空き瓶に手紙を入れて海に流す

⑱ 142

カツオ君が流そうとした手紙は、“message

in a bottle"〔英〕、"bouteille à la mer"〔仏〕といい、昔から世界各国で行われ、日本でも流行した。ギネス記録にある最古のボトルメールは、大正3〔1914〕年6月10日、北海の深層海流調査のためグラスゴー航海学校のC・ハンター・ブラウン Hunter Brown 船長が流したもので、2012年4月に発見された。

ゲイリー・クーパー　⑲9
Gary Cooper〔本名：フランク・ジェームズ・クーパー、1901年5月7日〜1961年5月13日〕。アメリカの俳優。代表作：『モロッコ』『ヨーク軍曹』『無宿者』『真昼の決闘』。

風呂代値上げ反対　⑲13
10月11日、主婦連は、都に銭湯値上げの資料公開を求めている。

東京の人口、850万を突破　⑲21
東京の人口がロンドンを抜き、都市人口世界一となる。

遭難時のスチュアデスが沈着　⑲24
9月30日午後9時40分、東京羽田空港行き上り108便「日航機雲仙号」が離陸直前エンジン故障で豊中市の水田に不時着、炎上した事故。この事故で機長を含む5人が負傷したが死者は出ず、機長の操作技術と冷静な判断と共に、小島〔23歳〕、松浦〔22歳〕のスチュワーデスの適切な避難誘導が称賛された。機体は稲田の上を約80m滑って止まり、左方昇降口がひらき、スチュワーデスの「落ち着いてください」という声に乗客51人は冷静に避難。直後機体は火を噴き、垂直尾翼だけを残して約1時間後鎮火した。

インドのネール首相　⑲25
ジャワハルラール・ネルー　Jawaharlal Nehru〔1889年11月14日〜1964年5月27日〕。インド初代首相。ガンディと共にインド独立運動指導者。上野動物園に象「インディラ」を寄贈。昭和32年10月4日初来日したネルー首相はインディラとも再会。インディラは1949年9月に上野動物園に到着、1983年天に帰った。

人工衛星成功　日本でも観測できる　⑲30
10月4日ソ連は世界初の人工衛星

「スプートニク１号」の打ち上げに成功。この観測のため、イギリスのジョドレルバンク電波望遠鏡が作られる。スプートニク１号はピーピーと信号電波を発しながら地球を周回し、昭和 33〔1958〕年、大気圏に突入して消滅した。

寿司桶 ⑲ 36
酢飯を調理するときに使う桶。飯台、飯切ともいう。

運転練習所 ⑲ 43
昭和 32 年頃から都内で中古自動車ブームが始まる。半日、一日の単位で車を借りて運転するドライブ・クラブも賑わった。昭和 34 年、都内で各種運転免許証を持っているのは 100 万人。連日二千余人が運転免許取得のため教習所に通っていた。女性の運転免許取得ブームは続き、昭和 36 年には女性が習得したいことの２番目に運転免許を挙げる人が多いとの記事がある。

シャーロック・ホームズ ⑲ 46
1887 年 〜 1927 年 に発表されたアーサー・コナン・ドイルの推理小説「シャーロック・ホームズ・シリーズ」の主人公。長編４作と短編 56 作に登場するロンドン・ベイカー街 221B に住む顧問探偵〔consulting detective〕で、ジョン・H・ワトスン医師と暮らしている。

指ぬきに描かれたホームズ

江戸川乱歩 ⑲ 46
えどがわ・らんぽ〔本名：平井太郎、明治 27（1894）年 10 月 21 日〜昭和 40 年（1965）7 月 28 日〕。大正から昭和にかけて活躍した推理小説家。ペンネームは米国のエドガー・アラン・ポーに由来。名探偵明智小五郎、怪人二十面相で有名。

アガサ・クリスティ ⑲ 46
アガサ・メアリー・クラリッサ・クリスティ Dame Agatha Mary Clarissa Christie, DBE〔旧姓：ミラー（Miller）、ペンネーム：メアリー・ウェストマコット　Mary Westmacott, 1890 年 9 月 15 日〜 1976 年 1 月 12 日〕。イギリスのベストセラー作家で「ミステリーの女王」と称される。代表作は『そして誰もいなくなった』『オリエント急行の殺人』「ABC 殺人事件』他。

長編探偵小説 ⑲ 46

昭和32年頃それまで「探偵小説」と呼ばれていた小説は「推理小説」と呼ばれるようになる。昭和32年、雑誌『旅』連載、松本清張の社会派推理小説『点と線』は大きな話題となり、翌年には光文社カッパ・ノベルスから刊行され、推理小説ブームを呼び起こす。

美容体操 ⑲ 48

美容体操は、昭和26〔1951〕年頃から「数分間で美しさを保てる」という触れ込みで百貨店が水着の女性に体操の実演をさせていた。昭和26年TBSラジオが團伊玖磨の音楽にのせてバレリーナの谷桃子が躍る美容体操を放送。そしてNHKテレビは昭和29年4月14日から『美容体操』を放映する。これは主婦のために開始した美容のための健康体操で、竹腰美代子の指導のもと当初は月1回、昭和31年6月からは定時番組となった。戦後の食糧難から始まった『サザエさん』に、昭和41〔1966〕年になると「太り過ぎ」「肥満児」という言葉が登場しはじめる。

もらい風呂 ⑲ 49

他家のお風呂を借りて入浴することをいう。昭和30〔1955〕年頃、内風呂(うちぶろ)があまり普及していない頃、銭湯へ行く人も珍しくなかった。その後、浴室付きの公団住宅が建てられると、「もらい風呂」は次第に少なくなっていく。今回の作品では、風呂屋の値上げ休業のため内風呂がない近所の人たちが磯野家に「もらい風呂」にやって来ている。

ロケット実験用に訓練した犬 ⑲ 54

11月3日、ソ連はライカ犬を載せた人工衛星「スプートニク2号」の打ち上げに成功し、人工衛星を軌道に乗せることに成功した。

ガス中毒 ⑲ 59

11月11日朝、港区芝西久保広町で家の地下を通っていた古い廃管からガスが漏れ、7人が死亡。その後も豊島区西巣鴨や千代田区神田豊島町でもガス中毒事故が相次ぐ。こうした事態に、昭和32年12月29日、東京ガスはガスに付臭剤を添加することで対処した。

神経安静剤 ⑲ 69

当時の人々は神経安静剤を気軽に服用していたようである。当時この安静剤は一般大衆薬の扱いであったが、昭和47〔1952〕年、厚生省により医師の処方箋がないと服用できない「要指定薬」に指定される。

家出や心中の相談

⑲70

12月10日、元満州国皇帝溥儀(ふぎ)の姪、愛新覚羅慧生(あいしんかくらえいせい)〔19歳〕と学習院大学の同級生大久保武道〔20歳〕のピストル心中死体が伊豆天城山で発見された。

牛乳配達

⑲71

早朝、自転車のキーッというブレーキ音とカチャカチャという牛乳瓶のぶつかる音がしたら、牛乳配達屋さんだろう…。牛乳配達の自転車の大きく頑丈な荷台には、沢山の牛乳瓶を載せた木箱が積まれていた。牛乳配達人は、牛乳瓶を門の上などの木製の牛乳受けに入れ、飲み終わった空の牛乳瓶を回収してくれた。

1958
昭和33年

出来事

01/01 日本、国連安全保障理事会の非常任理事国に。
01/26 紀州沖で「南海丸」沈没。
02/08 日劇で第1回ウェスタン・カーニバル開催。
03/09 関門国道トンネル開通。
03/27 ソ：フルシチョフ首相就任。
04/01 売春防止法全面施行。
06/01 仏：ド・ゴール内閣。
07/14 イラクでクーデター。イラク共和国となる。
09/19 アルジェリア民族解放戦線、臨時政府樹立。
09/26 狩野川台風。
10/09 ヴァティカン：ピウス12世崩御。ヨハネス23世即位（10/28）。
11/27 皇太子妃発表。
12/11 1万円札発行。
12/21 仏：ド・ゴール大統領当選。
12/23 東京タワー完工式挙行。

トピックス　巨人軍長嶋茂雄デビュー■ロカビリー■フラフープ流行■テレビ受信契約100万突破■プラッシー■朝日麦酒（現・アサヒビール）、スチール缶使用の「アサヒビール」を発売■ホンダスーパーカブ■グリコアーモンドチョコレート■バイキング

ファッション　カラー：ミネラルトーン、グレー進出■ミッチーブーム（ヘアバンド／

ストール／テニスウェア／白の長手袋）■アクセサリーブーム■ロカビリーブーム■サックスドレス流行■ベビードール流行■多色織のツイード流行■スポーツ・ウエアの街着化■シームレスストッキング発売■茶髪

流行語 イカす■シビれる■いやーな感じ■団地族■ながら族■黄色いダイヤ■ご清潔でご誠実

ベストセラー 五味川純平『人間の条件』■井上靖『氷壁』■西堀栄三郎『南極越冬記』

おさるのかごやだホイサッサ ⑲ 84
山上武夫作詞・海沼実作曲『お猿のかごや』。山上が故郷の方向の赤い夕焼けを見ていて、松代の山道であった猿を思いだし、猿が籠を担ぐ詩を思いついて書いたという。

勝負の世界は厳しい ⑲ 96
昭和 32〔1957〕年 12 月 5 日、巨人は品川社長がチームの若返りのためコーチ・選手ら 12 人を解雇。これに抗議した水原監督は辞任を表明したが、正力松太郎氏が間に入り辞意を撤回、留任となる。

井戸凍結防止 ⑲ 100
寒い季節には外の井戸ポンプが凍らないように布などをまいて凍結を防止した。作品ではステテコが巻かれている。

宗谷が無事脱出 ⑲ 103
1 月 31 日、南極観測船「宗谷」はオングル島北西で立ち往生。2 月 28 日、ソ連の砕氷船「オビ号」の救援のお蔭で 10 日ぶりに航行可能になる。

日の丸弁当 ⑲ 107
弁当箱に白米を詰め、中央に梅干しを 1 個のせたもの。昭和 14〔1939〕年、興亜奉公日〔毎月 1 日〕の食事として奨励された。

究極のヒノマル弁当

バレエ ⑲ 108
昭和 32〔1957〕年 8 月 23 日、ボリショイ劇場バレエ団が来日、8 月 28 日〜 9 月 24 日、初来日公演を行う。日本公演では『白鳥の湖』『眠れる森の美女』等の抜粋を十数シーン集めた

6つのプログラムが用意され、公演が始まり新聞等で紹介されるとチケットは爆発的に売れて連日満員となった。入場者は東京・大阪公演で6万人となり、特にS、A席に当たる入場券の5割を、日本交通公社、航空会社を通じてアメリカ、ハワイに住むアメリカ人向けに売ることができたのは大きかった。

タイルのお風呂 ⑲112

磯野家の木の浴槽がタイルに変わるのはずっと先の昭和43〔1968〕年。他家では早や昭和30年代半ばにはタイルの浴槽が出始める。タイルの浴槽は木のお風呂に比べおおむね広く浅いようである。

少女歌劇入学試験場 ⑲114

昭和28〔1953〕年2月、松竹音楽舞踊学校が予科新入生を募集し、東京・歌舞伎座別館で身長・容姿・演技等の審査が行われた。受験資格は14～17歳の女子で、定員30人に対し約1000人が応募。松竹音楽舞踊学校は松竹歌劇団〔SKD〕劇団員の養成機関で、平成4〔1992〕年、廃校となる。

病膏盲 ⑲119

やまいこうもう。病膏肓(こうこう)の誤読だが、習慣的に「こうもう」と読む。「病膏盲に入る」とは、病気、悪い癖等が進み、急には直すことができないたとえ。

貫一 ⑲122

明治30〔1897〕年1月1日～明治35〔1902〕年5月11日、読売新聞に連載された尾崎紅葉の『金色夜叉』〔未完〕の主人公の間貫一(はざまかんいち)。この作品はバーサ・M・クレー　Bertha M. Clay〔本名：Charlotte Mary Brame, 1836～1884〕の『Weaker than a Woman』が元となっているといわれている。貫一の許婚者鴫沢宮(しぎさわみや)は結婚間近に富山唯継(ただつぐ)に嫁ぎ、怒った貫一は宮を問い詰めるが、宮は本心を明かさない。貫一は復讐するために高利貸しとなる。
☞お蔦主税(つたちから)の湯島天神〔⑯6〕

スーパーマン ⑲122

アメリカのDCコミック刊行に登場するヒーロー、また彼を主役とした作品のシリーズ・タイトルでもある。1938年6月30日、ジェリー・シーゲル Jerry Siegel原作、ジョー・シャスター Joe Shuster絵で「Action Comic」に初登場。本名はカル・エル Kal-El、地球での名前はクラーク・ジョセフ・ケント。胸の「S」マークがトレードマーク。昭和30〔1955〕年にアニメ『まんがスーパーマン』、昭和31年よりジョージ・リーブス主演の実写版ドラマがKRT（現・TBS）でテレビ放映された。新聞記者クラーク・ケントは弾丸より速く、力は機関車より強く、空飛ぶマントの男に変身する。「空を見ろ！　鳥だ！　飛行機だ！　いや、スーパーマンだ！」の言葉は有名。

ますらお派出夫会　⑲124
男性の家政婦を「益荒男派出婦」と呼んだことがあった。ドラマで演じたのは曾我廼家五郎八（そがのやごろはち）。女性が男性を使う『ますらお派出夫会』という漫画、映画もあった。

あかりをつけましょぼんぼりに　⑲129
サトウハチロー作詞・河村光陽作曲『うれしいひな祭り』。

高校長髪禁止　⑳17
昭和32〔1957〕年、茨城県立上郷（かみさと）高等学校での丸刈り校則改正運動ストで退学者が出た。これを受け、昭和33年4月4日、水戸地方法務局は「長髪禁止は人権侵害の恐れがある」と県教育庁に勧告した事件。

多摩どうぶつ公園　⑳27
5月5日、東京都日野町に多摩動物公園開園。広さは上野動物園の約2倍半の約28万7000平方メートル。できるだけ放し飼いの無柵放養式展示で119種538頭の動物がいた。

びんをふくらます　⑳28
鬢は頭の左右の髪の毛のこと。

選挙棄権防止　⑳36
4月25日、自社両党合意の「話し合い解散」で衆議院解散。5月22日、第28回衆議院選挙が行われた〔467議席中、自民287人、社会166人〕。投票率は76.99%。

アジア大会　⑳38
5月24日、東京で第3回アジア競技大会が開幕〔閉会式は6月1日〕。20の参加国・地域から1692人参加、13競技で競われた。1964年夏季オリンピックの東京招致を目指して開催された。この大会に合わせ旧明治神宮外苑競技場を解体して、国立競技場がつくられた。

米食はながいきしないらしい ⑳ 43

ストロンチウム、セシウムは穀類の籾、玄米の胚芽に多くつくことから、米食は長生きしないという話になったのかもしれない。さらに林髞(たかし)著『頭脳―才能をひきだす処方箋』〔光文社〕がベストセラーになったことも要因の1つといわれている。著者の林髞〔推理作家木々高太郎〕は慶応大学医学部教授で米食否定論を展開、「米食を続けると胃がんの原因になり、長生きできない」と言い切り、各地で洋食推進運動が展開された。また、この時期アメリカの小麦生産過剰による日本への売り込みがあったといわれている。

たいていにしてください ⑳ 43

いい加減にしてくださいの意。

鎮静剤 ⑳ 45

1月、大日本製薬株式会社は睡眠・鎮静剤イソミンを発売。これらサリドマイドを配合した薬を妊婦が服用し、胎児に障害を生じた薬害事件・サリドマイド事件が多数起こった。

修身 ⑳ 48

3月19日、文部省は各都道府県教育委員会・知事に小・中学校の道徳授業の教育方法である道徳教育実施要項を通達。昭和34〔1959〕年4月1日から道徳を教科として毎週1時間行い、教科書・成績採点はなしとした。これに対し、日教組は修身の復活ではないかと反対し、阻止闘争が起こる。しかし、9月6日には文部省は全国で教師への道徳教育指導者講習を警官隊に守られながら強行開催した。

修身の教科書

タバコの肺がん原因説 ⑳ 48

1957〔昭和32〕年、アメリカの公衆衛生総監バーニー Leroy E. Burney は喫煙と健康に関する公衆衛生局としての初めての見解として、「喫煙と健康に関する研究班の合同報告書」で、長期の喫煙は肺がんの原因であると記載。雑誌『リーダーズ・ダイジェスト』では喫煙と肺がんを関連づける記事を掲載した。日本でも同年、ニコチンやタールの量を少なくし、味をマイルドにするフィルター付きタバコ「ホープ」が発売される。

レジスター ⑳ 50

レジスター

会計の際、店員さんが計算するのに使っていたそろばんに代わって登場したのがレジスター。ここで描かれているレジスターは、数字を打ち込んだ後、レバーを２回力いっぱい回すとチーンという音と共に計算が終わり、お金を入れる引き出しが飛び出すもの。

騒音[2] ⑳ 52

ホン phon〔英〕は騒音レベルの単位。平成５〔1993〕年、計量法が改正され、現在ではデシベル decibel（dB）を使用。昭和33〔1958〕年、自治体や警察が主導して、車の急速な増加による交通騒音を減らすため、「町を静かにする運動」が行われた。この運動で主な規制の対象となったのは、排気音とクラクションで、３月から大阪、５月から東京で実施され、警笛回数・交通事故が激減した。

うかつな人 ⑳ 65

迂闊。うっかりした人のこと。

兄が総理で弟が大蔵大臣 ⑳ 71

兄は岸信介、弟は佐藤栄作のこと。佐藤栄作〔明治34（1901）年３月27日〜昭和50（1975）年６月３日〕。第61・62・63代内閣総理大臣。この作品が描かれた時は第64代大蔵大臣。日韓基本条約締結、沖縄返還を成し遂げた。昭和49〔1974〕年ノーベル平和賞受賞。

水飢饉 ⑳ 73

この年、利根川流域の降雨が少なく、５〜７月にかけて異常渇水となり、利根川下流部で干塩害が発生し、農作物への被害、塩水の混入による上水への被害、魚類の死滅等、被害は甚大なものとなった。

風でスカートがまくれ上がる ⑳ 75

昭和25〔1955〕年11月１日に公開された『七年目の浮気 The Seven Year Itch』のスティール写真として撮られた地下鉄の通気口に立ったマリリン・モンローの白いスカートが浮き上がるシーン。観衆の前でのこの撮影風景を見たモンローの夫ジョー・ディマジオは激怒し、２週間後に離婚が発表された。

| 18 歳未満の方は観覧ご遠慮ください。 | ⑳ 75

昭和 32〔1957〕年、D. H. ローレンス Lawrence 作『チャタレー夫人の恋人』が猥褻文書に該当するかどうかを争った「チャタレー裁判」で、最高裁判所は翻訳者と発行者に有罪判決を確定。猥褻文書について「徒に性欲を興奮又は刺激せしめ、且つ普通人の正常な性的羞恥心を害し、善良な性的道義観念に反するもの」と定義づけた。この年から成人向映画は成人映画という呼称に変更された。

| 飯盒 | ⑳ 78

飯盒(はんごう)はキャンプ等屋外で調理する際用いる調理器具で、主に炊飯用。

| デパートのエスカレーター嬢 | ⑳ 79

昭和 30 年・40 年代デパートのエレベーターやエスカレーターの脇には、乗り込み際の注意や館内を案内する女性が配置され、女性の花形職種だった。日本でエスカレーターが最初に設置されたのは、大正 3〔1914〕年に開催された大正博覧会といわれている。エレベーターガールはエレベーターに乗って機器の操作や館内の案内を行う。また、日本でエレベーターガールが登場したのは昭和 4〔1929〕年、上野松坂屋とされ、手動で操作しなければならなかったエレベーターを操作するために配置されたという。当時は「昇降機ガール」といわれた。現在はエレベーターの全自動化が進み、一部のデパートや混雑した時のみ見られる存在となっている。

昭和初期の新聞広告

松坂屋のエレベーターガール（昭和4年）

作品が掲載された昭和 33 年には現在のように催事場に中元・歳暮のギフトセンターが設けられていなかったため、品が決まらずエスカレーターを何度も往復する姿は珍しくなかったという。2014 年 5 月 3 日付『ウォール・ストリート・ジャーナル』の記事「外国人感銘させる日本の『おもてなし文化』──至れり尽くせりのサービス」には、「エレベーターには非常に気が利く礼儀正しいスタッフがいて」「店内に入った瞬間から従業員が完全にあなたに気を配っているというメッセージが伝わってくる」と絶賛している。

赤城の山も今宵限り　⑳ 83

「赤城の山も今夜を限り、生れ故郷の國定の村や、縄張りを捨て国を捨て、可愛い子分の手めえ達とも、別れ別れになる首途だ」〔『行友李風戯曲集』〕。行友李風の戯曲『極付　国定忠治』第２幕「赤城天神山不動の森」国定忠治の台詞。大正８年６月、大阪弁天座で初演。

公園をちらす　⑳ 88

公園を散らかすこと。

愚連隊　⑳ 90

ぐれんたい。繁華街で暴力行為や違法行為を行う組織された非行青少年集団のこと。「ぐれる」という言葉が語源といわれている。昭和 33 年、東京周辺に愚連隊は 38 派、約 1300 人存在していたという。7 月 17 日、警視庁は池袋で愚連隊一斉摘発を行い、45 人を検挙。

サックドレス　⑳ 102

サックは袋の意味。サックドレスは長方形の袋の上下左右に穴をあけたようなワンピースで爆発的人気となる。

異常乾燥　⑳ 103

この年６月は例年と比べると乾燥していた。そこで６月 28 日、群馬県嬬恋村で東京電力が人降雨実験を実施。6 月 29 日、山梨県では農民 750 人が水争いから乱闘となった。

学校給食で脂肪分をふやす　⑳ 117

８月２日、審議会は、学校給食を「量から質へ」と文相に答申。☞付録：学校給食

楽しい給食の時間（昭和36年）

三輪車東京一周　⑳ 121

日本で最初の本格的ラリー「日本一周読売ラリー」が開催された。主催は読売新聞、後援は通産省・外務省・運輸省・通過各都府県。6 月 15 日に東京・神宮外苑絵画館前をスタートし、開催期間は 16 日間。ラリーのルートは東京―東北―北陸―福岡―山陽―大阪―静岡―東京、約 4000km の道のりで、全国から参加申し込みが殺到し、

選抜された46チームが出場。優勝チームには副賞として「豪州一周ラリーへの派遣」が贈られた。ワカメちゃんはこのラリーに刺激されたのだろう。

|ストロンチュウムが多い食べ物| ⑳125

8月10日、国連は核実験の悪影響を示唆する報告書を公表した。この時期ストロンチウムに注目が集まったのは、昭和29〔1954〕年3月1日のビキニ環礁での水爆実験による「第五福竜丸」の被爆、7月19日、東京・築地で2日前〔17日〕に入港したまぐろから2万カウントの放射能が検出され、同月中旬から汚染魚が増加したことからである。ストロンチウム、セシウムは穀類の籾(もみ)、玄米の胚芽に多くつくが、精米でかなり除去される上、放射性セシウムとストロンチウムは水溶性のため水洗い〔研(と)ぐこと〕でも除去される。しかし、放射能物質を含んだ汚染水の海洋放出でプランクトンや魚への食物連鎖による生体濃縮も懸念された。

|スケーター| ⑳131

昭和30年、子供たちの間でスケーター遊びが流行した。鉄製の足を載せる部分に3つ車輪がついていて、足で地面を蹴って進み、ハンドルで向きを変える。ハンドルまでの高さは約60㎝。

|おててつないで| ⑳裏表紙

清水かつら作詞・弘田龍太郎作曲『靴が鳴る』の1番。大正8年『少女号』で発表。昭和12年、日本蓄音器商会発行『日本童謡全集』では1番と2番の間に新たな2番として歌詞が加えられた。

1. おててつないで　野道をゆけば／みんな可愛い　小鳥になって／唄をうたえば　靴が鳴る／晴れたみ空に　靴が鳴る

|どんぐりころころ| ⑳裏表紙

青木存義作詞・梁田貞作曲『どんぐりころころ』1番。

1. どんぐりころころ　ドンブリコ／お池にはまって　さあ大変／どじょうが出て来て　今日は／坊ちゃん一緒に　遊びましょう

|かわいいかわいい魚屋さん| ⑳裏表紙

加藤省吾作詞・山口保治作曲『かわいい魚屋さん』の1番。

|案山子| ㉑1

案山子(かかし)は作物を鳥獣から守るため、蓑笠(みのがさ)帽子などを着せて田畑に立てる人形で、弓を持たせたり吊人形にしたりする。案山子という言葉は獣

肉などを焼き、それを田畑に立てて悪臭を放し、そのにおいをかがせることで鳥獣の害から作物を守るという「カガシ〔嗅し〕」に由来する。カガシ・トボシ・オドシ・ソメ・シメ等各地で呼び方が異なるが、尋常小学唱歌『案山子』の影響で「かかし」という呼び方が一般化した。昨今、「案山子」というタイトルを見てすぐ思い出すのはさだまさしの名曲かもしれないが。

メートル法

㉑3

昭和34〔1959〕年1月1日、メートル法が施行され、度量衡(こうほう)法から全面切り替えとなる。

ゴムパチンコ

㉑8

Y字型に分岐した木の枝に溝を作り、幅広〔3～5mm幅くらい〕の輪ゴムをかけ、溝に沿って針金を巻き付けてゴムを固定したもの。これを用いて的(まと)に向けて小石を飛ばす。周囲に障害物がない広い場所で、人に向けないよう気をつけて遊ぶことが必要。

孝行したいとき親は無し

㉑13

親の気持ちがわかるような年になって親孝行がしたいと思う頃には、もう親はこの世にいない。親が生きているうちに孝行しておけばよかったと後悔することが多い、ということ。

墓に布団は着せられず

㉑13

お墓に布団をかけても無駄である。親が生きているうちに孝行をしておかなければ、親が死んでから孝行をしようと思っても手遅れである、ということ。

孝は百行のもと

㉑13

孝は百行(ひゃっこう)の基(もとい)ともいう。孝行は全ての善行の基本である、という意味。『白虎通(びゃっこつう)』攷黜(こうちゅつ)から。

へそくり

㉑25

倹約や内職をして内緒で貯めたお金のこと。枕や天井裏〔昭和42年11月7日㊱14〕によく隠された。

引き込み線

㉑27

鉄道等で、本線から分かれて車両基地・工場等に引き込まれた専用の線路。

ペコちゃん人形

㉑30

昭和25〔1950〕年、ペコちゃんは不二家の店頭人形としてデビュー。愛らしい顔と触るとゆらゆら揺れる頭で人々を魅了した。昭和26年、水あめと練乳を使った画期的に美味しく贅沢な味のミルキーが10円で発売され、キャラクターのペコちゃん共々大人気となった。

張り子だった初代ペコちゃん人形は、1950年代後半、紙からビニール、プラスチックに変化する〔頭を撫でるとペコちゃんがお話する店頭用「おしゃべりペコちゃん人形」も登場〕。ペコちゃんは季節折々の服や、巷で話題の服もなんでも着こなすおしゃれさんだが、定番服はオーバーオール。そのオーバーオールには1960年代前半頃までは胸元にFマーク〔不二家の企業マーク〕、ズボンは今より太めでダボッとしていて、右足裾には「ペコちゃん」の文字が書かれていた。

通常、店頭にいるペコちゃんだが、交通安全のキャンペーンにも協力、南極観測隊と一緒に昭和基地にも行っている。不二家が発表しているペコちゃんのプロフィールによると、年齢は1958〔昭和33〕年12月12日の懸賞公募キャンペーン「ペコちゃんいくつ？」で決定された〔永遠の〕6歳。身長100cm、体重15kg。名前の由来は「子牛」の愛称「べこ」を西洋風にアレンジしたもの。チャームポイントはほっぺに出している舌〔店頭のペコちゃん人形は全て右のほっぺ側〕。

|左胸| ㉑43

左前のこと。着物を着ている人間に向かって左側の衽（えり）〔襟〕が前になっていること。和服では死後、御棺の中で経帷子（きょうかたびら）を着せられる時のみ左前に着ることから「死人前」「死人合わせ」と称し、縁起が悪いとされる。一方、洋服では女性服は左前となる。

|トランジスタラジオ| ㉑46

昭和32〔1957〕年4月、ソニーが世界最小のラジオR−63を発売。「ポケッタブル・ラジオ」というキャッチフレーズで本格的に輸出された。安価で信頼でき、役に立つ日本製電子機器トランジスタラジオは、かくて世界中で売られるようになる。

|川上引退| ㉑50

10月21日、プロ野球の西鉄が「奇跡の4連勝」で日本一となる。日本シリーズ後、「不動の4番」巨人軍の川上哲治（てつはる）〔1920年3月23日〜2013年10月28日〕は引退を表明。背番号16は永久欠番となった。終身打率3割1分3厘。

ゴルフ場建設ブーム

㉑ 57

昭和 20 年代、全国のゴルフ場数は 40 コースだったが、昭和 30 年代に入るとゴルフ場建設ラッシュが始まり、昭和 34 年末には全国に 150 数コース建設された。

結婚の自由

㉑ 61

皇太子と美智子さんの御結婚に憧れ、影響されてのことでしょうか…？

蒸気機関車

㉑ 64

6 月 10 日 15 時 28 分、山陰本線八木―千代川間の愛田川関踏切で、京都行き普通列車に貸し切りバスが衝突する事故が起きた。バスは列車に引きずられて大破し、転落。バスに乗っていた小学生 4 名が死亡、38 名重傷、50 名軽傷。列車を牽引していた C55 蒸気機関車は転覆、客車 2 両が脱線した。

フラフープ

㉑ 65

硬質ポリエチレン製で直径 2cm のパイプを直径 90㎝の輪にしたもの。腰の回りで回転させて遊ぶ。「フラ hula」は「フラダンス」、「フープ hoop」は英語で「輪」の意味。フラダンスのように腰を振って回すことから、この名前がついた。1957 年にオーストラリアで考案され、アメリカから世界中に広がった。日本でも昭和 33〔1958〕年 10 月 18 日、東京のデパートで売り出されると、爆発的な人気を呼んだ。価格は 1 本 270 円。大人も子供も熱中したが、腸捻転等の事故が続発し、年末にブームは急速におさまった。

フラフープに興じる子供たち

石焼き芋屋

㉑ 68

昭和 34〔1959〕年、サツマイモの人気復活で、焼き芋屋が繁盛。都内には約 3000 人の焼き芋屋が商っていた。1 日に石焼き芋を約 2 俵売り、もうけは 1 俵につき約 600 円だったという。

大言壮語

㉑ 72

実力以上に大きなこと、大げさなことを言うこと。

|なべ底景気| ㉑73
神武景気の後、昭和32〔1957〕年7月～昭和33〔1958〕年6月にかけて起こったデフレ現象のこと。「鍋底不況」「鍋底不景気」とも呼ばれた。当初は底が深い鍋のように不況が長期化すると予測されてつけられた名称だったという。しかし昭和33年から3回にわたる公定歩合引き下げによって、1958年後半から日本経済は「岩戸景気」に移行した。

|ボーナス去年の2倍| ㉑74
昭和34〔1959〕年2月24日、自民党の池田隼人が「所得倍増論」を表明している。

|新一万円札| ㉑78
12月1日、新一万円札が発行された。新札は中央に法隆寺夢殿の透かし、右側に聖徳太子の肖像が描かれた14色刷り。この年の大卒事務系の初任給は1万3467円。毎日新聞によると、新一万円札は大口取引に利用してもらう、一般の給与には使わないようにと、大蔵省から各銀行にお達しがあったという。昭和59〔1984〕年、1万円札は福沢諭吉の絵柄に変えられた。

|ゴルフ2| ㉑79
昭和34〔1959〕年6月、ゴルフ人口が100万人を超えると報道される。

|皇太子妃発表| ㉑83
11月27日、皇室会議が開かれ、正田美智子さんを皇太子妃に承認する。

|月光仮面| ㉑87
裏地が黒の白〔黄色？〕マントと全身白のタイツに身を包み、白いターバンとマスクに黒いサングラス、白いマフラーをなびかせながら『月光仮面の歌』と共にホンダのバイクに乗って颯爽と現われ、悪を蹴散らす覆面ヒーロー。月光菩薩の名から「月光仮面」となったという。KRテレビ〔現・TBSテレビ〕で「タケダアワー」第1作として昭和33〔1858〕年2月24日～昭和34〔1959〕年7月5日に放映された。『月光仮面』は、子供たちの圧倒的な支持を受け、放送期間は延長、番組枠も10分から30分に拡大。他方、月光仮面の真似をして高所から飛び降りる子供の事故が続発し、社会問題ともなる。

ミッチーブーム ㉑ 91

11月27日、岸首相を議長とする皇室会議が開かれ、全員一致で皇太子妃に正田美智子さんを承認。民間から初めて皇室へ嫁がれるということで「ミッチーブーム」がまきおこる。宮中参内の際、美智子さんが着用した白いヘアバンドと裾拡がりのワンピースの組み合わせは大人気となった。マスオさんがデパートのエレベーターで見たのは、このプリンセス・ラインの服を着たマネキン。

戦後丈夫になった靴下 ㉑ 95

「戦後、強くなったのは靴下と女」という言葉は、朝日新聞の記者だった門田勲が愛媛のミカン山で農協職員が語ったことを紹介し、流行語となった。戦後、ナイロン製の商品が普及したことで、靴下・ストッキングが強く丈夫になったことと、女性に選挙権・被選挙権が認められ社会への進出が著しいことを表現したもの。

闘争中 ㉑ 106

文部省が全国の教育委員会に提出を求めた教師の勤務評価は、1957年来、日教組の激しい反対闘争を生み出した。昭和33〔1958〕年4月23日、都は勤評を実施。これに対して教組は一斉に10割休暇闘争に突入。各地で勤評闘争が激化した。

電気ストーブ ㉑ 108

磯野家には電熱器、電気座布団に続き、電気ストーブが登場。

電気ストーブ

雪崩による遭難 ㉑ 125

12月は北アルプスで大学山岳部の雪崩事故が相次いだ。昭和33〔1958〕年12月13日、慶應義塾大学山岳部雪崩事故〔北アルプス／中岳〕4名死亡。12月22日、早稲田大学山岳部雪崩事故〔北アルプス／明神岳〕4名死亡。12月26日、日本大学山岳部雪崩事故〔北アルプス／奥穂高岳〕2名死亡。

昭和34年 1959

出来事

01/01	メートル法施行。		
01/14	第三次南極観測隊に置き去りにされたタロー、ジロー無事の確認。		
02/08	黒部トンネル開通。	02/16	キューバ：カストロ首相就任。キューバ革命。
03/30	伊達判決。	03/31	ダライ・ラマ、インドへ亡命。
04/10	皇太子御成婚。	04/27	中：劉少奇、新国家主席に選出。
04/16	国民年金法公布（11/01施行）。		
05/26	IOC総会、1964年第18回オリンピックの開催地を東京に決定。		
06/25	長嶋茂雄、展覧試合でサヨナラ本塁打。	06/03	シンガポール独立宣言。
08/10	最高裁、松川事件差し戻し判決。	08/07	中国・インド、国境で武力衝突。
08/28	三池争議勃発。	08/21	米：ハワイ、米50番目の州に昇格。
09/26	伊勢湾台風。	09/15	ソ：フルシチョフ首相訪米。
		09/30	ソ：フルシチョフ訪中。

トピックス　緑のおばさん登場■日本テレビ、ナイターをカラーで中継■マイカー

ファッション　カラー：慶祝カラー（サフラン色／真珠色／さくら色／アイボリー／若竹色etc）、ブリリアン・トーン■フォークロア（中近東風）ファッション出現■スキーブームでザイラーの黒、チャコールグレー■細身シルエット流行

■シームレスストッキング流行■花柄・チェック柄流行■Vネックの流行■ビニールレザーのジャンパー流行■アンクロワイヤール（大きくふくらませた髪型）流行■トランジスタ・グラマー

流行語
カミナリ族■タフガイ■がめつい■ヨワい■3S（スリーエス）■ファニーフェース■サッチョン族

ベストセラー
安本末子『にあんちゃん』■岡田・豊田・和歌森ほか編『日本の歴史』■安倍能成ほか監修『少年少女世界文学全集』

レッカー車
㉑ 51
昭和34〔1959〕年12月22日、全国で初めて警視庁・交通機動警邏隊にレッカー車2台が配備され、東京の警視庁前で事故車移動のテストが行われた。クレーンは3トンのものまで上げることができた。

人後に落ちない
㉑ 121
じんごにおちない。他の人にひけを取らない、他の人より劣らない、の意。

ダークダックス
㉑ 128
昭和26〔1951〕年に結成された慶應義塾大学出身の男性ボーカルグループ。黒人霊歌・ロシア民謡等をレパートリーとする。ソ連公演の際、言葉もできず、共産圏で怖かったので、公演以外は部屋に籠って練習をしていたら、「模範的な青年たち」と絶賛されたという。平成5〔1993〕年紫綬褒章受章。

タローとジロー
㉑ 129
昭和33〔1958〕年2月24日、文部省は南極観測隊の第二次越冬を断念したことを発表。昭和基地には15頭の樺太犬が置き去りにされた。翌年1月14日、第三次南極観測隊は、樺太犬タローとジローの生存を確認。ジローは南極で死亡。タローは無事帰国し、昭和45〔1970〕年、天に帰った。

象も凍死
㉑ 133
1月、東京を零下4.2度を記録する寒波が到来。後楽園の博覧会で象が4頭凍死。

通い帳
㉑ 138
掛け買いの際、日付・品名等を記入して、支払いの時の覚えとする帳面などをいう。昭和30年代では通い帳を持って買い物へ行き、八百屋

などで購入した品名と金額を記入してもらい、後でまとめて支払いをしていたようである。

パーキングメーター ㉑ 140

1月26日、東京・日比谷と丸の内の路上に全国で初めてパーキングメーターが1283個設置された。料金は15分10円。しかし稼働率は低く、当日の夕刊にはパーキングメーターが並ぶ日比谷公園横の道路には1台も駐車していない風景が掲載されている。

指切 ㉒ 3

「げんまん」とつづく。お互いに小指をひっかけて、約束すること。

林芙美子 ㉒ 9

はやし・ふみこ〔本名：フミ子、明治36（1903）年12月31日～昭和26（1951）年6月28日〕。昭和3〔1928〕年、自伝的小説『放浪記』を『女人芸術』に連載、昭和5年、改造社から出版。他に『風琴と魚の町』『晩菊』等がある。「花の命は短くて…」は未発表の詩の一節で、林芙美子が好んで色紙に書いていたという。

教育紙芝居 ㉒ 15

1月10日、東京でNHK教育テレビ東京放送局が開局し、NHK教育テレビの放映が始まる。放映は平日昼11：00～13：40〔小中学校向け番組は午前中の55分間、中学校向け番組は午後の22分間〕、夜18：00～22：00〔青少年向け学習番組は19：00～20：30、一般教養番組は20：30～21：30、高校生講座は21：30～22：00〕。大阪は4月1日に開局。

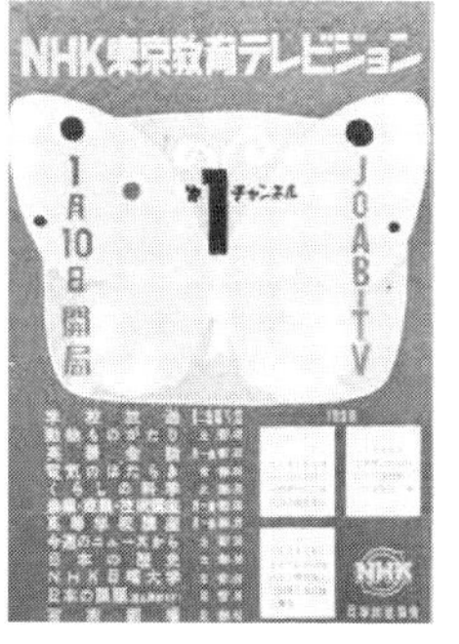

NHK教育テレビ放送の案内

共かせぎ ㉒ 23

昭和32〔1957〕年10月、東京・八重洲の大丸デパートが「3時間の百貨店勤め」というキャッチフレーズで「パートタイマー」を初募集。夫婦共に勤めに出て生計を立てる共働き家庭が増えていく。

雪男 ㉒ 25

雪男はヒマラヤ山脈に住むといわれている未確認動物。降雪が多い山奥に住み、全身毛むくじゃらで直立二足歩行をするといわれている。各国が探検隊を派遣したが見つからず、日本も12月17日、日本雪男研究グループ、毎日新聞他の共催、文部省・日本山岳会後援でネパールへ雪男学術探検隊〔隊長：小川鼎三東大教授〕を派遣したが、発見できず、昭和35〔1960〕年1月31日、探検は打ち切り。一行は3月7日帰国した。

軽少 ㉒27
けいしょう。すくないようす、わずかの意味。

週刊誌が増える ㉒31
『週刊朝日』『サンデー毎日』等、週刊誌が新聞社発行の5誌しかなかった昭和31〔1956〕年2月6日の新聞朝刊に「全読書界注目の裡に誕生した週刊新潮。サラリーマンの読書と生活に!!」という広告が掲載された。出版社初の週刊誌『週刊新潮』の登場である。価格はかけそば一杯と同じ30円。お堅い内容の記事が定番となっていた巻頭に芸能ネタの記事。人気作家の連載小説もあり、大好評だった。『週刊新潮』の成功により昭和33年『女性自身』『週刊明星』、昭和34年『週刊現代』『週刊文春』と出版社系週刊誌が次々と創刊された。昭和34年、週刊誌は73誌に増加、総発行部数は1200万部に達し、駅の売店の全面を占めるようになる。

創刊号表紙

このブームを生み出したのは、60年安保等で学生運動を行い大会社に就職できず、出版社に入社した優秀な大学生だったという。彼らは新聞社では書けないことを記事にし、芸能ゴシップなど一般市民の好奇心を満たす雑誌をつくりだした。一方、サラリーマンにとって週刊誌は拡大した都市圏での通勤時間に読むのに最適だった。

叩いて直す ㉒34
当時の機械は叩くと直ることがあった。この場合、ほとんどの故障原因は接触不良と思われる。叩いて大きな振動を与えることで、何らかの理由で外れた〔ハンダ付けされた〕金属部分を再度接触させて、一時的に電気を通るようにした。

十二単 ㉒37
じゅうにひとえ。皇太子と正田美智子さんのご結婚及び昭和34〔1959〕年3月19日、天皇家第五皇女清宮貴子内親王と日本輸出入銀行行員の島津久永さんのご婚約発表、昭和35年3月10日挙式という皇室の御慶事のニュースで、伝統的な十二単に一般の人の興味が向いたのかもしれない。平安時代に始まる女性〔女官〕の晴れ装束。

4月10日 ㉒41
4月10日、皇太子明仁親王と正田美智子さんの結婚の儀が皇居内の賢所で執り行われた。14：30皇居を出発したご成婚パレードは東宮仮御所まで約9km進み、沿道には53万人の群衆が集まり祝福。民放テレビの開局も相次ぎ、テレビ受信契約は200万台を突破した。

花が咲く花が咲くどこに咲く ㉒44
『春が来た』の2番。明治43〔1910〕年、『尋常小学読本唱歌』初載。

2．花が咲く、花が咲く、どこに咲く／山に咲く、里に咲く、野にも咲く。

明治45年『尋常小学唱歌』第三学年用、昭和7年『新訂尋常小学唱歌』第三学年用、昭和16年『うたのほん〔下〕』にも掲載。

奉祝恩赦 ㉒45
ほうしゅくおんしゃ。4月9日、閣議は皇太子ご成婚特赦の基準を決定。奉祝恩赦該当者は、選挙違反者を中心に約10万人。

すずめをとる棒とざる ㉒49
ざるを伏せ、片側を持ち上げ、紐を結んだ棒をつっかい棒にする。ざるの下に餌を置き、そこに雀が入ったら、離れたところから紐を引き、すずめにざるをかぶせて捕獲する。

災害地御見舞い品 ㉒56
9月26日、台風15号〔伊勢湾台風〕が中部地方を直撃、横断。最大瞬間風速は45mを越え、伊勢湾の満潮と重なり、愛知県・三重県他各地に大被害をもたらした。死者・行方不明者は5098人、負傷者3万8921人、被害家屋83万3965戸。10月1日、愛知県弥富町等、伊勢湾台風の被災者2万人が集団避難を開始。10月3日、被災地救護募金〔伊勢湾台風義援金〕が行われた。ここで描かれている災害地おみまい品も伊勢湾台風の被災地の方に送られたのだろう。

鞍馬天狗 ㉒63
『鞍馬天狗』は大佛次郎の時代小説シリーズ。一刀流の凄腕の主人公が名乗る剣士の名前。何度も映画化、テレビ・ドラマ化された。いわゆる赤本漫画でも大人気。なによりアラカンこと嵐寛寿郎が主演した46本の映画が鞍馬天狗像を決定づけた。映画では、幕末の京都、紫覆面の一刀流の凄腕の浪人が鞍馬天狗と名乗って活躍。

赤本漫画の表紙。駄菓子屋や縁日でも売られていた…。

鏡かけ ㉒63

鏡台の鏡を保護するためにかける布。鏡が割れるのを緩衝するのと、割れたときに破片が飛び散るのを防ぐ。

月の裏側の撮影成功 ㉒71

10月26日夜、ソ連、タス通信は第3号宇宙ロケット「ルナ3号」が10月7日、月の裏側の写真映像を地上に送信するまでの経過を発表。10月27日午前0：30には発見された地形やクレーターに「モスクワの海」、「宇宙飛行士の湾」等、命名し、ルナ3号が撮影した月の裏側の写真を公表した〔アメリカが月に探査機を送り写真撮影に成功するのは1964年7月28日〕。

やっこさん ㉒73

あいつ、奴という意。

マスコミノイローゼ ㉒83

11月9日、元NHKアナウンサー竹脇昌作が、自宅物置で縊死。パラマウントの映画ニュース解説、東京ダイヤル〔現・TBSラジオで放送〕で有名だった。

白ナンバー ㉒85

「自家用車」または「自家用車として認可された車の白地のナンバープレート」のこと。戦後、乗用車生産禁止という状況で始まる日本の自動車業界は、昭和24〔1949〕年、乗用車生産禁止令の解除を経て、昭和25年、朝鮮戦争の特需景気を背景に回復を見せる。自動車の販売も昭和34年頃からタクシー・ハイヤーの比率が低くなり、個人向けの販売が増える傾向になる。一方、日本経済も発展期を迎え、三種の神器といわれるテレビ・電気洗濯機・電気冷蔵庫が普及していく。昭和35年、若い女性の理想とする結婚相手は「家付・カー付き・ババア抜き」という言葉がささやかれた。

クロスワードパズル ㉒89

1913年12月『ニューヨークワールド』に英国人

のアーサー・ウィン Arthur Wynne が製作した ”word-cross puzzle”〔後に “crossword” に変わる〕が最初といわれ、世界中に広まった。日本では昭和30〔1955〕年頃からブームとなる。

電気あめ ㉒92
綿菓子。

血税 ㉒94
血税(けつぜい)とは[1] 兵役の義務のたとえ、[2] 血の出るような苦心をして修める税金。ここでは[2]の意味。

金次郎 ㉒99
鮎川金次郎(あゆかわきんじろう)〔昭和4（1929）年3月12日～昭和51（1976）年3月21日〕。日産コンツェルン創始者の鮎川義介氏の二男。参議院議員。喘息で国会を休んだ。

電気釜 ㉒100
磯野家に電気炊飯器が登場。昭和30〔1955〕年、火加減を自動で調節する自動式電気釜が発売される。スイッチを入れれば吹きこぼれもなくご飯がたけて、自動的にスイッチが切れるという画期的なもので、一気にヒット商品となった。2合～6合炊きで3200円、2合～1升炊き4500円。

電気釜

高嶋易団の事件 ㉒103
11月24日、東京・千代田区神田鍛冶町の高嶋易団本部の占い師・高嶋象山を訪ねて来た心身症の青年が高島氏を出刃包丁で刺殺、長男に3カ月の重傷を負わせる事件が起きた。加害者は自分の失敗や運が悪いのは心霊術をかけられているのではないかと悩み、高嶋易団が心霊術をしていると聞き、5年前から数回象山宅を訪ね、犯行に及んだという。

骨折り損のくたびれ儲け ㉒114
骨折りが無駄になること。

雨戸 ㉒115
防犯・防風・遮光等のため設置する建具。戸袋から引き出して使用した。近年は防火のため、アルミサッシ等、金属製のものが多い。

ジングルベル ㉒127
原曲は1857年、ジェームズ・ロード・ピアポント牧師がボストンの自分の教会の感謝祭で歌うために作詞・作曲した歌で、曲名は“One Horse Open Sleigh〔1頭立ての橇〕”。その後クリスマスでも歌われ、『ジングルベル』と曲名が変わった。

サンタクロースがやってくる ㉒127

ジーン・オートリー Gene Autry 作詞・オークリー・ホールドマン Oakley Haldeman 作曲“Here comes Santa Claus”。

大八車のごみ収集 ㉒127

昭和35年前後、振鈴を合図に大八車によるごみ収集の光景があちこちで見られた。しかし、昭和36年頃にはごみ収集作業は自動車に変わっていく。東京オリンピック前には都に250台のごみ収集車が導入された。バケツも無塗装のブリキ製から、昭和32〔1957〕年に積水化学工業から発売された軽く明るいブルーのポリエチレン製のバケツ「ポリバケツ」が普及していった。

大八車によるごみ収集

昭
34

郵便の遅配続き ㉒131

12月7日、第33回参議院会議でも、郵便物遅配解消のための団体交渉の再開に関する緊急質問の動議が日本社会党から提出され、日本社会党は全逓の求める団体交渉の再開を求めた。推定15億枚を超す年賀郵便が正常に処理されるかどうか世論は高まり、年賀郵便の混乱についての憂慮は政治問題・社会問題となった。

ローラー式絞り器付洗濯機 ㉒135

このタイプの脱水機付き洗濯機が売り出されたのは昭和29〔1954〕年。洗濯機は一槽式で、脱水機は洗濯機の側面上部にゴムのローラーが上下各1本ある絞り機がつけられていた。洗濯物をローラーに挟み込むように入れハンドルを手で回すと、洗濯物が絞られ、ローラーの下につけられたかごの中に出て来る。残念ながらこの洗濯機は引っかかったり、ボタンが割れたり、し

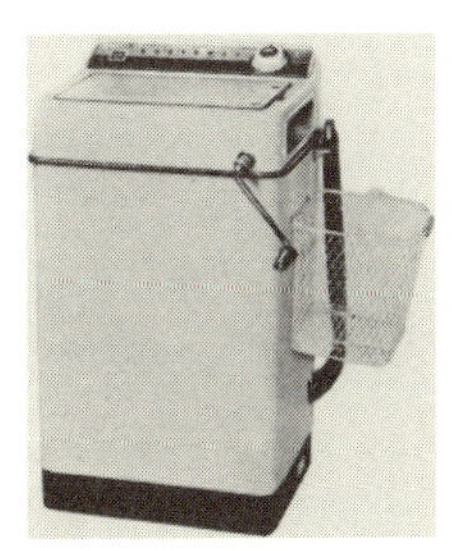

ローラー式洗濯機

わが取れにくかった。

四枚が八枚、八枚が十と六枚だ、おたちあい

㉒ 137

ガマの油売りの口上。

「サアーサアーお立ち会い／ご用とお急ぎでない方はゆっくりと聞いておいで。／遠出山越え笠のうち、聞かざる時は物の白黒出方善悪がとんと分からない、山寺の鐘がゴーンゴーンと鳴ると言いども童子来って鐘にしゅもくを当てざればとんとカネの音色がわからない。

サテお立ち会い／手前ここに取りいだしたるは筑波山名物ガマの油、ガマと申してもただのガマとガマが違う、これより北、北は筑波山のふもとは、おんばこと云う露草をくろうて育った四六のガマ、四六五六はどこで見分ける。／前足の指が四本、後足の指が六本合わせて四六のガマ、山中深く分け入って捕いましたるこのガマを四面鏡ばりの箱に入れるときは、ガマはおのが姿の鏡に映るを見て驚き、タラーリタラーリと油汗を流す、これをすきとり柳の小枝にて三七二十一日間、トローリトローリと煮つめましたるがこのガマの油。

この油の効能は、ひびにあかぎれ、しもやけの妙薬、まだある、大の男の七転八倒する虫歯の痛みもぴたりと止まる、まだある出痔いぼ痔、はしり痔、はれもの一切、そればかりか刃物の切れ味を止める。／取り出したるは夏なお寒き氷のやいば、1枚の紙が2枚、2枚の紙が4枚、4枚の紙が8枚、8枚の紙が16枚、16枚が30と2枚、32枚が64枚、64枚が一束と28枚、ほれこの通り、ふっとちらせば比良の暮雪は雪降りのすがた。

これなる名刀も一たびこのガマの油をつける時はたちまち切れ味が止まる、おしてもひいても切れはせぬ。／と云うてもなまくらになったのではない、この様にきれいにふきとるときは元の切れ味となる。

サーテお立ち合い／この様にガマの油の効能が分ったら遠慮は無用だ、どしどし買って行きやがれ！」

〔株式会社山田屋薬局 「ガマの油」添書より〕

松の内

㉒ 138

正月の松飾りのある間のこと。元旦から7日、あるいは15日まで。

1960
昭和35年

出来事

日付	国内	日付	海外
01/19	日米相互協力および安全保障条約、ワシントンで調印。		
02/23	皇太子妃、男子（浩宮徳仁）出産。	02/13	仏：サハラ砂漠で核実験。
05/20	自民党、衆院本会議で新安保条約を強行採決。全学連主流派、首相官邸突入。	05/23	チリ地震。
05/24	チリ地震による津波来襲。		
06/15	全学連主流派国会に突入をはかり、警官隊と衝突。	06/30	コンゴ共和国独立。
06/19	安保条約、自然承認。		
06/23	安保条約批准書交換。岸首相退陣表明。		
07/19	第一次池田勇人内閣成立。	07/06	コンゴ動乱。
		08/25	第17回五輪ローマ大会開幕。
10/12	社会党委員長・浅沼稲次郎、立会演説中に刺殺さる。		
11/01	三池争議解決。	11/08	米：大統領選でケネディ当選。
12/27	閣議、国民所得倍増計画決定。	12/20	南ヴェトナム民族解放戦線結成。

トピックス ブーフーウー■ダッコちゃんブーム■インスタントコーヒー■のりたま■インスタント食品登場■プレハブ住宅

ファッション カラー：パストラルカラー■ブリリアン・トーン■スモーキー・トーン■ファンキールック■レジャーウエア流行■バルキーセーターブー

ム■ササール・コート■アイビーセーター（天竺編／クルーネック）人気■ジーパン流行■アイシャドーの流行始まる■「サドルシューズ」が流行

流行語 家つき、カーつき、ババア抜き■トップ屋■リバイバル■ナンセンス■所得倍増■私は嘘は申しません

ベストセラー 謝国権『性生活の知恵』■林髞『頭のよくなる本』■北杜夫『どくとるマンボウ航海記』

声の出る張り紙 ㉓5

「声の出るはりがみ」とは、「声を出す不思議な紙」のキャッチフレーズで1月15日、理研光学工業〔現・リコー〕から発売された「リコーシンクロシート」と「リコーシンクロファックス」のこと。A4判のリコーシンクロシートに録音して再生する。4分間録音することができた。価格は3万8900円、シンクロシートは1枚14円。

ガス中毒[2] ㉓7

昭和34〔1959〕年12月〜昭和35〔1960〕年1月、ガス中毒事故が頻発し、40人を超える死者が出た。昭和35年1月27日、東京・江東区では導管の折損によりマンホールからガス漏れが起こり、住民2人が中毒死、32人が重軽傷という事故が発生。このような状況から、昭和35年1〜2月の『サザエさん』には、ガス中毒をテーマとした作品が3作登場する。

スキー ㉓14

昭和31〔1956〕年1月26日、コルティナ・ダンペッツォ冬季オリンピックで猪谷千春さんが男子回転で銀メダルを獲得〔1位はトニー・ザイラー〕。これを機にスキー熱が高まる。

大鵬 ㉓29

大鵬幸喜（こうき）〔本名：納谷（なや）幸喜、住吉幸喜、昭和15（1940）年5月29日〜平成25〔2013〕年1月19日〕。第48代横綱。全勝優勝8回を含む、優勝32回。第47代横綱・柏戸と共に「柏鵬（はくほう）時代」と呼ばれる一時代を築く。1960年代初め、通商産業省官僚・堺屋太一氏〔後、経済企画庁長官〕が会見で「日本の高度成長が国民に支持されるのは、子供が巨人、大鵬、卵焼きを好きなのと一緒だ」と発言。そこから、皆が大好きなものの代名詞として「巨人・大鵬・卵焼き」という言葉が流行した。「巨人」は川上哲治監督率いる長嶋茂

雄・王貞治・堀内恒夫等が所属する読売巨人軍。巨人軍は昭和40〔1965〕年〜昭和48〔1973〕年、9年連続日本一に輝いた〔「V9」時代〕。卵焼は、昭和36年、卵の生産量が飛躍的に伸び、それまで高級品だった卵が入手しやすくなったから、お弁当の定番の品だったからの諸説がある。

加藤一二三 ㉓31
かとう・ひふみ〔昭和15（1940）年1月1日生まれ〕。将棋棋士。名人。剣持松二九段門下。1954年、14歳7カ月で当時史上最年少棋士・史上初の中学生棋士となり、18歳でA級八段となり「神武以来の天才」と呼ばれた。平成29〔2017〕年6月20日、現役引退。聖シルベストロ教皇騎士団勲章、紫綬褒章受章。

硬貨を入れる電話 ㉓38
昭和33〔1955〕年、料金前払い式の赤電話「5号自動式卓上公衆電話機」が登場。市内通話は時間無制限の10円だった。

東京の局番が三ケタに ㉓38
昭和35〔1960〕年、日本の電話加入者は360万人となり、特に東京の加入増加は著しかった。そこで昭和35年2月7日、東京23区内の電話の市内局番が、局番の最後に1をつけて全て3桁となる。この作品は、局番変更翌日、昭和35年2月8日に掲載された。その後、昭和63年2月8日、都内の市内局番の一部地域だけが3桁から4桁になり、平成3〔1991〕年、市外局番03の全部で市内局番が4桁となる。

お口よごしに ㉓46
人に料理を勧めるとき、へりくだっていうフレーズ。「ほんのお口汚しですが」などと使う。

皇太子の子供の性別 ㉓51
2月23日、皇太子妃が男児を出産。2月29日、天皇が浩宮徳仁親王（ひろのみやなるひと）〔現・皇太子〕と命名。

緑のおばさん ㉓60
昭和34年〔1959〕年11月19日、児童の通学路での安全確保のため、パートタイムの女性が交通整理として活躍。彼女たちは緑色の制服・帽子と黄色

緑のおばさん、活躍す

の腕章を着用していたことから「緑のおばさん」〔正式名称：学童擁護員〕と呼ばれた。これは児童の通学路での安全確保の他、母子家庭救済を目的としたもので、東京都労働局が都内732の公立小学校に1464人の配置を計画。当初の勤務時間は午前2時間、午後3時間で、日当は315円。昭和36年には神奈川県でも実行され、各地に広がった。

歌謡曲大会で怪我

㉓61

3月2日、神奈川県横浜市の横浜公園体育館で開催されたラジオ関東〔現・アール・エフ・ラジオ日本〕開局1周年記念の際、林家三平、島倉千代子、青木光一らが出演しての公開録音ショーに観客が多数押し寄せ〔主催のラジオ関東が、招待券を受け取っても実際には来ない人が多数いるだろうと判断し、定員の2倍の無料招待券を配布していた〕、大混乱。入場者が満席となった会場内へ無理やり入ろうして北側入口で将棋倒しが発生。約100名が巻き込まれ、12名圧死、重傷者8名、軽傷者多数が出た。この事故を受け、公開録音ショーは中止となった。

子供雑誌の付録

㉓63

昭和31〔1956〕年末頃から出版界の付録合戦が始まる。昭和31年11月発売の子供向け雑誌の新年号は、こぞってゲーム、ブロマイド、4～5冊の付録漫画等を含む8～9大付録付きとなった。

お正月号の付録

僕の選んだ人を見て下さい

㉓65

昭和34〔1959〕年3月2日、昭和天皇第五皇女の清宮貴子内親王は20歳の誕生日の記者会見で、記者から「どんなタイプの男性がお好きですか？」と質問され、「私の選んだ人を見て下さい」と答えた。この会見はラジオ放送され、清宮内貴子親王は国民からも、「おスタちゃん」と呼ばれて人気者となった。会見から17日後の3月19日、宮内庁は島津久永氏との婚約内定を発表、昭和35年3月10日、清宮貴子内親王は日本輸出入銀行の島津氏と結婚した。

島津久子

㉓67

しまず・ひさこ〔明治31（1898）年～平成17（2005）年〕。高倉永

則子爵の次女。昭和天皇五女貴子さんの義母。東京家庭裁判所調停委員。日本更生保護女性連盟名誉会長。

散水車　㉓71

散水装置を備えた車両で、撒水車（さっすいしゃ）〔みずまきぐるま〕とも呼ばれる。道路が舗装されていなかった昭和30年代までは、砂塵防止のためしばしば道路に散水した。

赤ちゃんブーム　㉓72

昭和35年の出生数は昭和33年、34年と比べても増えていない。サザエさんが言う「赤ちゃんブーム」とは浩宮徳仁殿下〔現・皇太子〕御誕生のあやかり出産のことか。

あやかりブームで産院は超満員　㉓74

昭和35〔1960〕年、前年の皇太子ご成婚に「あやかり」結婚したカップルの出産ブームがあり、2月23日の浩宮徳仁殿下誕生で、名前に「浩」の漢字のつく赤ちゃんが増加。また、この頃から自宅での出産に代わり、助産所や産院で出産する人々が増え始める。

卒業式に生徒が先生に暴行？　㉓78

3月1日、岐阜県の高等学校の卒業式の後、卒業生30人が教師に暴行を加え、池に放り込む事件が起き、10人が逮捕される。この年の卒業式では、尼崎市立高等学校、岐阜県立土岐高等学校、品川区立中学校等でも暴力事件が起きた。

命みょうが　㉓78

命冥加。神仏に守られて命が不思議に助かること。

昭和36年

1961

出来事

01/03 米：アイゼンハワー大統領、キューバと国交断絶を発表。
01/20 米：ケネディ、大統領就任。
03/15 三島由紀夫の『宴のあと』事件。
03/28 名張ブドウ酒事件。
04/12 ソ：初の有人宇宙飛行成功。(ガガーリン少佐が乗ったボストーク1号)。
05/01 キューバ：カストロ首相のハバナ宣言。
05/04 伊：ポンペイ遺跡でウェスウィウス火山噴火によるミイラ数体発見。
05/31 南アフリカ連邦が英連邦から独立。南アフリカ共和国に。
06/03 ケネディ・フルシチョフ会談。
08/01 大阪・釜ケ崎で暴動。
08/08 仙台高裁、松川事件差し戻し審で全員に無罪判決(21日検察側再上告)。
08/13 東独：東西ベルリンの境界を閉鎖(ベルリンの壁構築)。
09/15 米：ネヴァダ州で地下核実験を実施。
09/16 第2室戸台風。
09/28 シリアでクーデター(アラブ連盟から独立)。

		09/30	経済協力開発機構（OECD）が発足。
11/01	国立国会図書館開館。		
12/07	偽札チー37号事件。	12/10	アルバニア、ソ連と断交。
12/12	三無事件。	12/18	インド軍、ポルトガル領ゴアに侵攻。

トピックス 集団就職■レジャー■NHK、朝の連続テレビ小説放送開始■クリープ■マーブルチョコレート

ファッション カラー：サニートーンとフロスティートーン■チロリアン・スタイル■ムームー、カンカンドレス流行■ホンコンシャツ、セミスリーブシャツ等半そでシャツブーム（日焼けという習慣が日本にも波及）■タイトスカート、プリーツ・スカート、ショートパンツ流行■シームレス・ストッキング■セーターとスラックスが若者に人気■ジャージーが人気上昇（ウールプリント物人気）■資生堂が「サンオイル」発売■先が四角い靴

流行語 地球は青かった■C調■巨人、大鵬、卵焼き■現代っ子■プライバシー■ラリる■どーもすいません■ちーとも知らなかったわァ■トサカにくる■ドドンパ■お呼びでない

ベストセラー 岩田一男『英語に強くなる本』■南博『記憶術』■謝国権『性生活の知恵』

W.C. ㉓100

water closet〔英〕の略。戦後、公けの場では洗面所・化粧室を示す表示が、トイレ〔toilet〕、W.C.、絵文字のピクトグラムで表すことが多くなった。しかし、昭和35〔1960〕年頃からW.C.という表現はあまり使われなくなっていく。理由としては、昭和39年の東京オリンピック開催に向けて、各国から訪れる外国の人たちにも分かるようにピクトグラムを採用したところ好評だったことから、「トイレ」という言葉とピクトグラムでの表示が定着したようである。この作品が掲載された昭和36年の下水道普及率は、日本水道協会によると6%だったので、W.C.と表示された公衆トイレは、水洗トイレではなく和式の汲みとり式トイレだったと思われる。

西部劇の影響 ㉓101

昭和34〔1959〕年4月、テレビの受信契約件数は200万台を突破、10月には300万台に達する。そしてこの年『ガンスモーク』『ララミー牧場』『ローハイド』『拳銃無宿』等の西部劇がテレビに登場し、

西部劇ブームが起こる。西部劇ブームのピークは昭和36年で、この年の10月放映された西部劇を見ると連日、複数の作品が放映されている。作品の中で、おばあさんにも西部劇が影響を与えたのも理解できる。

1961年10月TV放映状況

曜日	時間	局	番組
月	19：00	TBS	ブロンコ
	19：00	NTV	ボナンザ
	20：00	NET	アウトロー
火	18：15	NET	名馬チャンピオン
	18：15	フジ	ローレンジャー
	19：30	フジ	西部の対決
水	19：30	TBS	ライフルマン
	20：00	NTV	サーカス西部を行く
	20：00	NET	マーベリック
	20：00	フジ	ガンスモーク
木	19：30	TBS	レストレスガン
	20：00	NET	ララミー牧場
金	18：15	フジ	名犬リンチンチン
	19：00	フジ	胸に輝く銀の星
	20：00	フジ	誇り高き男たち
	21：00	TBS	西部の男パラディン
	21：15	NTV	保安官ワイアット・アープ
土	19：00	NET	ウエスタン特急
	19：00	フジ	スミスという男
	19：30	フジ	拳銃無宿
	22：00	NET	ローハイド
日	20：00	NTV	幌馬車隊
	21：15	NET	ブロークン・アロー

朝の健康法・青汁

㉓ 102

昭和36〔1961〕年、遠藤仁郎著『青汁の効用』が主婦の友社から刊行され、全国に青汁ブームを起こす。

電池式クレーン車

㉓ 103

乾電池は四角い手提ランプ〔自転車にも取り付けた〕やトランジスタラジオの普及によって盛んに使われるようになる。またゼンマイで動くおもちゃが多かった昭和30年代、乾電池で動くおもちゃが登場し、子供たちの乾電池の大量消費も始まり、乾電池の生産

リモコン付クレーン車

量が増加した。

テーブルスピーチ ㉓104

英語では after-dinner speech。洋式の会食や集まりで自分の席で行う短い話や挨拶。昭和36〔1961〕年5月には堀口健二著『テーブル・スピーチ』〔実用新書〕が出版されている。

株でする ㉓105

7月18日、株価はダウ平均株価1829円の東証最高を記録したが、その後下げ続け、10月23日に大暴落。1299円76銭と最安値をつけた。サザエさんは株に投資していて、11月29日掲載の作品では株の続落のニュースにいらいらしている。

灯台 ㉓111

平成18〔2006〕年11月12日、映画『喜びも悲しみも幾年月』の舞台の1つとなった長崎県五島市の女島灯台が自動化され、灯台守は消滅する。

満員電車から降りると下着が背中へ ㉓113

戦後、服装が洋装になるに従い、アメリカ文化の影響もあり、女性たちがバストを強調して美しくみせようとする時代になる。そんな折、昭和24〔1949〕年7月に登場したのが、和江商事〔現・ワコール〕の「ブラ・パッド」。これは円錐状に巻いた金属製のコイルに布をかぶせたもので、価格350円。しかし、着用しているうちに位置がずれてしまう欠点があった。この欠点を改良し、「ブラ・パッド」を使いやすくするように考え出されたのが昭和25年発表された国産初のブラジャー「101号」である。これは、カップの大きさは同じだが、パッドを入れる裏ポケットがついていて、脇の布の長さによってS・M・Lの3サイズがある。当時、衣料品は政府の統制下にあったため、布の仕入れは困難を極め、会社は反物の端切れを買い集めて縫製したという。昭和27年頃にはスポンジ製になり、形から「甘食」と呼ばれてブームとなった。

求人難 ㉓116

昭和35〔1960〕年、池田内閣の所得倍増計画を受け、朝鮮特需から始まった東京オリンピック開催に向けて続く好景気の都市部では、かつてないほどの人手不足となる。この年の初任給平均は大卒者1万7179円、高卒者1万1560円、中卒者3000～4000円〔都労働局調査〕。そこで求人は賃金の安い中卒者に集まることになる。昭和38年には求人が求職の4倍に達し、実際の就職者数は46万人となった。彼らが、日本の高度経済成長を支えた「金の卵」と呼ばれた少年・少女たちである。

| 磯野家にTV |
㉓122
磯野家にテレビ登場。昭和35年、NHK、民放4社がカラーの本放送を開始。家族が茶の間に集まり、団らんしながらテレビを楽しむ時代となる。

| やんぬるかな |
㉓127
どうにもしかたがないの意。

| トリックカメラ |
㉓128
本物のカメラに見えるが、レンズの横のストッパーを外すと中からばねと共におもちゃの鼠が飛び出すびっくり箱のようなカメラ。ヘビが飛び出すものもある。

| こうきちゃう |
㉓132
当時の若者言葉。こういうふうにきてしまうの意。

| かけねがある |
㉓134
誇張があること。

| クリスマスケーキ |
㉓148
作品㉓148にはウエディングケーキのようなクリスマスケーキ、㉓159にはホールのバタークリームケーキが見られる。当時のクリスマスケーキは、バタークリームのケーキの上にピンク色のバタークリームのバラ、砂糖漬けのサクランボが置かれ、「メリークリスマス」等のメッセージプレート、教会やトナカイの飾りが添えてあった。ピンク色のバラがとても美しくて嬉しかったという。現在のクリスマスケーキにおなじみの苺(いちご)はまだのっていない。

ハウス栽培が普及し始めたのは昭和30年代。全国で苺のハウス栽培が普及したのと同時期に、電気冷蔵庫が普及し始め、苺がクリスマスシーズンにも流通するようになったことで、クリスマスケーキに登場したようである。そして昭和40年代、バタークリームケーキから生クリームケーキへと変化していく。

| デラックス |
㉓153
de luxe〔仏〕。高級・豪華版。

クリスマスブーツ

㉓159

銀紙にフェルト、サンタクロースの顔等で飾り付けたお菓子が詰まった銀ブーツを覚えていますか？　クリスマス、ブーツ、お菓子というだけで心惹かれ、見ているだけで心が温まるブーツですよね…。クリスマスブーツ本体は、昭和30年代、滋賀県草津市の「近商物産」の社長がツリーに飾られていたブーツ型の飾りを見て思いついたもの。こうしたお菓子づめクリスマスブーツは日本だけのもののようである。現在はキャラクターや赤いものが多く、大きさも大小あるが、「近商物産」はクリスマスブーツ国内シェアNo.1となっている。

クリスマスブーツ（今も昔も…）

カクテルパーティー

㉓160

カクテルと軽食をテーブルに出して立食形式で行うパーティー。

それは私です

㉓164

NHK総合テレビで昭和35〔1960〕年3月20日～昭和43〔1968〕年3月に放送されたクイズ番組。特別な経歴・趣味・技能・特技・才能等を持つ人が、同じ名前を名乗る他の2人と一緒に登場し、司会者が「…の人…〔氏名〕それは私です」という紹介文を読み、回答者が3人に質問をして本物を見つけ出す番組。

丈夫になった女性と靴下

㉓167

靴下の素材が合成繊維となり、長持ちするようになった。しかし戦後、靴下以上に長持ちする存在が登場する。それは女性の寿命。昭和36〔1961〕年、男性の平均寿命は66歳、女性は70歳となる。

昭和37年

1962

出来事

日本		世界	
		03/18	アルジェリア：エビアン協定。
		04/25	米：クリスマス島周辺で大気圏内核実験。
05/03	三河島事故。	05/29	米：ニューヨーク株式市場大暴落。
05/17	大日本製薬、西独のサリドマイド系睡眠薬出荷中止。		
06/10	北陸トンネル開通。		
		07/03	アルジェリア独立。
08/24	三宅島雄山噴火。	08/05	米：マリリン・モンロー、謎の死。
		10/22	米：ケネディ大統領、キューバの海上封鎖声明（キューバ危機）。
		11/20	米：爆撃機撤去通知受け、キューバ封鎖を解除。

トピックス 小中学校で全国一斉学力調査■ツイスト流行■YS11■住宅難深刻■東京の人口1,000万人突破■ファイティング原田、世界チャンピョンに■海老蔵、11代目団十郎襲名

ファッション カラー：シャーベットトーン■チャールストンスタイル■カントリースタイル■オリエンタルルック■アンサンブル流行、レーススーツ流行■フリルブラウス人気■ブルゾンスタイル人気■人造ファーのショール流行■刺繍ハンカチーフ人気■男性整髪料「バイタリス」登場

流行語 孤独との戦い■残酷物語■無責任男■わかっちゃいるけどやめられない…ハイそれまでよ■C調

ベストセラー　黄小娥『易入門』■浅野八郎『手相術』■山口清人・久代『愛と死のかたみ』

サラリーマン物語　㉓188

映画のシリーズ。昭和37〔1962〕年8月29日『サラリーマン物語　新入社員第一課』、9月30日『サラリーマン物語　敵は幾万ありとても』、昭和38年1月23日『サラリーマン物語　勝って来るぞと勇ましく』、2月20日『サラリーマン物語　大器晩成』と、いわゆるサラリーマン喜劇が続々と公開された。

わかっちゃいるけど　㉔1

昭和36〔1961〕年、青島幸雄作詞・萩原哲晶作曲、ハナ肇とクレイジー・キャッツ『スーダラ節』。植木等の口癖「スイスイスーダラララッタ」をメロディーに入れて作られたという。30万枚を超える大ヒットとなり、「わかっちゃいるけどやめられない」という言葉は流行語となった。

お手伝いさん求人難　㉔2

景気拡大に伴い求人難となり、特に中卒・高卒の求人は難しく「金の卵」といわれた。昭和40年6月7日の作品㉚99では好条件に惹かれたサザエさんは、お手伝いさんを始めた。

子供バイエル　㉔5

ドイツの作曲家・ピアニストのフェルディナント・バイアー　Ferdinand Beyer〔1806年7月25～1863年5月14〕が1850年頃著したピアノ教則本『ピアノ奏法入門書Vorschule im Klavierspiel Op. 101』。『子供のバイエル』は赤・黄色の上下巻。日本では初めてピアノを練習する人が用いるピアノ教則本。

『子供のバイエル』表紙

ボンさん、スキーを買うを、よさこい　㉔6

『よさこい節』の替え歌。高知県の民謡。「土佐の高知の播磨屋橋で坊さん簪（かんざし）買うを見た　ハアヨサコイヨサコイ」という歌詞は、安政2〔1855〕年、竹林寺の僧純信が鋳掛屋の娘お馬に懸想し、播磨屋橋でサンゴの簪を買っている所をみつかり、二人とも追放になった事件を歌ったものといわれている。

草木もなびくアリャアリャ　㉔10

新潟県佐渡市〔佐渡国〕に伝わる『おけさ節』の1つである『佐渡おけさ』の一節。『おけさ節』は熊本県天草市の牛深港の酒席の歌、『牛深ハイヤ節』が北前船の船乗りたちによって伝えられたもの。大正13〔1924〕年に民謡保存団体が『相川おけさ』をレコードに吹き込む際、『正調佐渡おけさ』と曲名を変えて発表し宣伝した結果、有名になったといわれている。

歌詞：ハアー　佐渡へ〔ハ　アリャサ〕　佐渡へと草木もなびくヨ〔ハ　アリャアリャアリャサ〕

温泉マーク　㉔12

下川耿史『ラブホテルの戦後史』によると、昭和22〔1947〕年夏、大阪・難波の小林和一氏は一面の焼け野原で疲れ切った人々を見て、夫婦でゆっくり風呂に入ったら少しでも元気になるのではと考え、小さな旅館をつくった。旅館名は当時一番有名だった温泉の地名から「熱海」とし、店名と湯気マークの♨を用いた看板を立てた。旅館は初日から行列ができ、2日目には行列が500mくらい離れた難波駅までつづき、しかもその行列は2カ月近く続いたという。この繁盛ぶりから年内のうちに大阪に♨マークをつけた旅館が数件登場し、昭和23年には全国的に拡大した。こうして、♨〔クラゲが逆立ちしたように見えることから「逆さクラゲ」とも呼ばれた〕がラブホテルのマークとなったという。

異常乾燥[2]　㉔16

1月31日、異常乾燥により都内で火災が続発、一日で61件の火災が発生。池袋では放火による火事で36世帯が焼き出された。2月3日、太平洋側で異常乾燥が続く。この年、都内ではすでに1085件の火災が発生している。

家中風邪　㉔19

2月16日、東京都のインフルエンザによる学級閉鎖は194校、死者は52人に及んだことを対策本部が発表。

コンタクトレンズ　㉔20

昭和31〔1951〕年、株式会社メニコンが日本初の角膜コンタクトレンズの実用化に成功。翌年から普及しだし、とりわけ女性の人気を得た。コンタクトレンズという単語は、ドイツの生理学者ドイツの生理学者アドルフ・ガストン・オイゲン・フィック Adolf Gaston Eugen Fick が名づけた“Kontaktbrille”に由来。

黒いストッキング ㉔ 23

マスオ氏が葬儀に行くのに黒い靴下が見つからず、黒いストッキングを着用している。マスオ氏がシーム〔縫い目〕に気を配るわけがないので、多分これはシームレスストッキングだろう。昭和 36〔1961〕年、厚木編織〔現・厚木ナイロン工業〕はナイロンの「シームレスストッキング」を発売。従来のストッキングはシームを真直ぐにしておかなければならなかったのに対し、「シームレスストッキング」はシームの曲がりも目立たず丈夫になったこともあり、昭和 37 年には大ブームとなった。

ネーブルとネープル ㉔ 28

navel〔英〕。ブラジル原産。柑橘類、オレンジの一種。季語は春。正しくはネーブルオレンジ。

食生活改善運動 ㉔ 34

昭和 27〔1952〕年、栄養改善法が公布され、厚生省は国民栄養調査を行い、栄養改善運動を開始する。しかし、当時の栄養教育はいわば欧米流の栄養学を基礎としていたため食生活の洋風化を推進することとなり、米偏重の是正が叫ばれ、米の消費が減少していく。昭和 30〔1955〕年、日本食生活協会が設立され、翌年からは「栄養指導車〔キッチンカー〕」の巡回が始まり、栄養士が和洋中の料理の実演と様々なおかずを食べる指導を行った。

八木節 ㉔ 36

日光例幣使街道・八木宿〔現・栃木県足利市〕もしくは木崎宿を中心に栃木・群馬・埼玉県境一帯で歌われる民謡で、盆踊り唄。笛・鉦・酒樽等の伴奏で歌われる。

歌詞：ハァーまたも出ました三角野郎が　四角四面の櫓の上で　音頭取るとはお恐れながら　国の訛りや言葉の違い　お許しなされぱオオイサネー

ちんちくりん ㉔ 36

背の低い人をからかう言葉。

日曜ペンキ屋 ㉔ 39

昭和 36〔1961〕年、日曜大工ブームが起こり、「日曜…」

という言葉が流行。同年、森繁久彌を総裁とした日曜大工クラブが結成される。この日曜大工クラブの理事長、漫画家・松下紀久雄を講師として、昭和44年10月20日から修理・工作・掃除等を解説・実演する『日曜大工』が毎日放送された。

読心術　㉔43
多湖輝著『読心術　現代科学が生んだ新兵器』〔光文社、カッパ・ブックス〕。著者のたご・あきら〔昭和元（1926）年2月25日〜平成28（2016）年3月6日〕は心理学者。東京未来大学名誉学長、千葉大学名誉教授。『読心術』『頭の体操』は大ベストセラーとなる。

電気掃除機[2]　㉔44
ここで描かれているのは昭和33〔1958〕年発売された円筒状のシリンダー型電気掃除機ではなく、お釜型の電気掃除機。ほうきで掃いて、塵取りでごみを採る作業をまとめて行ってくれる電気掃除機は、電気釜・電気洗濯機と共に家事を大きく変えていった。

鞭聲粛々　㉔45
べんせいしゅくしゅく。頼山陽作「不識庵機山を撃つの図に題す」――鞭聲粛粛夜過河〔鞭聲粛々夜河を過るを〕／暁見千兵擁大牙〔暁に見る千兵の大牙を擁するを〕／遺恨十年磨一剣〔遺恨十年一剣を磨き〕／流星光底逸長蛇〔流星光底長蛇を逸す〕

頼山陽〔1780〜1832〕は江戸後期の儒者。前老中松平定信の命により『日本外史』を進献した。上杉謙信が川中島の戦いで夜、妻女山を下り、武田信玄に気づかれないように、馬にあてる鞭の音も静かに千曲川を渡ったことを詠んだもの。

神輿が上がった　㉔46
腰が上がった、立ち上がったの意味。

高速度写真　㉔48
high-speed photography。非常に短い露出時間〔通常1/1000秒以下〕で撮影する写真。速いスピードで変化する現象・場面の撮影に駆使される。

青木木米　㉔51
あおき・もくべい〔明和4（1767）年〜天保4（1833）年〕。江戸後期の京都の陶工・南画家。別号に聾米、九九鱗、青来、他。屋号は木屋。奥田穎川に学び、京都粟田で窯を開き、煎茶・抹茶器をつくった。

牛の缶詰　㉔53

5月15日「不当景品類及び不当表示防止法」が公布された。この法律のきっかけとなったのは、昭和35〔1960〕年の偽牛缶事件である。「三幌ロースト大和煮」の缶詰に蝿が入っていたという消費者からの報告により保健所が調査したところ、「牛肉大和缶」と表示した二十数社の商品のうち牛肉100%のものは2社だけで、大部分は馬肉やクジラ肉だったことが判明。安価で販売していたためメーカーへの詐欺罪は適用されず、消費者に健康被害をもたらすものでもなかったので、食品衛生法も適用されなかった。しかしこのような不当表示に主婦連合会ほか消費者の批判が高まり、過大な景品類と合わせて「不当景品類及び不当表示防止法」が施行された。

抱き癖　㉔56

「抱き癖がつくので、泣いても抱っこをしてはいけない」というのは、1946年刊行されたアメリカの小児科医ベンジャミン・スポック Benjamin McLane Spock〔1903年5月2日～1998年3月15日〕著『スポック博士の育児書』“The Common Sense Book of Baby and Child Care”〔赤ちゃんと子供の育児の常識についての本〕で、子供の自立心を養うためにスポック博士が提唱した育児法の1つ。この本は世界各国で翻訳〔日本では1966年に翻訳出版〕され、世界的大ベストセラーとなった。昭和55年、厚生省〔現・厚労省〕が母子手帳に『スポック博士の育児書』の育児理論を導入したため、「抱き癖がつくので、泣いても抱っこをしてはいけない」という考え方が広まった。現在、この育児観は否定され、赤ちゃんは積極的に抱っこしてよいという見方が主流となっている。

ステレオ　㉔57

昭和36〔1961〕年5月、トリオ〔現・ケンウッド〕から「ステレオコンポーネントST-800型」が発売された。アンプは当時国内最高の最大14ワットの大出力、スピーカーシステムも充実した音質本位の組み合わせ方式ステレオ。価格は11万9000円。

春眠暁を覚えず　㉔60

孟浩然の「春暁」の一節――

春眠不覚暁〔春眠暁を覚えず〕／処処聞啼鳥〔処処啼鳥を聞く〕／夜来風雨声〔夜来風雨の声〕／花落知多少〔花落つること知る多少ぞ〕

社はとっくにひけました　㉔60
「引ける」とは仕事が終わって退出すること。

朝寝朝酒朝湯が大好きで　㉔62
『会津磐梯山』は会津地方の民謡で会津地方の『玄如節』が盆踊り節として転用されたもの。昭和9〔1934〕年、ビクターから発売された小唄勝太郎が歌う『会津磐梯山』が全国的に愛唱された。ところが、元の歌詞と異なる内容だったことから、山内磐水(ばんすい)たちによって『正調会津磐梯山』も広まる。例えば「朝寝朝酒朝湯が大好きでそれで身上潰した」の囃しは元々の歌詞にはなく、出だしの「会津磐梯山は宝の山よ」は、『正調会津磐梯山』の21番に登場する。なお『正調会津磐梯山』は162番まである。

十八番と119番　㉔62
十八番(おはこ)は得意なもの、持ち歌などを指す。119番は火事と救急の消防署。大正15〔1926〕年、火災報知の電話サービスが導入された時の番号は112番。緊急の場合の電話番号ゆえ、ダイヤル式の電話でダイヤルを回す距離が一番短い1を多くしたところ、かけ間違いが多かったという。そこで昭和2〔1927〕年に最後の番号を回す際に一番時間がかかる番号で、かつ当時使われていなかった地域番号9を最後に入れ「119」とした。最初にダイヤルを回す距離が1番短い1を2つ入れ、最後にダイヤルを回す距離が一番長い9を入れることで、その間に落ち着いてもらい、誤りを防いだようである。3桁の番号で知っておきたいのは警察通報用電話「110」、災害伝言ダイヤル「171」〔忘れてイナイ〕、天気予報「177」〔いい天気にナレナレ〕。

スリラー　㉔65
小説・演劇・映画等で読者・観客にぞっと〔する恐怖を感じ〕させる作品。

自己批判　㉔68
1月11日、中国で中国共産党「七千人大会」が開会され、大躍進政策の失敗を毛沢東党主席が認め、自己批判という形をとって演説する。日本でもこの言葉が流行する。

天皇陛下が本を出版　㉔69
4月29日、昭和天皇の61歳の誕生日に著書『那須の植物』〔三省堂刊〕が一斉に発売された。

断水

㉔ 70

この年、異常乾燥が続き、都内では２月３日の段階ですでに 1085 件の火災が発生し、過去最高を記録。５月７日、渇水の東京では、給水が１日 11 時間に制限された。

ごきぶり

㉔ 71

昭和 35〔1960〕年頃、ゴキブリ〔チャバネゴキブリ〕が急増。元来、熱帯原産のゴキブリは東京では越冬できなかったが、ビルや家庭での暖房設備が行き渡ることで越冬が可能となる。昭和 36 年には小児まひの感染媒体と騒がれ、駆除の対象となっていた。

お土産３つ

㉔ 72

子供同士が別れる際「おみやげ三つ　たこ三つ」と言って、相手の背中を軽く叩いて走り去る遊び。

税金の関係で株式会社

㉔ 74

昭和 37〔1962〕年、法人税・所得税等の国税に関する基本事項及び共通規程を定めた国税通則法が制定された。

牛乳箱

㉔ 83

牛乳配達人が朝、この木の箱の中に牛乳を入れる。また、飲み終わった瓶をこの箱に入れておくと、配達の時に回収してくれた。牛乳瓶が配達されるカチャカチャという音は朝のすがすがしい音の風景だった。

牛乳箱

三河島事故

㉔ 85

５月３日午後９時 37 分頃、常磐線三河島駅構内で、下り貨物列車が車止めを突き破って脱線、取手行き下り電車が衝突し脱線。そこに上野行き上り電車が線路を歩きはじめた乗客をはねながら突っ込み、下り電車に衝突。１両目は大破、２～４両目は線路土手下の民家に転落。死者 160 人、重軽傷者 384 人を出す大惨事となった。貨物機関士が信号を誤認した上、事後の処理を怠ったために起きた惨事で、かくて国鉄が全線に設置中の車内警報装置に非常制動タイマーを付加し ATS〔自動列車停止装置〕導入のきっかけとなる。昭和 41〔1966〕年には ATC〔自動列車制御装置〕を備えた東海道新幹線を除く国鉄全線に ATS が取り付けられた。

時間給水

㉔ 87

5月7日、渇水の東京で、給水が1日11時間に制限される。

美空ひばり婚約

㉔ 92

みそら・ひばり〔本名：加藤和枝、昭和12（1937）年～平成元（1989）年6月24日〕。天才少女歌手としてデビューし、歌謡界の女王と称された。代表曲は『リンゴ追分』『悲しい酒』『柔』『川の流れのように』他。美空ひばりと日活の人気スター・小林旭の出会いは、1961年、雑誌『明星』が企画した対談で、昭和37〔1962〕年5月29日、婚約。同年11月5日、東京・日比谷の日活国際ホテルで挙式。昭和39年6月、離婚。

コンデンスミルク

㉔ 95

sweetened condensed milk〔英〕。コンデンスミルクは、加糖練乳を指す英語から来ている。「練乳」とも呼ばれる。生乳に糖分を加え、濃縮したもの。磯野家の様子でも分かるように、イチゴにかけるのも人それぞれ。日本人の食生活が多様化して来たようである。

ウナ電

㉔ 98

至急電報。「ウナ」は、英語のurgent「至急」の略語「UR」のモールス符号を和文モールス符号にあてた読み方〔u→ウ、r→ナ〕。夜間でも配達され、家庭用〔住宅用〕電話が普及する前は、最も早い通信手段だった。昭和50〔1975〕年、家庭用電話の数は100世帯当たり約63台となり、ウナ電は昭和51年に廃止。

おいとまする

㉔ 98

「御暇する」と書く。広く「辞去する、失礼する」の意。職を離れることにも使われる。

迷宮入り

㉔ 100

事件などで犯人が捕まらず、解決されないまま捜査が打ち切られること。「お宮入り」ともいう。

ガガーリン来日

㉔ 101

ユーリイ・アレクセーエヴィチ・ガガーリン Юрий Алексеевич Гагарин〔1934年3月9日～1968年3月27日〕。ソビエト連邦の軍人、パイロット。人類初の宇宙飛行士。昭和37年5月21日～29日、ソ連のガガーリン少佐夫妻が来日。21日到着した羽田から帝国ホテルまで、オープンカーでパレードが行われた。東京・京都・札幌他各地を親善訪問。

“Небо очень и очень темное , а Земля голубоватая.”「空は非常に暗かった。一方、地球は青みがかっていた」の言葉は有名。

ショートパンツ ㉔ 106

昭和36〔1961〕年、ショートパンツ〔女性用〕が流行。

クッキングスクール ㉔ 117

昭和30年代、クッキングスクールがあちこちに開校。花嫁修業の代名詞として、和洋中の料理を多くの人が学んだ。

自動切符販売機 ㉔ 121

昭和26〔1951〕年3月、戦中撤去された硬貨を入れてバーを下に下げると厚手の紙で予め印刷された券〔入場券〕が落ちて来るコインバー式自動切符販売機が復活。昭和31年頃には手動式から電動式へと移行。当初は入場券用のもの、次に1種類の硬貨を入れて1種類の切符を購入するもの、続いて10円と50円の硬貨が使用でき、10円の釣銭が出るもの、そして10円、50円、100円が使用できて、10円、50円の釣銭が出る機種が登場した。昭和35年には購入時にゴム印版にインクを付けて薄い紙に電動で印刷するものとなる。

初期の自動切符販売機

ホンコンシャツ ㉔ 125

ホンコンシャツは夏用の半袖のワイシャツで。昭和35〔1960〕年、帝國人造絹絲〔現・帝人〕はテトロン素材を開発。昭和36年、同社は速乾性のある合成繊維のテトロンを使ったホンコンシャツを発売、大ヒット商品となる。ホンコンシャツは同社の顧問だったVANの創始者石津謙介が考案したもので、商標登録されている。1960年夏の社報によると「香港のビジネスマンは、袖を短くしたワイシャツにきちんとネクタイを結び、いかにもオフィスの雰囲気に合ったスタイルでさっそうと働いている」ことからこの名前がつけられたようだ。

山本筋子のロケ ㉔ 126

山本富士子〔1931年12月11日～〕のこと。昭和25〔1950〕年、読売新聞社・中部日本新聞社・西日本新聞社主催「第1回ミス日本」で満場一致でミス日本に選ばれた。昭和28年大映入社。『金色夜叉』

『婦系図　湯島の白梅』『夜の河』他に出演。昭和38年テレビドラマ、舞台に転向。声帯模写・櫻井長一郎が山本富士子の声帯模写で、息をひいて話す真似をよく披露した。

オリンピック道路　㉔128
1964〔昭和39〕年の東京オリンピック開催に向けて、急ピッチで開発が進み、東京の街は一変する。オリンピックにあわせて道路の拡張が行われ、青山通りの道幅も元の倍近い40mに拡張、六本木通りも整備された。オリンピックのためなら何でもありの日本だった。

オリンピック道路のために立ち退き　㉔128
昭和30年代の東京は大都市への人口集中、モータリゼーション化等で経済成長に都市が追いついていけない状況とあいまって、インフラ整備が必要となっていた。そこで、昭和39年10月の開催が決まった東京オリンピックを契機に、競技用施設や選手村の建設、交通インフラ、道路整備、ホテル建設等、一気に都市開発が進められることになる。オリンピック道路の整備は先駆けて行われ、メイン会場である神宮地区と駒沢地区を結ぶ放射4号線〔青山通り〕では、幅員を北青山側に約7m拡幅するため、表通りの商店は移転を余儀なくされ、拡幅にかかった費用は首都高速道路建設の5倍だったという。また、新幹線と東名高速道路の建設を東京オリンピック開催に間に合わせるべく土地強制収用法も制定された。これは国の伝家の宝刀ともいわれる法律で、公共の利益となる事業の用に供するため、官公庁が申請して許可されると発動され、その時点での交渉時の金額で強制妥結、退去に応じないと強制退去となるものだった。

白い素麺の中にある赤い素麺　㉔134
全国乾麺協同組合連合会によると、色麺は戦後、素麺と区別するために冷や麦に入れたのが始まりとのこと。JAS規格では、冷や麦は太さ1.3～1.7㎜、素麺は太さ1.3㎜未満で、材料は同じ。天然の着色料の開発にともない、子供に好評なので素麺にも色麺を入れるメーカーが現れたが〔1980年代〕、老舗では素麺に色麺を入れないところも多いようである。色麺を1束に数本入れるのは、食感だけでなく見た目にも涼しさ、さわやかさを感じ、楽しんで食べてもらいたいからだという。

紙風船　㉔137
紙製の風船で中に口をつぼめて空気を吹き入れ、手のひらで打ち上げて遊ぶ。雁皮紙（がんぴし）等を貼り合わせた四角い角風船と紙手毬がある。サザエさんが持っているのは紙手毬の紙風船。紙手毬は花びら状の赤、青、黄色、白などの色の半透明なグラシン紙を球状に貼り合わせ上下に丸い紙を張り合わせたもの。上か下の丸い紙のところに空気穴がある。しばしば、富山の薬売り等、置き薬屋さんがおまけとして子供たちに配っていた。昭和40年代に入ると紙風船はゴム風船に代わっていく。

紙風船

学力調査 ㉔143

全国規模の学力調査は、昭和31〔1956〕年、全国の小中学生・高校生の一部を対象に始まり、昭和36年10月26日、中学校2、3年生全員を対象に5教科、昭和37年、小学校5、6年生〔5～20％抽出〕と中学2、3年生全員を対象として実施された。しかし、昭和36年、東京・保谷町教委は小中学校の全国一斉学力調査を実施しないことを決定。日教組は「中学校を予備校化し、民主的教育を破壊する」と学力テスト阻止行動を展開した。

マリリンモンローの悲劇 ㉕19

Marilyn Monroe〔本名：Norma Jeane Mortenson、洗礼名：Norma Jeane Baker、1926年6月1日～1962年8月5日〕。アメリカの女優。昭和37〔1962〕年8月5日深夜零時頃、マリリン・モンローは全裸で突然の死をとげる。死因は「睡眠薬のバルビツール剤の大量摂取によるものと思われる」と発表された。

バナナにコレラの危険 ㉕21

7月31日、厚生省はコレラ侵入防止のため、台湾バナナを輸入禁止。8月2日、台湾発・門司着、貨物船御影丸乗組員17人が真性コレラ患者と判明。8月14日、厚生省はコレラ侵入防止策としてフィリピン・台湾・インドネシアからの果物、魚介類等の輸入禁止を決定。9月22日、厚生省は台湾のコレラは完全に消滅したとして緊急検疫処置を解除し、通常検疫に戻すと発表。12月20日、厚生省は、コレラ侵入防止のために控えていた台湾からの果物・魚・生野菜等の輸入禁止処置を全面解除した。

心頭滅却すれば火もまた涼し　㉕22

しんとうめっきゃく…。心の中から雑念を取り去れば、火も涼しく感じられる。心の持ち方次第でどんな苦痛も感じられなくなる、という意味。

乗車拒否　㉕25

昭和30年代、大都市圏を中心に、歩合給を稼ぐため交通法規を無視して、速度制限無視、急発進・急停車、信号無視等、無謀運転を行っていた神風（かみかぜ）タクシーが横行。事故の急増、不当運賃請求など社会問題となっていた。1958〔昭和33〕年、乗務員の日雇い・ノルマ制の禁止、一日の走行距離の制限等の処置がとられ、神風タクシーは姿を消していく。次に問題となったのは近距離客の乗車拒否。1962年11月11日、東京都内のタクシーの窓にステッカー「当社は乗車拒否いたしません」と対応がはかられた。

妻は良人をいたわりつ　㉕25

浪花亭綾太郎による『壷坂（つぼさか）霊験記』の冒頭。

「妻は良人（おっと）をいたわりつ、良人は妻を慕いつつ、頃は六月なかのころ、夏とはいえど片田舎、木立の森のいと涼し、小田の早苗も青々と、蛙のなく声ここかしこ、聞くも涙の夫婦連に、その夜にかぎ雲一片あるでなし、名月や浅黄に銀の一つ紋、老いたるごとくをさしこみし、葉越しの月を拝みつつ、ようやくたどる足成山の狼谷」

奈良県の壷坂寺の霊験談に基づく作品。盲目の夫、沢市は三味線を弾き語り、妻のお里は内職をしながら暮らしていた。お里は毎朝壷坂寺の観音に夫の眼が治るよう願掛けをしていたが、それを疑っていた夫は己を恥じ、ままならない身の上のため妻に不遇を囲わせているのではないかと苦にして身なげし、知ったお里も後を追う。二人を哀れと思った観音により二人は助かり、沢市の目も見えるようになる…というお話〔66～67頁も参照〕。

電車の二重衝突事故　㉕27

8月7日、南武線津田山の久地間無人踏切で小型自動車と下り電車が衝突。下り電車の1両が脱線し上り線へ転覆したところに上り電車が入って来て、前2両が脱線。死者2人、重軽傷者197人。

太平洋ヨット横断　㉕27

5月12日、堀江健一〔23歳〕氏は、兵庫県西宮ヨットハーバーから120日分の生活必需品を積んでアメリカに向けて出帆。8

月12日〔日本時間13日〕サンフランシスコに入港、世界初単独太平洋横断に成功する。アメリカ国民や在米日系人に歓迎され、イタリアの「海の勇者賞」も受賞する。一方、日本では彼がパスポートやヴィザも持たず、無線やSOSの発煙筒も船に搭載していなかったことから、「人命軽視の暴挙」として報じられた。

アベック衛星船の成功
㉕27
8月11日、ソ連は有人衛星「ウォストーク3号」、12日「ウォストーク4号」を打ち上げ、15日に帰還した。

台風の目
㉕29
木製の雨戸は長年使っているとガタつき外れたため、台風がくると外から板を打ち付けて補強する必要があった。ここでマスオさんが持っている板も補強のために使うものだろう。昭和41〔1966〕年になるとトステムがアルミサッシを発売、にわかに普及した。以前は台風の度に、枕元にロウソク・懐中電灯・非常用品が置かれ、いつでも避難できるよう備えていたものである。

偽札、聖徳太子
㉕31
昭和36〔1961〕年12月7日、日本銀行秋田支店で偽札が発見される。この偽札は聖徳太子千円札発行〔1950年〕以来37番目のものだったことから「チ－37号偽札事件」〔「チ」は千円札〕として、偽札の特徴を公表し、警察が捜査に乗りだした。

大作主義
㉕36
「大作主義」とはアメリカで1950年代～1960年代に製作された映画の流行から来ている。『十戒』『ベン・ハー』『スパルタカス』『エル・シド』『キング・オブ・キングス』『クレオパトラ』『ローマ帝国の滅亡』『偉大な生涯の物語』等、多くの場合、題材を歴史からとった作品で、莫大な製作費用、長時間にわたる物語、大スター登用等の特徴がある。作品では、カツオ君の友達が夏休みの宿題でそれこそ大作〔屋台〕をつくった…。

パリモード
㉕38
mode〔仏〕は「流行」「型」を意味し、複数形で「流行の婦人服及び子供服」として使用される。日本ではパリのオートクチュールのスタイルを「パリ・モード」と呼ぶ。昭和28〔1953〕年、クリスチャン・ディオールのファッションショーが東京丸の内・東京会館で開催された。7名

のディオール専属モデル・着付係・裁断係ら12名はディオールの新作約100点を披露し、日本人を魅了。とくに、細いウエストに大きく広がったスカート等のパリ・モードは日本女性のハートをとらえた。

私だけが知っている ㉕42
昭和32〔1957〕年11月10日～昭和38〔1963〕年3月31日、NHKテレビで放映されたクイズ番組。徳川夢声が探偵局長、レギュラー陣が探偵局となってドラマを交えて謎解きをする。番組の後半、探偵局員の推理が終わると「私」役の山内雅人ナレーターが「私だけが知っている」と始め、「結論を急ごう」の後、犯人、犯行の手口、犯人を決める証拠等を明かしていった。

偽1000円札 ㉕45
秋田県秋田市で発覚した偽千円札事件が「チ－37号事件」と呼ばれたことは先に記した〔227頁〕。チ－37号は最も精巧精密な偽札といわれ、偽札の特徴が報道されると問題個所を修正した偽札が出回り、昭和38年までに22都道府県で、343枚が発見された。昭和37年、警視庁は偽千円札発見者に3000円の謝礼、11月には有力情報提供者に1万円～100万円の報奨金を出すことを発表、銀行協会も100万円の懸賞金を出すとしたが、犯人を検挙することはできなかった。昭和38年11月1日、大蔵省は肖像を聖徳太子から伊藤博文に変更した新千円札を発行。昭和48〔1973〕年11月、公訴時効を迎え未解決事件となる。

行楽 ㉕51
山野や温泉地等へ出かけて遊び楽しむこと。

何が何して何とやら ㉕52
浪曲の節を示すのに、それにのせていう言葉。

刑事物の影響 ㉕53
「どうだ一本」は刑事ドラマの取調室でタバコを差し出す時の定番の台詞。『特別機動捜査隊』〔1961～1977〕、『判決』〔1962～1966〕などテレビドラマの影響だろうか。

旅館でチップ制廃止 ㉕55
昭和37〔1962〕年5月及び昭和39年5月、運輸省は外国からの観光客に対する優遇策としてノーチップ制を観光関係に指導する。また、昭和37年6月9日、国鉄の列車給仕代表が乗客から一切チップをもらわないことを決議した。

御一新　㉕ 63
ごいっしん。明治維新のこと。

貿易自由化　バナナが半値以下に　㉕ 68
10月1日、貿易の自由化がなされ、230品目の外国品が自由化された。

会費結婚　㉕ 71
新郎・新婦と双方の両親が媒酌人を立てて、招待客を迎える招待制に対し、新郎・新婦の同僚・友人が結婚式の主催となり、招待状発送から本人たちの希望を入れた式の計画・進行等まで全てが行われる。仲間が皆でお金を出し合い祝うので「祝賀会」とも呼ぶ。昭和20、30年代から始まり昭和40年代に普及しはじめる。とくに北海道では昭和40年代前後から結婚式の主流は招待制から会費制へと変化していく。

駅の伝言板　㉕ 72
鉄道の駅の改札出口近くなどにある掲示板。黒板にチョークで伝言を書き込み、一定の時間がたつと、駅員が伝言を消去する。昨今、携帯電話の普及によって、一部の駅を除き相次いで撤去された。

駅の伝言板（昭和31年、渋谷）

乾物屋　㉕ 77
シイタケ・小豆・大豆等の農産物、のり・ヒジキ・昆布・干物等の海産物等、乾燥させて保存がきくようにした食品や缶詰・各種調味料等を扱うお店。

雑貨屋　㉕ 78
生活に使ういろいろな日用品や小物を扱う店。

オキシフル、赤チン　㉕ 83
消毒液として使用していた「ヨードチンキ」と区別するため「赤いヨードチンキ」＝赤チンと呼ばれたが、正式名は「マーキュロクロム液」。赤チンは製造過程で有機水銀化合物が出ることから、昭和48〔1973〕年、国内生産が中止され、姿を消した。

おもちゃ屋の自動車　㉕ 84
昭和35〔1960〕年頃、自転車・三輪車を製造していた業者が、手作りのブリキを使った子供用足漕ぎ自動車の製造を始め、アメリカ等へも輸出された。昭和37年9月16日、小林正樹監督、仲代達矢主演の『切腹』が封切られ、カンヌ映画祭で審査員特別賞を受賞した。作品の中で、子供用自動車をねだる男の子が映画の『切腹』の真似をしている…。

金の無心 ㉕95
お金が欲しいと望むこと。

クリスマス ㉕119
国内向けクリスマスグッズの販売が伸びたのは戦後のこと。銀座などのクラブ等でパーティが開かれ、そこからクリスマスが広がっていったようである。

夫婦の欲目 ㉕126
夫婦のひいき目の意。

オリンピック基金 ㉕127
昭和34〔1959〕年5月、国際オリンピック委員会総会で第18回オリンピック大会が東京で開催することが決定。東京オリンピック成功のためオリンピック基金が設けられる。3月24日には来日中の『ローハイド』のメンバーによる「ローハイド・ショー」が東京・神田の共立講堂で開催された。チケットは1枚200円。1300枚のチケットは3日で完売。

1963
昭和38年

出来事

	日本		世界
01/23	さんぱち豪雪（北陸地方で豪雪）。		
02/16	新日本窒素水俣工場内から有機水銀を検出（水俣病）。	02/08	イラクで軍事クーデター。
02/28	“昭和の巌窟王”吉田石松に無罪判決。		
03/31	吉展ちゃん誘拐事件。		
		06/03	ヴァティカン：ヨハネス23世崩御（06/21パウロ6世即位）。
		08/05	米英ソが部分的核実験停止条約（PTBT）に調印。
09/05	草加次郎事件。		
11/01	新千円札発行。	11/01	南ヴェトナムで軍部クーデター。
11/09	国鉄鶴見事故。	11/22	米：ケネディ大統領暗殺。
11/09	三井三川鉱業所で爆発。		
11/23	日米間テレビ宇宙中継受信実験成功。		

トピックス　黒四ダム完成■NHKテレビで大河ドラマ始まる■国産コーンフレーク■タッパーウェア

ファッション　カラー：ブリリアントトーン■東洋レ・資生堂が「フルーツカラー」キャンペーン■帝人が婦人物で「フラワーモード」キャンペーン■バカンスルック■ボーイッシュルック■ブラック・フォーマル登場■ニットスーツ流行■レザーウェア■ノースリーブ人気、一方でジャンボ

スリーブも出現■ジャージー爆発的人気■セパレーツ水着人気■ブーツスタイル人気

流行語 三ちゃん農業■小さな親切■バカンス■TPO■OL■ピンク映画■カワイコちゃん■いいからいいから、気にしない

ベストセラー 山岡荘八『徳川家康』■占部都美『危ない会社』■謝国権『性生活の知恵』

安倍川もち ㉕ 140

つきたての餅にきな粉をまぶし、白砂糖をかけたもの。

成人式 ㉕ 142

成人式は昭和21〔1946〕年11月22日、埼玉県北足立郡蕨町〔現・蕨市〕で開催された「青年祭」が発祥といわれ、昭和23年公布・施行された祝日法にのっとり、昭和24〔1949〕年1月15日が「成人の日」と制定されてからは、多くの地域でこの日に成人式が行われる。平成10年の祝日法改正により、成人の日は平成12年から1月第2月曜日となる。

長谷川一夫 ㉖ 15

はせがわ・かずお〔別名：林長十郎他、明治41（1908）年2月27日～昭和59（1984）年4月6日〕。代表作は、一人三役を演じた『雪之丞変化』、『銭形平次』〔全18作〕、『地獄門』、ドラマ『赤穂浪士』の大石内蔵助役、『半七捕物帳』他多数。昭和49年宝塚歌劇団で『ベルサイユのばら』を演出。時代劇のヒーローを「100万ドルの流し目」で演じ、多くのファンを魅了し続けた。「ミーハー」という言葉は、若い女性が好きな「みつまめ」と「林長十郎が大好きな人」からつけられたキャッチフレーズだという。

吉田翁 ㉖ 41

吉田石松〔明治12（1879）年5月10日～昭和38（1963）年12月1日〕。被疑者の虚偽の供述から、大正2年愛知県で起きた強盗殺人事件の犯人とされた吉田氏が21年7カ月7日、獄中から冤罪を訴え、事件発生から半世紀後、第5次申請に対し再審が認められ、昭和38年2月28日、無罪を勝ち取った。判決から9カ月後の昭和38年12月1日、老衰と肺炎で帰天。「昭和の巌窟王」と呼ばれた。

スパルタ式教育 ㉖ 18

スパルタは古代ギリシャの都市国家の1つで、幼児期から兵士養成のため厳しい軍事訓練や教育が課せられた。転じて、日本では

無実の罪～ばあちゃんには通じない

昭和 38 年〔1963〕年 3 月 17 日付〔㉖ 41〕に掲載。吉田翁とは、大正 2〔1913〕年に起きた殺人事件で犯人とされ、22 年間投獄され、昭和 38〔1963〕年に無罪となった「昭和の巌窟王」吉田石松さんのこと。『サザエさん』には、時事ネタがしばしば取り上げられていますが、常に鋭い視線が向けられています。この作品では、着物に前掛け、こみかみに軟膏をはった「いじわるばあさん」によく似た母親が登場します。片頭痛でもおありだったのでしょうか。いかにも昔の正統派おばあちゃまです。こんなおばあちゃまが当時はご健在だったのでしょうね。

厳格な教育一般について「スパルタ教育」と呼ぶ。例：東京オリンピックで金メダルをとった女子バレーボールの大松監督のハードトレーニング。

米食党かパン食党か ㉖19
戦後、アメリカの小麦粉を使ったパンと脱脂粉乳の学校給食が始まり、家庭ではパン食が朝食から生活に馴染んでいき、昭和30〔1955年〕以降パン消費量が急増する。さらに学校給食等のパン食育ちの世代の主食が米からパンへ移っていく。☞付録：学校給食

物干し台 ㉖25
かつてはビルや屋根の屋上に軽い物干し台を設置し、洗濯物を干していた。

BG ㉖37
ビジネスガール business girl の略称。戦後、女性が会社で働くようになり、彼女らを表す言葉として使われ始めた。しかし B.G. はアメリカではバーガールを意味するということで、昭和30年代後半、オフィスレディ office lady、すなわち OL という言葉が定着した。

ジョニーウォーカー ㉖46
Johnnie Walker。スコットランド、キルマーノック発祥のスコッチ・ウイスキー。ジョニー・ウォーカー赤ラベル〔ジョニ赤〕とジョニー・ウォーカー黒ラベル〔ジョニ黒〕の名で親しまれ、『サザエさん』では高級酒の代名詞のように登場する。昭和32〔1957〕年、ジョニ黒は当時の大卒初任給の2カ月分の1万円で販売されていた。

デノミネーション ㉖50
denomination〔英〕。「デノミ」と略される、通貨単位を表す経済学用語。元々は「額面金額」「単位」の意味で、急激なインフレーションで通貨金額の桁数が大きくなりすぎ、100分の1、1000分の1に切り下げることをいう。日本ではインフレの際、貨幣単価の呼称を一定割合引き下げ、新しい貨幣単価に変えること。

クリちゃん ㉖54
根本進の4コマ漫画で昭和26〔1951〕年2月1日、「夕刊朝日新聞」で連載開始。昭和26年10月1日～昭和40年3月31日、「朝日新聞」夕刊に連載。モデルは息子の根本健君で、彼がクリクリの髪質だったことから「クリちゃん」の名前がつけられたという。

よその人についていっちゃだめ ㉖61

3月31日、東京・台東区で4歳の村越吉展ちゃん誘拐事件が起こる。4月7日、身代金を電話で要求し、奪取。昭和40〔1965〕年7月3日、窃盗罪で前橋刑務所に服役中の小原保〔32歳〕が犯行を自供。2日後、白骨化した死体が発見された。昭和41年3月17日、東京地方裁判所は小原に死刑を言い渡すが、弁護士は告訴。昭和42年10月13日、最高裁は上告を棄却し死刑が確定。昭和46年12月23日、宮城刑務所で死刑執行。この事件をきっかけに昭和39年「身代金目的略取」という条項が刑法の営利誘拐に追加され、より重い刑罰を科すようになる。

ごみ収集 ㉖66

路上のごみ箱は各家で購入したコンクリートか木製のもので、上にトタンなどの蓋がついていて前面の板も外すことができる。東京の23区では、ごみは生ごみ「厨芥（ちゅうかい）」とそれ以外の「雑芥（ざっかい）」に分けられ、路上のごみ箱は雑芥用で、当時は各家のごみ箱を一軒ずつ周って回収した。生ごみの「厨芥」は、収集車がチリンチリンと鈴を鳴らしながら回ると、主婦たちは生ごみの入ったバケツを持って集まり、収集車に投げ入れた。集まった生ごみは養豚に使用される。収集車は何時に来るか決まっていなかったため、この音を主婦たちは心待ちにしていたという。昭和60年代、各家ごみ箱が撤去され、チリンチリンと鈴を鳴らして回る「厨芥」の収集も残飯が養豚に使用されなくなり、見られなくなった。

内締まり錠 ㉖68

うちじまりじょう。ねじ締まり。ねじり錠。室内側からだけ締めることができる錠で、鍵穴に錠を差し込んでねじって締める。

ねじ締錠

洋式WC ㉖69

洋式便器が国産化されたのは大正3〔1914〕年。しかし当時は生活に座る習慣がなく、全く普及しなかった。そんな洋式便器が日本各地に広まったのは、戦後GHQが占領統治していた頃のこと。さらに1960年代、洋式便器が標準装備された公団住宅が大都市圏で建てられたことで、日本の生活スタイルは変わって行き、昭和52年、洋式便器の販売数が和式便器と逆転。平成25〔2013〕年度、TOTOの出荷数は洋式99%、和式1%となっている。

自宅の電話　㉖ 71

昭和38〔1963〕年、磯野家に家電話がついたようである。それまでは、電話がある家に電話し、電話を受けた人が呼び出す人を呼びに行く「呼び出し電話」だった。そのため、電話機は玄関に設置されていた。昭和38〔1963〕〜昭和42〔1967〕年は電話加入数拡充計画を推進する時期にあたる。大卒初任給が1万9750円の当時、自宅電話を引くためには債権・加入料等で、計16万300円もかかった。一般家庭に固定電話が普及し始めるのは1970年代。昭和38年日本電信電話公社によって黒電話の提供が開始、昭和46年からはアイボリー、グリーン、ウォームグレーの色も追加される。当時、電話機は居間等に設置され、家族が共同で使用した。

ジュゲム　㉖ 72

落語の演題「長名(ちょうめい)の倅(せがれ)」。生まれた息子の名前を住職に依頼しつけられた名前。「寿限無(じゅげむ)、寿限無、五劫(ごこう)の擦(す)り切れ、海砂利水魚(かいじゃりすいぎょ)の水行末(すいぎょうまつ)、雲来末、風来末、食う寝る処に住む処、藪(やぶ)ら柑子(こうじ)の藪柑子(ぶら)、パイポパイポ、パイポのシューリンガン、シューリンガンのグーリンダイ、グーリンダイのポンポコピーのポンポコナーの長久命(ちょうきゅうめい)、長久命の長助」

ミス・フルーツカラー　㉖ 74

昭和38〔1963〕年、資生堂が色彩で生活を楽しくすること、「暮らしの場でのカラー設計が実はフルーツカラーの一番大事な仕事になるのです」〔『花椿』1963年4月号資生堂〕と「フルーツカラー」キャンペーンを行った。これに伴って生まれたのがミス・フルーツカラーか？

サリドマイド禍　㉖ 80

西ドイツで開発された非バルビツール系睡眠剤サリドマイドでアザラシ症等の奇形児が生まれたことに発する。西ドイツでは1961〔昭和36〕年11月、妊娠初期の服用の危険性が警告されたが、日本での販売の停止、製品回収は10カ月遅れ、309人の被害児が生まれた。昭和37〔1962〕年9月13日、大日本製薬、富山化学他5社はサリドマイド系睡眠薬を回収、販売を全面禁止した。

騒音とスモッグは健康に悪い　㉖ 89

昭和37〔1962〕年12月10日、東京でロンドン並みの高汚染スモッグが発生。18日、東京都都市公害部は庁議に「17日からのスモッグは人体に影響が出るほど汚れている」と報告。昭和38年

5月24日、東京都衛生局は大気汚染の人体への影響に関して、気管支炎患者増加を警告した。

ビニール栽培 ㉖89

農作物を合成樹脂のフィルムで覆って寒さや害虫から守る栽培法で、覆う材料に農業用ポリ塩化ビニルフィルムがしばしば使用されることから「ビニールハウス」といわれる。昭和30年代、ビニール栽培が確立し、昭和40年頃から設置面積が増加する。これにより、イチゴなどは飛躍的に生産量が増え、価格も下がった。

オカチメンコ ㉖91

器量がよくない女性をいう言葉。

ニッポンかニホンか ㉖93

昭和45〔1970〕年7月14日、閣議で日本の呼び名は「ニッポン」に統一すると決定。

小さな親切運動 ㉖99、

昭和38〔1963〕年、東京大学卒業式で茅誠司(かやせいじ)総長が卒業生に提起した「小さな親切」運動に感銘を受けた人々が提唱者となり、その年の6月「小さな親切」運動本部が発足。サザエさん作品では、誰にでもできるちょっとした行為で、相手を思いやる優しい心を形に表し、親切にされたら「ありがとう」と感謝する気持ちを表す「小さな親切」運動が描かれている。

別荘分譲地 ㉖120

昭和30年代、鉄道会社以外の不動産企業も大規模な宅地、別荘地等の開発を開始。この宅地、別荘分譲地の供給は昭和48年オイルショック直前まで増え続けることになる。

製氷皿 ㉖123

昭和37〔1962〕年、全自動霜取り装置「ジェットサイクル」方式を採用した冷蔵庫が登場。この時期インスタントコーヒーが大人気となり、牛乳に初めて紙容器が使われ始める。夏に重宝されたのは製氷皿。この時期の製氷皿はアルミ製で、濡れた手で冷蔵庫から出したアルミの部分を持つと手がくっついたりした。アルミの製氷皿は場所も取るが、熱の伝導率が高く早く氷ができたが、金属疲労も激しく、1年以上使用するとひびが入りやすかった。

| 氷ジュース | ㉖123

昭和30年代後半〔1960年代〕冷蔵庫に自動霜取り装置付きが登場し、昭和39年、冷蔵庫の普及率は90%となる。冷蔵庫の普及に伴い、昭和40年代から様々な飲料水が販売されるようになる。

| 庭で小判を探す | ㉖129

昭和30年代、工事ラッシュの東京都内ではあちこちで金銀貨の発見がつづいた。大きなものでは、昭和31〔1956〕年、銀座の建設現場より江東区深川の埋め立て地へと運んだ土の中から「慶長」「正徳」「享保」の3種類の小判208枚と一分金60枚が発見されたことがある。埋めた人が特定できなかったため国立博物館に文化財として収蔵〔小松ストアーの埋蔵金〕。昭和38年、中央区日清製粉本社ビルの改装工事現場で2度にわたり天保小判1900枚、天保二朱金約7万8000枚が発見される。これは江戸時代半ばから200年間この地で酒問屋を営んでいた豪商・鹿島屋の9代目鹿島清兵衛が埋めたものと判明し、子孫に返還された。

| いかす | ㉖139

石原裕次郎が使って流行した言葉。昭和33〔1958〕年頃の流行語。「気が利いている」「なかなかよい」「かっこいい」等の意味。昭和33年、フランク永井の『西銀座駅前』でも歌われている。

| 山のかなたの空遠く幸い住むと人の云う | ㉖142

カール・ブッセ、上田敏訳『山のあなた』〔明治36年『万年筆』初出、38年の翻訳詩集『海潮音』所収〕。

山のあなたの空遠く／「幸」住むと人のいふ。

噫、われひとと尋(と)めゆきて、／涙さしぐみ、かへりきぬ。

山のあなたになほ遠く／「幸」住むと人のいふ。

カール・ヘルマン・ブッセ　Carl Hermann Busse〔1872年11月12日〜1918年12月4日〕。上田敏〔明治7（1874）年10月30日〜大正5（1916）年7月9日〕はポール・ヴェルレーヌの『落葉』等の名訳でも有名。

| 中流家庭・上流家庭 | ㉗2

昭和34〔1959〕年、第33回国会で「日本を中産階級の国家にしなければならない」という議論があったが、この時点では中産階級が多数派となる社会が目標だった。そして昭和35年、池田内閣は「国民所得倍増計画」を発表、日本は高度経済成長期へと向かっていく。昭和

33年、第1回目の内閣府の「国民生活に関する世論調査」では、自らの生活程度を「中流」としたものは7割を超え、1960年代半ばまでに8割、昭和45年以降は約9割となる。また昭和41年度『国民生活白書』では中流階級意識の増大、昭和54年では国民の中流意識が定着したとしている。

胸郭成形術　㉗4
肋骨数本を切除し、胸膜外から肺尖部を剥離して肺結核の患部を押しつぶす外科手術。結核の化学療法が有効になるまで行われた。

蒲柳の質　㉗4
「蒲柳（ほりゅう）」は川柳（かわやなぎ）の異称。川柳の葉は秋、真っ先に散るところから、身体が弱くて病気にかかりやすい体質をいう。

商業道徳にもとる　㉗5
商業道徳は、商業活動で守らなくてはいけない内面的規範。虚偽広告・買い占め・粗製乱造等の行為を戒める。「商業道徳に悖（もと）る」は、これらにそむくことを意味する。

防空頭巾　㉗11
江戸時代、町火消しの火事装束の猫頭巾〔鉢に錣（しころ）と覆面をつけた刺子（さしこ）がされた綿入れ〕を真似た綿入れ頭巾。太平洋戦争末期の空襲下、落下物や飛び散るガラス破片から頭を保護し、水をかぶれば火の粉よけにもなった。

防空頭巾

三船敏郎　㉗13
みふね・としろう。〔大正9（1920）年4月1日～平成9（1997）年12月24日〕。『七人の侍』『羅生門』『椿三十郎』『赤ひげ』、米映画『グラン・プリ』『太平洋の地獄』、米ドラマ『将軍SHOGUN』、フランス映画『レッド・サン』等に出演。昭和26年『羅生門』、昭和36年『用心棒』に主演し、ヴェネツィア映画祭主演男優賞を受賞。国際的映画人で、「世界のミフネ」と讃えられた。

子供の喧嘩に親が出る　㉗18
子供同士の他愛もない喧嘩に親が口出しすることを非難する言葉。つまらないことに他から干渉すること。Yelping curs will raise mastiffs〔吠え合う野犬たちがマスティフ犬の目を覚まさせる〕。

（注）マスティフ犬とは、英国種の由緒正しい大型の猛犬のこと。

のこった花火あげちゃおう　㉗20
残った花火を終わらせてしまうこと。

ふりかけで８億　㉗33
昭和35〔1960〕年、丸美屋食品工業からふりかけ「のりたま」が発売される。魚を中心にゴマや海苔を入れたふりかけが多かった時代に、まだ貴重だった卵入りの品が登場、ロングヒットとなる。昭和38年には牛肉フレークを取り入れた「牛肉すきやきふりかけ」を発売。すきやきの割下のような甘塩っぱい味も大ヒットする。さらに、丸美屋は昭和38年TVアニメ『エイトマン』への番組提供をおこない、昭和39年「のりたま」等の袋にエイトマン・シールを封入し、爆発的売れ行きとなる。このシール・キャンペーンに他社も加わり、シール・ブームが起こった。

あやとり人形

あやとり　㉗46
1本の紐の両端を結んで輪にし、片手、もしくは両手の指に紐をひっかけ、東京タワー、天の川、ほうき、はしご等、様々な形に見えるようにする遊び。一人あやとり、二人あやとりがある。

ジュースの自動販売機　㉗48
昭和32年〔1957〕年、ジュースの噴水が見える自動販売機を星崎電気が開発し、10円噴水ジュースとして話題となる。昭和37年ジュースのコップ販売式自動販売機が登場。同年コカコーラ専用自動販売機が登場する。瓶192cc、35円。

ジュースの自動販売機

立小便　㉗53
戦後まもなく、日本では公衆トイレも少なく、立小便の姿が見られた。しかし、東京オリンピック開催を前に、立小便は厳しくチェックされるようになる。立小便は、「昭和23年5月1日法律第三十九号〔最終改正：昭和48年10月1日法律第105号〕の軽犯罪法／第一条26号：街路又は公園その他公衆の集合する場所で、たんつばを吐き、又は大小便をし、若しくはこれをさせた者／第二条　前条の罪を犯した者に対しては、情状に因り、その刑を免除し、又は拘留及び科料を併科することができる。／第三条　第一条の罪を教唆し、又は幇助した者は、正犯に準ずる」とあることから原則、軽犯罪法違反となります。

ブーツ
㉗68
昭和38〔1963〕年、ノースリーブ、ボーイッシュルック、ニット・ウェアの流行と共にブーツスタイルが人気となる。ロングブーツは昭和51年頃から大流行。

隠元禅師
㉗70
いんげんぜんじ。隠元隆琦〔万暦20年・文禄元年11月4日（1592年12月7日）～寛文13年4月3日（1673年5月19日）〕。長崎の興福寺からの招聘に応え、承応3〔1654〕年、63歳の時弟子20人を伴って来日。「禅浄双修」の念仏禅、「明禅」を伝え、臨済宗、曹洞宗の戒律復興運動に影響を与えた。隠元禅師は禅の普茶料理の材料としてインゲン豆を普及させ、彼が亡くなった4月3日は「インゲン豆の日」にもなっている。

野狐三次のおそまつを
㉗72
浪曲の『野狐三次』。三次は、背中の狐の彫り物から野狐三次と呼ばれる町火消し「に組」のまとい持ち。講談では子供の頃から成人後までの一代記を、妹との再会、実の父との対面等様々なエピソードが語られる。

石油ストーブ
㉗78
昭和38〔1963〕年12月16日、磯野家に石油ストーブが入った。昭和35年『暮らしの手帳』で高い評価を受け、脚光を浴びたイギリス、アラジン社製石油ストーブ「ブルーフレーム」〔昭和32年輸入販売開始〕とよく似ている。

石油ストーブ

紅白歌合戦
㉗82
12月31日21：05～23：45、東京宝塚劇場で第14回紅白歌合戦が開催された。総合司会は石井鐘三郎アナウンサー、紅組司会は江利チエミ、白組司会は宮田輝アナウンサー、テレビ・ラジオ実況は土門正夫アナウンサー。番組では翌年開催される東京オリンピックに因み、五輪マークや聖火台をイメージした舞台セットが組まれ、オープニングでは東京・有楽町大通りを白バイに先導されて、

聖火ランナーに扮した渥美清が登場し、聖火台点火等オリンピックの開会式のような演出が行われた。また、エンディングでは恒例の『蛍の光』ではなく『東京五輪音頭』が歌われた。ビデオリサーチによる視聴率は81.4%で、調査が始まって以来の高い視聴率となる〔ニールセンの視聴率調査では89.8%〕。

| すす払い | ㉗86

煤払い。煤掃きともいう。屋内のほこり・すすを払い清める掃除。年神（としがみ）さまを迎える準備の1つとして年末に行うが、江戸時代には12月13日に行われた。季語は冬。

| 帰省の駅の列 | ㉗87

電車の切符の券売が自動化され、どの駅からでも予約できるようになる以前、年末年始に帰省する人たちは席をとるため、帰省の前日から駅に泊まり込んでいた。この作品で東京駅で前日から並んだノリスケさんも、昭和50年3月山陽新幹線、岡山—博多間開通後は新幹線で一気に福岡まで帰省できただろう。

昭和39年

1964

出来事

		01/29	第9回冬季オリンピック・インスブルック大会開催。
		01/30	南ヴェトナムでクーデター。
03/24	ライシャワー駐日大使、少年に襲われ負傷。	03/27	アラスカで地震。
04/01	海外旅行自由化。		
04/08	ミロのヴィーナス展始まる。		
04/16	予防接種法改正。		
04/28	日本、OECDに加盟。		
		05/27	印：ネルー死去。
06/16	新潟地震。		
07/17	北陸・山陽地方に豪雨。	07/02	米：公民権法。
		08/02	トンキン湾事件。
10/01	東海道新幹線開通。	10/15	ソ：フルシチョフ首相解任（コスイギン首相・ブレジネフ第一書記就任）。
10/10	第18回オリンピック・東京大会。	10/16	中国：第1回原爆実験成功。

トピックス　ワッペンブーム■夢の超特急■ワンカップ大関■にんべん「つゆの素」■クリネックスティシュ■かっぱえびせん

ファッション　カラー：オリンピックカラー、スポーツカラー、ナチュラルハーモニー■銀座みゆき族■アイビールック（VAN）■紋章柄■タートルネック流行■ノースリーブ流行■ニットウェア■トップレス水着出現。「着れば軽犯罪法違反」と警視庁警告■ポケッタブルドレス登場■ヨ

ットパーカー流行

流行語　みゆき族■東京砂漠■カラ出張■カギッ子■東京さばく■おれについてこい■シェー

ベストセラー　河野実・大島みち子『愛と死を見つめて』■山岡荘八『徳川家康』■サトウハチロー『おかあさん』

弁天様　㉗ 89

べんてんさま。弁財天のこと。ヒンドゥー教の女神、サラスヴァティーが仏教に取り込まれた呼び名。様々な異名と性格をもつサラスヴァティー同様、弁財天も学芸神、音楽神、福徳神、戦勝神等の女神。俗語では、美人のことをいう。

門松は冥土の旅の一里塚　㉗ 90

一休宗純の作で「門松は冥土の旅の一里塚目出たくもあり目出たくもなし」といわれている。一休は室町時代の臨済宗大徳寺派の僧。しかし、『一休蜷川(にながわ)狂歌問答』に「門松はめいどのたびの一里づか馬かごもなくとまり屋もなし」という歌があり、風来山人(ふうらいさんじん)（平賀源内）『根無草後編』では、下の句を「目出たくもあり目出たくもなし」とするとある。後世に後半部が変化した可能性もある。

折りたたみ傘　㉗ 95

昭和24〔1949〕年頃から一部のメーカーがドイツ製の折りたたみ傘をモデルに開発しはじめたのを皮切りに、昭和26年ホック式の改良折りたたみ傘が開発され、現在の折りたたみ骨の原型がつくられる。昭和29年、丸定商店〔現・アイデアル〕からスプリング式折りたたみ傘「アイデアル」が発売され、ナイロンの折りたたみ傘の大ブームとなる。昭和35年、ポリエステルの洋傘生地が開発。昭和38年「なんであるアイデアル」のテレビCMが大ヒットし、使いやすさから人気商品となった。こののち昭和40年、女性に大人気となるコンパクト傘、三段折のミニ傘が登場。

あんぽんたん、おたんこなす、くるくるパー　㉗ 102

あんぽんたんは「あほ」「ばか」、おたんこなすは「まぬけ」「とんま」、くるくるパーは「ばか」「まぬけ」。いずれも人を罵る言葉。

金だらい　㉗ 112

金盥(かなだらい)。金属製のたらい。たらいの語源は、「手洗い」といわれている。たらいは丸い平たい桶で比較的浅く、洗濯に用いられた。戦前は木製だったが、戦後アルミニウムやメッキ鋼板で作られ、その後トタン製の金盥が生産され主流となる。現在はプラスチック製のものもある。

電気シェーバー ㉗116

昭和30〔1955〕年、松下電工より電気シェーバーの第一号機「MS10」が誕生。白い本体に赤いロゴマークがついている。価格2450円。この作品に登場する電気シェーバーは昭和34年発売の「電気カミソリMS-28」と思われる。この電気シェーバーは初期の往復刃メンズシェーバーで価格4000円。

こんにちは赤ちゃん ㉗126

昭和38〔1963〕年、梓みちよの歌唱でリリースされた永六輔作詞、中村八大作曲『こんにちは赤ちゃん』。原曲は中村八大の第一子誕生に永六輔が作った歌。昭和38年7月NHK『夢であいましょう』の「今月の歌コーナー」で紹介され、11月シングルレコードが発売されると大ヒットとなった。

レコード・ジャケット

ゴーストップ ㉗127

交通信号機、もしくは信号機のある交差点のこと。英語ではtraffic signal。昭和初期「進め〔go〕」「止まれ〔stop〕」と書いた文字盤を使っていたためこのようにいう。

インターン生 ㉗137

インターン制度は昭和21〔1946〕年～43〔1968〕年、医学部卒業生に義務づけられた診療実施修練。インターン教育〔「1年以上の診療及び公衆衛生に関わる実地修練」〕を修了していなければ、医学部卒業生は医師国家試験を受験することができなかった。

指をこよりでくくる ㉗141

江戸時代から、用事や約束事を覚えておくために、和紙を細長く切って縒（よ）ったもの〔観世縒り〕を指に結ぶ習慣がある。

バイキング料理 ㉗142

昭和33〔1958〕年8月1日、帝国ホテル第2新館のオープンと共に地下1階に「お好みの料理を、好きなだけ楽しむ」スタイルのレストランが誕生。好みの料理を自由に食べるこのスタイルは、北欧のヴァイキングと、当時封切られ話題となったカーク・ダグラス主演の海賊をテーマにした映画『ヴァイキング』に因んで「インペリアル・バイキング」と名づけられ、連日満員の大人気となり、「バイキング」＝「食べ放題」の代名詞となっていく。メニューは、キャビアをのせた卵料理や豚背肉・仔牛の塩漬けの水煮。ドイツ風ハムの薫製など、豪華な料理がずらりと並んでいた。料金は昼1200円、夜1600円。当時大卒の初任給が1万2800円、帝国ホテルの宿泊料が1800円だったので、かなりの高額といえる。

帝国ホテルのバイキング

茶柱が立つ

㉘4

茶柱は茶の木の茎で、これが茶碗の中で縦に浮いた状況になること。茶柱が立つと幸運が訪れるといわれるが、茶柱が立ったことは誰にも言わずに秘密にしなければいけない、とか。

おみくじ自動販売機

㉘4

昭和39〔1964〕年、東京都渋谷区におみくじ自動販売機が登場した。

人生七転び八起き

㉘7

何回失敗しても立ち上がって努力すること。A man's walking is succession of falls〔人の歩みは転びの連続である〕。

人の一生は重荷を負うて遠き道を行くが如し

㉘7

人の一生は重い荷物を背負って遠い道を行くようなものだから、焦らず忍耐強く努力するべきであるという教訓。「徳川家康遺訓」冒頭の一節――

「人の一生は重荷を負うて、遠き道を行くがごとし急ぐべからず　不自由を、常と思えば不足なし　心に望みおこらば、困窮したる時を思い出すべし　堪忍は、無事のいしずえ　怒りは、敵と思え　勝つことばかりを知って、負くることを知らざれば、害、其の身に到る　己を責めて、人を責めるな　及ばざるは、過ぎたるに優れり」The world is a long journey〔この世は長い旅である〕。

安寿と厨子王

㉘14

奥羽五十六郡の太守岩城判官正氏の一族は讒言(ざんげん)によって筑紫に流され、正氏の妻と子供の安寿姫と厨子王は父親を訪ねて行く際、人買いの手で母は佐渡、姉妹は丹後の山椒大夫に売り渡される。ある日、再会を期して安寿姫は厨子王を都へ逃がし、山椒大夫の館の近くの沼に身を投げて亡くなる。一方、厨子王は朝廷から父の罪が許され岩城家再興をはかる。厨子王は山椒大夫と人買いを打ち取り、生き別れて瞽女(ごぜ)となった母と再会、母の眼も治る…というお話。

卒業式に備えて

㉘20

1月8日、京都府福知山市の私立高校で、退学させられた16歳の2人組が恨みを晴らすため教師〔26歳〕に暴行して逮捕される。3月12日、高知県高岡郡の中学校で、中学3年生の3人〔15歳〕が工作室の鉤を壊して中に入ろうとしているのを教師〔31歳〕がとめると棒で殴り、校長も棒で殴った。さらに卒業式前に教師への襲撃計画を立てていた中学3年生1人が補導されたが、3月12日、北海道苫小牧市の全ての中学校8校の卒業式に警官が巡回し、教師の警護をした。このように高校・中学で校内暴力が激化し、各地で様々な事件が起こった。

東京オリンピックで変化する街

㉘25

戦後、東京の姿を大きく変貌させたのは、昭和39〔1964〕年東京オリンピック開催に向けての都市開発だった。オリンピックの来日選手団や観客を迎えるために空港からの交通インフラ、会場周辺の道路整備が必要となる。まずオリンピックのメイン会場となる代々木・神宮地区と世田谷の駒沢地区のインフラ整備が行われた。オリンピック代々木会場は、陸軍の練兵場跡で戦後GHQに接収され、米軍将校の家族用住宅ワシントンハイツ〔92万4000平方メートル、27万坪〕となっていたが、この土地の返還をオリンピック開催を理由に交渉し、ここに代々木競技場と選手村が建設されることになる。

交通機関の整備も急ピッチで進められ、東海道新幹線の開通、昭和39年9月17日、東京・浜松町—羽田空港の東京モノレール羽田線が開通。道路では青山通りを22mから40mに拡張する工事が行われ、表通りの商店街は移転を余儀なくされた。拡幅にかかった費用〔土地買収費用を含め〕は、首都高速道路建設の5倍だったという。また、駒沢競技場や羽田空港と戸田漕艇場を結ぶ主要道路となる環状7号線も開通した。

一方、当時の東京は経済成長に都市計画が追いついていけない状況で、都電の廃止、地下鉄工事等が各区域で進められた。特に乗用車やバス、トラックなどは増加の一途をたどり、ひどい混雑が発生していた。そしてほとんどの道路は未舗装路で、雨が降ればぬかるみ、晴れれば砂埃が舞った。昭和30年代有楽町と銀座の間にあった外堀は埋めたてられ、新橋駅北一有楽町の約2キロに初の高速道路が高架で造られ、その道路下は駐車場や西銀座デパート等店舗にされた。

次いで、オリンピック開催までに本格的な首都高速道路の建設が始まる。オリンピック関連高速道路として5線の高速道路が造られた。しかし突貫工事という作業を経たうえに、用地買収の関係で川の上に無理やり建設したため、日本橋の上に首都高速都心環状線が走るようなことになってしまう。この他、川に蓋をして下水とするなど、今考えると信じられないことが多々起きたが、「東京オリンピック成功のため」という旗印の下、何でもありの様相を呈していた。また、野良犬の捕獲、立小便の禁止等、都民に向けて様々な施策がなされた。

停留所も道路も板を打ちつけた状態。ヒールが挟まって困った、とも。

宮さまと同じ幼稚園

㉘26

昭和39〔1964〕年、浩宮さまは学習院幼稚園に入園。作品では宮さまと同じ学習院幼稚園へ入園予定の坊やが登場。

卵

㉘31

昭和36年〔1961〕年、数百羽を収容し5分ごとに自動給餌する回転式鶏舎が開発され、卵の生産量が増加する。それまで高級品だった卵が1960年代初め一般家庭でも入手しやすくなり、子供たちが口にする機会が増え、卵料理は子供が好きな料理の代表に挙げられるようになったのではないだろうか。

伊賀の忍者

㉘35

昭和38〔1963〕年『隠密剣士』〔第二部『忍法甲賀衆』〕で忍者熱が高まり、『忍者部隊月光』『少年忍者風のフジ丸』『サスケ』『伊賀の影丸』と忍者ブームが続いた。

海岸で小判 ㉘41

3月13日、東京深川有明町埋め立て地で中学生が運んできた土砂から慶長小判が発見され、23日までに合計15枚を発見し、警察に届けられた。続いて川崎市の男性が22枚発見。

ミロのビーナス ㉘43

1820年、エーゲ海ミロス島で発見され、その後様々なプロセスを経てフランスの駐トルコ大使が購入、国王ルイ18世に贈られた。高さ2.02m。パリ・ルーブル美術館所蔵。昭和39〔1964〕年4月8日、国立西洋美術館で「ミロのビーナス特別公開展」が開幕。東京は4月8日～5月21日、京都は5月21日～6月25日に開催され、172万3476人がビーナスに魅せられた。

たてし ㉘51

殺陣師。殺陣を考え、立ち回りを俳優に教える人。

オリンピックメダル、切手売り出し ㉘52

昭和39〔1964〕年、東京オリンピック開催を記念するメダル、切手、煙草等が売り出され、いずれも行列ができるほどの人気を呼んだ。記念メダルは4月17日全国一斉に発売され、9月21日、記念100円銀貨、10月2日、記念1000円銀貨の引き換えが始まる。記念切手は10月にオリンピック東京大会開催記念切手5枚をセットにした小型切手シートが発売され、全国の郵便局に行列ができた。また昭和36年、募金付き切手が20種類も発売され、さらにそれらの切手をセットにした小型シート7種も発売。オリンピック記念煙草は9月「とうきょう64」、10月オリンピック記念たばこ20種類の「ピース」が発売された。

景品付グリコガム

ワッペン ㉘54

昭和38年から翌年にかけて、子供たちがチョコレート、ガム、粉末ジュース、サイダー等のおまけのワッペン、シールを集めるのが大流行。ワッペンは刺繍が入ったものからプリントされたシールまで様々だが、国際航空会社のマーク、各国の国旗等世界のワッペンで、子供たちがオリンピック開催前から世界に関心が集まっていたことがわかる。昭和39年4月、岡崎市教育委員会はお菓子の景品のワッペンを学校へ持ち込むことを禁止するよう指示を出している。また、少し前からテレビアニメが始まった鉄腕アトムや鉄人28号もシールを爆発的ブームとした要因だった。

バスの線路上の事故 ㉘59
2月10日、加古川市の山陰本線踏切で準急気動車とトラックが衝突する事故が起こる〔3人死亡、26人重軽傷者〕。4月24日には東海道本線草薙－静岡間で線路内のダンプカーと走行中の東京発宇野行き下り特急「第一フジ」が衝突、先頭から6両目までが脱線〔1名死亡、10名が重軽傷〕。

鉄腕アトム ㉘62
前身は昭和26〔1951〕年4月～昭和27〔1952〕年3月、雑誌『少年』連載の『アトム大使』。この『アトム大使』に登場していたロボット少年アトムが主人公となって連載を開始したのが『鉄腕アトム』。昭和38年1月～昭和41年12月アニメ『鉄腕アトム』がテレビ放映され、大ヒット。日本のテレビアニメは番組の最初と最後に歌が入り、1話30分で途中にCMを挟むという基本を作り上げる。テレビアニメ『鉄腕アトム』の成功により、テレビ各局で様々なアニメが製作され、テレビアニメ・ブームのきっかけとなった。

前田川と大鵬の1戦 ㉘71
5月場所4日目。前頭2枚目・前田川が横綱大鵬の連勝を34で止める殊勲の星。立ち会い、前田川は両手を出しながら大鵬の左肩めがけてぶつかった。大鵬はその場で突っ立ち、左を差そうとしながら右で引っ張り込みにかかる。前田川は左肘を曲げて引っ張り込まれまいとして左右の喉輪で抗った。大鵬はなお左を差そうとするも前田川はそれを手(た)繰(ぐ)って引き落とすと大鵬はあえなく両手で砂を掃いた…。前田川克郎〔昭和15（1939）年2月9日～平成10（1998）年11月4日〕。「柏鵬時代」に活躍。

てっきり地下鉄だ ㉘74
「てっきり」はきっと、かならずの意味。

気は心 ㉘75
量や額は少なくても、誠意がこめられていること。A gift is valued by the mind of the giver〔贈り物は贈り主の心によって評価される〕。

宮様のご成婚

㉘ 77
9月30日午前10時過ぎから皇居内の賢所（かしこどころ）外陣で義宮正仁親王と津軽華子さんの結婚の儀が行われ、2人は天皇から常陸宮の新宮号を贈られた。

新潟の罹災者

㉘ 82
6月16日、新潟沖粟島付近の海底を震源としたマグニチュード7.7の地震が発生。新潟県・山形県・秋田県で死者26人、負傷者447人、被災者8万6000人。市内では地割れ、地盤沈下が続出し、液状化現象が確認された。

死について深刻に考えるときがある

㉘ 83
昭和38〔1963〕年12月25日『愛と死をみつめて』〔大和書房〕が刊行され、翌年年間ベストセラー第1位となる。『愛と死をみつめて』は軟骨肉腫に冒され21歳で亡くなった大島みち子さん〔ミコ、昭和17年2月3日〜昭和38年8月7日〕と大学生河野實〔マコ、昭和16年8月8日〜〕さんとの3年間の文通を書籍化したもの。ラジオやテレビのドラマ、レコード、映画にもなる。

嘆かわしい生活環境

㉘ 100
「かぎっ子」とは、共稼ぎ、母子・父子家庭など何らかの家庭の事情で学校から帰宅した時保護者が不在となっているのが常態となっていて、自分で家の鍵を持参している子供のこと。高度成長期における共稼ぎの増加、昭和40年以降の核家族化の進行も「かぎっ子」誕生要因の1つとなる。学校から帰宅後、大人の目が届かない状況で子供が放置される時間の増加は、教育上および安全上〔子供の帰宅を狙った犯罪が発生〕問題と考えられた。

あいさつのしみち

㉘ 104
挨拶の仕方。

お買物犬

㉘ 111
愛犬の専門誌『愛犬の友』が昭和27〔1952〕年に創刊される。東京のあちこちで籠をくわえてパン等のお買物に行くお手伝い犬の姿が見かけられるようになったのだろうか。昭和39年7月号では東京都内で主婦のお手伝いをする買い物犬が写真で紹介された。作品では④124、㉘17には首に風呂敷を下げた犬、㊵20にはショッピングカートを引っ張る犬たちが

登場する。☞お使いワンコ〔287 頁〕

不快指数
㉘ 121
discomfort index, temperature-humidity index。アメリカで考案された蒸し暑さを示す指数。不快指数が 75 を超えると半数の人が不快と感じ、80 を超えると全員が不快と感じるという。

鉄道便
㉘ 123
チッキともいう〔check 英〕。鉄道による手荷物輸送、手小荷物、もしくはその預かり証。昭和 34〔1959〕年、送料は運送距離の遠近にかかわらず 115 円、配達する場合はプラス 30 円。私鉄駅からの発送の時は私鉄線の運賃も加算された。

舟木一夫
㉘ 128
ふなき・かずお〔本名：上田成幸、昭和 19（1944）年 12 月 12 日生〕。昭和 38 年 6 月、学生服姿の『高校三年生』でデビュー。橋幸夫、西郷輝彦と共に「御三家」と呼ばれた。テレビドラマ『銭形平次』のテーマソングも歌っている。

石油タンクと火薬倉庫
㉘ 130
7 月 14 日 22 時頃、東京・品川の宝組勝島倉庫にあった硝化綿入りドラム缶 1200 本が爆発。倉庫内の製品にも引火して火災が広がった。化学車 30 台、ポンプ車 73 台で消火にあたったが、23 時頃、倉庫が爆発し、消防士ら 19 人が殉職、57 人が重軽傷を負った。

ヨーロッパ一周
㉘ 131
4 月 1 日、海外渡航が自由化され、業務渡航や留学に限られていた海外旅行が観光目的でも可能となる。4 月 8 日、自由化第一陣として羽田を出発した 16 人は 17 日間でイタリアの航空機でヨーロッパ〔イタリア、フランス、デンマーク等周遊〕へ旅立った。申し込みの目的地トップはハワイで、東南アジア、香港がつづいた。4 月 8 日、JTB 主催のハワイ 9 日間の旅行代金は 36 万 4000 円。これは当時の国家公務員大卒初任給〔1 万 9100 円〕の 19 倍だったが、1964 年出国数は 12 万 7749 人となった。また滞在費は 1 人当たり 500 ドル〔18 万円〕までで、帰国の際の持ち込み品にも規制があった。

海外旅行手帳
㉘ 132
旅のスケジュール、持ち物リスト他及び旅先で日記を書く

ためにつくられた旅専用の手帳。旅日記を書くとそのままそれが本の形態になる品もある。サザエさんが持っているものは旅行会社がツアー参加者に配る旅行前の準備、旅行先の国の紹介等も載っている品かもしれない。

予防注射　㉘133
当時、海外渡航の「三種の神器」といえば「パスポート」「ビザ・イエローカード〔予防注射証明書〕」「航空券」。予防注射は結核・天然痘、国によってはチフス・コレラ・マラリア・黄熱病・破傷風等も義務づけられていた。しかも出発までの諸手続きが大変で、コレラの予防接種は2度の接種が必要とされるなど、予防接種のための体調管理も大切で、腕が予防接種の跡だらけとなった。また、昭和33年頃には南米諸国へは警察発行の無犯罪証明書と予防注射証明書の携帯が義務づけられていた。

赤穂義士　㉘133
元禄15〔1702〕年12月14日夜、江戸本所松坂町の高家肝煎（こうけきもいり）吉良義央〔上野介〕の邸を襲い、吉良の首級（しゅきゅう）をあげ、主君浅野内匠頭長矩の仇を報いた47人の元赤穂藩の浪士。討ち入り決行を黙していた赤穂浪士は偉い！

オクビ　㉘134
胃の中の空気が口の外へ出たもの。げっぷのこと。

断水[2]　㉘137
現在も水不足がニュースで報じられることがあるが、東京に給水制限が実施されることはほとんどない。しかし、東京オリンピックが行なわれた昭和39〔1964〕年の東京の渇水はすさまじかった。7月には気温31度を超える日が29日続き、当時としては驚異的な暑さだった。同月、東京の水瓶のダムは貯水量が6.4%を切り、7月10日～10月1日まで84日間給水制限となる。8月には東京の水不足は深刻化し、1日に15時間断水する地区も出た。自衛隊・警視庁・米軍等の給水車が出動して、北多摩地域〔立川、国立など〕、神奈川県などから水を分けてもらった。この頃、小河内ダムで人工降雨の実験

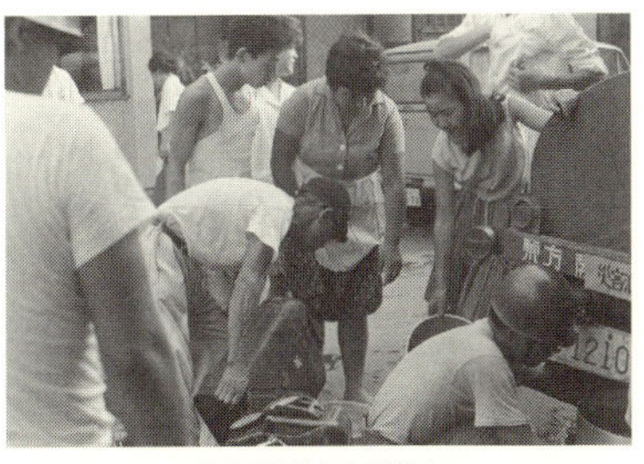
水不足深刻、応援給水
（昭和39年8月14日）

もされた。水不足を解消するために利根川の水を荒川につなげ、さらに荒川から朝霞浄水場へ送る工事が8月中に完成し、水不足は10月10日のオリンピック開始直前に解消された。給水制限中はプール閉鎖、パン食主体の食事、入浴・洗濯を減らすなどの対策がとられたが、消防・医療・理髪店・クリーニング店等への影響は大きく、魚による食中毒も問題となった。この異常事態に「東京砂漠」という言葉が生まれた。

船頭が多すぎる ㉘138

「船頭多くして船山に登る」。指示する人が多く物事がとんでもない方向に進んだり、うまく運ばないこと。Too many cooks apoil the broth〔コックが多すぎるとスープがうまくできない〕。

付け帯 ㉘143

胴とお太鼓の部分を別々に仕立てた帯。簡単に帯を締められるよう考案された。

カルダン ㉙16

ピエール・カルダン　Pierre Cardin〔1922年7月2日生〕。フランスのファッションデザイナー。プレタポルテを先駆けて始め、ライセンスビジネスを興した。レストラン「マキシム」のオーナーとなり、ロンドン、ニューヨーク他に支店を開く。フランスアカデミー会員、ユネスコ名誉大使。

あやかり結婚 ㉙27

2月20日、義宮正仁親王は徳川義寛侍従邸で津軽華子さんとお見合い。2月28日、皇室会議で婚約が内定し、4月14日、納采の儀、9月30日、皇居内賢所外陣で結婚の儀が行われ、二人に天皇から常陸宮の新宮号が贈られる。沿道には5万人の人々が集まり、二人を祝福した。作品では皇族の結婚に憧れ、幸せな気分にひたっている様子。

新幹線ひかり号 ㉙27

昭和34〔1959〕年4月20日、東海道新幹線が着工〔起工式〕されて約5年半、昭和39年10月1日、ついに東京－新大阪間で開業となる。1－1ダイヤ0系12両編成、最高速度210km/h。東京－新大阪間を「ひかり」4時間、「こだま」5時間で結ぶ。東京オリンピック開催まであと9日のことだった。国鉄が3800億円の工費を投じ、技術の粋を集めた「夢の超特急」東海道新幹線の開業により、大量・高速輸送時代の幕開けとなる。

オリンピック千円銀貨

㉙31

昭和39〔1964〕年、第18回夏季オリンピック〔東京オリンピック〕を記念して発行された日本初の記念貨幣で、100円銀貨と1000円銀貨が発行された。100円銀貨の図案は聖火と五輪をデザインに入れたもの、1000円銀貨は日本を象徴する富士と桜のデザイン。

オリンピック聖火リレー

㉙32

昭和39年8月21日、ギリシャ・オリンピアのヘラ神殿跡で東京オリンピックのための採火式が行われ、聖火は日本側に引継がれる。22日、聖火リレーでアテネに到着した聖火は、聖火空輸特別機「シティ・オヴ・トウキョウ」号〔日本航空〕で、11の中継地を経て9月7日、国内聖火リレーが開始される沖縄に到着。9月9日「聖火号」〔全日空〕は鹿児島に到着後、宮崎を経由し北海道・千歳へ向かう。国内の聖火リレーは下記4つのルートとなっていた。

1 9月9日（水）～10月9日（金）
鹿児島 → 熊本 → 長崎 → 佐賀 → 福岡 → 山口 → 広島 → 島根 → 鳥取 → 兵庫 → 京都 → 福井 → 石川 → 富山 → 新潟 → 長野 → 山梨 → 神奈川 → 東京

2 9月9日（水）～10月8日（木）
宮崎 → 大分 → 愛媛 → 高知 → 徳島 → 香川 → 岡山 → 兵庫 → 大阪 → 和歌山 → 奈良 → 京都 → 滋賀 → 三重 → 岐阜 → 愛知 → 静岡 → 神奈川 → 東京

3 9月9日（水）～10月7日（水）
北海道 → 青森 → 秋田 → 山形 → 新潟 → 群馬 → 埼玉 → 東京

4 9月9日（水）～10月7日（水）
北海道 → 青森 → 岩手 → 宮城 → 福島 → 栃木 → 茨城 → 千葉 → 東京

東京都庁に集まった各コースの聖火は、10月9日、聖火台で集火式が行われ、10日14：35から国立競技場までの6.5kmを男子5名、女子2名で最終聖火リレーが行われ、最終聖火ランナー〔広島原爆投下の1945年8月6日広島に生まれた陸上競技選手〕坂井義則さんに渡され、15：03国立競技場に到着、聖火台へ点火された。

海外聖火リレーの空輸総距離1万5508km、地上リレー総距離732km、

参加リレー走者870人。国内4コースの空輸総距離2692km、地上リレー総距離6755km〔リレー総区間4,374区間〕、参加リレー走者10万713名と記録されている。

オリンピックの顔と顔 ㉙33

10月に開催された第18回夏季オリンピック〔東京オリンピック〕のテーマソング『東京五輪音頭』。昭和38〔1963〕年6月3日〔オリンピックデー〕に発表された宮田隆作詞・古賀政男作曲のNHK選定曲。発表の際歌ったのは三橋美智也。コロンビア専属だった古賀は、各レコード会社にこの曲に限り録音権を開放したため、橋幸夫、坂本九、北島三郎他多くの歌手が歌って発売された。しかし、三波春夫のレコードが最も売れ1964年末までに130万枚を売り上げる。1963年、第14回NHK紅白歌合戦のエンディングではいつもの『蛍の光』ではなく、『東京五輪音頭』が歌われた。

オリンピック開会式の天気 ㉙33

10月10日土曜日、第18回夏季オリンピック開会式が東京・国立競技場で開催。前日10月9日は台風接近により雨だったが、当日は秋晴れとなった。テレビ実況担当のNHK北出清五郎アナウンサー――「世界中の青空を全部東京に持ってきてしまったような、素晴らしい秋日和でございます」。ラジオ実況担当の鈴木文彌アナウンサー――「東から西から、南から北から、海を越えて、空を飛んで、世界の若人が、世界のスポーツマンが、東京に集まって来ました」。

オリンピック ㉙38

昭和39〔1964〕年10月10日～24日、第18回夏季オリンピックが東京で開催された。参加国は94カ国、参加選手・役員は7495人。日本は金16、銀5、銅8個を獲得。この東京大会から柔道が正式競技となり、初めて通信衛星を使ってテレビ実況が行われた。競技会場は国立霞ヶ丘陸上競技場、駒沢総合運動場他、30開場が改造または新設された。

ホテル建設ラッシュ ㉙38

昭和34〔1959〕年に第18回夏季オリンピック〔東京オリンピック〕の開催が決まり、昭和35から37年にかけてオリンピックに向けて国際的基準のホテルが建設されていく。ホテルオークラ、ニューオータニ等、バスルーム、ベッド等の客室の設備・広さ、客室数、複数のレストランやバー、ルームサービス、大ホール等様々な面でグローバル・スタンダードなものが目指された。

|コスイギン| ㉙ 42
アレクセイ・ニコラエヴィチ・コスイギン Алексей Николаевич Косыгин〔1904年3月5日（ユリウス暦2月20日）～1980年12月18日〕。1964～1980年ソビエト連邦首相。1964年10月15日、ソ連共産党は高齢と健康悪化を理由にフルシチョフ首相を突然解任。首相にコスイギン、党第一書記にブレジネフが就任した。

|TVカバー| ㉙ 48
テレビが憧れだった時代、テレビは貴重品で、家族が集まる中心に置かれた。またテレビ放送が始まった頃は、番組が放送される時間帯も限られていた。そんなこともあり、当時は放映されない時間や見ない時には破損防止や埃がつかないようにテレビ専用のカバーが掛けられていた。テレビカバーには厚みがある織布の品、白地で開口部にゴムが入っていてテレビを包み込む品等があった。

|ビニールの人形に空気を入れる| ㉙ 54
昭和28〔1953〕年、空気を入れるビニール玩具がデパートで販売され、大反響を呼ぶ。空気入れビニール玩具は豊かな色彩、軽量、折りたたみが簡単で、汚れたら水拭きができた。昭和35年「木のぼりウィンキー」「黒ん坊ブラちゃん」という名前で売り出された「ダッコちゃん」が大ヒットする。

|線路に大きな石| ㉙ 55
1月5日、鳥取県鳥取市の山陰本線で4歳と6歳の男児が線路に置き石をし、貨物列車が脱線。

|ひけぎわの立派な人| ㉙ 60
池田隼人（はやと）〔明治32（1899）年12月3日～昭和40（1965）年8月13日〕。第58～60代内閣総理大臣。所得倍増を唱え、高度経済成長を実現させた。昭和39年10月25日、入院中の池田首相が病気療養のため「みずから省みて、たらざるところの多かった私に四年有余の長きにわたり、支援と鞭撻を惜しまなかった国民各位、とりわけ政治にたずさわる与野党の友人諸君に心からの感謝の意を表します」という辞意を表明する〔新聞掲載時、「池田さん引退」という見出しが載った新聞は置かれていない〕。

電車が線路を回るおもちゃ

㉙ 81

昭和34〔1959〕年、富山商事〔現・タカラトミー〕は、「流行に左右されない、息の長い玩具をつくろうと」いう考えから、手動式の架空の蒸気機関車、貨車4両、レールのセットの「プラスチック汽車・レールセット」を発売。大きさは円の直径432㎜。当時どこの家庭にも存在した「ちゃぶ台」の上で遊ぶことができるサイズだった。そして昭和36年、レールの連結部等の改良をした電動式「電動プラ汽車セット」が発売される。電動車両、三両編成、青いレールという現在に至る「プラレール」の基本が完成。このシリーズは『暮らしの手帳』で鉄道玩具としての面白さを高く評価された。昭和39年、東海道新幹線の開業に合わせ、「夢の超特急ひかり号」を発売。シリーズ名を「プラレール」という名称にし、ロゴマークが作製された。現在もプラレールは車種や情景部品の種類が増え、日々進化を続けている。

朝一番で関西・九州出張

㉙ 87

昭和36〔1961〕年、ジェット機が東京―福岡便就航。関西へは新幹線でも日帰り出張は可能となる。

宿六

㉙ 89

やどろく。亭主を卑しめていう言葉。

時差出勤

㉙ 91

1日の労働時間は変えず、業種・職種によって勤務する始業・終業時間を変える制度。

インスタントラーメン

㉙ 103

昭和33〔1958〕年、日清食品からインスタントラーメン「チキンラーメン」が1袋35円で発売された。調理・味付不要の言葉通り、袋から即席を取り出してどんぶりに入れ、熱湯をかけて3分後に食べられる便利さに年間600万食を売り上げ、大ヒットとなった。日本の代表的食べ物、即席麺の誕生である。

初期のインスタントラーメン

富士の高嶺に降る雪も

㉙ 106

作詞者不詳、陸奥明（むつあきら）作曲『お座敷小唄』の冒頭部分。

1965 昭和40年

出来事

01/20	「ジャルパック」発売。		
02/22	北炭夕張炭坑でガス爆発。	02/07	米：米軍ヴェトナム北爆開始。
		02/21	米：黒人運動指導者マルコムX暗殺。
03/10	富士山頂に気象レーダー完成。	03/18	ソ：宇宙遊泳に成功（ボスホート2号）。
06/01	福岡県・山野炭坑でガス爆発。		
06/12	家永三郎、教科書検定を違憲として国に対し民事訴訟起こす。		
06/22	日韓基本条約調印。		
08/03	松代群発地震（〜昭和42年）。	08/09	シンガポール、マレーシアから独立。
		08/11	米：ワッツ暴動。
09/24	国鉄「みどりの窓口」開設。	09/01	インドとパキスタン、武力衝突。
		09/23	インドとパキスタン、停戦。
10/21	朝永振一郎、ノーベル物理学賞決定。		
		11/09	フィリピン：マルコス、大統領当選。
		11/10	中：文化大革命始まる。

トピックス 明治村■エレキギターブーム■ピンク映画■緑の窓口■オロナミンC■アイスノン

ファッション カラー：ルミナスカラーと紺赤白のトリコロール■VANルック、JUNルック■カレッジルック■ボンド・スタイル、コンチネンタル調■スラックス流行、パンタロンの流行もはじまる■トンボ・メガネ流行■シフォンのロングスカーフ爆発的人気■パンティストッキング登場

流行語 期待される人間像■アイビールック■やったるで■スモッグ■フィーリング■しごき■ブルーフィルム■モーテル

ベストセラー 池田大作『人間革命（1）』■大松博文『なせばなる』■大松博文『おれについてこい！』

スチャラカチャンチャン ㉙128
田川市が発祥といわれる福岡県の民謡『炭坑節』の前奏部分。西武ライオンズは、前身西鉄ライオンズの本拠地が福岡というご縁から、『炭坑節』を応援歌として採用している。

金田正一 ㉙129
かねだ・まさいち〔昭和8（1933）年8月1日生〕。元プロ野球投手・監督・解説者。昭和25年、国鉄スワローズに入団。昭和39年12月23日、東京・大手町の読売新聞社で巨人軍は、国鉄の金田正一投手の入団を発表。国鉄での金田選手の15年間の記録は353勝267敗、奪三振4065、防御率2.27。引退までに通算400勝を達成。引退後はロッテ・オリオンズ監督を務めた。

大松博文監督 ㉙133
だいまつ・ひろぶみ〔大正10（1921）年2月12日〜昭和53（1978）年11月24日〕。昭和16年、陸軍に召集、第31師団に配属、インパール作戦に従軍。昭和29年、ニチボー貝塚女子バレーボール部監督に就任。スパルタ式トレーニングで「鬼の大松」と呼ばれた。昭和36年、ヨーロッパ遠征では全勝し、チームを「東洋の魔女」と呼ばれるまでに成長させ、昭和37年、東京オリンピックで全日本女子バレーボールチーム監督として、チームを世界一に導く。著書に『俺についてこい！』『なせば成る』〔いずれも講談社〕がある。

タイツ ㉙135
パンティストッキングの厚手の物をタイツという。パンティスト

ッキングは、昭和40〔1965〕年、厚木ナイロン工業によって開発され大流行した。ちなみに米語ではpantyhose、英語ではtightsという。

東京タワー

㉙136

〒105-0011東京都港区芝公園四丁目2-8にある電波塔の愛称、正式名称は日本電波塔。電波発信の中継基地として昭和33〔1958〕年12月23日、完工式が挙行され、翌12月24日から一般公開された。以前は『サザエさん』に登場するように有料の望遠鏡が設置されていたが、現在は撤去され双眼鏡が貸し出されている。設計は内藤多仲（たちゅう）、施工は竹中工務店。高さ333m、総工費28億円。高さはパリ・エッフェル塔の312mより高く、当時の自立式鉄塔としては世界最高。平成25〔2013〕年6月、国の登録有形文化財に指定される。竹中工務店は、織田信長の元家臣で宮大工の初代竹中藤兵衛正高が慶長15〔1610〕年創業。東京タワーの他に、日本武道館、札幌・東京・ナゴヤ・大阪・福岡の5大ドーム球場も竹中工務店の作品で、「想いをかたちに　未来へつなぐ」作品が沢山存在する。東京のシンボル的建物だったことや怪獣が高い建物が好きなのか、映画ではガメラ、モスラ等様々な怪獣に何度も破壊されている。一方、『ウルトラQ』の第19話「2020年の挑戦」では「Xチャンネル光波」を東京タワーに照射し、誘拐怪人ケムール人を倒している。

東京タワー

音楽学校の声楽科合格

㉙138

人の声は各人の趣味もあり、人を不快にさせやすい。防音室がない時代、音楽学校の受験勉強となれば、同じところを何度も繰り返し歌ったりしていた…。さぞかし、ご近所の方は大変だったろうと思います。

トンマ、ボケナス

㉙141

「とんま」は頓馬と書き、まぬけのこと。「ボケナス」は惚け茄子。ぼんやりした人のこと。いずれも人を罵っていう言葉。

花の他には松ばかり

㉙142

宝暦3年（1753）3月、杵屋弥三郎が作曲かといわれている『娘道成寺』の謡――「花の外には松ばかり　花の外には松ばかり暮れそめて鐘や響くらん」

|うたはサノサか都都逸か| ㉙143
作詞不詳・陸奥章作曲『お座敷小唄』の6番の最初の部分。

|あられもない| ㉚15
ひどくだらしない姿。

|教室の入口の扉から黒板拭き| ㉚16
子供のいたずらの一つ。前後に開閉するドアの場合は、ドアを少し開いて黒板消しを置いておいた。センセイ、危い！

|ピストル式の水鉄砲| ㉚17
7月、水浴びの際、ピストル型の水鉄砲が大人気となる。

|自動ドア| ㉚23
昭和32〔1957〕年、油圧式・空圧式の自動ドアが開発され、新築のビルや会社等で普及し始める。昭和39年、東海道新幹線開業の際、国鉄が初めて自動ドアを導入。掲載作品のドアは「開き戸」で、当時は開き戸の自動ドアが多かった。

|団地訪問| ㉚25
2月17日、東京都足立区の団地で中3の二人組〔両者15歳〕が、主婦を脅して縛り、2700万円を奪って逃走。金欲しさからの犯行で、すぐに逮捕される。

|ドアチェーン| ㉚25
団地の玄関のドアに防犯のため、ドアチェーンが設置されている。ドアチェーンは内側から短い鎖を取り付けて、ドアが鎖の長さまでしか開かないようにする。

|栄養剤CM| ㉚26
大塚製薬は昭和40〔1965〕年2月、飲みやすくておいしい「オロナミンC」を発売。価格は120ml入り100円。炭酸入りのため医療品とは認められなかったが、駅の売店、自動販売機等で売られ、10カ月で10億本が生産される。広告のキャッチコピーは大村崑の「元気はつらつオロナミンC」。また武田薬品工業では三船敏郎を起用した「飲んでますか？」の「アリナミンA」も話題となり、栄養ドリンク剤ブームとなった。

メンデルスゾーン ㉚ 38

メンデルスゾーン

ヤーコプ・ルートヴィヒ・フェリックス・メンデルスゾーン・バルトルディ　Jakob Ludwig Felix Mendelssohn Bartholdy〔1809年2月3日～1847年11月4日〕。ドイツ・ロマン派の作曲家。バッハの復興、ライプツィヒ音楽院設立等に尽力。『真夏の夜の夢』『交響曲第4番「イタリア」』『ヴァイオリン協奏曲ホ短調』『無言歌集』等の作品がある。

老生 ㉚ 39

ろうせい。老人が自分を謙遜して呼ぶ言葉。

人間よたまには自然に帰れ ㉚ 44

3月、厚生省はサリドマイド児の特別登録制度と治療・訓練を全額公費で負担する方針を決定する。四日市市の公害対策課は4月から公害地区の小学校4校の全児童にスモッグ除けの活性炭を入れたマスクを配布。呼吸器系疾患を持つ生徒の他、頭痛、眼の痛み、吐き気を訴える者も多く、子供たちは授業中もマスクをつけていた。大気汚染、水害汚毒等、公害の問題が大きく取り上げられ、『サザエさん』も「自然に帰れ」と訴える。

オリンピック映画 ㉚ 45

映画のパンフレット

昭和39年、東京オリンピックの公式記録映画、市川崑監督『東京オリンピック』が、昭和40年3月20日に封切られた。国内で12億2321万円の配給収入を記録。昭和41年5月15日には『東京オリンピック』のフィルムを新たなスタッフにより、新たに編集・再構成した作品『オリンピック東京大会　世紀の感動』も公開された。

映画館のアイスクリーム売り ㉚ 48

当時は東宝系映画館の休息時間にアイスクリーム売りが首から箱を下げ、アイスクリームを売っていた。保冷箱に入って売られていたのは「もなかアイス」。昭和39年頃、東宝不動産によると、東京・丸の内の旧丸ノ内ビルヂングに日本初の多種類アイスクリーム専門喫茶「東宝パーラー」があり、映画館で飲食事業を行っていたということから、もなかアイスはここで作られていたのかもしれない。

デパート地下食料品売り場

㉚ 52

昭和11〔1936〕年、松坂屋名古屋店に日本で初の「デパ地下」が登場し、その後各地に広がっていく。デパートの地下を食料品売り場にするのは、魚をさばいたり、簡単な調理をするのに必要な水、ガス、電気等の配管が上階に設置するのに比べて低コストのため、といわれている。さらに、水やにおいが漏れても他の階への影響が少ないことも挙げられる。また、地下鉄からそのまま入店できるという集客の利便性もある。

007ルック

㉚ 52

昭和40〔1965〕年、「ボンドルック」「007ルック」のキャンペーン合戦が繰り広げられた。また、書類を内部にファイルでき、乗り物などでデスク代わりになる、薄く小型のアタッシェケースもビジネスマンにもてはやされた。

007はイギリスの作家イアン・フレミング　Ian Fleming〔1908年5月28日～1964年8月12日〕のスパイ小説、及びこれを原作とする映画の主人公で、ジェームズ・ボンド　James BondはMI6の工作官。『ロシアより愛をこめてFrom Russia with Love』『ゴールドフィンガー Goldfinger』等「007シリーズ」が大ヒット。

007ルックの広告

メリケン粉

㉚ 60

米利堅粉。小麦粉のこと。アメリカ人がもたらした小麦粉をうどん粉と区別していう。

都都逸

㉚ 61

どどいつ。7・7・7・5の口語調の俗曲の一種。

炯眼おそれいります

㉚ 61

炯眼（けいがん）は物の本質を鋭く見極める力のこと。

ベトナム

㉚ 66

第二次インドシナ戦争ともいう。ジュネーブ協定成立後、フランスに代わってアメリカは南ヴェトナムのゴ＝ディジェム政権を援助し、反共軍事体制の確立を目指した。一方、1960〔昭和35〕年12月、反ゴ勢力の共産主義者と民族主義者は、南ヴェトナム解放民族戦線〔ヴェトコン〕を結成、ゲリラ活動を強化した。1963〜1964年、南ヴェトナム政府は不安定となり、ヴェトコンは力を増していった。1965年、アメリカは海兵隊を派遣し、北ヴェトナムへの北爆も開始。次第にヴェトコンを中心とするヴェトナム人対アメリカ軍という性格が強まっていく。国際化の様相を強めていったヴェトナム戦争だが、長引く戦争に米国内の戦争反対が高まり、1973年10月22日、ニクソンは北の和平提案に同意、1973年1月27日、ヴェトナム和平協定が調印され、翌日停戦が発効。3月29日、米軍撤退は完了。ニクソンは戦争終結宣言を行う。1975年4月30日、サイゴン陥落。ヴェトナム共和国は消滅する。

ストリップ劇場

㉚76

昭和40年代、ストリップ劇場は全国に300軒以上あった。昭和40〔1965〕年中頃から、少人数の役者が寸劇を行うピンク芝居といわれるものがブームとなる。

熱帯植物園

㉚82

神代植物公園か小石川植物園か？　10月、宮交ボタニックガーデン青島〔宮崎〕では、熱帯性大温室建設に伴いブラジル、アルゼンチン両政府、ハワイ州バーンズ知事のご厚意により植物の移入等、植物による国際的締結が行われる。また、シンガポール植物園と姉妹植物園の締結も行われた。

商店街一斉閉店

㉚84

労働時間短縮に向けた行政指導が始まる。昭和31〔1956〕年5月、大阪労働基準局の指導のもと、大阪松屋町地区商店街が毎日曜日一斉休日となる。昭和32年9月からは、東京日本橋横山町問屋街が毎日曜日一斉休日となり、それ以後全国に広がり、昭和33年9月末までに2000以上の団体で実施された。10月、労働省は「週休制の推進及びこれに伴う余暇の善用について」〔基発第663号〕を発出し、全産業に週休制を普及させることとなる。

ぺろぺろキャンディー

㉚87

円盤に串を刺した形の大きな飴。アメリカではロリポップ lollipop と呼ばれている。

お風呂屋のスト ㉚ 98
4 月 26 日、都内 2580 件の公衆浴場が、料金値上げを要求して一斉休業。4 月 27 日に中止されたが、6 月 4 日再びストとなった。

農大の登山訓練 ㉚ 104
5 月 15 日、東京農大ワンダーフォーゲル部員が山梨県へ合宿に行き、新入生に暴行。新入生の和田君は合宿から 4 日後、死亡。OB の監督他が傷害致死容疑で逮捕された。

企業の座禅研修 ㉚ 104
高度成長期、座禅研修は企業が行う社員研修や合宿で取り入れられた。

ハンドルをまいて屋根をだす ㉚ 105
雨の日に伸ばしたりするのは「オーニング」という。戦後、店先の軒先に日除け、雨除け等のテントが使用され、その後、ハンドルを回すとテントの出し入れを行う巻上げ式テントが流行した。

災害非常持ち出し ㉚ 113
2 月 22 日、夕張市北炭夕張炭鉱のガス爆発で 61 人死亡、6 月 1 日、福岡県山野炭鉱のガス爆発で 237 人死亡と、炭鉱のガス爆発が続く。また、6 月 26 日、川崎の急造宅地での土砂崩れで 24 人が死亡、と様々な災害が起きた。

文化人 ㉚ 114
文化の創造的な分野に携わる人のこと。芸術家、研究者等、主に芸術、学問の分野を職業とする人。

投資信託 ㉚ 114
投資信託とは、投資家から集めたお金を一つの資金としてまとめ、運用のプロが株式、債券などに投資・運用する商品のことで、運用成果が投資額に応じて分配される仕組みの金融商品をさす。そのため、投資信託は元本が保証される金融商品ではない。

ツーピースの海水着 ㉚ 123
7 月、ワンピース型の水着に代わり、セパレーツの水着が大流行。セパレーツ型はビキニほどの露出度はなく、おへそが隠れるデザインだった。この夏、海水浴場ではセパレーツの水着、エスキモー・スタイルのサングラスでモンキーダンスを踊り、砂浜麻雀に興じる若者の姿が見られた。

アンプル ㉚124
ampoule〔仏〕。注射剤1回分を入れた小さなガラス製の容器。通常頸部を細くしたガラス管で頸部をハート形のアンプルカットやヤスリで切り、中身を注射器で取り出す。2月11日～20日、アンプル入り風邪薬により5人が死亡。成分のアミノピリン等、ピリン系薬物が問題となり、20日、大正製薬とエスエス製薬が自主的に販売を停止し、宣伝も自粛した。

パン切包丁・パン切ナイフ ㉚130
パン切包丁・パン切ナイフとは、パンとの摩擦を減らすために細身で、荒い鋸状の波刃となっているナイフ。フランスパンなど外側が固くて中が柔らかいパンをきれいに切り分けるのに適している。

丑の日 ㉚133
夏の土用の丑(うし)の日は、ウナギのかば焼きを食べ、寒の丑の日には女性は口紅をつけるといわれている。

ビキニ ㉚136
ビキニ・スタイルともいわれる。トップスとパンツがセットとなったセパレート型女性水着。1946年フランスで考案された。しかし肌の露出度が高かったため、1960年代初頭までアメリカでも一般ビーチであっても着用禁止となっていた。昭和25〔1950〕年日本に登場したが、1970年代になってから一般に広まる。昭和50年、グラビアアイドル、アグネス・ラムの「日焼けした小麦色の肌」のビキニ姿が大きな話題を呼んだ。

潤沢に生地を使った… ㉚136
ビキニを見ての驚きの反語的表現。潤沢(じゅんたく)＝ゆたか、豊富に生地を使った、の意。

デパートの屋上の遊園地 ㉚137
昭和30年代初め〔1950年代半ば〕から昭和40年代半ば〔1960年代後半〕絶頂期だったデパートの屋上にある遊戯施設をさす。昭和21年12月、進駐軍に接収されなかった松屋浅草店1階〔150坪〕でスポーツランドが再開された。豆電車3両、自動木馬3台、ボール投げ1台は子供たちに大評判となる。屋上遊園地は常設されてはいなかったが、日本橋三越では昭和30年、おサルの電車「ニコニコ号」、昭和33年「楽しいディズニーランド」が開催。子供たちにとって、デパートは大食堂、屋上遊園地等、家族そろって半日から一日過ごす楽しみの場であった。

斜陽産業　㉚ 141

日本映画はテレビの急速な普及により、観客動員数が昭和33〔1958〕年の11億人強をピークに下降し、昭和38年には5億人強となる。日本映画はこの頃から斜陽産業となっていく。昭和40年8月31日、松竹京都撮影所が閉所。松竹は監督、俳優、製作スタッフ、従業員らを半減させ、それまでの月3〜4本の製作を2本に減らした。

ストレス　㉛ 11

英語のstressはdistress〔苦痛、苦悩〕が短くなった言葉。1914〔大正3〕年、ウォルター・キャノン Walter Cannonは、stressを精神的な意味、酸素不足等の意味で用いている。1936〔昭和11〕年にはハンス・セリエ Hans Selyeが「各種有害作因によって引き起こされる症候群」の中でストレスではなく「有害作因」という言葉を用いている。これは当初ストレスという言葉が人々に受け入れられなかったからといわれている。1956〔昭和31〕年、セリエは『生命とストレス The Stress of Life』を出版し、ストレスについて語っている。

別荘ブーム　㉛ 18

経済高度成長に伴いレジャー志向の高まりや自動車等の交通機関の発達などにより、昭和37年頃から全国で別荘づくり、保養のための会社の寮の建設が盛んとなる。昭和40年7月には長野県軽井沢町商工会などが募集した「軽井沢で秘書を兼ねたアルバイト」に学生の応募が殺到。

ムウムウ　㉛ 26

昭和36〔1961〕年に大和紡績、昭和37年、帝人、東レが発売を開始したハワイの民族衣装ムームーが大流行。鮮やかな色彩と涼しさから100万着を売り上げる。

ムウムウ

カギっこ　㉛ 28

昭和38〔1963〕年「カギっこ」という言葉が流行した。「カギっ子」は、両親が共かせぎで、いつもカギを持ち歩いている子供のことをさす。親が子供の行動を把握しずらく、犯罪に巻き込まれる可能性、親子のコミュニケーション不足等が社会問題として指摘された。昭和40年9月21日、東京都は児童福祉審に「カギっ子」対策を諮問している。

ハッスル ㉛29
hustle〔英〕。昭和38〔1963〕年3月、前年にセ・リーグを制した阪神タイガースの選手31人が2週間フロリダ州でキャンプを行い、持ち帰った言葉。「精力的に働く」「元気でプレーする」といった意味で用いられる。しかしNHKでは客引き等の意味があるため禁止用語となっている。

モニター ㉛32
monitor〔英〕は監視・監査を行う者、指導を行う者。転じて、サービス・製品等の妥当性を確認する試験やその試験に関わる人をさす。

非行少年 ㉛33
7月29日、神奈川県座間町で警官2人を死傷させた後、渋谷の銃砲店に立てこもった18歳の少年が周囲の警官隊と銃撃戦となる〔18人負傷〕。少年はかっこよく撃ちまくりたかったと自供。8月1日、警視庁が青少年非行の温床になると深夜映画の取り締まりを全国に指示。当時、深夜興行の映画館は全国で1430館あり、うちオールナイトが417館あった。

チャンネル争い ㉛35
昭和40年代、テレビは一家に一台の時代だった。

ちゃらんぽらん ㉛38
いい加減で無責任なこと、その様子をさす。

おいそれと ㉛39
かんたんに。

記憶喪失 ㉛42
昭和37〔1962〕年から記憶喪失で銭湯代を19円しか払わない人が登場する。昭和40年の銭湯代は28円。3年で5割値上がったことになる。

良寛 ㉛43
りょうかん〔宝暦8年10月2日（1758年11月2日）～天保2年1月6日（1831年2月18日）〕。江戸

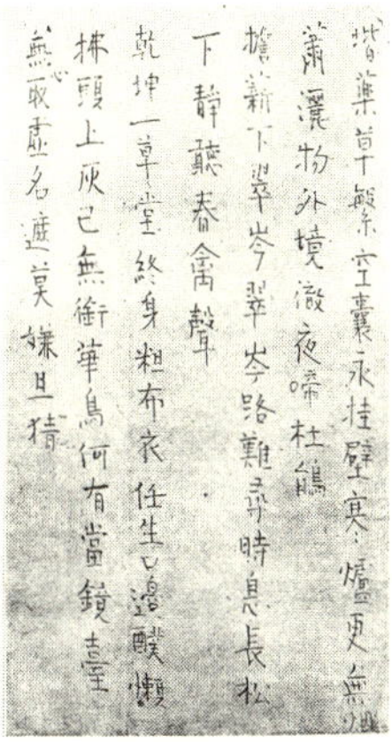

良寛の書（「小楷詩巻」の一部）

時代の後期の曹洞宗の僧、歌人。号：大愚。18歳で出家。諸国を行脚し、和歌・書・漢詩で独自の境地を表現した。

|忠臣蔵| ㉛48
歌舞伎、人形浄瑠璃の演目の1つで、1748年初演の『仮名手本忠臣蔵』の通称。江戸時代元禄期の赤穂事件を基にした創作作品。

|父かえる| ㉛48
菊池寛が大正6〔1917〕年に発表した戯曲。全一幕。当初は目立たなかったが、大正9年、二代目市川猿之助が舞台化して、絶賛された。

|俊寛| ㉛48
しゅんかん〔康治2年（1143）～治承3年（1179）〕。平安末期の真言宗の僧。鹿ケ谷で藤原成親、藤原成経他と平清盛討伐の密議が発覚して流罪となり鬼界ヶ島で亡くなった。謡曲、歌舞伎、舞台で上演される。

|訪問着| ㉛51
1 他家を訪れる時に着用する着物、2 略式の着物の礼服。

|石じまん| ㉛60
昭和40〔1965〕年、石ブームとなり、盗難を避けるため神奈川県・鎌倉と大船両署は、署管内の遺跡をパトロールしている。

|会社不振で一時帰休| ㉛61
「一時休業」と同じ意味。会社の都合により事業を休むこと。ただし、「一時帰休」の方が会社都合及び従業員を休ませるという意味が明確になる。

|リズ| ㉛63
エリザベス・テイラー　Dame Elizabeth Rosemond Taylor〔1932年2月27日～2011年3月23日〕。愛称：リズ。アメリカの女優。10歳でスクリーンデビュー。18歳でコンラッド・ヒルトン・Jr.と結婚。リチャード・バートンとの2回の結婚を含め合計8回結婚。エイズ撲滅運動に尽力した。代表作は『若草物語』『熱いトタン屋根の猫』『クレオパトラ』他。

|エッチ| ㉛66
昭和30年頃から「変質者」「変態」の頭文字Hから、いやらしい男性を意味する言葉として女子学生の間で使われた。一方、この当時生徒が使う鉛筆の硬さの主流は、HBから2Bへと変化した。ワカメちゃんがHの鉛筆を使っているとしたら、かなり硬めの鉛筆を使っていたことになる。

ダブル・フェイス ㉛ 72

double faced。生地を2枚重ねて使用すること、2枚の生地の裏と裏を張り合わせて使うといった意味。ジャケット・コート等に用いられる。ダブル・フェイスには保温性が高いウール、メルトンなどが用いられ、風を通さず、寒さを防ぐことができる。

タイマー ㉛ 74

昭和30年代頃のタイマーは、主に炊飯器に使われたようである。時間を合わせてスイッチが入るようにプラグを挿入して自動的にご飯を炊き上げた。時計と組み合わせて用いるもの、12時間後までの時間をセットできるものなどがあった。

テープレコーダー ㉛ 74

昭和25〔1950〕年、東京通信工業〔現・ソニー〕は国産初のテープレコーダーG型、翌26年には家庭用H型を発売。また昭和36年、東京芝浦電気〔現・東芝〕から「カレッジエース」が発売される。価格1万8800円。「カレッジエース」は軽くコンパクトなテープレコーダーで3時間の録音が可能だった。

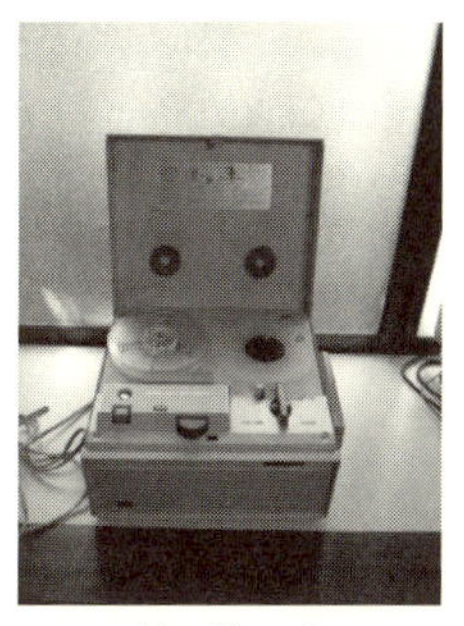

カレッジエース

朝永振一郎 ㉛ 83

ともなが・しんいちろう〔明治39(1906)3月31日～昭和54(1979)年7月8日〕。物理学者。繰り込み理論の発明により、量子電磁力学の発展に寄与した功績でノーベル物理学賞を受賞。

接着剤 ㉛ 87

接着剤という言葉は、セメダイン創業者今村善次郎が創った言葉。昭和41〔1966〕年、セメダイン株式会社のセメダインは一般工作用接着剤のJIS表示許可を受ける。一方、昭和46〔1971〕年「ボンドアロンアルファ」〔東亜合成化学工業開発・製造〕が発売される。「ボンドアロンアルファ」は、化学反応で急速に硬化、接着する従来にないタイプの接着剤として、瞬間接着剤ブームを引き起こす。昭和51年からはテレビCMを通して、従来の接着剤を凌駕する接着スピードと接着力で一般消費者を驚かせ続けている。

朝パン食 ㉛ 89

昭和30年代末頃からサラリーマンの家庭の朝食でパン食が広

がっていく。昭和35〔1960〕年には森永製菓等がインスタントコーヒーを発売。磯野家では昭和33年からトースターを使っていて、昭和44年12月10日㊴139ではテーブルで朝食をとっている。

女性の犯罪 ㉛101

昭和41〔1966〕年以降、女性犯罪は検挙人数、構成比ともに増加した。男女別にみると男性は粗暴犯の比率が高く、女性はその大半が窃盗、次いで殺人、放火。また、女性犯罪者は年代による差が少ないのが特徴といわれている。

漫画を読む大学生 ㉛102

昭和30年代以前、漫画は子供のもので、大人になってまでも読むものではなかった。ところが昭和40〔1965〕年10月7日、新聞は、漫画が大学生にも人気で奪い合いとなり、書店での立ち読みお断り等トラブルが続く、と伝えている。昭和39年、雑誌『ガロ』創刊。『忍者武芸帳』『カムイ外伝』等の作品、青年漫画誌の人気により、この頃から読者層が大学生にまで広がっていく。

ドライヤー ㉛121

濡れた頭髪を乾燥させる毛髪乾燥機。戦後、日栄電器産業が「ライトヘアドライヤー」を発売。高価だが、美容室などで広まる。当時は「髪は自然乾燥させるもの」という考えが普通だったため、一般には受け容れられなかったが、後におしゃれブームにより一般にも広まった。昭和35〔1960〕年、携帯型ヘアドライヤーの特許が取得され、家庭用ドライヤーが普及するきっかけとなる。さらに昭和40年、小型ファンモーターユニット使用のヘアドライヤーの特許が取得され、このタイプのドライヤーが主流となっていく。

モンキーダンス ㉛125

1960年代に大流行したダンスの一つ。手を上下に動かして踊るところがサルに似ていることから名づけられた。

てま賃 ㉛131

手間賃。仕事にかかった時間等に対して支払うお金。賃金。

昭和41年 1966

出来事

		01/19	印：インディラ・ガンディ、首相に選出。
02/04	全日空ボーイング727、羽田沖に墜落（その後、03/04カナダ太平洋航空機、03/05英国海外航空機、11/13全日空機と旅客機の事故が相次ぐ）。	02/03	ソ：「ルナ9号」月面軟着陸成功。
03/31	総人口1億人突破。	03/00	米：各地でヴェトナム反戦デモ。
04/07	千葉大チフス事件。	04/08	ソ：ブレジネフ書記長就任（書記長制復活）。
		05/16	中：「プロレタリア文化大革命に関する決定」発表。
06/25	国民の祝日に関する法律改正公布。		
06/29	ビートルズ来日。		
		07/01	仏：NATO軍事同盟から脱退。
		07/05	インドネシア：スカルノ終身大統領の称号剥奪（スハルト陸相が大統領代理に）。
08/05	黒い霧事件続発。	08/18	中：「文革勝利祝賀」集会。
09/25	台風26号。		
12/27	衆議院、「黒い霧」解散。		

トピックス

核のかさ■新宿駅西口広場完成■おはなはん■ウルトラマン■ツイスター■ポッキー■トヨタカローラ1100■ビートルズ旋風

ファッション	カラー：ウォーターカラー、ビビッドカラー■原宿族■少女ルック■ミリタリールック（グループサウンズから）■モッズルック（ユニセックスファッション）■カルダン■クレージュ■タートルルック■サマーセーター■ミニスカートが普及■人工皮革の靴■ロングブーツ流行
流行語	全共闘■新三種の神器（3C）■グループサウンズ■シュワッチ■こまっちゃうな■しあわせだなぁ■バーハハーイ■びっくりしたなー、もう■遺憾に存じます■〜ダヨーン
ベストセラー	池田大作『人間革命（2）』■庭野日敬『人間への復帰』■三浦綾子『氷点』

ヘアピース
㉜2
昭和41〔1966〕年、女性用部分かつら「ヘアピース」流行。

キングコング
㉜3
『キングコング』〔King Kong〕は1933年から作られたアメリカの特殊映画、もしくはその作品に登場した巨大なゴリラ。

コマーシャルソング
㉜5
コマーシャルソング〔Music in advertising／Advertising Jingle〕は、CMソングとも呼ばれ、広告・宣伝のための音楽を指す。昭和26〔1951〕年9月1日、民間ラジオ放送開始、昭和28年8月28日、民間テレビ放送開始によりラジオ・テレビからコマーシャルソングが流れ出す。小西六写真工業〔現・コニカ〕の『ぼくはアマチュアカメラマン』〔三木鶏郎作詞・作曲〕が初めて流された9月7日が「CMソングの日」とされている。一方、塩野義製薬の『ペンギンの歌』〔重園よし雄作詞・平岡照章作曲〕も9月3日に放送されている。今回波平さんが歌っているのは、昭和41年話題となったシルヴィ・バルタンが歌ったレナウン『ワンサカ娘』と思われる。☞付録：戦後昭和のTVCM

せちがらい
㉜13
世知辛い。世渡りが難しい。

ぼられる
㉜15
ひどく利益をむさぼられる

大蔵省
㉜16
家の中で財政管理の実権を握っている人。磯野家では波平さん。通常は主婦を指す。

税の申告　㉜19
波平さんが税の申告をしている。当時は会社員も源泉徴収ではなかった。

中古　㉜20
ちゅうぶる。中古（ちゅうこ）のこと。

日ソ会談の成果　㉜22、
1月21日、モスクワで日ソ航空協定・日ソ貿易協定が調印されたことを指すと思われる。

オバケのQ太郎　㉜24
昭和39〔1964〕年、小学館『週刊少年サンデー』に連載された藤子不二雄の代表作〔～昭和41年末〕。当初連載は8回で終了したが、読者からの要望により2カ月半後、連載再開。昭和40年からは小学館の学習雑誌にも連載が始まり、昭和40年8月29日から42年6月28日までTBS系で『オバケのQ太郎』〔原作藤子不二雄〕として放映され大ヒットとなる。〔しかし、昭和62年藤子不二雄〔藤本弘・安孫子素雄〕のコンビ解消等により、オバQの単行本は絶版となっている。〕

国債　㉜28
昭和40〔1965〕年11月19日、閣議で戦後初の赤字国債発行が決定され、昭和41年2月7日、東京証券取引所では公社債市場を4年ぶりに再開し、30銘柄を上場。4月からは国債も上場する。

銀時計　㉜33
第二次世界大戦まで帝国大学、学習院、陸軍士官学校等において各学部の成績優秀者〔首席・次席〕に対し、天皇から銀時計が下賜された。「恩賜の銀時計」。

うだつがあがらない　㉜36
いつも抑えられていて、思うように活躍できないこと。

口は禍の元　㉜41
不用意な発言がもとで災難を招き、身を滅ぼす要因になることがあるから、言葉は慎むべきであるということ。「口は是れ禍の門、舌は是れ身を斬るの刀なり」〔『古今事文類集・後集』から〕。Out of the mouth comes evil〔口は災いの元〕。

土地の宣伝・電車が止まると　㉜46
昭和40年代初め東京近郊の新開地では、急行待ちの際、駅前の田を宅地にして旗を立て、メガホンなどで売り込みをしていた。

イタリアン・カット　㉜47
頭をなるべく小さく見せるような髪形が流行し、昭和28〔1953〕年秋頃から「イタリアン・ボーイ・カット」が世界的に流行した。ヘップバーン・カットと呼ばれる昭和29年『麗しのサブリナ』もこの一種。

イタリアン・カット

卒中　㉜51
脳卒中のこと。脳出血〔脳血栓〕のために突然倒れる病気。

教育ママ　㉜52
自分の子供の将来に期待し、塾・習いごとに通わせる教育熱心な母親のこと。

ミニスカート　㉜58
膝上丈のスカート。ミニスカートでは、膝上10cmが㉜58、膝上20cmが㉜102に登場する。ロンドンのストリートファッションで生まれたミニスカートは、1960年代初めファッションの世界に広まる。昭和42〔1967〕年「ミニスカートの女王」と呼ばれたファッションモデル「ツイッギー」来日〔華奢な姿から「小枝のような」という意味で「Twiggyツイッギー」と呼ばれた〕。日本でもミニスカートが大流行し、昭和45年、大阪万博のパビリオンを案内する女性の制服にも採用された。☞ツイッギー〔㉟137〕

飛行機事故ノイローゼ　㉜61
この年、飛行機事故が多発する。2月4日午後6時59分、千歳発羽田行き全日空ボーイングB727型機が羽田沖に墜落、133人全員が死亡。3月4日、羽田空港に着陸しようとした香港発ブエノスアイレス行きカナダ太平洋航空ダグラスDC8型機が滑走路端の防潮堤に激突、大破。爆発炎上で64人が死亡。☞次頁、富士山飛行機事故〔㉜76〕

こんまけ　㉜63
根競（こんくら）べで負けること。「こん」が続かなくなること

アパート式墓場　㉜72
昭和34〔1959〕年7月4日、東京都は雑司ヶ谷霊園内に3階建てのアパート式墓場を建設、募集を始めた。使用料は5年で3000～1万5000円と格安だが、売り出し1カ月で売れ行きは約1割だった。

さよならサンカクまたきてシカク　㉜75
言葉遊びの始まりの言葉。
「さよなら三角、また来て四角、四角は豆腐、豆腐は白い、白いはウサギ、ウサギは跳ねる、跳ねるはカエル、カエルは青い、青いは柳、柳は揺れる、揺れるは幽霊、幽霊は消える、消えるは電球、電球は光る、光るは親父のはげ頭！」

富士山飛行機事故　㉜76
3月5日、英国海外航空〔現・英国航空〕ボーイングB707型機、富士山上空で乱気流に遭い墜落、124人全員死亡。

カミ　㉜77
じゃんけんのパー。

器量　㉜82
顔つき、容貌、みめ〔見目麗しき〕。

わたりをつける　㉜85
交渉を成就するための手がかり。その関係をつけること。

黒田節　㉜89
福岡県民謡。元黒田藩の武士が筑前今様を雅楽『越天楽』の旋律で歌ったもの。福島正則が小田原攻めの功績で豊臣秀吉から拝領した槍を、母里（もり）太兵衛が酒を飲みほした褒美として正則から拝受した故事による歌詞が有名。昭和18〔1943〕年、赤坂小梅の歌で全国的に流行した。

えだまめ　㉜117
東海林さだお氏は『週刊朝日』の「あれも食いたいこれも食いたい」で、ビールと枝豆の相性の良さを「国民的合意」と書いている。

歌舞伎の老優自殺　㉜123
6月4日、歌舞伎役者・市川団蔵〔本名：市川銀蔵、明治15年（1882年）5月15日～昭和41年（1966）6月4日〕が瀬戸内海に消える。4月に『菊畑』の鬼一と『助六』の意休役で引退していた。その後、四国巡礼の帰路、小豆島発大阪行きの関西汽船高松航路「山水丸」船室から遺留品が発見された。遺体は上がっていない。戒名「巌生院釈玲空」。辞世の句は「我死なば　香典うけな　通夜もせず　迷惑かけず　さらば地獄へ」。

サマセット・モーム

㉜ 124

ウィリアム・サマセット・モーム William Somerset Maugham〔1874年1月25日～1965年12月16日〕は、イギリスの小説家・劇作家・随筆家。両親共にイギリス人で、フランスはパリ生まれ。第一次世界大戦では軍医・諜報部で従軍。ロシア革命時は、MI6の諜報員としてケレンスキーと接触、資金援助をした。代表作に『月と六ペンス』『雨』『人間の絆』他。同性愛者としても有名。

失楽園

㉜ 124。

『失楽園』〔Paradise Lost、ユリウス暦1667年刊行〕は、17世紀イギリスの詩人ジョン・ミルトン John Milton〔1608年12月9日～1674年11月8日～10日〕の旧約聖書『創世記』に題材を求めた叙事詩。『失楽園』に対し新約聖書『荒野の誘惑』をテーマとした『復楽園』〔Paradise Regained、楽園回復とも訳される。ユリウス暦1671刊行〕もある。ミルトンはオリヴァー・クロムウェルを支持した共和派の運動家でもあった。

クロムエル伝

㉜ 124

『クロムウェル伝』は、19世紀イギリスの歴史家・評論家トーマス・カーライル　Thomas Carlyle〔1795年12月4日～1881年2月5日〕の代表作の1つ。この他『英雄崇拝論』、『フランス革命史』、ゲーテとの往復書簡などがある。オリヴァー・クロムウェル　Oliver Cromwell〔1599年4月25日～1658年9月3日〕はイングランドの政治家・軍人。イングランド共和国初代護国卿。

ほされる

㉜ 127

食べていけなくなるという意。

蝿撲滅

㉜ 133

昭和40〔1965〕年6月、東京江東区南砂町に東京湾沖合に造られた「夢の島」から蝿が大量に飛んで来て大問題となる。蝿の大量発生による伝染病を心配した行政は、蝿撲滅対策本部を設置。7月16日、タンクローリー5台分の重油を夢の島のごみの山にかけて焼き払い、蝿退治を行った。この蝿退治には保健所・陸上自衛隊・消防庁・海上保安庁等、約300人が参加。しかし、蝿の大量発生、悪臭、自然発火による火災に苦しむ江東区は美濃部都知事に「各区はごみの自区内処理。処理と迷惑の公平な負担」を求め、各区のごみを各区で処分するよう要請。ほとんどの区では区内にごみ処理場の建設を進めることとなったが、杉並区ではごみ処理場建設が進まず、昭和48年「東京ゴミ戦争」が起きた。

ビートルズ ㉜137
ザ・ビートルズはメンバー全員が英国リバプール出身のロックグループ。1956年、ジョン・レノンが結成した「クオリーメン」にポール・マッカートニーが、1958年にジョージ・ハリソンが参加。1960年8月グループ名を改名して「ザ・ビートルズ」となる。1962年、リンゴ・スターがピート・ベストに代わってドラムを担当することになる。1963年、最初のシングル『ラブ・ミー・ドゥ』を発表。1964年『抱きしめたい』で世界的人気となる。昭和41〔1966〕年6月29日〜7月3日来日。6月30日、日本武道館で第1回日本公演を行い、35分間で11曲を歌った。日本での公演は5回。1970年に解散。

素人シャンソン大会 ㉜138
日本では昭和20〜30年代に流行。昭和29〔1954〕年、東京・銀座のキャバレー「銀巴里」がシャンソン喫茶になる。昭和39年、越路吹雪の『サン・トワ・マミー』、昭和40年、岸洋子の『恋心』が大ヒットした。

殺虫剤 ㉜139
大日本除虫菊〔金鳥〕から発売の家庭用殺虫剤キンチョールは、すでに昭和9〔1934〕年から小型噴霧器専用液体殺虫剤として通用していた。昭和27〔1952〕年からはエアゾール式殺虫剤も発売されている。

鼻緒をたてる ㉝5
鼻緒（はなお）、は柔らかい緩衝材を入れた丈夫な布で、3カ所に穴をあけた草履にすげて履く。新しい鼻緒をつける場合は「鼻緒をすげる」、切れた鼻緒を直す場合は「鼻緒をたてる」という。

灸をすえる ㉝7
しかること。

配牌 ㉝8
はいぱい。麻雀で開始時に各人が牌をとる行為、もしくは取得した牌のこと。

バービィ ㉝13
Barbie。アメリカの玩具会社マテル社の着せ替え人形。初期のバービーは日本製で、山一商店・セキグチ等が携わったが、1970年代以降、生産は東南アジアへと移っていく。

少年老いやすく学なりがたし ㉝20
「少年老い易く学成り難し」。人はすぐに年をとる、だから若いうちから寸暇を惜しんで勉学に励むべきであるということ。「少年老い易く学成り難し／一寸の光陰軽んべからず／未だ覚めず池塘春草の夢／階前の梧葉すでに秋声」。朱熹の詩『偶成』による。Art is long, life is short〔芸道は長く、人生は短い〕。

大器晩成 ㉝20
優れた才能を持った人物は、時間をかけて実力を養うので大成するまでに時間がかかるということ。「大器は晩成し、大音は声希く、大象は形無し」『老子・四一』による。Who goes slowly goes far〔ゆっくり歩む者が遠くまで行く〕。

ローマ風呂 ㉝27
戦前からローマのカラカラ浴場にインスピレーションを受けたローマ風呂〔古代の神殿のような柱、タイルの壁、ステンドグラス、2層に配された大浴場が設置された風呂〕が温泉ホテルに造られたが、社員旅行や修学旅行が盛んになったこの頃からローマ風呂が各地の温泉でつくられるようになる。

ストリップ ㉝28
7月、風営法の改正で全裸ストリップは禁止となるが、昭和45〔1970〕年、大阪万博が終わると取締りが緩和され、ストリップ・シーンは次第に過激になっていく。

爪の垢を煎じて飲む ㉝31
優れた人に少しでも似ようと、つめの垢を煎じて飲むという喩え。

一中節 ㉝32
いっちゅうぶし。浄瑠璃の流派。京都で都大夫一中（みやこだいゆう）〔1650～1724〕が始めた。元禄・宝永頃、上方で流行し、後に江戸で栄える。

クーラー ㉝35
テレビ・電気洗濯機・電気冷蔵庫を「3種の神器」と呼んでか

ら10年、車・クーラー・カラーテレビの「新3種の神器」の時代となる。クーラーは当初、空気調整機と呼ばれ、昭和10〔1935〕年、国産第一号が生産されたが、当初は高価だった。そのため、クーラーは企業・デパート・通勤電車を経て、家庭に導入されていった。昭和25年8月1日、東京・高島屋で全館冷房、昭和43年5月11日、京王帝都電鉄が冷房通勤車を始める。一般の家庭に普及したのは昭和40年代に入ってから。かなり大きなもので、昭和45年6月9日㊵136では仏壇の中にクーラーが収まっている。磯野家には昭和49年2月21日の連載終了までクーラーは登場しない。

カラーテレビ

㉝35

昭和41年〔1966〕年、庶民の目標は3C〔カラーテレビ、クーラー、車〕となる。デパートの売り上げは史上最高となり、8月15日、東芝は低価格カラーテレビの販売を発表。この夏、マスオさんとサザエさんは別荘に出掛けた先輩の家の留守番を引き受け、クーラー、カラーテレビ付きの生活を楽しむ。

水枕

㉝50

後頭部の冷却に用いる袋状のゴム、塩化ビニル製の枕で、中に冷たい水や氷を入れて用いる。明治5〔1872〕年、京都博覧会で紹介され、明治36年～37年、兵庫県のラバー商会が製造。大正12年、国産初の継ぎ目がない現在のタイプの水枕が開発された。一方、前頭部の冷却に用いるのは氷嚢。

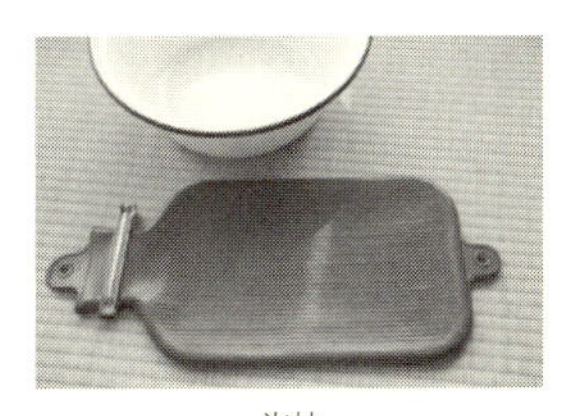

氷枕

肥満児

㉝64

前年、新聞に「千代田区の小学校が肥満児の健康管理に乗り出す」という記事が掲載される。子供たちの運動不足、食べ過ぎが問題となり、それに対し食事療法、トレーニング等様々な対策が講じられた。

ユリア食器

㉝65

8月、主婦連はユリア樹脂製食器に熱湯を入れるとその93%から有害ホルマリンが溶出することを発表する。ユリア食器は幼児用などに広く普及していたため、販売中止を厚生省に要請。今回の場面では、おばあさんは夫婦げんかで飛んでくる食器が皆ユリア食器なのを見て、まだまだ冷静と判断している…。

英会話　⑬ 67

昭和39〔1964〕年、第二次世界大戦後の日本人の海外渡航制限解除を受け、昭和40年1月、日本航空が「JALパック」〔海外パッケージツアー〕の発売を開始。海外旅行も大衆化される。これに影響されたのか、フネさんも英会話を始める。

なぜもヘチマもない　⑬ 71

理由など必要がないこと。

人事不省　⑬ 73

昏睡に陥って意識不明となる状態。

盗作問題　⑬ 77

昭和41〔1966〕年に起きた「ガン切手盗作問題」のこと。昭和41年3月19日〜4月30日、郵政省がガン切手のデザインを募集してのち。5月24日、採用作「特選」2点を発表。7月10日、顕微鏡を図案化した1点が、米国のチャールズ・ゴスリン氏の顕微鏡のイラストを模倣したものではないかと問題になり、7月11日、作者は盗作を否定したが「白紙撤回」となり、再選定となった。

かじぼう　⑬ 78

梶棒。人力車が車を引く時に握る柄。

忠犬ハチ公　⑬ 82

ハチは秋田犬〔大正12年11月10日秋田県北秋田郡二井田村〜昭和10年3月8日東京都渋谷区〕で、急死した主人・東京帝国大学農学部教授上野氏の帰りを渋谷駅の前で約9年間待ち続けた。生後2カ月で上野教授の住居、現・渋谷区松濤1丁目付近に引き取られ、ジョン、エスという2頭と一緒に飼われることとなった。大正14年5月21日、主人の上野教授が教授会の後に脳血栓で倒れ、急死。上野氏が亡くなった後、ハチは転々と家を回され、現・渋谷区富ヶ谷の上野宅出入りの植木職人でハチを幼少時から可愛がっていた小林菊三郎氏のもとに預けられる。小林氏の下で可愛がられていたハチだが、昭和2年頃から上野氏が帰宅していた時間に渋谷駅へ迎えに行くようになる。

当初は通行人や商売人から邪険にされていたハチだったが、それを気の毒に思った日本犬保存会初代会長・斎藤弘吉氏が昭和7年、東京朝日新聞に「いとしや老犬物語」という題で寄稿してからは、多くの人がハチの存在を知ることになり、「ハチ公」と呼ばれ、かわいがられるようになる。昭和10年3月8日午前6時過ぎ、渋谷川にかかる稲荷橋付近、北沢酒店北側路地入口で死んでいるのを発見される。12日、上野氏の妻、小林夫妻ほか多くの人が参列するなか葬儀が行われた。花輪・生花・電報・香典等が届けられ、多くの人がその死を悼んだ。ハチは上野氏と同じ青山霊園に葬られ、墓は上野氏のすぐ隣に建てられた。

雷様を下に聞く　㉝83
文部省唱歌、巌谷小波作詞・作曲者不詳『ふじの山』1番の歌詞。明治43〔1910〕年7月刊行『尋常小学読本唱歌』初出。

1. あたまを雲の上に出し／四方の山を見おろして／かみなりさまを　下に聞く／富士は日本一の山

親切が仇になる　㉝85
相手によかれと思っておこなったことが逆効果になる〔仇(あだ)になる〕こと。

居合抜き　㉝92
いあいぬき。抜刀術のこと。日本刀を鞘から抜く動作で相手に一撃を与える、もしくは相手の攻撃を受け流し、二の太刀で相手のとどめを刺す形・技術を中心に構成した武術。

愛の献血　㉝107
昭和39〔1964〕年、ライシャワー駐日米国大使が暴漢に襲われて手術を受けた際、輸血の副作用によって血清肝炎を発症。これが売血による血液であったことから大きな社会問題となり、政府は輸血用血液を献血により確保する体制を敷くよう閣議で決定する。こうして赤十字血液センターが各地に開設され、献血が増えていく。

ヒッチハイク　㉝110
hitch hike。通りがかりの自動車に無料でのせてもらうこと。この方法で旅することをヒッチハイキング hitchhiking、旅行者をヒッチハイカー hitch hiker という。道路の脇に立ち、目的地を大きな紙に書いてもち、腕を肩から水平方向に伸ばし親指を立てるのがヒッチハイクの意思表示。

ていたらく　㉝112
みっともない姿、ありさま、ようす。

石のタチがいい　㉝118
石の質がよい、の意。

信号の青を緑と呼ぶ　㉝122
英語では green light と呼ばれ、CIE〔国際照明委員会〕では交通信号の色は「緑・黄色・赤」で統一されている。昭和5〔1930〕年、東京・日比谷交差点に最初の信号機がついたときも「緑色信号」「黄色信号」「赤信号」と呼ばれた。一方、日本語では緑のものを「青」と呼ぶ習慣があり、新聞や人々の間では「緑色信号」を「青色信号」「青信号」といった呼び名も定着していった。昭和22年、法令でも青信号と呼ぶようになる。

塩原多助とアオ　㉝122
塩原太助（しおばらたすけ）〔寛保3年2月3日（1743年2月26日）～文化13年閏8月14日（1816年10月5日）〕は、三遊亭圓朝の『塩原多助一代記』で有名な江戸時代の豪商。

五代目古今亭志ん生の噺、『塩原太助一代記』によると——上州沼田に300石の土地を持つ塩原家の養子多助は養父母の後添えお亀の連れ子お栄と結婚する。しかし、母子は寺参りの帰り暴漢に襲われ、原丹治という武士に助けられる。母子は丹治親子と不義を重ねるうちに、多助の殺害をそそのかす。ある日お亀は多助を馬・青（アオ）と一緒に使いに出す。帰路、青は庚申塚で多助が引くのでは動かなくなる。ちょうどそこに御膳籠をしょった友人の圓次郎が通りかかり、多助に代わって青をひき、多助が御膳籠をしょって、各家に届けることになった。円次郎は庚申塚で滅多切りに遇い絶命する。ある夜、青がいななくので多助が厠に行くと原丹治親子がいて、多助は青が見た殺人犯は原丹治親子であることを確信。このままではいつか殺されることを知った多助は、宝暦11年8月満月の夜、愛馬青に別れを告げて、江戸へ旅だってゆく。

アパート経営　㉝127
昭和38〔1963〕年、建設省が新住宅建設7カ年計画を発表し、マンション建設が活発化し、第1次マンションブームとなる。昭和41年「いざなぎ景気」をむかえ、高度経済成長も後半へと進む。借地法・借家法が改正され、借地・借家人の権利が拡大。また、民法に地上権の規定が新設された。

むちうち症

㉝131

自動車の追突事故の衝撃で起こる頭部から首、腕にかけての痛み、しびれ、めまい等の症状。重症の場合は上下肢も麻痺する。昭和41年〔1966〕12月31日、交通事故死が年間1万3904人となり、この年だけで交通事故によるむちうち症患者は全国で5万数千人となる。昭和42年10月26日には、むち打ち症被害者の増加により、全国むち打ち症被害者対策協議会が発足し、対策強化を坊秀男厚生大臣に陳情した。

ハンドルなし洗濯機

㉞1

昭和35〔1960〕年、ローラー式に代わって遠心脱水機付き2層式洗濯機が発売される。昭和40年、温水でなくても水で洗える全自動洗濯機が登場。昭和47年、洗いから濯ぎまでを自動化した自動2層洗濯機がお目みえする。

プライバシー

㉞8

昭和36〔1961〕年、元外務大臣の有田八郎が前年11月に出版された三島由紀夫の長編小説『宴のあと』のなかで「プライバシーの権利を侵害された」として三島と出版社の新潮社を告訴。裁判は5年後に和解が成立したが、この裁判は「プライバシーの権利」を日本人に認識させたといえる。

ドレッサー

㉞10

ちょっとした引き出しがついた洋風の鏡台。

うさぎおいしかの山

㉞11

高野辰之作詞・岡野貞一作曲の文部省唱歌『故郷』。『尋常小学唱歌』大正3年6月初掲。

1. 兎追いしかの山　小鮒釣りしかの川／夢は今もめぐりて　忘れがたき故郷。

洋式トイレ

㉞13

サザエさんがお手伝いに行った家のトイレは洋風トイレだった。昭和34〔1959〕年、日本住宅公団が洋風便器〔隅付きタンクタイプ〕を採用し、洋風便器が普及するきっかけとなる。昭和39年輸入した温水洗浄便座の発売が開始。昭和42年からは日本住宅公団が洋風便器〔密結タンクタイプ〕を採用。同年、温水洗浄便座が国産化される。磯野家では昭和43年12月15日㊲143でトイレが水洗にされたことが分かる。

|しわい|　㉞16
吝い、けちだ、の意。

|おだてがきく|　㉞22
おだてるとその気になること。おだての効果があること。

|羽ばたき|　㉞23
毛バタキは静電気でごみを吸い寄せる効果がある。車のボディーの埃取りに使う毛ばたきは、傷をつけない柔らかな鳥の毛を利用したものが使われる。

|ドッグフード|　㉞24
昭和35〔1960〕年4月、協同飼料〔現・日本ペットフード〕は国産初ドライタイプのドッグフード「愛犬の栄養食ビタワン」を発売。この商品はブロイラーの餌をヒントに、トウモロコシ、小麦、魚粉に栄養を添加えた粉状のもので、水で練って犬に与えるものだった。その後、様々なドックフォードが売り出されるようになる。

初期の「ビタワン」(粉末)

|みえたみえたよ松原ごしに|　㉞29
『鹿児島おはら節』〔鹿児島民謡〕3番。

3. 見えた見えたよ　松原ごしに 丸に十字の　オハラハー　帆が見えた／ハッ ヨイ ヨイ ヨイヤサット

お使いワンコ

昭和38〔1963〕年12月　日付〔㉗73〕に掲載。『サザエさん』には猫、犬、ねずみ、クマなどさまざまな愛らしい動物が登場します。なかでも犬は番犬、家出犬、猟犬…とバラエティゆたか。ここではお利口なお使い犬が活躍します。お肉屋さんからもらった福引券で、1等のタンスが大当たり。喜んで目を回し、担架で運ばれます。犬が注文を書いた紙とお金を持ってお店へ行くと、店の人は商品とお釣りを風呂敷に包んで首にかけたり、籠にいれてくれる。お店が対面販売で、取引もお互いの善意の上で成り立っていたからこそ可能だった風景です。

昭和42年

1967

出来事

02/06　米軍、ヴェトナム戦争で「枯葉作戦」開始。

04/15　東京都知事選、美濃部亮吉当選。

04/18　厚生省、阿賀野川水銀中毒は昭和電工鹿瀬工場の廃水が原因と結論。

06/05　第三次中東戦争（6日戦争）。

06/17　中：水爆実験成功。

07/01　欧州共同体（EC）結成。

07/08　西日本に豪雨。

07/23　米：デトロイトで大規模黒人暴動。

08/08　米軍燃料用タンク車衝突炎上事故。

08/08　ASEAN結成。

09/01　四日市ぜんそく患者、石油コンビナート6社に慰謝料請求訴訟。

10/08　第一次羽田事件（11/12　第二次羽田事件）。

10/20　吉田茂元首相死去（31日国葬）。

10/21　米：ワシントンでヴェトナム反戦集会。

11/15　日米共同声明で小笠原諸島返還発表。

トピックス　国際クレジットカード■ゴーゴー■アングラ■フーテン族■ボウリングブーム■ルパン三世■リカちゃん人形■シャワートイレ

ファッション　カラー：原色カラフル時代■プレタポルテ全盛■イエイエ族■光沢素材流行■メキシカン・ルック■サイケ調出現■ミニスカート全盛■パンタロンスーツ登場■男性のシャツ、ネクタイのカラー化■ビキニ水

流行語　核家族■アングラ■ハプニング■フーテン族■ボイン

着流行■カラーストッキング、網タイツ流行

ベストセラー　多湖輝『頭の体操 1』■池田大作『人間革命 (3)』■多湖輝『頭の体操 2』

女性の晴れ着　㉞34

この年成人になったのは165万人。女性の晴れ着は「中振り袖」が、従来の大振り袖に代わって大流行。価格は正絹の既製品で2万～5万円、誂（あつら）えもので3万～7万円の品が主流だったという。

50の顔も松の内　㉞36

「口紅や四十の顔も松の内」子規。四十代の女性も松の内は、口紅をひき化粧をして身だしなみを整える、といったところ。女性に言ってはいけません。

ジャムの瓶　㉞37

缶に入っていたジャムが瓶入りとなる。缶切りで手を切る危険も減り、使用後蓋をして保存することもできるようになる。

総がのこ　㉞41

総絞（そうしぼり）の一種で、全部を鹿の子絞りでつくったもの。

つづれ帯　㉞41

色のついた糸で模様を織り出した織物で作った帯。

やぐら電気こたつ　㉞51

昭和32年〔1957〕年、櫓式電気炬燵が発売。温度調節はサーモスタット式で、櫓の天井部分にニクロム線を金網で覆って発熱体を取り付け、反射板に反射させて炬燵内部を温める。昭和35年、赤外線ランプ式櫓炬燵が登場する。赤外線ランプ式は電源を入れると同時に暖かさが得られ、櫓炬燵の主流となっていく。

男性のおしゃれ　㉞42

男性用化粧品MG5〔資生堂〕は昭和38〔1963〕年、透明ボトル入りで、さらっと仕上がるヘアリキッドとヘアソリッドを売り出す。さらに、昭和42年8月1日から男性化粧品のデザインを黒と銀のダイヤ模様に一新し、イギリス製スポーツカーMGとModern Gentlemenの頭文字をとってMG、それに「べたつかない」「テカテカひからない」「ソフトに仕

雑誌での見開き広告

本格的男性化粧品、MG5

上げる」「栄養を与える」「簡単に洗い落ちる」の5つの特徴を意味するMG5シリーズとして、ヘアトニック、コロンなど23種類を発売。これは18歳前後の若者を対象として開発したもので、日本初の「本格的男性化粧品」の先駆けとなった。価格150～500円。

カラーテレビ[2]　㉞54

昭和41〔1966〕年12月14日、公取委は東芝・日立等大手メーカー6社に価格協定破棄を勧告する。折しも、東京秋葉原ではボーナス日を迎えてカラーテレビの特売が行われた。当時カラーテレビは19インチ型で20万円弱だったが、翌年の1月には16万円台のものが登場、3月には松坂屋上野店で19インチ豪華型カラーテレビが14万9000円〔元は19万9000円〕となる。

無駄な抵抗はやめて　㉞56

アメリカのテレビドラマ『アンタッチャブル The Untouchables』の日本語吹き替えでこのフレーズが使用されたのが初出といわれている。昭和47〔1972〕年、浅間山荘事件の際、籠城した犯人グループに警察が「無駄な抵抗…」とマイクで説得、そのシーンがテレビで全国放送され、流行した。

布団用マットレス　㉞62

マットレスはアラビア語のMatrah「横たわる場所」に由来する言葉。床の上にマットレスを敷き、その上に布団を敷く、布団用のマットレスが登場。

甲斐性無　㉞64

かいしょうなし。頼りにならないこと、もしくはその人。

ベビーブーム　㉞66

赤ちゃんの出生が一時的に急増することをいう。日本では第一次ベビーブームが昭和22〔1947〕～24〔1949〕年の約270万人、第二次ベビーブームは昭和46〔1971〕～49〔1974〕年の約210万人。第一次世代は「団塊の世代」と呼ばれている。昭和41年12月28日、文部省はベビーブームによる大学生増加対策として、公・私立定員を6460人増とすることを発表。この頃から大学の試験会場で父母の姿が目立つようになる。

ガウン　㉞67
gown〔英〕。膝もしくは床に届くような丈の長い服。日本では部屋着・寝間着として着るバスローブをさす場合が多い。

エチケット　㉞69
étiquette〔仏〕。礼儀作法などをいう。

建国記念日反対　㉞73
2月11日、初の建国記念日。橿原（かしわら）市他、全国600カ所で祝賀記念式典が催されたが、各地で反対集会も展開された。

江青女史　㉞77
こうせいじょし。Jiāng Qīng〔1914年3月～1991年5月14日〕。毛沢東共産党主席の4番目の夫人。女優。文化大革命を主導し「四人組」を結成。毛沢東の死後、失脚。死刑判決を受けるが、無期懲役となり、病気治療仮釈放中に自殺。

艱難汝を玉にす　㉞87
かんなん…。困難な状況にあって悩み苦しむことを経て、立派な人間に成長すること。Adversity makes a man wise〔逆境は人を賢明にする〕。

短気は損気　㉞87
短気を起こすと結果的に自分が損をするという諺。Anger punishes itself〔怒りは自らを罰する〕。

ミニスカート[2]　㉞88
6月、町では老いも若きもミニスカート。6月30日には7年ぶりに警視庁婦人警察官の盛夏略式が変わり、ブルーグレーのスーツ型にスカートは従来より2～3cm短いタイトなスカート、靴は中ヒールとなる。11月には冬・夏服もスーツ型に変更される。

鉛筆をナイフで削る　㉞89
カツオ君が鉛筆を削っているのは、肥後守（ひごのかみ）という銘柄のもの。1890年代から製造された簡易折りたたみ式ナイフ。1950年代後半から子供たちに愛用されたが、鉛筆削り器や「刃物を持たさない運動」等により姿を消した。

怪獣ブーム ㉞110

円谷プロが日本初の特撮テレビドラマ『ウルトラQ』を製作、TBS系で昭和41〔1966〕年1月2日から7月3日まで放送。カネゴンなど様々な怪獣が登場した。続く7月17日、TBSテレビ系列で『ウルトラマン』放映〔〜昭和42年4月9日、円谷プロダクション製作〕が開始されると、にわかに大ヒット、「ウルトラマン・シリーズ」に引き継がれていく。

冷凍食品 ㉞124

昭和39〔1964〕年東京オリンピックの際、食材のマイナス50度での急速冷凍の技術と解凍技術の研究がなされた。選手村の食事では大量の食材調達・保存が必要であったことから、冷凍食料を解凍して調理することに取り組んだ。「冷凍食品」という表現は現在では調理済みの流通品〔例：冷凍のコロッケなど〕の印象が強いが、当時のいわゆる「冷凍食品の利用」は、食材を冷凍保存／解凍して調理提供するオペレーションであった。

東京オリンピック選手村食堂試食会（一九六三年）

選手村での食事は大好評（一九六四年）

越境入学 ㉞125

定められた学区の公立小・中・高等学校に入学しないで、学区外の学校へ入学、通学すること。

SKD ㉞128

松竹歌劇団（SKD）は、昭和3〔1928〕年〜平成8〔1996〕年、東京

にあったレビュー、ミュージカル劇団。松竹を母体として浅草に本拠地を置いた。

上座 ㉟ 1
かみざ。上位の席。

納戸 ㉟ 7
なんど。衣類、道具をしまっておく部屋。

住宅公庫に当選 ㉟ 10
都市への人口流入により大都市圏では住宅不足となり、昭和30〔1955〕年、勤労者のための集団住宅・宅地造成等を目的として日本住宅公団が設立される。公団住宅にはステンレスの流し台、洋式トイレ、ガス風呂がそろっていて、とくに若い夫婦の憧れの的だった。昭和56年、宅地開発公団と統合し、住宅・都市整備公団となる。

ダイニング・キッチン

陸橋・横断歩道橋 ㉟ 11
交通量が多く幅の広い道路に、歩行者用の横断歩道橋が設置され始める。

レースのカクテルドレス ㉟ 16
カクテルパーティや夕方のフォーマルな集いに着用する丈の短いイブニングドレス。

正六時に待つ ㉟ 17
「六時ちょうど」の意。

上杉謙信 ㉟ 21
うえすぎ・けんしん〔上杉輝虎、享禄3年1月21日（1530年2月18日）～天正6年3月13日（1578年4月19日）〕。謙信は法号。戦国時代の越後国の武将。武田信玄との川中島の戦いは有名。

定時制 ㉟ 27
学業と仕事を両立できるという趣旨の学校。

ブラインド ㉟ 30
blind〔英〕。窓の内側に付けられる窓のための覆い。外からの視線から屋内を隠し、風や太陽光を遮(さえぎ)るためにつける。

青きドナウ

⑮29

1867年にヨハン・シュトラウス2世が作曲した『美しく青きドナウ』〔An der schönen blauen Donau〕作品314。

ウィーンのシュタットパークにあるヨハン・シュトラウス2世像

クーラースタイル

⑮30

室内機と室外機が一体型の頃、壁から室外機が飛び出しているように、外に出っ張ったように窓に座っているさま。

民宿

⑮35

民宿は民間が運営する、小規模で主に設備が和式の宿泊施設。

モンタージュ

⑮40

モンタージュ写真は昭和25〔1950〕年、警視庁の前田正雄技師が考案。

美人薄命

⑮43

美人は病弱だったり、運命にもてあそばれたりして短命なことが多いということ。「佳人薄命」〔蘇軾『薄明佳人詩』から〕ともいう。

足の無いまな板

⑮46

戦前から昭和20年代、まな板には両端に3cm～5cm位の高さの足がついていた。これは低い調理台でかがむようにして調理していたためと思われる。しかし昭和30年代、公団住宅にステンレスキッチンセットが導入され、立ち作業型のキッチンへ変化し、ダイニングとキッチンがセットになったDKスタイルも普及していく。たらいで洗濯をしていたのが洗濯機に代わり、はがまを釜戸で使っていたのが電気炊飯器に…と日本人の生活もすっかり洋風化した。そして、両面使用可能、足のないまな板が登場し、都市部を中心に普及していく。昭和43〔1968〕年7月、住友ベークライトから、ポリエチレン樹脂を厚さ9mmに切り出した国産初の家庭用プラスチックまな板〔業務用の発売は昭和41年〕「マイキッチン」が発売される。家庭用のものには、まな板の上下の面に網目エンボスシートの滑り止めのギザギザがつけられた。☞まな板〔③84〕

地震・雷・火事・親父

⑮50

世の中で怖いものを並べた言葉。昨今、親父(おやじ)の存在は危ぶまれているけれど…。

果が行く ㉟ 57
はかがいく。仕事の進む程度をいう。

冷房車 ㉟ 58
1970年代、メーカーオプションとしてカー・クーラーの導入が進められた〔つり下げ式カー・クーラー〕。今日のようなカー・エアコンは1970年代後半から1980年代に一般化した。しかし、1980年代の大衆車のカー・エアコンは販売店のオプションがほとんどで、オート・エアコンは高級車等に装備されるに留まっていた。一方、私鉄では京王線などが通勤冷房車を走らせていたが、昭和45年7月31日、山手線に通勤電車での初の冷房車が導入される。

寿命が延びる ㉟ 66
昭和41〔1966〕年、寿命が男性68.35歳、女性73.61歳に延び、翌年には男性68.91歳、女性74.15歳となる。

プロパンガスの爆発 ㉟ 78
9月21日、大阪市・日本瓦斯工業会社のガス充填室付近から出火し、1時間にわたって近くにあったアセチレンガスボンベ300本が爆発。4人が負傷した。

ママさん ㉟ 79
昭和32〔1957〕年1月30日、群馬県の米軍実弾射撃場で米兵のウィリアム・S・ジラード三等特技兵〔当時21歳〕が、薬莢を拾うため演習地内へ入った日本人農婦〔当時46歳〕に「ママサンダイジョウビ」と声をかけて近寄らせ、射殺した事件〔ジラード事件〕が起き、「ママさん」という言葉が流行。平成3〔1991〕年、米国政府の秘密文書公開により、ジラード被告の日本への身柄引き渡しに関して日米間で密約が結ばれていたことが判明した。

スサノオノミコト ㉟ 81
スサノオ〔スサノヲ／スサノオノミコト〕は、『日本書紀』で「素戔男尊／素戔嗚尊」等と表記、『古事記』で「建速須佐之男命」〔たけはやすさのおのみこと／たてはやすさのおのみこと〕と表記される。高天原から追い出されたスサノオが、(川に箸が浮いて流れて来たということは川上に人が住んでいると思い) 川上へ上って行くと老夫婦と娘が泣いていた。聞くとヤ

マタノオロチが娘を次々に食べてしまったという。スサノオは強いお酒を造り、ヤマタノオロチを退治する。切り刻んだヤマタノオロチの尾の中から見つかったのが草薙の剣といわれている。

フーテン族 ㉟81
8月、東京・新宿東口駅前広場などに、長髪・ラッパズボン・ゴム草履・サングラスの格好の若者集団がたむろし始めた。彼らは定職に就かず、ぶらぶらしている無気力な若者集団で、「フーテン族」と呼ばれた。9月1日、美観を損なう、通行人の迷惑になるなどの批判を浴び、芝生立ち入りが禁止された。

安普請 ㉟82
やすぶしん。安い費用で家を建てること。粗雑なつくりの家。陋屋などと同様に、自分の家をへりくだっていう場合が多い。

太公望 ㉟90
たいこうぼう。呂尚は紀元前11世紀頃の中国・周の軍師で、「師尚父」とも呼ばれる。斉の始祖。「釣り師」の代名詞として使われる。

人のうわさも75日 ㉟91
どんな噂でも長く続かず、七十五日もすれば忘れ去られてしまうもの。A wonder lasts but nine days〔驚きも9日しか続かない〕。

天高く馬こゆる秋 ㉟96
秋は空も高く、馬も肥えるような季節である。「雲浄くして妖星落ち、秋高くして塞馬肥ゆ」〔杜審言の詩『蘇味道に贈る』〕に基づく。元々は匈奴が収穫の秋になると略奪に来るので、警告の言葉として前漢の趙充国が用いた。

男性かつら ㉟106
昭和40〔1965〕年、個人営業で「アートネーチャー」創業。昭和42年、株式会社アートネーチャー設立。オーダーメイド専用の男性カツラとして注目される。

江戸づま ㉟113
和服の褄から裾にかけて模様を配した着物。江戸時代に多くの女性が着用したことから、この名前がついたという。

動物愛護週間 ㉟114
昭和49〔1974〕年4月、動物愛護法〔動物の保護及び管理に関する法〕が施行。犬猫の虐待に対しては３万円以下の罰金が科せられることとなる。

エゴイスト ㉟ 116
利己主義者。他人のこうむる不利益を省みず、自らの利益だけを求めて行動する人のこと。

タクシー運転手 ㉟ 119
タクシーの運転手が深夜近距離のお客の乗車を拒否、もしくは規定料金の２〜３倍を要求したりして問題となった。

赤い羽根の行方 ㉟ 123
昭和22年度にスタートした「赤い羽根共同募金」運動。昭和42年９月11日、行政管理庁は、厚生省に人件費等への多額な使用が指摘される「赤い羽根募金」の使途について改善を勧告した。

香港ハンカチ ㉟ 128
中国広東省の汕頭(すわとう)の「スワトウ刺繍」のハンカチ。

芦田伸介 ㉟ 130
あしだ・しんすけ〔本名：芦田義道、大正６（1917）３月14日〜平成11（1999）年１月９日〕。東京外語大学を中退し、昭和12年、旧満州で新京放送劇団に入団。14年、森繁久彌らと満州劇団を結成。終戦、引揚げ後、舞台・映画・テレビで渋い二枚目として活躍。

物価高 ㉟ 135
10月１日から米の配給値段が14.4％の値上げとなる。お米が大豊作で政府が農家から買い上げる量が増えた。しかし、米屋に売却する価格は買い上げ金額より低く、政府の食糧管理会計が赤字となり、結果、米価の値上げにつながった。

ツイギー ㉟ 137
ツイッギー　twiggy〔1949年９月19日生〕。イギリスの女優、モデル。10月18日、来日。身長165㎝、体重41kgの華奢な体型から、ツイッギー〔小枝〕という愛称で親しまれ、「ミニスカートの女王」として広く人気をかちえた。

石川五右衛門 ㉟ 142
いしかわ・ごえもん。安土桃山時代の盗賊。文禄３年８月24日〔1594年10月８日〕処刑。

ワンマンカー

㊱8

昭和36〔1961〕年、東京・東急バスに初のワンマンカーが登場。昭和40年には自動料金箱も設置される。

国葬

㊱9

10月20日、吉田茂首相が心筋梗塞のため89歳で死去。10月31日、戦後初の国葬が行われ、国内外の4700人が参列した。

男性の長髪

㊱10

1960年代〜70年代、ビートルズやロックシンガー等の影響で男性の長髪が流行する。

訪問販売化粧品

㊱19

訪問販売化粧品は、昭和4〔1929〕年創業のポーラ化粧品本舗によって開始され、セールスマンが顧客の家を訪問して化粧品を販売。昭和30年代になると再販制度の制定があり、カネボウの本格参入、日本メナード等の新訪問販売メーカーが誕生する。昭和38〔1963〕年にはアメリカのレブロンが上陸、同年8月にはオーデコロン、香水、口紅等6品目を除く化粧品はすべて自由化され、化粧品市場は国際競争時代を迎えることとなる。

サイケ

㊱20

「幻覚的な」というサイケデリック〔形容詞 psychedelic〕、サイケデリア〔名詞 psychedelia〕の略。LSDなど幻覚剤によって起こる恍惚状態、幻覚等の感覚体験をさす。

昭和43年 1968

出来事

01/29 東大医学部で医師法改正に反対、無期限ストに突入（東大紛争の発端）。

02/20 金嬉老事件。

05/08 イタイイタイ病を公害病に認定。

05/16 十勝沖地震（死者52人）。

06/15 文化庁発足。
東大医学部学生ら安田講堂占拠（17日機動隊導入により排除）。

06/26 小笠原諸島、正式に日本復帰。

07/01 郵便番号制スタート。

01/05 チェコスロヴァキア：共産党第一書記にドプチェク選出。「プラハの春」。

01/09 アラブ石油輸出機構（OAPEC）結成。

01/30 ヴェトナム：テト攻勢。

02/06 第10回冬季オリンピック・グルノーブル大会。

03/16 ヴェトナム：ソンミ村虐殺。

03/31 米：北爆停止を宣言。

04/04 米：マーチン・ルーサー・キング牧師暗殺。

04/26 米：ネヴァダ州で地下核実験。

05/03 仏：パリ大学分校で学生と警官隊衝突（パリ5月革命の発端）。

05/11 仏：カルチェラタン解放区闘争。

05/13 パリでヴェトナム和平会談開始。

06/05 米：大統領候補のロバート・ケネディ上院議員狙撃（6日死亡）。

08/08	札幌医大・和田寿郎教授、日本初の心臓移植手術。	08/20	チェコスロヴァキア：ワルシャワ条約機構軍、チェコスロヴァキアに侵攻、全土制圧。
08/18	飛騨川バス転落事故。		
09/26	厚生省、水俣病と阿賀野川水銀中毒を公害病に認定。		
10/15	カネミ油症事件。	10/12	第19回オリンピック・メキシコ大会。
10/17	川端康成、ノーベル文学賞受賞決定。	10/31	米：ジョンソン大統領、北爆全面停止を発表。
10/21	新宿騒乱事件。		
		11/05	米：大統領選挙（11/06ニクソンが当選）。
12/10	3億円事件。		
12/29	昭和44年度東京大学・東京教育大学の入試中止決定。		

トピックス プラハの春■雪国■ニューシネマ■宝くじ、1等1000万円■ボンカレー

ファッション カラー：サイケカラー、ブリリアントカラー、ファンタジックカラー■サイケデリック・モード■サンローランがシースルールック、ジャンプスーツ発表■エキゾッチック■ペーパードレス登場■ミディマキシ登場（スカートの丈はミニ、ミディ、マキシと多様化）■ミニスカート流行■パンタロンスーツ流行■ニット水着全盛■男性のカラーシャツが一般化■男性タートルルック■ラメや光りもの■男の長髪流行（サイケやヒッピースタイル）■メガネのアクセサリー化

流行語 3億円事件■PCB■ノンポリ■大衆団交■ノンセクト■「指圧の心、母心」■ゲバ■五月病■サイケ■ハレンチ■ズッコケル

ベストセラー 池田大作『人間革命(4)』■佐賀潜『民法入門』■佐賀潜『刑法入門』

紙のドレス ㊱6

昭和43〔1968〕年、ペーパードレスが登場する。

裏口入学 ㊱30

5月、福岡教育大学付属小学校の入学選考贈収賄事件で、福岡地裁は父母9人を「道義的感覚麻痺」と贈収容疑で起訴。

踏んで開けるごみ箱　㊱31

ペダル式ごみ箱、ペダルダストボックス。生ごみが出る台所では、ブリキやプラスチック製の蓋つきのごみ箱が用いられたが、新たにペダル式ごみ箱が登場、普及していった。

蛍光灯　㊱31

蛍光灯はノリスケさんの会社㉘64、台所㉚6、スタンド㉛125／㉝45等にも登場するが、ここでは紐を引いてスイッチを入れたり消したりできるタイプの蛍光灯が描かれている。昭和14〔1939〕年、東京芝浦電気〔現・東芝、東芝ライテック〕が日本で初めて蛍光ランプを試作し、昭和16年「マツダ蛍光ランプ」として昼光色15W、20Wを売り出す。蛍光灯は明るく、白熱灯のランプに比べ寿命も長く消費電力も少なめの経済的な照明。戦後、事務所用に大量生産されるようになる。その後、環形蛍光灯が発売され、一般家庭にも普及。とにかく初期の蛍光灯は明りがつくまでに時間がかかるものだった。

パチンコ　㊱34

昭和26〔1951〕年「親指族」という言葉が流行った。当時パチンコは電動化されていなく、玉を1個ずつ投入口から入れ、ばね付きのハンドルではじくものだった。そのため、立ちながら親指でパチンコ玉をはじく姿があちこちで見られた。戦時中全面禁止となっていたパチンコは戦後各地で復活し、大人気となる。

手動式パチンコ台

グループサウンド　㊱37

もしくはグループサウンズ。略称GS。エレクトリックギター等の楽器を中心に編成され、歌唱・演奏するグループ。昭和41〔1966〕年ビートルズ来日以降、日本でも自ら演奏し歌う様々なグループがデビューし、昭和42年〜昭和44年、全国的に大流行。ジャッキー吉川とブルーコメッツ、ザ・スパイダーズ、ザ・サベージ、ザ・タイガーズ、ザ・テンプターズ、オックス他。当時は長髪・エレキギターということで不良、若者の非行といわれ、社会から顰蹙を買った。ワカメちゃんがファンだったのはザ・タイガーズの「ジュリー」こと沢田研二。

ジュリー ㊱37

沢田研二（さわだ・けんじ）の愛称〔本名：澤田研二、昭和21（1946）年6月25日生〕。歌手、俳優、作詞・作曲家。グループサウンズ「ザ・タイガーズ」のボーカリストで、少女たちから熱狂的な人気を博した。ソロ・デビュー後も『危険なふたり』『時の過ぎ行くままに』『勝手にしやがれ』など多くのヒット曲を出している。

がめつい ㊱38

しまりやだ、がっちりしているということ。昭和34〔1959〕年10月、東京・芸術座で公演された三益愛子主演『がめつい奴』の中の「がめつい」という言葉から流行したといわれている。

回転ドア ㊱45

20世紀初頭、ヨーロッパで暖房による暖かい空気を逃さないために工夫されたもの。建物の空調効果を高め、そして高層ビルではドラフト現象を避けるため採用されている。

ゴールドラッシュ・庭から金 ㊱50

3月、ドルに対しての不安からヨーロパで異常な金取引が行われ、日本にも深刻な金不足がもたらされた。この年の3月、大蔵省は昭和42年の関税法違反による密輸事件について発表したが、金の密輸入は3339kgで昭和41年の約6倍となっている。

宮本武蔵 ㊱54

みやもと・むさし〔天正12年（1584年）？～正保2年5月19日(1645年6月13日)〕。江戸時代初期の剣豪。二天一流兵法開祖。佐々木小次郎との巌流島での試合は、演劇・小説・映画等様々な題材となった。『五輪書』が有名。

ケメコ ㊱59

ザ・ダーツ『ケメ子の歌』の歌詞に由来。これに倣ってか、作品では、お寿司屋さんで、握り寿司がサザエさん8個、マスオさん2個となっている。

全学連 ㊱63

全日本学生自治会総連合の略。昭和23〔1948〕年9月18日結成。各大学の学生自治会の全国組織。当初は日本共産党の影響下にあったが、60年代、新左翼諸派が主導。角材や鉄パイプを「ゲバ棒」と称した。

マンション　㊱79
昭和43〔1968〕年、地方公務員の月収〔勤続10～15年、一般行政職、高卒〕は3万5799円。公団住宅アパート賃貸料は、東京・足立区2DKで月額2万円前後。マンションは東京・渋谷区2DK〔約33平米〕で4万8000円。分譲マンション〔東京・上野毛〕は2DK〔約51平米〕395万円。6月、建設省が行った民間分譲住宅に関する調査では、狭くて設備が劣悪などと居住者の半数以上が不満を持っていた。

ジョンソン　㊱93
リンドン・ベインズ・ジョンソン　Lyndon Baines Johnson〔1908年8月27日～1973年1月22日〕。第36代アメリカ合衆国大統領。1963年11月22日、ケネディ大統領暗殺事件により大統領に昇格、政権を引き継いだ。「偉大な社会」政策を展開。1968年3月31日、対北ヴェトナム戦闘の停止を宣言し、次期大統領選への不出馬を表明。10月31日、1965年2月以来の北ヴェトナムへの爆撃の中止、そして南ヴェトナム政府と解放戦線を和平会談に参加させることを言明した〔しかし次の大統領ニクソンは1970年5月、北爆を再開〕。

ありていに白状するんだ　㊱102
「ありのまま」白状するという意。

自動販売機のおはらい　㊱109
日本には様々な自動販売機が存在する。昭和43〔1968〕年、国鉄に自動券売機が大量に導入される。昭和45年、缶ビールの自動販売機、昭和51年、冷たいコーヒーと温かいコーヒーの、両方を販売できる自動販売機も開発された。

ロードショー　㊱117
roadshow。アメリカの映画界では、都市部で新作映画を先行上映すること。日本でもそれに倣っていた。

さもしい料簡　㊱120
いやしい考え、心のこと。

体力づくり　㊱121
5月18日、文部省は昭和42年度「体力・運動能力調査報告」を発表。これによると男性42歳、女性39歳を境に老化が始まるとされている。

|歩き食い| ㊱ 130
食べるときは座っていただくという時代に、ソフトクリームを食べながら歩くサザエさん。この習慣に変化が見られるのは、昭和46〔1971〕年、東京・銀座にマクドナルト1号店がオープンしてからではないだろうか。前年の昭和45年から銀座の歩行者天国が始まり、マクドナルドの成功はファーストフード・ブームを生み出す。こうしてハンバーガーやフライドポテトの歩き食いの姿は珍しくなくなっていく。

|かん性| ㊲ 1
癇症。1 ささいなことですぐ怒る性質、2 病的なまでにきれい好きなこと。ここでは2。

|江戸時代の物| ㊲ 4
昭和42〔1967〕年11月6日、産経新聞に当時のお金持ちの年収を江戸時代の階級と比較した記事が掲載されている。それによると長者番付1位の上原庄吉氏〔6億9300万円〕は3万石の大名、2位の松下幸之助〔5億2700万円〕は2万5千石。年俸100万円のサラリーマンは50万石取り。平均50万円のOLは大奥の25万石女中並とのこと。

|希代に効く| ㊲ 8
きたいにきく。不思議に効くの意。

|指圧| ㊲ 8
浪越徳治郎（なみこしとくじろう）〔明治38（1905）年11月15日〜平成12（2000）年9月25日〕は、指圧療法創始者。昭和43年1月10日からNETテレビ〔現・テレビ朝日〕『アフタヌーンショー』にレギュラー出演し、女性モデルを相手に指圧を披露する際に口づさむ「指圧の心、母心。押せば命の泉湧く」という言葉をモットーとして3年間放映、全国に指圧療法が広まる。マリリン・モンローに指圧をしたことでも有名。

|縁は異なもの| ㊲ 17
「縁（えん）は異（い）なもの味なもの」。男女の縁というのは不思議なもので、よくできているという意。Marriages are made in heaven〔縁組は天国でなされる〕。

|臆面もなく| ㊲ 19
気おくれした様子もなく、という意。「臆面（おくめん）」は遠慮した表情、顔つきのこと。

カブトムシブーム

㊲22、

昭和42〔1967〕年7月15日付朝日新聞夕刊10面に昆虫ブームが掲載され、昭和43年、カブトムシブーム到来。さかのぼって昭和41年、上野・松坂屋屋上では夏休み子供向け企画として、農家から直接仕入れた昆虫が売られ、中でもカブトムシ、クワガタが大人気だった。翌年には昆虫専門の卸商によって全国から昆虫が集められ、全国のデパートでも同様な催事が行われた。

ジューサー

㊲23

果物、野菜をすりおろし、栄養素と繊維質に分解してジュースをつくる調理器具。ジューサーが最初に登場したのは昭和30〔1955〕年。価格は1万5000円。昭和36年には内部が見えるように透明プラスチックののぞき窓がつく。昭和38年には絞ったカスが自動的に集められて、連続でジュースをつくることができる連続自動型ジューサーが登場。

モーニングショー

㊲25

昭和39〔1964〕年4月1日～昭和43〔1968〕年3月29日『木島則夫モーニングショー』がNETテレビ〔テレビ朝日〕に登場。その後の各局のワイドショーの先駆けとなる。司会は当初、高橋圭三〔元NHKアナウンサー〕の予定だったが断られ、木島が選ばれた。番組は朝のワイドショーで、アメリカNBC『トゥデイ』を踏襲して、事件・芸能・インタビュー等主婦層に興味ある内容を提供し、人気を呼ぶ。昭和43年7月7日の参院選では、作家・石原慎太郎、青島幸雄、横山ノックらの、タレント議員が大量当選。木島も昭和46年の参院選で当選した。

われは海の子

㊲30

『われは海の子』作詞者・作曲者不詳。1910年文部省『尋常小学読本唱歌』初掲。1番。

1. 我は海の子白浪の　さわぐいそべの松原に　煙たなびくとまやこそ　我がなつかしき住家なれ。

心臓移植和田チーム

㊲31

8月8日、札幌医科大学の和田寿郎教授が日本で最初の心臓移植手術を行った。83日後の10月29日、患者〔18歳〕は死亡。その後、本当に臓器提供者が脳死状態だったのか、患者が心臓移植するほどの疾患だったのかなど、多くの疑念が残された。12月3日、和田教授は殺

人罪で告発されたが、昭和45〔1970〕年、不起訴処分となった。

家庭用パーマ　㊲41

昭和29〔1954〕年12月、自宅でパーマをかける「ホーム・パーマ液」についてメーカーと美容業界で安全論争が繰り広げられた。その後、家庭でパーマをかける機械も改良され、広まったようである。

竹を割ったような人　㊲44

気性のさっぱりしていること。竹は一直線に割れることからこのように形容される。

明治百年恩赦　㊲50

元号が明治に改められた明治元〔慶應4・1868〕年10月23日から満100年を記念して昭和43〔1968〕年10月23日、東京・九段の日本武道館で政府主催の明治100年記念式典が挙行された。天皇・皇后をはじめ約9000人が出席〔共産党・社会党は欠席〕。明治百年記念恩赦での復権令対象者は、公職選挙法、道路交通法等の違反者他、約15万人に及んだ。

龍馬が行く　㊲55

昭和43〔1968〕年1月7日～12月29日、NHK大河ドラマで司馬遼太郎原作の『竜馬がゆく』が放映される。これにより既に刊行されていた司馬遼太郎の『竜馬がいく』全5巻は、昭和43年ベストセラー4位を記録。出演者は北大路欣也〔竜馬〕、浅丘ルリ子〔おりょう〕他。

消えゆく路面電車　㊲64

「チンチン電車」と呼ばれた路面電車。合図は停車がチン、発車はチンチン、非常停車はチンチンチンという音だったという。昭和42〔1967〕年12月9日、都電銀座線など九系統八路線が廃止された。当日23時過ぎ、都電銀座線廃止記念式典が銀座4丁目交差点で開催され、美濃部都知事、数千人のファンが『蛍の光』を歌って最終電車を見送った。昭和43年9月28日には都営トロリーバスが廃止。昭和44年5月10日、東急多摩線が廃止され、三軒茶屋―下高井戸を残して、バス路線に転換。後、地下鉄新玉川線として再生。掲載の作品に描かれた電車には、「7」と車体にあるので都電7系統。品川―四谷3丁目のこの路線は、昭和44年10月に廃止された。

車で新婚旅行　㊲69

婚約・結婚指輪、ウエディングケーキ、マイカーに缶や鈴などをつけて新婚旅行…。かくてアメリカ風結婚式が人々の間に広まった。結婚式の後にハネムーンに向かう新郎夫婦の車の後ろに、周囲の人々が空き缶をつけたり、いたずら書きをしたりして二人を祝福した。

おサルの電車復活　㊲71

9月26日、国鉄南武線で交代の車掌が乗り込まないうちに発車してしまう事故があった。一方、おサルの電車は遊園地などでおめみえするものの、昭和49〔1974〕年4月「動物保護管理法」の施行で、6月、おサルの電車は廃止されてしまう。

アルコール検査の風船　㊲75

アルコールチェッカー。

鉛筆削り　㊲82

昭和35〔1960〕年10月、浅沼稲次郎社会党委員長が刺殺され、これを機に刃物の追放運動がひろがり、子供たちの間からナイフが消えていく。これが鉛筆削り器の普及を推し進めることとなる。手動式の鉛筆削りは、昭和32年、三菱鉛筆が一枚刃の「三菱鉛筆のシャープナー」を発売。鉛筆を削り穴に差し込んで削り、下に削りかすをためるための箱がついている。電動式は昭和30年代後に普及し始め、昭和40年代後半にはスチール製学習机に電動式鉛筆削りが付属品としてつけられるようになる。

←手動

↑
電動

メキシコオリンピック　㊲87

1968〔昭和43〕年10月12～27日、第19回オリンピックがメキシコシティで開催された。日本は金11、銀7、銅7個を獲得。10月16日男子200メートル表彰式で、米国の黒人選手が人種差別に抗議する場面も。日本では、ソンブレロやポンチョ等、メキシコブームが起こった。

川端康成『雪国』　㊲92

かわばた・やすなり〔明治32（1899）年6月14日～昭和47（1972）年4月16日〕は小説家・文芸評論家。代表作は『伊豆の踊子』『雪国』『千羽鶴』『古都』他。昭和43年ノーベル文学賞受賞。昭和47年4月16日夜、ガス自殺で亡くなる。享年72歳。

ミディ、マキシ　㊲ 93

昭和43〔1968〕年、パンタロンスーツなどと共に流行。スカートの長さでは、ミニ丈は膝上、ミディ丈は膝が丁度隠れるくらい、マキシ丈は、足首やくるぶしが隠れるくらいの長さ。

遠距離通勤者　㊲ 96

一般的に片道90分を越えると遠距離通勤という。ちなみにアメリカ国勢調査局では、片道90分以上の通勤者を「長距離通勤者 extreme commuter」と定義している。

ジャクリーン夫人　㊲ 98

ジャクリーン・リー・ブーヴィエ・ケネディ・オナシス　Jacqueline Lee Bouvier Kennedy Onassis〔1929年7月28日〜1994年5月19日〕は、第35代アメリカ合衆国大統領ジョン・F・ケネディの妻。「ファーストレディ」という言葉を日本ではやらせた存在。1968年10月20日、ギリシャの海運王アリストテレス・オナシスとスコルピオス島の教会で再婚。オナシスと死別後、ニューヨークに移って編集者として働く。1994年、元大統領夫人としてアーリントン国立墓地にあるジョン・F・ケネディの墓の横に埋葬された。

マジックミラー　㊲ 99

英語では one-way mirror。明るい側からは光の一部が反射することで鏡に見え、暗い側からは光の一部が透過することにより半透明な窓に見える。

アメリカ大統領選　㊲ 101

11月5日、アメリカ大統領選挙が行われ、6日ジョンソン大統領の北爆停止声明等により、共和党のニクソンが当選し、第37代大統領に就任。

ベトナム平和宣言　㊲ 104

3月31日、ジョンソン大統領は北爆〔北ヴェトナムへの爆撃〕の部分的停止を一方的に宣言し、北ヴェトナムに対する和平交渉を呼びかけ、自らの次期大統領選への不出馬を表明する。5月13日、フランスでアメリカと北ヴェトナムとの公式会談〔パリ和平会談〕が開始。ヴェトナム和平を本格的に討議することとなる。10月31日、ジョンソン大統領は北爆全面停止を明言する。

モーニングサービス　㊲ 105
喫茶店のモーニングサービスは昭和 40〔1965〕年愛知県豊橋市の喫茶店から広まった。

たらふく食う　㊲ 107
おなか一杯食べること。

新宮殿　㊲ 108
11 月 14 日、皇居長和殿前広場〔東庭〕で皇居新宮殿の落成式が挙行された。地下 1 階地上 2 階建て鉄筋コンクリート造 7 棟〔内部装飾には東山魁夷ほか多くの画家が参加〕。

ニクソン　㊲ 109
リチャード・ミルハウス・ニクソン　Richard Milhous Nixon〔1913 年 1 月 9 日～1994 年 4 月 22 日〕は、第 37 代アメリカ合衆国大統領。1960 年大統領選挙ではジョン・F・ケネディに敗れたが、1968 年大統領選で当選し、第 37 代アメリカ合衆国大統領に就任。外交ではヴェトナム戦争からの完全撤退を実現、ソヴィエトとの緊張緩和、国内ではドルの金交換停止、輸入課徴金制度導入、物価賃金凍結等を行う。1972 年ウォーターゲート事件が起き、1974 年辞任。

園長先生を閉じ込める　㊲ 111
11 月、東大文学部で学生と林健太郎学部長との団体交渉が開始される。林健太郎文学部長は 11 月 12 日、ドクターストップで 173 時間ぶりに解放され、緊急入院となる。作品では東大の騒動が幼稚園にまで影響している。

今福　㊲ 115
今福祝（いまふくはじめ）〔大正元（1912）年 11 月 14 日～昭和 53（1978）年〕は NHK 元アナウンサー。戦前は東部軍管区情報、空襲警報、玉砕のニュース、広島原爆投下等、戦後はスターリン死去、安保、連続航空機事故等のニュースを伝えた。昭和 43 年 11 月、55 歳で定年退職を迎えるはずだったが、視聴者からの要望により現役アナウンサーとして初めて理事待遇、嘱託職契約で定年が延長となった。『サザエさん』では定年で最後の仕事を終えて帰宅した夫を励ます妻がテレビのスイッチを入れると、「ニュースをもうしあげます」と語る今福氏が登場。漫画が掲載された 11 月に定年延長となったことで話題となった今福氏の姿を落ち込む夫に見せてしまい「ハッ」とする。

|マイホーム主義| ㊲ 119
仕事や社会より私生活を優先させる意識とその生活様式(スタイル)をさす。

|テレビ電話| ㊲ 124
1970 年、大阪万博で専用回線を使った大きなテレビ電話が東京—大阪を結んで登場。

|汐汲| ㊲ 125
しおくみ。歌舞伎・日舞の演目の1つ。初演は文化8〔1811〕年3月、江戸市村座で、『汐汲』は『七枚続き花の絵姿』〔女三の宮・梶原源太・汐汲・猿回し・願人坊主・老女・関羽〕の七変化(へんげ)の1つ。三代目坂東三津五郎が演じた。在原業平の兄行平が須磨証へ流された時、松風と村雨という姉妹の海女を愛したという伝説が能で『松風』となり、それが歌舞伎・日舞にも入ったといわれている。『汐汲』では、松風が亡き在原行平の形見である狩衣を身に着けて行平を想って踊る。

羽子板

|佐藤栄作三選| ㊲ 128
11 月 27 日、自民党総裁に佐藤栄作が三選される。

|紅白歌合戦司会3人| ㊲ 128
第 19 回紅白歌合戦で、司会が紅白それぞれの司会に総合司会者が加わって3人体制となる。当日の総合司会は宮田輝アナウンサー、紅組は水前寺清子、白組は坂本九。放送時間は 21：00 〜 23：45、出場組数は 23 組、会場は東京宝塚劇場。

|師走| ㊲ 131
昭和 43〔1968〕年〜昭和 44〔1969〕年、東京大学で東大紛争〔闘争〕が起きた。昭和 43 年 11 月 1 日、大河内総長以下学部長全員が辞任、後日、加藤一郎を総長代行とする新執行部が紛争収拾にあたる。12 月 29 日、文部省は昭和 44 年度の東大入試中止を発表。東京教育大学も体育学部を除く入試中止を決定する。

|セントラルヒーティング| ㊲ 134
昭和 40〔1965〕年頃から需要が伸び、昭和 42 年、東京ガスがガス・セントラルヒーティングを発売。昭和 43 年2月、従来の

車・クーラー・カラーテレビの「3C」に代わり、セントラルヒーティング、クッカー〔電子レンジ〕、コテージ〔別荘〕が「新3C」として、新しい社会的地位の象徴といわれた。セントラルヒーティング完備の中、「昔の方がずっとあったかだった」とつぶやく年配者の女性の言葉がその後の日本を預言してはいないだろうか。

沖の鷗に潮時きけば ㊲135
『ソーラン節』1番――エンヤーレン　ソーラン　ソーラン／ソーラン　ソーラン　ソーラン（ハイハイ）／鰊来たかと　かもめに問えば　私しゃ立つ鳥　波に聞け　チョイ／ヤサエーエンヤーンサノ　ドッコイショ／ハァドッコイショ　ドッコイショ

出稼ぎ ㊲135
生活している地域を一時的、季節的に離れ、他の地域で一定の期間雇われて就労する形態。東北地方等の農民が冬の農閑期に首都圏等都市部に出稼ぎに行くことが多かった。新潟出身の田中角栄元首相は、出稼ぎをしなくても雪国で暮らせるようにと「日本列島改造論」を唱え、出稼ぎ労働者は次第に減少していった。

三億円事件 ㊲140
12月10日、日本信託銀行の現金輸送車で、東芝府中工場従業員のボーナス2億9430万7500円が運ばれる途中、東京府中刑務所横で白バイ警官に変装した男に奪われた事件〔3億円事件〕。負傷者0、犯行時間3分の犯罪だった。昭和50〔1975〕年12月10日、公訴時効が成立、昭和63年12月10日、民事時効成立。昭和43年当時の3億円は、平成26年〔2014〕年の貨幣価値で約10億円に相当する。

タートルネック ㊳4
昭和43〔1968〕年、パンタロンスーツ、ミニスカート、男性の長髪と並び、男性のタートルネックのセーター〔タートルルック〕が流行した。

誇大広告 ㊳11
消費者に商品の内容・価格等が実際より優良であると誤認させるよう表示した広告。

立志伝中の人 ㊳15
苦労と努力をして成功した人。

おトースト

㊳18

女性が上品ぽく見せるために食品の前に「お」をつけることが流行った。現在も「お酒」「おビール」「お紅茶」等は使われるが、「おトースト」はどうだろう。

忙中閑あり

㊳21

ぼうちゅうかんあり。忙しい最中でも、暇はあるということ。

1969

昭和44年

出来事

01/18　東大安田講堂攻防（神田で解放区闘争、19日安田講堂封鎖解除）。

04/07　連続射殺事件容疑者永山則夫逮捕。

05/26　東名高速道路全線開通。

06/10　昭和43年度の国民総生産（GNP）、世界第2位。

06/12　初の原子力船「むつ」進水。

01/16　ソ連の有人宇宙船「ソユーズ」4号＆5号、史上初の有人宇宙ドッキングと乗務員乗り移りに成功。

01/25　第1回ヴェトナム和平拡大パリ会談討議開始。

02/04　パレスチナ解放機構議長にアラファト選出。

03/02　中ソ武力衝突。

03/08　伊：エトナ山大噴火。

04/14　中：林彪、毛沢東の後継に。

04/28　仏：ド・ゴール大統領辞任。

07/08　米軍、南ヴェトナムから撤退開始。

07/20　「アポロ11号」人類初の月面着陸成功。

08/15　米：ウッドストック・フェスティバル開催。

09/01　リビア：クーデターでカダフィが全権掌握。

		09/03	ヴェトナム：ホー・チ・ミン大統領（北ヴェトナム）死去。
10/29	厚生省、人工甘味料チクロの使用禁止。		
11/21	日米共同声明、昭和47年沖縄返還を表明。	11/24	米ソ：核拡散防止条約批准。

トピックス 冷凍食品時代■企業のモーレツ特訓■プッシュフォン■東名高速道路全線開通■シンナー遊び

ファッション カラー：シック＆クリアカラー、トリコロール■シースルールック■ノールールファッション■ユニセックス、トランスセクシャル・ファッション登場■マイクロミニスカートとロングスカート流行■ミディ・マキシ■パンタロンスタイル全盛■シースルールック■ベストスタイル■ジーンズ定着■ブーツ流行■ロングマフラー人気

流行語 断絶の時代■エコノミック・アニマル■ナンセンス■シコシコ■チンタラ■ワルノリ■やったぜ、ベイビー■あっと驚くタメゴロー■それをいっちゃー、おしまいよ■オー、モーレツ！

ベストセラー 池田大作『人間革命（5）』■海音寺潮五郎『天と地と』■小谷喜美・石原慎太郎『対話　人間の原点』

国鉄一等をやめる ㊳28

5月10日、国鉄〔日本国有鉄道〕は1等・2等を廃止し、グリーン車料金を新設した。

月に着陸 ㊳34

7月20日、人類史上初めて「アポロ11号」が月面に着陸。

人材銀行 ㊳43

昭和42〔1967〕年7月1日、労働省は東京、大阪、名古屋に中高年対象の職業紹介機関として「人材銀行」を開設。有楽町・交通会館の人材銀行には、大会社の元部課長、元市長、技術者、語学に強い女性等が登録した。昭和44年1月24日、美濃部都知事は昭和44年限りで競輪・競馬・宝くじ等、都営ギャンブルの全面廃止を発表。これにより東京都は約90億円の減収と8000人が失業するとされた。作品では競馬の騎手が馬と一緒に働ける仕事を探しに人材銀行を訪れている。

雪のハプニング ㊳47

3月4日未明、首都圏で大雪となり都心では夕刻6時

に積雪19cmとなった。国鉄は混乱し、15：30〜18：30に大混雑のピークをむかえる。さらに3月12日1：30から首都圏は再び大雪となり、15：00に積雪は30cmとなる。雪は16：00から霙となったが、国鉄は1778本の運休となった。

ホンコン風邪　㊳49

2月1日、東京都衛生局は、昨秋からのA型香港型のインフルエンザにより累計でインフルエンザ発生学校数は939校と発表。都民200万人が感染したといわれている。

大仰　㊳53

おおぎょう。おおげさなこと。

会社合併　㊳57

昭和43〔1968〕年12月2日、川崎重工・川崎航空機工業・川崎車両が合併書に署名、翌年4月、川崎重工が発足。一方、昭和44年3月6日、八幡製鉄所と富士製鉄が合併契約に署名、翌年3月31日、新日本製鉄株式会社が発足。昭和44年4月30日、ニチボーと日本レイヨンが対等合併契約書に調印、10月1日、ユニチカ株式会社と改称される。昭和44年5月12日、三菱重工がクライスラー社と合併覚書に調印…。かくて大口合併が続いた。

焼き芋を投げ入れて戦闘スタート　㊳58

1月18日、東大で安田講堂攻防戦となり、機動隊8500人が安田講堂を包囲。1月19日、安田講堂陥落。学生631人が逮捕された。

バレンタインデー　㊳60

ヴァレンタインデー〔2月14日〕は、元々270〔269?〕年殉教したテルニの司教、聖ヴァレンティヌス〔ヴァレンティノ〕に因んで、「愛の誓いの日」といわれている。日本では女性が意中の男性にチョコレートに愛を託してプレゼント。昨今、本命だけでなく、義理チョコ、自分用など、対象が広がってきている。ちなみにヴァレンタインデーを日本で初めて宣伝したのは、神戸モロゾフ製菓〔現・モロゾフ〕で、昭和11

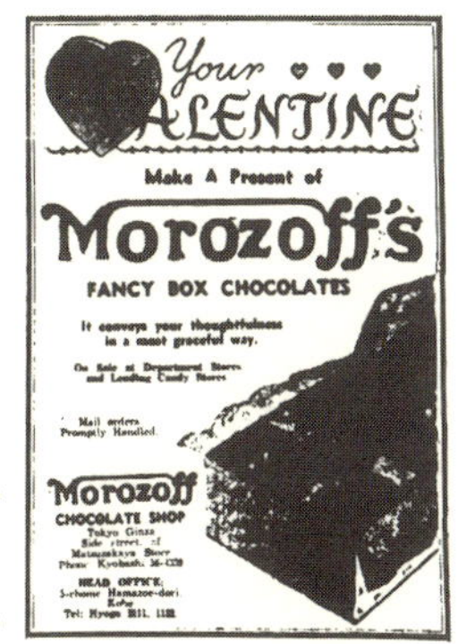

「モロゾフ」の広告

昭44

〔1936〕年2月12日付で英字新聞『ザ・ジャパン・アドバタイザー』に神戸モロゾフ製菓が掲載した広告には「あなたのバレンタインにチョコレートを贈りましょう」とある。

入学試験場に警察　㊳61

2月7日、大学紛争中真っ只中、最初に入試となった関西学院大学は警備を兵庫県警に要請し、反対派学生の怒号のなか入学試験が行われた。この年、国立大学1期校の入試は3月3日に開始。京大では機動隊3000人、教職員3000人が動員され、23人の逮捕者があったものの、無事試験は行われた。

ニッキョーケー　㊳62

学生運動で日本共産党系を「日共系」〔代々木〕、対立する左翼組織を「反日共系」〔反代々木〕と呼んだ。

カワイ子ちゃん　㊳69

昭和38〔1963〕年「シェー」「ハッスル」などと共に「かわい子ちゃん」という言葉が流行。

簡便　紙コップ　㊳72

簡単で便利なこと、手軽なことを意味する。使い捨ての紙製品が登場した。

スギチョビレスギカキスラのハッパフミフミ　㊳73

パイロット万年筆「エリートS」〔2000円〕のテレビCMで大橋巨泉が詠んだ「迷歌」。「ミジカビノ　キャプリキトレバスギチョビレ　スギカキスラノ　ハッパフミフミ」。万年筆「エリートS」はアルミのキャップ、18金のペン、ショートタイプの携帯に便利な形で、生産が追いつかないほどの大ヒットとなる。CM放送後3カ月で、会社の株価も61円から123円に上昇。

石畳をはずす　㊳74

1月18日、東大で安田講堂攻防戦となり、機動隊8500人が安田講堂を包囲。一方、東大闘争を支援する学生たちは東京・神田の街路を占拠〔カルチェラタン闘争〕し、敷石を剥いで機動隊に投石した。19日、東大安田講堂が陥落。学生631人が逮捕される。20日、東大の入試中止が正式決定。21日、警視庁は機動隊への投石防止策として、東京・神田の敷石5万枚をはがして撤去。

高校生　㊳77
昭和44〔1969〕年、大学の学園紛争が高等学校にも拡大。警視庁が全国の高校を調査したところ、2月以降、全国の70余カ所で卒業式粉砕等の混乱があり、4月に入っても混乱が続いた。

駅弁のお茶　㊳82
汽車上瓶。徹底的に家事をさぼるため、サザエさんが東京駅で駅弁とお茶を7つ購入している。お茶は、お茶の入れ物にコップを載せた陶器製のもののようである。

駅弁のお茶（陶器製）

射的　㊳88
射撃等で的を射抜く遊び。以前は縁日・遊園地・繁華街で行われていたが、現在はおもに縁日で見られる。

皿洗い機　㊳90
昭和35〔1960〕年、松下電器産業〔現・パナソニック〕が家庭用食器洗い機を発売。しかし日本の台所に置く場所もないくらいサイズが大きく、さらに洗浄の性能も不十分だった。その後、長い時間をかけて開発及び日本の台所事情を調査し、薄型で背の高い製品が開発され、家庭に普及していくことになる。

電子レンジ　㊳90
電子レンジは昭和36〔1961〕年、東京芝浦電気〔現・東芝〕が国産市販第一号を発売、昭和37年、国鉄食堂車に採用され、昭和39年、東海道新幹線のビュッフェで、スピード加熱が広く知られることとなる。昭和41年には庫内の過熱ムラを減少させるターンテーブル式の電子レンジが発売された。ちなみに、『サザエさん』連載終了まで磯野家に電子レンジは見あたらない。

レンタカー　㊳94
昭和24〔1949〕年、自家用自動車有償貸渡〔レンタカー事業〕が本格的にスタートしたが、レンタカーでの事故が多いという理由で軌道に乗ることはなかった。しかし、昭和39年、ホンダがレンタカー業務に参入し、続いてトヨタ、日産といった自動車メーカーが進出したことによってレンタカー業界は大きく成長することになる。さらに、昭和44年、ニッポンレンタカー、昭和47年、オリエント・オート・リース〔現・オリックス自動車〕と、多業種が母体となる独立系のレンタカー会社も登場する。独立系の会社では様々な自動車メーカーの車をレンタルできるメリットがある。

感心な盲導犬　㊳98

6月4日、国鉄が盲導犬を「障害者の体に一部」と認め〔以前は「荷物扱い」と規定していた〕、盲導犬と一緒に視覚障害者等が新幹線に乗車することができるようになる。

藤原鎌足　㊳99

ふじわらのかまたり。中臣鎌子（なかとみのかまこ）〔推古天皇22（614）年〜天智天皇8（669）年〕。中大兄皇子（なかのおおえのおうじ）〔後の天智天皇〕と共に大化の改新を断行し、中大兄皇子を補佐して律令制への改革を行った。臨終に際し藤原の姓を賜わる。享年56歳。

マンガブーム　㊳100

昭和43〔1968〕年『月刊ビッグコミック』『少年ジャンプ』が創刊。昭和43年『あしたのジョー』〔少年マガジン〕、『佐武と市捕物控』〔月刊ビッグコミック〕、『ハレンチ学園』〔少年ジャンプ〕、『アタックNo.1』〔マーガレット〕、『サインはV』〔少女フレンド〕、昭和44年『ゴルゴ13』〔ビッグコミック〕、『おくさまは18歳』〔週刊マーガレット〕等、多種多様なコミックが話題となる。

高速道路　㊳101

5月26日、東名高速道路が全線開通。大井松田—御殿場間が完成し、東京—愛知県小牧市の約347kmが全通、名神高速道路とも直結し東京—大阪が高速道路でつながる。

市内電話3分10円　㊳107

昭和45〔1970〕年1月30日、公衆電話の市内通話料金が「3分10円」となり、都心で実施される。それまでは1通話10円で長電話が可能だった。

着色料　㊳112

食品・口紅等化粧品などに色をつけたもの。

カラーテレビ自慢　㊳113

昭和43〔1968〕年、カラーテレビの世帯普及率は4.4%。しかし、大阪万博が開催された昭和45年、テレビはカラー化の時代に突入していく。昭和46年、NHK総合は全放送時間が完全カラー放送となり、昭和47年からテレビの受信契約数は1000万台を超え、白黒テレビの受信契約数と逆転。そして昭和49年、カラーテレビの世帯普及率は85.8%、白黒テレビは48.1%となる。磯野家にテレビが登場したのは、昭和36年10月21日㉓101。また昭和42年1月24日㉞54で、波平氏はカラーテレビの値下げを待っている。

ドゴール ㊳122
シャルル・アンドレ・ジョゼフ・ピエール＝マリ・ド・ゴール Charles André Joseph Pierre-Marie de Gaulle〔1890年11月22日～1970年11月9日〕。フランスの陸軍軍人、政治家、フランス第18代大統領。1969年、国民投票に付した上院、及び地方行政制度の改革案が否決され、辞任。

グータラして ㊳124、
無気力でのんびりしているさま。なまけているさま。

よろず屋 ㊳128
万屋。食料品、缶詰・ジュース、日用雑貨等の様々な商品を売っている商店。現在のコンビニエンスストアの前身ともいえる。

磯野家にダイニングテーブル ㊳130
磯野家もパン食の朝餉をダイニングテーブルでいただくようになる。

ブルーライト横浜 ㊳131
昭和43〔1968〕年12月25日リリースのいしだあゆみのヒット曲。京浜急行線横浜駅ホームでは今でもこのメロディが流されている。

スケスケルック ㊳134
春・夏のパリコレクションにサン・ローランが、洋服の一部に穴をあけて肌を直接見せたり、ジョーゼット、オーガンジー等、透ける布地を使ったデザインを発表。これが世界的に「シースルー・ルック」と、呼ばれ大流行。どういうわけか、日本では「スケスケ・ルック」と呼称される。

スケスケルック

ダービー ㊳138
5月25日、ダービーの売り上げが56億円余の新記録となり、世界記録を達成。東京・府

昭44

中の東京競馬場で開催された第36回日本ダービーで、本命のタカツバキがスタート直後に転倒し、騎手を振り落とした。

女上位
㊴2
家庭内で奥様の力がご主人より強いことを意味する。

クリスマスカード
㊴3
12月、山梨シルクセンター〔現・サンリオ〕は別会社サンリオ・グリーティングを設立、米国ホールマーク社と携帯してグリーティングカードの企画販売業務を開始する。誕生日、クリスマス等にカードを送り合う習慣が若者に普及していく。1枚100〜150円。カツオ君の所に届いたクリスマスカードは、はがき型カードで手書き風のカード。

赤ちゃんのおきざり
㊴4
11月28日、神奈川県横浜市西区の空き地に赤ちゃんが段ボール箱に入れられ、捨てられた。また、12月26日、赤ちゃんの死体が東京・大丸デパート女子トイレと東京・品川区のごみ集積所で発見される。さらに12月31日、奈良で夜泣きがうるさいと赤ちゃんが殺される等、赤ちゃんのおきざり、殺害が続いた。

ウォーターサーバー
㊴7
一般的に海外では「ウォーターディスペンサー water dispenser」「ウォータークーラー water cooler」と呼ばれる。アメリカでは1910年頃、汚れた水を飲めるよう濾過装置付きのウォーターサーバーが誕生。特にアメリカ南西部の乾燥した気候では、遠い所から水を運ぶ必要があるため、水を運ぶシステムのウォーターサーバーが重宝され、1930年代には水道水の確保が難しい地域を中心に普及していった。1980年代、日本にアメリカのウォーターサーバーが導入される。しかし、ウォーターサーバーが注目されるようになったきっかけは、1980年代に発売開始されたミネラルウォーターのヒットだった。日本では高度経済成長期に急速に水質悪化が進み、水道水の浄化のために薬剤が使われ、都市部の人々に「水は買って飲むもの」という意識が浸透していく。

アポロ11号
㊴14
7月20日22：56〔アメリカ東部夏時間〕、アメリカの宇宙船アポロ11号の月着陸船「イーグル」からニール・アームストロング〔38歳〕船長とエドウィン・オルドリン〔39歳〕が人類史上初めて月面に降り立った。

アポロ11号の月面着陸、宇宙飛行士たちとヒューストンとの間で交わされたやりとり、宇宙飛行士の月面での会話は世界中にテレビ放映された。

安保 ㊴27

昭和45〔1970〕年、日米安全保障条約の自動延長にあたり、条約破棄通告をさせようと安保闘争が展開される。安保闘争は昭和34～35年と昭和45年の2度行われた。

デビ夫人 ㊴27

本名：ラトナ・サリ・デヴィ・スカルノ　Ratna Sari Dewi Sukarno 旧姓：根本七保子（ねもとなおこ）〔1940年（昭和15年）2月6日生〕。インドネシア元大統領第3夫人。夫の失脚、そして没後、フランスへ亡命。

パンタロン ㊴32

pantalon〔仏〕。裾の広がったズボン。この年、パンタロンスタイルが流行〔ピンキーとキラーズの今陽子が着用して人気を呼ぶ〕。

かき氷器 ㊴35

昭和40年代、「アイスペット」等、家庭で楽しめるかき氷器が登場。

トランジスタテレビ ㊴37

昭和35〔1960〕年、ソニーは8インチの画面の世界初「ソニートランジスタテレビ8-301」を発売。このテレビはポータブル型で本体の大きさは幅21cm、奥行23cm、高さ18cm、重さ6kg。電源は電池、電灯線、自動車のバッテリーも使用できた。価格6万9800円。しかし、当時はテレビの普及率が低く、人々は買うなら据え置き型テレビをと思ったため、今一つ売れ行きは伸びなかった。それから約10年、サザエさんが月面着陸の瞬間を見ようとトランジスタテレビを機内に持ち込んでいる。

初期のトランジスタテレビ

モーレツ ㊴43

ミニスカートが風に舞い上がり、「OH! モウレツ」とモデルの小川ローザがいう丸善石油の自動車用ガソリンCMが4月1日から放映され、このキャッチフレーズ「OH! モウレツ」が流行。感嘆詞のように用いられた。また、会社への忠誠心のため、会社の目的のため、プライヴェートを犠牲にしてがむしゃらに働く「モーレツ社員」「モーレツサラリーマン」という言葉も流行った。

月の岩石黒かった ㊴44

11月26日、アポロ11号が月の「静かな海」で採取した石が、東京上野の国立科学博物館特別展で公開。大きさはゴルフボール大で黒っぽかった…。

18k ㊴46

18kのkは金の純度を示す単位のカラットkaratを表す〔ダイヤモンドなどの宝石の質量を表す単位カラットcaratとは異なる〕。24kは全体の99.99%混合物が入っていない純粋な金。24kを基準として、18kは金の含有量が18/24＝75%金が含まれているもの。

首相夫人のミニスカート ㊴49

佐藤寛子(ひろこ)〔明治40（1907）年1月5日～昭和62（1987）年4月16日〕。昭和44年、沖縄返還協定のため佐藤栄作首相が訪米の際、同行した62歳の首相夫人のミニスカート姿が話題となる。当時、多くの女性のミニスカートの丈はひざ丈より少々短い程度だったのだが。

ロングスカーフ ㊴49

5月頃からロングスカーフが流行り、ミニスカートにあわせてロングスカーフを首にかけ、街を歩く女性が多かった。

動物実験 ㊴54

5月20日、イギリスの動物実験反対国際協会は、日本の研究用動物の待遇が改善されない限り、全ての日本商品の不買を発表した。

毛利元就 ㊴68

もうり・もとなり〔明応6年3月14日（1497年4月16日）～元亀2年6月14日（1571年7月6日）〕。室町時代後期～戦国時代の安芸(あき)の国人(くにびと)領主、戦国大名。元就が息子である隆元・元春・隆景に、最初に1本の矢を折らせ、次に3本の矢を束ねて折るように命じたが、誰も折ることができなかった。このことから1本ではもろい矢も、束になると頑丈になることから、兄弟の結束を訴えたといわれている。しかし、実際は元就が弘治3〔1557〕年に記した直筆書状「三子教訓状」に由来するものとされている。

ゴルフ・ウィドウ ㊴68

ゴルフ・ウィドウgolf widowとは、ゴルフに夢中で休日に夫がほとんど家にいない、ないがしろにされた妻のことをいう。widow は「未亡人」という意味。日本ではゴルフが会社の接待の中心となり、練習場、ゴルフ場建設ラッシュとなっていく。この言葉は 1896 年にロンドンで出版されたエドワード・ケナード Edward Kennard 夫人の "Sorrows of a Golfer's Wife"〔あるゴルファーの妻の悲哀〕がきっかけといわれている。

親と対等 ㊴ 73

戦後、平和で物質的に豊かになった日本では、核家族化、少子化が進み、親子間で対等の意識を持つようになった。

野球拳 ㊴ 74

1 太鼓と三味線の伴奏で歌い踊り、じゃんけんをする遊び。2 1がお座敷芸として広まり、昭和 30 年代じゃんけんをして負けた人が脱衣するようルールが定着。また昭和 44 ～ 45 年、テレビ放送された『コント 55 号の裏番組をぶっとばせ！』で罰ゲームのように放送されて一躍知られるようになった。

誘拐魔 ㊴ 80

9 月 10 日、東京・渋谷で小学 1 年生の横溝正寿君〔6 歳〕が登校途中で誘拐され、3 時間後に身代金 500 万円が要求された誘拐殺人事件。9 月 11 日、正寿君は遺体で発見された。

八百長野球 ㊴ 89

10 月 8 日、西鉄ライオンズの永易将之投手が公式戦で八百長行為を働いたとして解雇処分となり、11 月 28 日、球界から永久追放処分となる。

浮かぶ瀬もある ㊴ 91

身を捨ててこそ浮かぶ瀬もあれ。捨て身の覚悟でことにあたれば、窮地を脱して物事を成就できるという意。おぼれかけた時、水の流れに身を任せば、やがて浅瀬に立つことができるということから来ている。「浮かぶ瀬」とは「窮地を抜け出す機会」を意味する。

例によって…当店は一切関知しないからそのつもりで ㊴ 95

フジテレビで昭和 41〔1966〕年 4 月 8 日～昭和 48〔1973〕年 9 月 27 日放映されたアメリカの TV ドラマ『スパイ大作戦』〔原題　Mission: Impossible、全 171 話〕の中で秘密の指令を伝えるテープの最後の台詞、「例によって君もしくは君のメンバーが捕えられ、あるいは殺されても、当局は一切関知しないからそのつもりで。なおこのテープは5秒後に自動的に消滅する。成功を祈る」。

反戦デモ・反戦デー　㊴ 96
国際反戦デーにあたる10月21日、新左翼各派は昭和43〔1968〕年の国際反戦デー闘争〔新宿騒乱〕に続き大規模な街頭闘争を計画。昭和44年年10月21日、東京・新宿区中心に各地で機動隊と衝突した。逮捕者は地方の大学の学生等1594人に及んだ。

江戸のかたきを長崎でうつ　㊴ 101
江戸の敵を長崎で討つ。意外な所で筋違いのことで、昔の恨みを返すこと。

大地震に備えて、大型廃品　㊴ 104
昭和43〔1968〕年5月16日9：50頃、十勝沖地震が発生し、三陸沿岸中心に津波が襲った。石油ストーブ転倒による多くの出火、鉄筋コンクリートの建物の破壊、津波によるタンカーの損傷による重油流出の被害の他、山間部の各地で地滑り・山崩れが起こった。死者48人、重傷者121人、軽傷者550人。一方、昭和44年になると使い勝手のよい高性能の新型電気洗濯機等が次々と売り出され、大量の粗大ごみを生み出した。作品では、大地震による様々な亀裂に備えて大型の廃品も役立つとして大事に保管されている。

チクロ　㊴ 110
「チクロ」とは、N－シクロヘキシルスルファミン酸ナトリウム sodium N-cyclohexylsulfamate のことで、砂糖の30～50倍といわれる甘さを持つ人工甘味料の一つ。昭和44〔1969〕年10月18日、アメリカでチクロの使用禁止が決定され、同年10月29日、厚生省は発がん性の疑いが濃いことを理由に人工甘味料チクロの食品・医療品への使用禁止とチクロ入り製品の回収を決定する。11月10日、食品衛生法・薬事法の省令改正が施行された。昭和45年1月12日、厚生省はチクロ入り食品の回収期限を延期することになる。

蝦蟇の膏売り　㊴ 111
蝦蟇(がま)の膏(あぶら)は、膏剤に蝦蟇の分泌液を混ぜて練った軟膏で、戦陣の軟膏として昔から使われ、あかぎれ・火傷・切り傷等に効能があるとされる。江戸時代末期、永井村の兵助が居合抜きの技と口上で売り出したのが始まりで、明治にかけて香具師が大道で蝦蟇の膏を売っていた。ここでは香具師がパレード中のアポロ11号の宇宙飛行士に刻んだ紙を歩道橋の上から撒いている。

宇宙飛行士ウエルカム ㊴111

11月4日、世界22カ国を親善訪問していたアポロ11号のアームストロング、オルドリン、コリンズの3人の宇宙飛行士が最後の訪問地日本を訪れ、東京・銀座通りでパレードを行った〔沿道に12万人〕。

新海老蔵の襲名 ㊴116

12代目市川團十郎(だんじゅうろう)〔本名：堀越夏雄、1946年（昭和21年）8月6日～2013年（平成25年）2月3日〕。十一代目市川團十郎の長男。昭和44年11月、歌舞伎座で『勧進帳』〔富樫〕、『助六由縁江戸桜』〔助六〕等で11代目市川海老蔵を襲名。後、市川團十郎を襲名する。市川宗家お家芸の歌舞伎十八番、荒事、世話物、新歌舞伎等で活躍。

大晦日の司会伊東ゆかり ㊴116

いとう・ゆかり〔本名：伊藤信子、昭和22（1947）年4月6日生〕。第20回紅白歌合戦は、東京宝塚劇場で21：00～23：45、宮田輝アナウンサーが総合司会、伊東ゆかりが紅組、坂本九が白組の司会で開催された。『ブルーライト・ヨコハマ』で、いしだあゆみが初出場。紅組の圧勝となった。サザエさんの話す女性週刊誌の芸能ネタにマスオ氏は、サザエさんが美容院へ行ったことに気づく。

佐藤首相帰国騒ぎ ㊴127

佐藤栄作〔明治34（1901）年3月27日～昭和50（1975）年6月3日〕。第61～63代内閣総理大臣。昭和44年11月17日、厳戒の中官邸からヘリコプターで羽田空港へ向かい、沖縄返還交渉のためアメリカへ渡航。この際、抗議行動で454人が逮捕された。11月26日、帰国。

沖縄論争　核抜き、本土並み ㊴128

3月10日、佐藤首相は衆議院予算委員会で沖縄返還について、「核抜き・基地本土並み」でアメリカと折衝することを表明。これは沖縄返還後、米軍に核兵器を持ち込ませず、基地の使用は日米安保条約適用下に置くというものだった。しかし、11月21日、訪米中の佐藤首相とニクソン大統領の共同声明では、昭和47〔1972〕年に沖縄返還が決定したものの、「核抜き・基地本土並み」問題はあいまいさを残し、後日〔首相の死後〕、核持ち込みの密約が発覚した。

のらくろ ㊴129
『のらくろ』は田河水泡の漫画で、その主人公の野良犬〔野良犬黒吉〕。昭和44年、戦前に講談社が発行した全10巻を復刻刊行。

雑巾カンパニー ㊴130
昭和38〔1963〕年2月創立の株式会社サニクリーンは、昭和39年6月、社名を株式会社ダスキンに変更。10月、それまでの業務用化学雑巾、化学モップのレンタルの他に家庭用化学雑巾レンタル「ホームダスキン」を全国で展開する。2枚セット、2週間レンタルで150円。手ごろな値段に便利さが加わり、マーケットは広がった。昭和44年、日本で初めて国際フランチャイズ協会のメンバーとなり、掃除用具のレンタル事業を全国展開した。

検査付お歳暮 ㊴131
昭和45〔1970〕年1月25日、チクロ等家庭用検出セットが発売された。

浅丘ルリ子 ㊴132
あさおか・るりこ〔本名：浅井信子、昭和15（1940）年7月2日生〕。昭和29年、北条誠の小説『緑はるかに』〔挿絵：中原淳一〕の映画化の際、中原の推薦のもとヒロインに選ばれ、銀幕昭和デビュー。昭和45年、映画『戦争と人間』主演女優。国民的大人気映画『男はつらいよ』シリーズのマドンナにも出演〔リリー役として4度の出演〕。

日々是好日 ㊴136
にちにちこれこうじつ。日常的な表現では「ひびこれこうじつ」とも読む。毎日が善い日であるという意味。禅語の1つで、雲門文偃の言葉とされ『碧巌録（へきがんろく）』第六則にある。

談判 ㊵3
事件を解決するために話し合うこと。

過保護ママ ㊵6
子供を過剰に保護する、甘やかせる母親のこと。昭和45〔1970〕年頃から使い始められることになる。

よござんすね、勝負

㊵ 17

昭和44〔1969〕年、深夜映画館では、土曜のオールナイトに多くの若者が集まり、高倉健の『昭和残侠伝』『網走番外地』、『緋牡丹暴徒』等に熱狂。昭和44年、高倉健主演の12本の映画のほとんどが任侠を主人公としたもので、観客動員も200万人を超えたものもある。『昭和残侠伝』では、「ご一緒します」と池辺良が健さんに言えば、観客から「異議なし」という声が上がったという。

ショッピングカート

㊵ 20

ショッピングトロリーともいう。2つの車がついた買い物かごで、斜めにして引っ張って使う。重いもの、大量に買い物をしたときに便利。

ネズミも正月太り

昭和37〔1962〕年1月9日付〔㉓174〕に掲載。昭和20年代、登場人物が皆やせていた『サザエさん』に、昭和30年代「美容体操」、昭和40年代「肥満児」という言葉が登場。『サザエさん』には家族の一員のようにネズミが登場しますが、今回はサザエさんのみならずネズミも「おもち太り」した様子。翌年には奥様の美容食を食べて痩せてしまったネズミも登場。食糧不足の時代から、お正月のお餅は当たり前となり、お餅やご馳走の食べ過ぎによる「お正月太り」が話題になります。日本が物質的に豊かになりつつあった頃のほほえましい情景です。

1970
昭和45年

出来事

日付	国内	日付	海外
03/14	日本万国博覧会、大阪千里で開催（〜09/13）。	03/18	カンボジア：クーデターで親米右派政権誕生。
03/31	八幡・富士製鉄合併、新日本製鉄発足。		
03/31	赤軍派、日航機よど号ハイジャック。		
04/08	大阪・天六駅でガス爆発。		
		05/21	ジュネーヴ議定書公布。
		05/31	ペルー北部地震。
06/23	日米安全保障条約、自動延長（全国で安保反対統一行動）。		
07/18	東京杉並で初の光化学スモッグ。		
08/02	東京・銀座などで歩行者天国実施。		
		09/22	米：上院、大気汚染防止法案（マスキー法案）を可決。
		09/28	アラブ連合：ナセル大統領死去。
10/14	国鉄キャンペーン「ディスカバー・ジャパン」開始。		
11/25	三島由紀夫、陸上自衛隊東部方面総監部で割腹自殺。	11/12	東パキスタンにサイクロン。
11/29	初の公害メーデー。		
12/20	沖縄コザ市で大規模な反米騒動。		

トピックス 歩行者天国■公害問題化■ビートルズ解散■SLブーム■ディスカバー・ジャパン■ケンタッキー・フライドチキン、名古屋にオープン

ファッション デザイナーブランド■サファリジャケット■重ね着流行■スケスケルック■ミディ、マキシ流行■男性カラーシャツ■タートルネック■ジーンズ／Tシャツ流行■ノーブラ■パンティーストッキング流行■トンボめがね流行■ヘアーピース流行■ロングヘアー

流行語 人類の進歩と調和■三無主義■しらける■ウーマン・リブ■わるのり■鼻血ブー

ベストセラー 講談社編『日本万国博公式ガイドマップ』■電通編「『日本万国博公式ガイド』■塩月弥栄子『冠婚葬祭入門』

コンピュータ、おもちの適量を教える ㊵22

昭和44〔1969〕年4月13日『コンピュータ講座』がNHK教育テレビで放映開始、テキストが70万部売れる。一般の人々がコンピュータに興味を持ち始めたようである。

クロネコのタンゴ ㊵27

昭和44〔1969〕年10月5日、皆川おさむのデビュー曲。元々は1969年イタリアの童謡コンテスト「第11回ゼッキーノ・ドーロ」3位入賞の“Volevo un gatto nero”〔黒いネコがほしかった〕で、各国で歌われた。邦題『黒ネコのタンゴ』はオリコンで14週連続1位、シングルの売り上げは二百数十万枚の大ヒットを記録。

ひび・あかぎれ ㊵29

ひびは「皹」「皸」と書く。冬、寒さのために手足の皮膚に小さな裂け目ができることをいう。あかぎれは「皸」とも書き、ひびのはなはだしい状態のもの。暖房設備が整っていない頃にはあかぎれに悩む人も多かった。

換気扇 ㊵31

昭和43〔1968〕年2月12日、松下電器産業〔現・パナソニック〕は、外の風が強いとシャッターが開きにくい従来の換気扇を改良し、シャッターが自動開閉する全自動換気扇を3種類発表。価格7300～9500円。

段ボールのリンゴ箱 ㊵33

昭和26〔1951〕年以降、段ボール業界では、官民挙げての木材資源保護に対する取り組みにより「木箱から段ボールへの切り

替え運動」が大々的に進められ、それが産業界にも浸透していく。また、昭和25〜28年の朝鮮戦争では、アメリカから送られてくる荷物の80%が段ボール箱だったことから、日本でも段ボール包装の重要性を認識したといわれている。ビール、酒類、醤油、乳製品、農産物等の分野では、昭和30年頃、木箱から段ボール包装へ変わっていく。外部からの衝撃等に強い柑橘類では、紙製段ボールの使用は1950年代から増大。一方、外部からの衝撃に弱く、緩衝材として籾殻を入れて輸送していたリンゴは、1960年代半ば以降、段ボール箱に変化していった。☞木箱の荷物〔② 4〕

父親が子供を殺す事件　㊵ 33

1月7日、大阪で父子家庭の小学生が父親に殺された事件。母親が子供を殺害する事件も多く、昭和44〔1969〕年12月27日、兵庫県西宮市でノイローゼの母親〔29歳〕が小学4年生〔9歳〕の長男に睡眠薬を飲ませ絞殺、同年12月31日、神奈川県で養育費をもらえなかった母親が子供二人を殺害、同日、奈良県で夜泣きがうるさいと母親が赤ちゃんを殺害。昭和45年2月7日、大阪で酔って夫婦喧嘩をし、赤ちゃんを殺す…と家庭内の殺人が続いた。

ラップ　㊵ 41

日本では最初に呉羽化学〔現・クレハ〕がクレラップ、少し遅れて旭ダウ〔旭化成工業に吸収合併〕がサランラップを発売。アメリカではポリ塩化ビニリデンという合成樹脂を、銃・弾丸の湿気からの保護や蚊よけとしての使用等、戦場で使用して来た。戦後、フィルム製造メーカーに勤めていたラドウィックとアイアンズが近所の人たちとピクニックへ行ったとき、ラドウィックの奥方がポリ塩化ビニリデンのフィルムにレタスを包んできたことがきっかけとなり、後に食品用ラップとして売り出されることとなった。商品名も二人の妻、サラ〔Sarah〕とアン〔Ann〕から「サランラップ」と名付けられたという。日本では昭和35〔1960〕年、台頭して来たスーパーマーケットへ売り込んだが、当時日本での冷蔵庫普及率が10%だったこともあり、ほとんどの主婦が使い方を知らなかったとのこと。しかし、昭和40年代、冷蔵庫普及率が50%近くなった頃から売り上げを伸ばしていく。

あぶない大型船　㊵ 48

1月5日夜、房総半島沖〔野島崎沖〕でタンカー「ソフィア・P号」が別の方向から押し寄せてきた20メートルくらいの波により真っ二つとなり、翌日沈没。船長以下7名が行方不明。2月7日、貨物船「アントニオ・デマデス」が、9日、鉱石船「かりふぉるにあ丸」が、同じ海域で遭難、沈没。このことから、房総半島沖〔野島崎沖〕は「魔の海域」といわれた。

転職が増える ㊵53

この頃、外資系の会社が中途採用、経験者採用を進めるようになり、自分に自信と才能があるビジネスマンの転職がふえていく。1つの会社に定年まで勤めあげるという日本の雇用体系や職業意識が少しずつ変化してきたようである。

ニュービジネス・動物タレント ㊵54

動物タレントとは、テレビや雑誌等マスコミ・メディアに登場させるため訓練された犬・猫・猿等の動物を指す。これらの動物を扱う業者を動物プロダクションと呼ぶ。

駅員が切符を切る ㊵64

作品では駅の改札で切符を切る駅員の姿が見られる。現在では切符の自動販売・自動改札・自動精算機と自動化が進み、人員削減が進んでいる。昭和63〔1988〕年4月1日、国鉄は分割民営化された。

有料道路 ㊵66

昭和37〔1962〕年3月30日、東京―大阪を結ぶ国道1号線の最大難所である箱根山を最短距離13.85kmで越すことができる箱根新道が開通した。総工費21億円、2車線、幅7.5m。

2ドア冷蔵庫 ㊵72

冷蔵庫は昭和37〔1962〕年、自動霜取り方式が主流となり、昭和40年、冷蔵庫の普及率は50%を超える。そして昭和39年の東京オリンピックをきっかけに冷凍食品が開発され始め、昭和44年には冷凍庫が独立した2ドアタイプの冷蔵庫が普及しはじめる。昭和47年、肉魚専用室付冷蔵庫、昭和48年、独立した野菜保存室付き3ドア冷蔵庫が発売。かくて、昭和50年にはほぼ全戸に1台となる。なお、冷凍食品の数や種類もにわかに増え

多様な冷凍食品

〔生産量 10 万トン〕、昭和 44 年には社団法人日本冷凍食品協会が設立される。

ゲバゲバ ㊵ 73

昭和 44〔1969〕年 10 月 7 日〜昭和 45〔1970〕年 3 月 31 日、昭和 45 年 10 月 6 日〜昭和 46 年 3 月 30 日、日本テレビ系で『巨泉×前武ゲバゲバ 90 分』が放映された。「ゲバゲバ」の「ゲバ」はドイツ語の暴力 Gewalt に由来する。この番組では合間に「ゲバゲバ、ピー」と舌を出す坊主頭でひげを生やしたゲバゲバおじさんというアニメが登場した。

マフラーで首が絞まったサザエさんを見てカツオ君はこれを思いだしたようである。番組はアメリカ NBC のコント番組 “Rowan & Martin's Laugh-In” をモデルとした。ハナ肇の「アッと驚くためごろう」が流行。

大阪万博 ㊵ 75

EXPO'70。3 月 14 日〜9 月 13 日、日本万国博覧会〔Japan World Exposition〕が大阪府吹田市千里丘陵で開催された。テーマは「人類の進歩と調和」〔Progress and Harmony for Mankind〕。77 カ国が参加し、総入場者数は 6421 万 8770 人〔うち外国人は約 170 万人〕。「月の石」を展示したアメリカ館、ソ連館等が人気で大行列となった。万博のシンボル「太陽の塔」が有名。

記念コイン

BHC〔牛乳〕 ㊵ 81

ベンゼンヘキサクロリド〔benzene hexachloride, 略して BHC〕。有機塩素化合物。殺虫剤として、米、野菜、果物等に幅広く利用された。昭和 44〔1969〕年 12 月、厚生省の調査で全国の牛乳が BHC によって汚染されていることが判明。昭和 45 年 1 月 28 日、農林省は牧草などに BHC と DDT の使用を禁止する。調査の結果、害虫防除に使われた BHC が稲わらに残り、乳牛がこれを飼料としたため牛乳が汚染されたことが判明。4 月 21 日、厚生省は牛乳が病人や乳幼児の主食であることから、汚染された飼料の使用禁止などの汚染対策を農林省に要求する。10 月 8 日、農林省は、稲作に BHC、DDT の使用禁止を決定。現在は毒物及び劇物取締法により劇物に指定されている。タラちゃんが牛乳が思うように飲めなくなってしまって怒っているように、この問題は大きな社会問題となった。

総武線暴走 ㊵ 83

5 月 18 日 16 時 45 分頃、総武線千葉発三鷹行電車が幕張発

車後、モーターの部分が壊れ、津田沼―西船橋間を暴走した。

|産地直送| ㊵ 83
生産者と消費者が直接に取引する流通形式の1つ。「産直」ともいう。生産者から直接消費者に届けられるため、農産物ならば安くて新鮮な品物を消費者に届けることができる。昭和43〔1968〕年3月25日、産地の農協等生産者団体から仕入れた品を東京の団地へ届ける産地直送販売が開始された。

|マザーコンプレックス| ㊵ 101
昭和40年代に使われていた和製英語。マザコンと略される。母親に強い愛情や執着を持つ子供〔大人も〕、もしくはその状態。

|地元ではキャベツを捨てる| ㊵ 104
7月21日、農林省はキャベツの価格暴落時、産地廃棄制を実施した。

|ソフトクリームの雑菌何千万| ㊵ 104
7月17日、東京都衛生局はソフトクリームの衛生検査の結果を発表。問題となった23店は1週間の営業停止処分となる。

|断絶| ㊵ 105
昭和44〔1969〕年、アメリカの経済・経営学者、ドラッカー Peter Ferdinand Drucker の『断絶の時代』がベストセラーとなり、「断絶」は世代間のずれを意味する言葉となった。

|やったぜベイビー| ㊵ 106
大橋巨泉がテレビ番組の司会中にしばしば使った言葉で、昭和44〔1969〕年の流行語。「うまくいった」と成功を喜ぶ言葉。

|女だけでヒマラヤ登頂| ㊵ 110
昭和45〔1970〕年、女子登攀クラブによるアンナプルナⅢ峰遠征隊〔女性9名〕が、ヒマラヤ7000m峰登頂に成功。

|スポンサー| ㊵ 112
sponsor〔英〕。個人、団体、イベント、番組等に、広告を目的に金銭を支出する広告主。

|神話復活、軍国主義| ㊵ 113
5月31日、文部省は天皇への敬愛を深める、神話

の導入等、大きく社会科を改定した新小学校学習指導要領案を発表する。続く7月26日、文部省教科調査官は小学校歴史教育に関して「神話と史実を混同してもかまわない」と教育課程講習会で発言。これに対し、7月30日、文部省は教科調査官の26日の発言を撤回し、神話と史実の混同を否定する統一見解を発表した。

公害調査 ㊵114

車の増加に伴い排気ガスによる環境汚染がひどくなり、光化学スモッグ、大気汚染等様々な問題が生じて来た。3月9日、東京で公害問題国際シンポジウムが開催され、4月1日、東京都公害防止条例・東京都公害防止条例施行規則が発行される。

スーパーマーケット・紙袋に入れる ㊵115

昭和28〔1953〕年11月28日、東京・青山に紀ノ国屋がオープン。ガラス張りの正面、出入口に置かれたショッピングカート、お客が自分で品物を選ぶセルフサービス、クラフト紙製のショッピングバック等を特徴とする日本初のスーパーマーケットが誕生。当時では珍しくドアを閉めて商売する店だった。昭和45年のサザエさん作品でも、レジ、ショッピングカート、紙製のショッピングバックが見られる。紀ノ国屋で始まったスーパーマーケットの形式は、以後日本各地に広まっていく。また、紙袋にフランスパンを入れ、それを見せながら歩くことも流行した。

紀ノ国屋青山店の入口

大気汚染 ㊵116

昭和42〔1967〕年、公害対策基本法、昭和43年、大気汚染防止法が制定される。しかし、昭和45年7月18日、東京・杉並区の高校で初の光化学スモッグにより、生徒43人が吐き気などで病院に運ばれ、東京では4日間で5208人の被害届が出された。深刻な公害に対し、昭和45年11月、第64回国会〔公害国会〕が開催され、公害問題に関する法令の抜本的整備が行われた。

モップ ㊵120

mop〔英〕。長い柄に柔らかくて水を吸収する繊維をつけた床掃除をするための道具。バケツの水に浸し絞って使うため、モップ専用絞機の付いたスクイザー〔専用バケツ〕も用いられる。

カセット ㊵120

カセットテープレコーダーは、アイワが昭和39〔1964〕年、日本で初めて発売し、昭和40年4月、世界標準規格タイプの「カートリッジテープレコーダー TP-707P」を発売した。往復で1時間の録音が可能となる。

カセットテープレコーダー（アイワ）

新建材の有害ガス ㊵124

「新建材」とはビニール、プラスチック等を用いて、従来の製品・部品と同等な外観、機能等を持つように造られた新しい人工建材をさす。安く加工が簡単のメリットがある。昭和44〔1969〕年2月5日、福島県郡山市の磐梯熱海温泉にあった磐光ホテルが全焼。死者の中には窒息死した者もいて、新建材による有毒ガスが問題となる。死者31人、負傷者41人。

しごき ㊵127

厳しく鍛えることだが、行き過ぎてリンチを加えるような意味を持つ。昭和45〔1970〕年6月16日、拓殖大学空手愛好会の1年生の部員・安生良作君〔19歳〕がくも膜下出血により死亡。15日付で退会しようとした安生君に練習と称したリンチを加えていたことから、2人が逮捕された。大学は15人の会員に対し、1人を無期停学とし、譴責6人、訓戒8人という処分を下した。

ジャンプ傘 ㊵133

ワンタッチ傘ともいう。戦後、携帯用に折りたたみ傘、ボタン一つで傘がひらくジャンプ傘など様々な便利な傘が登場した。昭和45〔1970〕年、日本万国博覧会では、手元のレバーで傘の開閉が可能な「ムーンバットの万博傘」が話題となる。

造花ばやり ㊵135

昭和35〔1960〕年、新素材のポリエチレン製の造花「ホンコンフラワー」が大ヒット。ホンコンフラワーといっても「香港」ではなく、「翻混」、軽やかで様々な色彩がまじりあった花という意味だった。

ガードマン

㊵135

つくりもののガードマンが登場する。ガードマンという言葉が広まったきっかけは昭和40〔1965〕年4月～昭和45〔1971〕年12月にTBSテレビで放送された『東京警備指令　ザ・ガードマン』、『ザ・ガードマン』とされる。モデルは日本初の警備会社「日本警備保障」〔現・セコム〕で、最初に示されたTVタイトルは「東京用心棒」だった。

古古米

㊵142

ここまい。「古米」は前年に収穫された米で、「古古米」というのは、前々年に収穫された米。

美濃部都知事

㊶1

美濃部亮吉（みのべりょうきち）〔明治37（1904）年2月5日～昭和59（1984）年12月24日〕は経済学者、第6～8代都知事。東京教育大学教授、NHKテレビ『やさしい経済教室』解説者を経、昭和42年、社会党・共産党推薦で東京都知事に当選。昭和46年、前警視総監の秦野章を破り再選。昭和50年前代議士の石原慎太郎と松下正寿を破り三選。昭和54年、都知事を退任し、昭和55年、参議院議員となる。

3トン以上のお車の乗り入れ禁止

㊶4

昭和45〔1970〕年、自動車の排気ガス公害で東京都新宿区牛込柳町付近の住人の尿や血液から鉛が検出される。5月28日、都は排気ガス調査と住民の鉛汚染調査に着手し、6月1日から牛込柳町の道路は、大型乗用車および3トン以上の貨物自動車が通行できなくなる。これを機にガソリンの無鉛化が進み、昭和50年2月に規制が実施される。

自殺の名所

㊶5

自殺の名所といわれる高知県足摺岬は昭和30年代には年間20人前後の自殺者を出していたが、昭和42〔1967〕年には3人と減少した。足摺岬にも「一寸待て」「心の重荷に悩める方、相談においでください」等の立て看板が見られた。

海水浴

㊶9

昭和45年初めくらいまで海水浴は夏休みの楽しみの1つだった。夏休みに入ると新聞には「たたみいわし」を想像させる海辺の混雑写真がよく掲載された。

ハワイ　㊶ 13

6 月 26 日、大蔵省は海外からの外貨持ち帰り限度額を 100 ドルにすると発表。

歩行者天国　㊶ 20

8 月 2 日の日曜日、東京・銀座、新宿、池袋等で歩行者天国を実施。銀座では 23 万人が道路に繰り出した。

昔式に　㊶ 48

「昔のように」の意。

堀口大学　㊶ 49

ほりぐち・だいがく〔明治 25 年（1892）年 1 月 8 日～昭和 56 年（1981）年 3 月 15 日〕。明治から大正・昭和の詩人、フランス文学者。訳詩書は『月下の一群』他 300 作を越え、日本の近代詩に多大な影響を与えた。

独居老人　㊶ 58

一人暮らしの年配者のこと。国勢調査では、独居老人の数は昭和 45〔1970〕年 39 万人、昭和 46 年 54 万人、昭和 55 年 84 万人となっている。

三無主義　㊶ 61

さんむしゅぎ。この頃から「無関心、無気力、無責任」という若者気質を指す言葉が使われた。「四無主義」はこれに「無感動」を加えたもの。

秋の七草　㊶ 63

北アメリカ原産のブタクサによる秋の花粉症が話題となっていた。この作品では、そのため二人とも涙を流している。

御神楽　㊶ 64

おかぐら。神楽を敬っていう語。神事で神に奉納するために奏される歌舞をさす。神楽の起源は天岩戸の前で舞われた天鈿女命（あまのうずめのみこと）の舞といわれている。

マドロス　㊶ 67

matroos〔オランダ語〕。船乗り、船員、水夫のこと。

スモン病　㊶ 67

スモン〔SMON、subacute myelo-optico-neuropathy の略称、亜急性脊髄視神経症〕とは、整腸剤のキノホルムによって起こる薬害。キノホルム投与によって激しい腹痛が起こり、2〜3週間後に下肢のしびれ、歩行困難等の症状が出、視力障碍が起きることもある。昭和45年、日本ではキノホルムの製造販売・使用が停止された。

光化学スモッグ　㊶67

自動車の排気ガス、化学工場から排出される有害ガス、ごみ焼却炉の窒素酸化物、炭化水素が紫外線によって光化学反応を起こし、二次的汚染物質が生成される現象をいう。発生すると目の痛み、吐き気、頭痛をもよおす。

都知事選・はたの　㊶69

秦野章（はたのあきら）〔明治44（1911）年10月10日〜平成14（2002）年11月6日〕は、政治家。1971年、東京都知事選挙に立候補するも落選。昭和49年、第10回参議院議員通常選挙で自民党公認で初当選し、以後、当選2回。

ナセル　中近東　㊶69

ガマール・アブドゥル＝ナーセル　جمال عبد الناصر, Gamal Abdel Nasser〔1918年1月15日〜1970年9月28日〕。エジプトの軍人、政治家。第2代エジプト共和国大統領。1970年心臓発作で急死。後任には副大統領のアンワル・アッ＝サーダート〔サダト〕が大統領に就任した。

農協のおじさま　㊶71

農協の事業が躍進するに伴い、組合員も昭和35〔1960〕年650万人だったのが、昭和45年730万人と増加した。この時期最も躍進した事業は農協の共催事業で、長期共済保有高は昭和35年を基準とした場合、昭和45年に11倍、昭和50年には44倍となる。短期共済掛金は昭和45年に105倍、昭和50年には254倍。また他の金融機関と比べ農協貯金の伸び率は大きく、農協貯金は昭和35年を基準とした場合、昭和45年に8倍、昭和50年には19倍という伸び率となっている。

エリートコースの汚職　㊶74

10月4日、東京・富士銀行雷門支店の19億円不正融資事件の容疑者が、逃亡先のパリで逮捕され、16日、強制送還された。

つけまつげ　㊶77

昭和20年代、まつ毛が少ない、短いといった人のための修正メークとして用いられていたつけまつげが、昭和30年代にはおしゃれのために使われるようになる。昭和42〔1967〕年、来日したツイッギーのメークを真似たアイメーク化粧品をフル活用した目元を強調するメークが大流行。昭和45年創刊の『anan』でも長いまつげと目を強調するアイメークのモデルが登場した。昭和46年4月、東京の百貨店では長短様々なつけまつげが30種類近く店頭に並んだが、多くは韓国からの輸入品だった。つけまつげの流行は昭和50年代、ナチュラルな目元へとメイクの流行が移り、一段落していく。

波平氏のパジャマ

㊶78

パジャマ pajamas, pyjamasの語源はウルドゥー語、ヒンディー語のpaayjaamaa〔ズボンのみ〕で、インド駐留イギリス人が寝巻として使ったことで広まったとされる。日本人の普段着が和服から洋装へと変化するのに遅れて、パジャマ、ネグリジェといった洋風のナイトウェア、寝間着が浸透していったと思われる。合成繊維の製品の拡がりと共に1950年代後半、パジャマが普及していく。

カラーテレビ不買運動

㊶90

白黒テレビからカラーテレビへの移行期、昭和45〔1970〕年9月4日、アメリカの官報が日本製テレビにダンピング容疑があると公示。以前から国内と海外での二重価格が問題になっていた。また家電業界が公正取引委員会から独占禁止法違反容疑で摘発を受けていたこともあり、カラーテレビのメーカー価格が実売価格を大きく上回っていることに抗議すべく、昭和45年9月11日、全国地域婦人団体連絡協議会〔主婦連〕はカラーテレビ値下げ要求を決議し、カラーテレビの1年間買控えを呼びかけた。さらに、10月17日、主婦連等は松下電器の全製品不買を決定する。12月23日、公正取引委員会はカラーテレビ値下げを通産省に要請し、昭和46年1月11日、通産省はメーカーにカラーテレビを15%値下げすることを指示、2月1日までに大手7社が値下げをした

歯磨き粉

㊶92

ライオン歯磨き〔現・ライオン〕は、チューブ素材に金属製ではなく新開発の弾力があって最後まで歯磨き粉を絞り出せるラミネートチューブ入りの「ホワイト・アンド・ホワイト　White & White」を発売した。カツオ君の歯磨き粉の入れ物は金属製のもの。

佐々木小次郎　㊶93
ささき・こじろう〔?～慶長17年4月13日(1612年5月13日)〕。安土桃山時代～江戸初期の剣客。号は岩流〔巌流〕。宮本武蔵と巌流島で闘った。

交通遺児　㊶99
高度経済成長と共に交通事故が急増し、昭和45〔1970〕年には交通事故数71万8080件、交通事故死者1万6765人を記録。交通遺児救済のため昭和44年5月2日、財団法人「交通遺児育英会」が設立された。

化学実験で調合を間違える　㊶101
10月25日、渋川市の高校で火山噴火実験中、薬品が爆発した事故。

スクーターの郵便配達　㊶106
本多技研工業製造・発売のオートバイ、カブcubは集金・出前などで用いられ、新聞・郵便の配達業務としてプレスカブ、MDシリーズが開発された。

不幸の手紙　㊶106
11月「同じ手紙を29人に書かなければ不幸になる」という「不幸の手紙」が出回る。不幸の手紙は何年かごとに流行する不思議な現象。

100円化粧品　㊶110
昭和43〔1968〕年11月、全国地域婦人団体連絡協議会〔地婦連〕が「百円化粧品運動」を開始、「ちふれ化粧品」を売り出す。「ちふれ化粧品」では、広告や過剰包装等のコストを減らし、成分・分量の表示をして有名化粧品メーカーと同等の質の品を低価格で提供。昭和46年5月、地婦連は会員販売の100円化粧品「ちふれ」の栄養クリーム等25種類を大手百貨店、スーパーで販売を開始。発売1カ月で約120万個を売り上げた。

ノブ付トイレの扉　㊶115
磯野家のトイレがノブ付の扉となる。トイレに入ってすぐの所にある手洗いの水道は、木の扉〔㉙90〕にとりつけられている。

三島由紀夫自決　㊶116
本名：平岡公威(ひらおかきみたけ)〔大正14(1925)年1月14日～昭和45(1970)年11月25日〕。小説家、劇作家。代表作は『仮面の告白』『潮騒』『金閣寺』『豊饒の海』他、戯曲では『鹿鳴館』『サド侯爵夫人』他。民兵組織「楯の会」を結成。昭和45年11月25日、三島由紀夫、森田必勝他「楯の会」のメンバー3人が東京・市ヶ谷駐屯地内陸上自衛隊東部方面総監部を訪れ、益田兼利総監を拘束。三島がバルコニーで憲法改正のため自衛隊の決起〔クーデター〕を呼びかけた後、総監室で三島と森田は割腹自殺。

賞与 ㊶118

12月6日、大手企業のボーナスも出そろったこの日、3兆円のボーナス景気となったデパートの売り上げは史上最高額となる。

紅白歌合戦辞退 ㊶121

昭和44〔1969〕年、第20回NHK紅白歌合戦で「歌唱力が落ちたから」という理由で落選した江利チエミ〔本名：久保智恵美、昭和12〔1937〕年1月11日～昭和57〔1982〕年2月13日〕が、昭和45年「ヒット曲がないから」「昨年と比べて歌唱力が上がったとは思いません」という理由で第21回NHK紅白歌合戦への出場を辞退。NHK紅白歌合戦の出場が決まりながら辞退したのは江利チエミが初めてだった。

冠婚葬祭 ㊶133

昭和45〔1970〕年1月30日、塩月弥栄子著『冠婚葬祭入門』(光文社)が刊行される。しきたりを簡単に説き、「核家族世代」の人気を得て、昭和45年のベストセラーとなった。

おどりゃしまいに血いみるど ㊶138

昭和45〔1970〕年～昭和46〔1971〕年『週刊少年マガジン』に掲載された谷岡ヤスジ〔昭和17(1942)年8月29日～平成11(1999)年6月14日〕の『ヤスジのメッタメタガキ道講座』は「アサ～ッ」「鼻血ブ—」「ワリャ　しまいにゃ血みるど！」等の流行語を生んだ。

1971
昭和46年

出来事

日付	日本	日付	世界
		01/15	エジプト：アスワン・ハイ・ダム完工式。
02/22	新東京国際空港予定地で第1次強制代執行開始。	02/09	米：ロサンゼルスで大地震。
03/26	東京「多摩ニュータウン」入居開始。		
05/14	連続強姦殺人魔・大久保清逮捕。		
06/05	熊本市のネズミ講、第一相互経済研究所を脱税容疑で強制捜査。		
06/17	沖縄返還協定調印。		
07/01	環境庁発足。		
07/03	東亜国内航空「ばんだい号」墜落。		
07/30	岩手県雫石上空で全日空機と自衛隊機が衝突。		
08/15	ドル・ショック（米国のドル防衛措置発表で16日東証ダウ株価大暴落）。	08/15	米：ドル・ショック（金とドルの一次交換停止）。
08/28	円の変動相場制移行。		
		09/08	中：共産党副主席・林彪、毛沢東暗殺クーデターに失敗（13日逃亡飛行中に墜落死）。
10/10	NHK総合テレビ、全番組カラー化。	10/25	中：国連総会、中国の国連参加を決議。

		10/29	英：議会、英国のEC（欧州共同体）加盟を可決。
11/10	沖縄、返還協定批准反対のゼネスト。		
		12/18	スミソニアン合意（10カ国蔵相会議、ドルの大幅引き下げ合意）。

トピックス マクドナルド、銀座三越にオープン■爆弾事件続発■スマイルバッジ■カップヌードル

ファッション アンノン族■アーミールック■アメリカンカジュアル全盛■ワンポイント・ウエア全盛（ラコステ／トロイ etc）■パッチワークファッション■ポロシャツ■ジーンズブーム■プリントシャツ■ホットパンツ登場■スマイルバッジ流行■ボーリングブーム

流　行　語 脱サラ■アンノン族■ニアミス■ヘンシーン■ピース、ピース

ベストセラー 池田大作『人間革命（6）』■塩月弥栄子『冠婚葬祭入門』■イザヤ・ベンダサン『日本人とユダヤ人』

ウーマンリブ　㊶ 143

ウーマン・リブ

Women's Liberationは、1960年代アメリカで起こって以降、各国に広がった「女性解放運動」。昭和45〔1970〕年11月14日、東京・渋谷でウーマン・リブ大会が開催された。

ウーマン･リブ大会

ハヤシもあるでよぅ　㊷ 19

昭和44〔1969〕年「オリエンタル スナックカレー」、「オリエンタル クッキングハヤシ」が発売される。テレビCMに登場した南利明〔本名：野津俊三、大正13（1924）年3月14日～昭和30（1955）年1月13日〕の名古屋弁のCM「ハヤシもあるでよ～」が流行した。

パンティーストッキング　㊷ 27

昭和44〔1969〕年3月、厚木ナイロン工業は「パンティーストッキング」を発売。種類は3種類で、300～400円。ミニスカートにも合い、暖かくて便利等の理由から、昭和47年にはシームレスストッキングの生産量を上回った。

チャールズ・ブロンソン ㊷29
Charles Bronson〔1921年11月3日 〜2003年8月30日〕。代表作は『荒野の七人』『大脱走』『雨の訪問者』『レッド・サン』他。昭和45〔1970〕年、男性化粧品「マンダム」のイメージ・キャラクターとなったブロンソンのCMの台詞「う〜ん、マンダム」が大流行。CMソング『男の世界』も大ヒット。野性的な風貌のブロンソンで男らしさを前面に押し出した「マンダム」の大ヒットにより、昭和46年4月、社名を株式会社マンダムに変更する。

大地震 ㊷30
2月9日、ロサンゼルスで大地震が発生。ダムがひび割れ、高速道路が崩壊。死者63人、負傷者1000人以上の被害となった。

義太夫 ㊷31
義太夫節の略。江戸前期、竹本義太夫がはじめた浄瑠璃の一流派。

アルフ号犯人逮捕 ㊷33
アルフ・フォン・ムトーハイム〔昭和41（1966）年2月27日〜昭和51（1976）年9月18日〕は雄のジャーマン・シェパードで、警視庁刑事部鑑識課に所属した警察犬。昭和46年、真岡銃砲店襲撃事件、昭和47年、浅間山荘事件で活躍。アルフ号は約10歳7カ月の生涯のうち、7年間で271回出動し、警視総監賞2回、警察庁刑事局長賞2回、警視庁刑事部長賞9回等、計109回表彰された。

泣くなよしよしネンネしな ㊷34
佐藤惣之助作詞・竹岡信幸作曲『赤城の子守唄』の一節。

ポンチョ ㊷35
poncho〔スペイン語〕。四角形の布の真ん中に穴があいていて、そこに首を入れて着用する外套。☞メキシコオリンピック〔㊲87〕

しれとこの ㊷46
森繁久弥作詞・作曲『知床旅情』の歌い出し。

道産子 ㊷46
どさんこ。北海道民、北海道出身者の呼称。

大学の社会人聴講生 ㊷48
6月、中央教育審議会は生涯教育の観点から全教育体系を総合的に整備することを検討課題とし、昭和52〔1977〕年6月、生涯教育についての答申で生涯教育の意義を提起した。そうした観点から大学は社会人聴講生を設置、その後、社会人入試も開始する。

医学部不正入試
㊷49
1月30日、大阪・西区路上の外車の中で姜旭生容疑者が他殺死体で発見された。これが発端となり、大阪大学・大阪市立大学医学部不正入試事件が発覚。3月5日、大阪刑務所で印刷された大阪大学・大阪市立大学の入試問題を盗み出し密売した元受刑者2人が逮捕される。

エッグスタンド
㊷49
egg stand〔英〕。茹(ゆ)で卵立。上の部分だけ殻をむいた半熟卵をこの中に立て、さじで卵を食べる食器。

せかせかするな
㊷51
「ノンビリいこう会」に集まったメンバーがその活動の準備段階で「徹夜でやればすぐだ、ぜんはいそげ」とばかり解散していく。大阪万博後、交通事故も増加。昭和48〔1973〕年には「せまい日本そんなに急いでどこへ行く」という標語がつくられ、全国交通安全運動標語募集で総理大臣賞を受賞した。☞付録：戦後昭和のTVCM

ホットパンツ
㊷52
ホットパンツは、昭和46〔1971〕年春夏のパリ・コレクションで登場した斬新なズボンをアメリカの『ウーマンウェアデイリー』が新しいショートパンツとして名づけたもので、ショートパンツより短い丈のズボン。日本では昭和46～昭和47年夏、若者に流行した。昭和46年、東京・銀座の三越百貨店でも、店内案内係、エレベータ係等の制服に濃紺色の25㎝丈のホットパンツを採用。

銀座三越百貨店入口にて

アンタかてアホやろウチかてアホや
㊷56
昭和44〔1969〕年10月7日～昭和45〔1970〕年3月31日、昭和45年10月6日～昭和46年3月30日、日本テレビ系で放映された『巨泉×前武ゲバゲバ90分』で流行した言葉の1

つ。ここで流行した「アッと驚く為五郎」「あんたかてアホやろ、うちかてアホや、ほなサイナラァ」のギャグは、昭和46年10月12日〜昭和47年3月28日に放映された後継番組『ゲバゲバ一座のちょんまげ90分』では、「オモシロ、ビラビラ、テレビレビ！　ヘバダバ、ヘバダバ、チョンマゲラ」に替えられた。

春眠千金　㊷60
しゅんみんせんきん。春宵一刻値千金（しゅんしょういっこくあたいせんきん）。出典は蘇軾（そしょく）の詩『春夜（しゅんや）』。春の宵は趣（おもむき）があり、その一時の時間は千金の値打ちがある。

半ドン　㊷63
昭和40年代頃までは土曜日は午後から休みとなり、「半ドン」と呼ばれていた。半分のドンタク＝半休を省略したもの。ドンタクはオランダ語の「日曜日、休日」を意味する “Zontag” がなまったものとされる。昭和46年4月14日、企業での週休2日制が広がり、大企業の三分の一が採用する。

クレーンゲーム　㊷66
クレーンでお菓子をつかみ上げるゲームが喫茶店に置かれるようになる。現在のクレーンゲームの元祖のような機械。

番組改正　㊷67
テレビ、ラジオの放送局で番組等の変更、人事異動をおこなうこと。NHKでは新年度が始まる4月に番組改正が多い。

GNP　㊷70
国民総生産　Gross National Product〔GNP〕。国民によってある一定期間に新しく生産された財・サービスの付加価値の総計。国の経済規模を比較するため利用された。

ちり紙交換　㊷72
昭和45〔1970〕年3月、大都会の住宅地で「まいどおなじみちり紙交換」とマイクで流しながら走る「ちり紙交換」が始まる。

男はだまって　㊷72
昭和45〔1970〕年、三船敏郎が出演したテレビCM「男は黙ってサッポロビール」が話題となる。

ベートーベン　㊷89
ルートヴィヒ・ヴァン・ベートーヴェン　Ludwig van

Beethoven〔1770年12月16日〜1827年3月26日〕。ドイツの作曲家。古典派音楽からロマン派音楽への橋渡しをした。日本では「楽聖」と呼ばれる。

ロールスロイス倒産　㊷105

2月4日、ロッキード社の旅客機用エンジンの開発に失敗したイギリスのロールス・ロイス社が、イギリス政府からの緊急融資も及ばず倒産。航空機エンジン部門等は連鎖倒産を防ぐため国営化された。

室内四重奏ケッヘル568　㊷107

モーツァルトの作品『12のメヌエット』。

学習机　㊷108

小学生が家で勉強するための机。机と椅子がセットになっていることが多い。子供の成長にあわせて机・椅子の高さの調節ができ、教科書や辞書等を収納できるように本箱、鉛筆削り、電気スタンド、電源コンセントがついている。第1号は伊藤喜工作所が昭和37年12月に発売したスチール製学習机「イトーキジュニアデスク」で、後に各種付属品がつけられた。

かたえくぼ　㊷109

朝日新聞の読者投稿欄の名称。

体力テスト　㊷110

昭和42〔1967〕年10月10日、文部省の提唱で2回目の壮年体力テスト〔30〜60歳対象〕が東京・代々木国立競技場で行われた。テスト種目は反復横とび、垂直跳び、握力、ジグザグドリブル、そして急歩の五種目で、持続力・敏捷性・瞬発力等を計り、参加者は採点の合計で自分の体力年齢を知ることができる。

旧地主　㊷111

2月12日、政府は農地法施行令で国が強制買収したまま未処分となっている土地を坪当たり2円60銭で返還すると発表。ただし、買い取るのは「旧地主」という条件があったため、作品に出てくるように、老人ホームに父親を入れていた家族が迎えに来たわけである。

山上憶良　㊷116

やまのうえの・おくら〔斉明天皇6年（660年）頃〜天平5年（733年）頃〕。奈良時代前期の官人、歌人。大宝2年、遣唐少録として渡唐、後に伯耆守（ほうきのかみ）、東宮侍講を経て筑前守となる。万葉集の「貧窮問答歌」は有名。歌集『類聚歌林』編者。

建礼門院 ㊷ 116
けいれいもんいん。平徳子の院号〔久寿2（1155）年～建保元年12月13日（1214年1月25日)〕。平清盛の次女、高倉天皇の中宮、安徳天皇の母。壇ノ浦の戦いで安徳天皇と共に入水したが、救助され京都に戻り出家。大原寂光院で安徳天皇と平家一門の菩提を弔った。

ニコチンとタール ㊷ 124
戦後、たばこと健康の関係に大きな関心がもたれるようになる。昭和46〔1971〕年、大蔵省専売事業審議会の「喫煙と健康の問題に関連する日本専売公社の業務の運営についての答申」をふまえた国会審議を経、昭和47年、煙草の包装に「健康のため吸いすぎに注意しましょう」という注意表示が義務化される。

未練者 ㊷ 124
未練がましい人のこと。

すぐ乗る女性をしぼる会 ㊷ 128
5月14日、3月に府中刑務所を仮釈放された大久保清は、女性8人を誘拐殺害した罪で逮捕される。群馬県高崎市などを白いマツダ車で移動し、ルパシカにベレー帽の画家に扮して女性に近づき8人を殺害。昭和51年1月、死刑執行。作品では、「すぐ乗る女性をしぼる会」がこのような事件を起こさないよう女性を車に乗せる企画をしているが、サザエさんは運転手を殴ってしまう。

ポリ容器 ㊷ 131
昭和46〔1971〕年、ポリエチレン容器が牛乳瓶に採用される。しかし、同年6月23日、主婦連は東京・主婦会館でポリ容器反対集会を開催し、厚生省・業界に対し、乳飲料などのポリ容器使用中止を要請した。

ごみ公害 ㊷ 131
昭和46〔1971〕年、東京・江東区は「ゴミ持込反対」を決議。美濃部都知事は、都議会で「ゴミ戦争宣言」を行う。プラスチック類の容器包装廃棄物の増加は、ごみ焼却による公害問題へと広がっていく。

オー、ジャパニーズ ㊷ 139
エコノミック・アニマル economic animal。パキスタンのブット大統領がアジア・アフリカ会議で一種のほめ言葉として用いたのが最初。ところが、経済大国となった日本人が利己的にふるまい、経済利潤だけを追求するさまを非難する言葉へと変わっていった。

コンサルタント ㊷ 141

行政、企業等の顧客の抱える課題に対する解決策を示し、その発展を助ける業務を行う個人もしくは法人のこと。職種としてはその業務そのものを指す。

ジンクス ㊷ 142

縁起が悪いものを意味する英語のjinxがもとになっている。本来占いや魔法に用いるアリスイjynx〔ギリシア語〕の名に由来。日本では因縁、縁起の意味で用いられ、「よい縁起」の意味で使われる場合もある。

食料品ギフト券 ㊸ 10

ギフト券は、受け取った側がギフト券を使用できる店で現金と同様に利用できるため重宝され、商品券と共に社会に広まった。商品券は天保年間〔1830～1844〕、にんべんが銀製の「イの切手」を創案・流通させたことにより一般化した。その後、にんべんの「イの切手」は和紙に墨書〔幕末～明治〕、印刷物〔大正以降〕と形を変え発行された。

銀製「イの切手」

保険辞退医 ㊸ 14

5月、日本医師会は医療保険制度抜本的改正の明確化まで保険医総辞退戦術を指示し、7月1日、全国で4件を除き保険医辞退が開始される。これにより患者が公立病院に殺到。7月28日、佐藤首相と武見太郎日本医師会会長が会談し、8月1日から保健医総辞退中止が決定される。

ジェンナー ㊸ 20

エドワード・ジェンナー　Edward Jenner〔1749年5月17日～1823年1月26日〕は種痘法を開発したイギリスの医学者。

ヒマな人にはどんどん手伝ってもらわなきゃ ㊸ 24

6月、厚生省は昭和45年の老人実態調査を発表する。それによると独居老人は54万人で、8万3000余人に介護がない状態だった。一方、昭和44年頃から大都市では盛り場の公衆電話ボックスなどに「今晩おひま？　お電話下さい」といったチラシを置き、ホステスをあっせんするデートクラブが存在した。

1972 昭和47年

出来事

01/24	元日本兵・横井庄一、グアム島で発見、保護。	01/09	香港：英国の豪華客船「クイーン・エリザベス号」が停泊中、炎上、沈没。
02/03	第11回冬季オリンピック札幌大会開幕。	02/21	米：ニクソン米大統領訪中（～28日）。
02/19	浅間山荘事件。	02/27	ニクソン大統領と周恩来中国首相、平和五原則の共同声明発表。
03/21	奈良・高松塚古墳で壁画発見。		
04/16	川端康成、ガス自殺。		
05/13	大阪・千日デパートビル火災。	05/22	ニクソン米大統領訪ソ。
05/15	沖縄施政権返還（沖縄県発足）。	05/26	米ソ首脳、戦略兵器削減交渉（SALT I）調印。
05/30	日本赤軍、テルアヴィヴ空港で自動小銃乱射。	05/30	日本赤軍、テルアヴィヴ空港で自動小銃乱射。
06/11	田中角栄通産相、「日本列島改造論」発表。	06/05	ストックホルムで第1回人間環境会議開催。
		06/17	米：ウォーターゲイト事件発覚。
07/07	第一次田中角栄内閣成立。		
		08/26	第20回オリンピック・ミュンヘン大会。
09/29	日中両国首相共同声明に調印、国交回復。	09/05	西独：パレスチナ・ゲリラ五輪村襲撃（イスラエル選手ら11人殺害）。

09/23 フィリピン：マルコス大統領、戒厳令布告。

11/05 上野動物園でパンダ2頭公開。

11/28 日航機、モスクワで墜落。

トピックス パンダブーム■連合赤軍■沖縄県■ジャネット・リン人気

ファッション フォークロアファッション■ベルボトムジーンズ流行（ヒッピーの影響）■サファリルック■アーミールック■マリンルック人気■ドルマンスリーブ流行■ホットパンツ流行■ミモレ丈のスカート・コート■スモックルック■ワンポイント・ブーム■男性の長髪が定着しつつある■ロングブーツ流行■サボ流行

流行語 小異を残して大同につく■総括■恥ずかしながら■バイコロジー■ナウ■未婚の母■お客様は神様です■あっしにはかかわりのねえことでござんす

ベストセラー 有吉佐和子『恍惚の人』■久保継成『天の音楽』■池田大作『人間革命（7）』

|フジ三太郎| ㊸25

昭和40〔1965〕年4月1日～平成3〔1991〕年9月30日、朝日新聞に掲載されたサトウサンペイの4コマ漫画。

|じいや| ㊸27

年配の男性の召使、下男等のこと、もしくは親しみをこめて彼らを呼ぶ言葉。

|キッシンジャー| ㊸29

ヘンリー・アルフレッド・キッシンジャー Henry Alfred Kissinger〔1923年5月27日生〕。米国の国際政治学者・元国務長官。1923年ドイツ・フュルトでユダヤ系ドイツ人家庭に生れる。1938年アメリカへ移住、1943年アメリカに帰化。ニクソン、フォード両政権期の国家安全保障問題担当大統領補佐官。国務長官の時には、ソ連・中国・中東を訪問、神出鬼没の外交スタイルは「忍者外交」と呼ばれた。1973年ヴェトナム戦争の和平交渉に対し、ノーベル平和賞が授与される。

|脚付きアイロン台| ㊸29

熱や蒸気を下に逃がせるタイプの脚付（あしつき）アイロン台が登場。台の先が細くカーブしていてワイシャツやスカート等にアイロンがかけ

やすくなる。

『恍惚の人』の印税　㊸32

昭和47〔1972〕年、新潮社から出版された有吉佐和子作『恍惚の人』が、194万部のベストセラーとなる。「老人性痴呆」をリアルに描いたこの作品は多くの読者の共感を呼び、当時の流行語にもなった。題名は『日本外史』の三好長慶の「老いて病み恍惚として人を知らず」からひらめいたといわれている。有吉はこの本の印税1億円を老人施設に寄付したが、地方税を含め8000万円の税金がかかることが分かり、新聞に税制のゆがみに対して意見広告を出し、大きな社会問題となった。厚生省は社会福祉施設への寄付を免税とする制度をつくることになる。

横井さん　㊸33

横井庄一（よこいしょういち）〔大正4（1915）年3月31日～平成9（1997）年9月22日〕。昭和46年1月24日、元日本兵横井庄一氏がグアム島で保護され、2月2日、出征から31年、戦争終結から28年ぶりに帰国。羽田空港到着後の第一声は「恥ずかしながら横井庄一、生き長らえて帰ってまいりました」。その後、耐久生活評論家として活動。

パンダ　㊸34

9月29日、周恩来首相と田中首相は日中共同声明に調印、日中国交が回復する。10月28日、中国からカンカンとランランの2頭のパンダが贈られ、11月5日、一般公開され、パンダ・フィーバーとなる。一般公開前夜にはパンダ入場券売り場前には徹夜で並ぶ人も現れ、開演前から3000人が押し寄せ、列は2kmに及んだ。そのため2時間並んで、見学は平均50秒という有様。パンダは中国語名「大熊猫」、日本語ではジャイアントパンダと呼ばれ、食肉目クマ科ジャイアントパンダ属の食肉類。当初、「パンダ」はレッサーパンダを指していたが、ジャイアントパンダが発見され、「パンダ」と呼ばれていたレッサーパンダは「小さいほうの」という意味の「レッサー lesser」をつけられ「レッサーパンダ」と呼ばれるようになった。

タイヤと戯れるカンカン

子供置き去り　㊸38

8月13日、東京で無責任な夫婦が3人の子を置き去りにする。同年10月7日、栃木県宇都宮市でホステスの母親が自宅の雨戸をくぎづけし、長男〔3才〕と次男〔2歳〕を置き去り、3日間遊び歩いて二人を餓死寸前とし、保護責任による幼者遺棄容疑で逮捕された。

人非人　㊸38

にんぴにん。ひとでなし。人の道に外れた行いをする者。

北陸トンネル事故　㊸42

11月6日1時10分頃、国鉄北陸本線敦賀と南今庄間で大阪発青森行きの急行列車「きたぐに」が火災を起こして停車。満員の乗客が眠っているところに煙が充満し、火が他の客車に拡がったため乗客は飛び降り、停電で暗闇の中を煙に巻かれ、死者30人、重軽傷者710余人を出した。

日航乗っ取り事件　㊸42

11月6日、静岡県浜松上空で日航機がハイジャックされ、8時間後羽田空港で犯人は逮捕される。

いっぱいやっか　㊸44

昭和37〔1962〕年、伴淳三郎の清酒「神聖」のテレビCM「かあちゃん、いっぱいやっか？」。この言葉は流行語となる。

ニクソン[2]　㊸44

ウォーターゲート事件Watergate scandalは、1972年6月、ワシントンD.C.の民主党本部〔ウォーターゲート・ビルにある〕で起きた盗聴侵入事件から、1974年8月のニクソン大統領辞任までの経過をいう。1972年6月17日、元CIA職員他5人が民主党本部に侵入し逮捕される。事件はニクソン再選のために行われたことであり、ニクソン大統領と政権内部が深く関与していたことが判明。さらにホワイトハウスが事件発覚時に行われた捜査妨害ともみ消しに直接関与し、上院調査特別委員会で大統領執務室での会話の録音テープの存在も露呈する。このテープの提出拒否、事件を調査する特別検察官の解任等により世論が反発。議会の大統領弾劾の動きに1974年ニクソン大統領は、アメリカ史上初めて任期中に辞任へと追い込まれた。

岡田嘉子　㊸45

おかだ・よしこ〔明治35（1902）年4月21日～平成4（1992）年2月10日〕。映画女優。昭和13〔1938〕年1月、演出家杉本良吉とソ連へ越境、スパイ容疑で収監され、昭和14年、杉本は同容疑で銃殺刑。岡田は10年間強制収容所に幽閉された。昭和22年釈放後にモスクワでラジオ放送のアナウンサーをしていた日本人と知り合い、モスクワ放送局で日本語アナウンサーとなる。昭和47年11月13日、夫の滝口の遺骨とともに一時帰国〔パンダの公開と同じ月〕。いったん帰国後、昭和49年再来日、芸能界に復帰。昭和61年ソ連へ戻り、平成4年モスクワ市内の自宅で死去。

PCB汚染 ㊸50

PCB中毒は昭和43年のカネミ油症事件で知られ、昭和44年PCBの使用、生産は中止された。しかしプラスチック、塗料等の素材として使用されていたため、自然界に3万トンが残されていた。昭和46年、愛媛大助教授らはPCBが魚や鳥の体内に蓄積されていることを発表。昭和48年6月4日、水産庁はPCB汚染が河川・海域等、全国的に広がっているという汚染状況精密調査の結果を提出。昭和48年6月24日、厚生省は一人当たりの魚の摂取許容量を発表した。

ボーナス胸算用 ㊸51

12月10日、お歳暮商戦のピークを迎えたボーナスサンデー、日本橋・三越本店では史上初23億円の売り上げとなる。

スベタ ㊸55

スベタは元来espada〔ポルトガル語〕の「剣」の意味のカルタ用語からきたもので、スベタはめくりカルタで0点札だったことから転じて、顔の良くない女性等、女性を罵っていう言葉として使われる。

飛行機事故 ㊸62

この年は航空機事故が多発し、1年間で約40件、2000人以上が犠牲となる。昭和47〔1972〕年6月14日、インド・ニューデリー国際空港に着陸しようとしていた東京発南回りのロンドン行き日航機DC8型機がインドで墜落し、86人死亡。6月15日、キャセイ航空機が南ヴェトナム上空で空中爆発、81人死亡。11月28日、コペンハーゲン発モスクワ経由東京行きの日航機DC8型機がモスクワ郊外のシェレメチェボ国際空港を離陸直後に墜落、62人死亡。作品㊸62と73は、11月28日の事故を指すと思われる。

三角形の紙づつみ牛乳 ㊸67

牛乳は瓶で配達し空き瓶を回収という販売方式が

普通だった頃、昭和31〔1956〕年、協同乳業〔メイトー〕から四面体の紙容器のワンウエーパックの「名糖テトラ牛乳」が発売され、話題となる。180ml入り10円。テトラパックは昭和39〔1964〕年、東京オリンピックでの採用、学校給食への牛乳の普及等により1970年代に広まるが、積み重ねられない、店頭に並べる時スペースに無駄が出る等の理由で、次第に直方体タイプに変わっていった。

三角形牛乳パック

浅薄な性格

㊸67

せんぱく。あさはか。考えが浅く薄っぺらいこと。

ホテルに食事に行く

㊸71

昭和47〔1972〕年11月14日、東証一部の出来高が初めて10億株を超え、19日、田中首相が進める日本列島改造ブームで大都市では地価急騰、24日大蔵省は海外旅行での円貨持ち出し枠を撤廃等、為替制度緩和処置実施…と好景気の風潮となる。また、東京オリンピック、大阪万博を経、1970年代初め頃からホテル業界は大衆化されていき、それまで敷居が高かったホテルが少しだけ庶民に身近な存在になり始める。1972年、帝国ホテルで家族向け「お正月プラン」が始まる。たくさんボーナスが出たのだろうか、磯野家でも以前はデパートでお買物&お食事だったのが、全員盛装で「清水の舞台から飛んだつもりで」ホテルでの食事に出かけて行く。小さな子供連れなので、バイキングにでも行ったのかもしれない。

写真入り年賀状

㊸80

昭和49〔1975〕年前後、年賀状の印刷が盛んとなり、年賀はがきに絵、文字が印刷されるようになる。昭和57年から寄付金付き年賀はがきの裏にも絵、賀詞が印刷されるようになった。結婚写真、子供、家族写真等を刷った年賀状を送る習慣もこの頃から続いているようである。

田中角栄

㊸83

たなか・かくえい〔大正7（1918）年5月4日～平成5（1993）年12月16日〕。第64・65内閣総理大臣。「日本列島改造論」を政策綱領とし、戦後日本の社会基盤整備に大きな影響を残した。金脈問題への批判で首相を辞職し、ロッキード事件で逮捕され自民党を離党。日中国交正常化をなしとげた功績は大きい。

日本列島改造論　㊸ 83

田中角栄が6月11日、自由民主党総裁選挙を前に発表した政策要綱、もしくは同名の著書。

ベトナム和平会談　㊸ 83

1973年1月27日、パリでヴェトナム共和国〔南ヴェトナム〕、南ヴェトナム共和国臨時革命政府、ヴェトナム民主共和国〔北ヴェトナム〕、アメリカの間で調印されたヴェトナム戦争終結を約した協定で、「パリ協定」ともいう。協定ではすべての参加国は「1954年のヴェトナムに関するジュネーヴ協定によって承認されたヴェトナムの独立、主権、統一性、領土を尊重する」ことを要請された。その後アメリカは1月29日、ヴェトナム戦争終戦を宣言、3月29日、南ヴェトナムからの撤退を完了した。一方戦争は継続し、北ヴェトナム軍の総攻撃により1975年4月30日、サイゴン陥落。南ヴェトナム政府は無条件降伏。1976年7月、ヴェトナム社会主義共和国が成立する。

ワイン　㊸ 85

戦後、日本では食生活が和風から洋風となり、食事と一緒に楽しむお酒も日本酒から洋酒へと移行していった。そして高度成長に伴い生活水準も向上、週休2日制の拡がりによって生活にゆとりと楽しみを求めるようになっていく。さらに昭和39年、海外旅行の自由化、昭和45年の万国博覧会など外国文化に直接触れる機会も増え、1970年、外国産ワイン輸入自由化もあり、昭和47年のワイン消費量は100万ケースを超え、第一次ワインブームとなる。昭和47年、サントリーはニューファミリーをターゲットにデリカワインの発売に合わせ、「金曜日は花買って、パン買って、ワインを買ってかえります」とCMソング「金曜日の男」でキャンペーンを展開、「花金（はなきん）の夜は奥様と楽しみませんか」と新たなライフスタイルを提案。クリスマス直前の12月22日には「クリスマスの食卓にワインを」と新聞に全面広告を掲載する。お歳暮商戦の東京のデパートも「ワインのある食生活を」とワインをアピールしている。

これ以降、ワインは大幅な伸びを示し、昭和50年には甘味果実酒の出荷量を越え、熱烈なワイン党の支持も加わり本格的なワインブームとなっていく。磯野家では昭和49年、ワインラックが見られ、ワインに酔ったサザエさんが晴れ着のまま横になっている。

昭和48年

1973

出来事

01/01 英国、アイルランド、デンマークがECに加盟。

01/27 パリでヴェトナム和平協定調印。

02/05 東京・渋谷のコインロッカーで嬰児の死体発見。

02/14 円の変動相場制移行。

03/29 米：ヴェトナムから米軍撤退完了。

04/12 祝日法改正公布（振替え休日）。

06/22 訪米中のソ連のブレジネフ書記長と米ニクソン大統領、核戦争防止条約に調印。

07/20 日航機、パレスチナゲリラにハイジャック。

08/08 金大中、東京のホテルから拉致。

09/11 チリ：軍事クーデター（社会主義政権崩壊）。

10/06 第四次中東戦争勃発。

10/23 江崎玲於奈、ノーベル物理学賞受賞決定。

10/23 第一次石油危機

10/25 国際石油資本5社、日本への原油供給約10%減を通知。

11/29 熊本・大洋デパート火災。

トピックス	クーリングオフ■関東大震災50周年■ハイセイコー■巨人V9達成■キヨスク■ごきぶりホイホイ
ファッション	30年代ルック■テニスルック（フィラ etc）■ペアルック■ロングドレス復活■ニット■バギーパンツ■スカート丈はミディ、マキシ、ロングが主流だが、フレアースカートも復活■ジーンズスタイル大流行（つぎはぎルック、ジーンズスカート）■毛皮■スニーカー
流行語	オイル・ショック■省エネ■せまい日本、そんなにいそいでどこへ行く■ソク■うちのかみさんがね■これにて一件落着■ちょっとだけよあんたも好きね
ベストセラー	小松左京『日本沈没（上・下）』■池田大作『人間革命（8）』■糸山英太郎『怪物商法』

日照権 ㊸95

にっしょうけん。昭和40〔1965〕年代から大都市の密集化、高層化に伴い日照権が社会問題となっていく。昭和47年6月27日、最高裁は住民訴訟で初めて日照権を認める判決を下す。

ビール瓶での花壇 ㊸96

カラになったビール瓶で花壇をつくる波平氏とマスオさん。なで肩の瓶と肩がある瓶が混じっているので、キリンビールとアサヒビールを愛飲していたのだろう。昭和46〔1971〕年、アサヒビールから「オールアルミ缶ビール」のアサヒラガービールが発売。軽く柔らかいアルミ缶ビールは「お飲みになったらにぎりつぶして下さい」というキャッチフレーズと共に人気を呼び、アルミ缶ビールの時代の幕開けとなった。また昭和48年秋、ビール瓶はリサイクル回収対象となる。

アルミ缶ビール登場

チンピラ ㊸98

大物のように気取ってふるまう小物の者を嘲う言葉。昭和になると不良少年少女や下っ端の地位にある御仁を呼ぶようになる。

鏡開き ㊸99

お正月に年神さまにお供えした鏡餅を下げ、頂く年中行事。お供えした御餅には神様の霊が宿っているので木槌等でたたいて割り、無病息災を祈って雑煮、汁粉などで頂戴する。

グエン・ヴァン・チュー&ニクソン会談 ㊸107

1969年6月8日、ヴェトナム共和国〔南ヴェトナム〕のグエン・ヴァン・チュー大統領とアメリカのニクソン大統領が行った会談。パリ会談の進展、南ヴェトナムの平定計画等が話し合われた。グエン・ヴァン・チュー　Nguyen Van Thieu〔1922～2001〕はヴェトナム共和国〔南ヴェトナム〕最後の大統領で、サイゴン陥落直前の1975年4月に退陣し、台湾に亡命。その後イギリス、アメリカへ渡り、マサチューセッツ州で病死。

ひばり事件 ㊸114

美空ひばりの実弟かとう哲也は、昭和32年小野透の芸名で歌手デビューしたが、昭和37年に引退、三代目山口組系益田組の舎弟頭となっていた。昭和38年賭博幇助容疑、賭博開帳図利(とり)等、昭和39年拳銃不法所持、昭和41年傷害・暴行・拳銃密輸、昭和47年暴行で逮捕、と刑事事件が続く。昭和48年1月、三代目山口組系益田組の舎弟頭であることが発覚し、弟の出演に主催者が難色を示し、日本縦断興行の予定だった「美空ひばり」ショーは各地でボイコットされ、美空ひばりはこの年の「紅白歌合戦」の選にも漏れた。昭和52年、NHKの『ビッグ・ショー』に出演して関係を修復したが、紅白に復帰はしなかった。

渡世人と暴力団とやくざと博打打ち ㊸114

「やくざ」は、博打打ち、無頼漢のこと。「渡世人」は、やくざな人、博打打ち。「博打打ち」は博打を専業とする者。「暴力団」は、暴力で目的を達しようとする反社会的団体。

はい、チーズ ㊸115

カメラマンが写真撮影の際「はい、チーズ」と言葉をかけるのは、昭和38〔1963〕年、雪印乳業のチーズCMのキャッチフレーズ「あなたもチーズと言いましょう。チーズは笑顔を作ります」という言葉から。チーズが日本に広まった時期と個人用カメラの普及した時期が重なり、写真撮影時の「はい、チーズ」というフレーズは日本中に広まった。

吉永小百合婚約 ㊸119

8月3日、吉永小百合〔28歳〕とフジプロダクション専務の岡田太郎氏〔43歳〕が結婚。

電子卓上計算機 ㊸122

昭和47〔1972〕年、カシオ計算機は主にオフィスで使用された電卓を個人向け文具として6桁の「カシオミニ」を発売。1万2800円。昭和48年、シャープが『サザエさん』に登場するような形の液晶電卓「エルシーメイト」を発売。

伝書鳩 ㊸124

鳩は紀元前から家畜化され、通信用・軍事用等さまざまな形で利用されて来た。昭和40年代には伝書鳩を買うことが流行し、昭和44〔1969〕年には全国で約400万羽の伝書鳩が登録されていた。また鳩の帰巣本能を利用した伝書鳩を用いた鳩レースも盛んにおこなわれた。レースの距離は100km～1000kmで、ゴールは鳩の飼われている鳩舎。脚環という輪をつけた鳩を放し、鳩が鳩舎に帰ったら脚環を専用の時計に入れ、時間を記録し、「分速」を計算して競い合うという。1回のレースで完走率は80～90%といわれている〔昭和48年3月14日朝日新聞朝刊に掲載された「伝書バト」参照〕。

モノセックスファッション ㊸125

昭和45〔1970〕年、長髪とモノセックスファッションが大流行。服装・外見からは性別が分からない男女が多く見られた。

花札・赤短 ㊸127

「花かるた」ともいう。一組48枚、12カ月の花々が4枚ずつに描かれている。赤短（あかたん）は、赤色の短冊に松・梅・桜が組み合わされて描かれている札、もしくはその3枚がそろった役を意味する。

円大幅値上げ ㊸135

昭和48〔1973〕年2月14日、それまでの固定相場制から、円の変動為替相場制〔変動相場制〕移行が実施される。この変動相場制移行により1ドルは270円となる。

菅原道真 ㊸138

すがわらのみちざね〔承和12年6月25日（845年8月1日）～延喜3年2月25日（903年3月26日）〕。平安時代の政治家、学者・文人。右大臣まで昇る。延喜元〔901〕年、藤原時平の讒訴（ざんそ）により大宰府に左遷され、配所で没した。学問・詩文に優れ「菅公（かんこう）」と称された。後に天満天神として信仰される。現在は学問の神様と親しまれている。

子供を捨てる
㊸ 140

昭和44〔1969〕年に登場し普及したコインロッカーに嬰児の死体を捨てる事件が、昭和45年から発生し、昭和48年2月5日には東京・渋谷駅のコインロッカーで嬰児の死体が発見され、コインロッカーへの遺棄事件が続発、全国で46件発生した。

電動鉛筆削り
㊹ 8

昭和33〔1956〕年、千代田文具〔現・プラス〕は電動鉛筆削り器を発売する。芯折れ、片削り等の手動鉛筆削り器の欠点を解消し、削り過ぎを防ぐ自動ストッパーが内蔵される。昭和51年には持ち運ぶことができる電池鉛筆削り器も登場。

順法国鉄
㊹ 14

2月8日、国労・動労はスト権奪還順法闘争を開始。3月13日、高崎線上尾駅では、どうにも動かない電車に乗客が怒って電車の窓を割り、駅長室に乱入する暴動となり、7人が逮捕された。

買占め商社
㊹ 14

2月13日、警察に商社の米買い占めの実態調査の指示が出、商社による買い占めや売り惜しみが判明。

男女能力差裁判
㊹ 17

かつて日産自動車は男子満55歳、女子満50歳の定年を定めていて、昭和44〔1969〕年、満50歳になった女性が男女5歳格差は違法であると訴え、昭和48年3月12日、東京高裁は適法であると判断した。しかし同年3月23日、同女性が雇用存続請求で訴えていた東京地裁では、「女子50歳定年制は違法」と反対の裁定が下される。

なにごとぞ花みる人の長刀
㊹ 26

何事ぞ花見る人の長刀(ながかたな)。去来『曠野』。「何と風流がないことだろう、花見の席に長刀をさしてくるとは」といった意味。昭和48〔1973〕年4月1日、金地金が自由化される。これに先立ち新聞では、デパートの黄金セールが取り上げられ、黄金の茶釜などの写真も掲載された。

金の自由化
㊹ 26

昭和48〔1973〕年4月1日、金地金(きんじがね)の輸入の自由化を大蔵省は発表する。これにより金地金は1kgまで無税となる。

セメントが足りない　㊹ 28

3月9日、公取委は闇価格協定締結容疑でセメントメーカー13社他に立入り調査を行う。前年の5月にも公取委は独占禁止法違反容疑で、価格維持のため出荷停止したセメント協会に立入り検査を行っている。

値下げまで買いません衣料品　㊹ 29

4月3日、通産省は商社の買い占めにより高騰した衣料品の買い控えを提唱し、4日、消費者5団体が不買運動を決定。

天然痘の接触者　㊹ 31

2月8日、バングラデシュ政府の要請で、ラジオ・テレビ放送拡充改善計画の調査団の一人として郵政省の職員が、約40日間ダッカでの調査を行い、3月18日帰国。26日、異常を感じた本人は東京逓信病院へ入院、31日、天然痘の疑いで都立荏原病院へ転院され、真性天然痘と断定された。

日々是騒日　㊹ 37

にちにち〔ひび〕これそうじつ。元々は「日々是好日」〔雲門文偃の言葉といわれる。『碧巌録』第六則〕で、「毎日が良い日である」という意味だが、磯野家では「日々是騒日」〔波平さんの言葉〕。

お客さまは神様です　㊹ 39

昭和47〔1972〕年、三波春夫が舞台で語った言葉。自分の歌を聴きに来て下さる観客は神様のようにありがたい存在である。

訪日中国代表団　㊹ 41

4月16日、中国各界を代表する大訪日団が来日し、寥承志団長は「子々孫々の付き合いを」と挨拶した。

用務員　㊹ 41

学校で用務のため働く職員。学校教育法施行規則第49条によると、「学校用務員は学校の環境の整備その他の用務に従事する」とある。

長者番付は土地成金　㊹ 43

4月2日、地価公示価格が発表され、地価は前年と比べ30.9%高騰した。

ゼネスト[2]　㊹ 48

4月24日、公労協が統一ストに突入。順法闘争の首都圏26

駅では、乗客が電車、駅事務所等を破壊し、137人が逮捕された。国電は翌朝まで全面ストップとなる。続く27日には春闘初の交通ゼネストも実施された。子供たちは安心して線路で遊ぶことができた？

振替休日　㊹49

4月6日、祝日法改正案成立、12日公布。祝日が日曜と重なる場合、翌日の月曜も休日となる〔振替休日〕。

やまがらのおみくじ　㊹55

やまがらは学習能力が高く、かるたとり、輪抜け等覚えた芸を様々披露した。特におみくじを引く芸は有名だが、これは戦後になって流行したものだという。飼い主が籠を開けてやまがらにお賽銭を渡すとやまがらが参道を進み、賽銭箱にお賽銭を入れて鈴を鳴らす。そしてお宮の扉を開いて中からおみくじをとって来て飼い主に渡してかごに戻る…というのがやまがらのおみくじ引き。鳥獣保護法制定による捕獲禁止等で、これらの芸は平成2〔1990〕年頃には姿を消した。

やまがら

ごみ論争　㊹64

東京23区のごみの約70％を引き受けていた江東区は、東京都にごみの埋め立て方式の早期中止と各区内でのごみ処理を訴えていた。しかし、杉並区は地元での清掃工事建設拒否を続けたため、昭和48〔1973〕年5月22日、江東区の区議、住民は杉並区のごみを新夢の島への搬入を実力阻止した〔東京ゴミ戦争〕。

ハイセイコー　㊹65

昭和47〔1972〕年7月、大井競馬場でデビュー。昭和48年1月、中央競馬へ移籍。昭和48年5月6日NHK杯で10連勝を達成。少年雑誌の表紙を飾り、女性週刊誌で特集記事が組まれる国民的アイドルとなる。昭和49年12月、22戦13勝という成績を残し引退。平成9年に種馬を引退し、平成12年5月4日、北海道明和牧場で死去。

かつぎやのおばさん　㊹77

担ぎ屋のおばさんたちは野菜・果物・漬物・御餅等様々な品を背負って都市部に行商にやって来ていた。当方〔筆者・原宿在中〕

のマンションでも、平成12〔2000〕年くらいまで各階のエレベーター前でお店を開いてくださっていた。話によると、おばさんたちは千葉から京成線で通勤して来られるとのことで、京成佐倉駅の8：08発上野行き最終部一両は行商専用車両となっていたようである。大きな荷物は約50kgで、戦後直後から行っている人もいた。

50kgを担ぐ

地震学者　㊹79

昭和48〔1973〕年が関東大震災から50年という年であること、そしてこの年に地殻大変動で日本列島が沈むという小松左京『日本沈没』の大ヒット、さらにそこに記されている変動が、地震や西ノ島新山誕生といった海底火山の噴火と重なったこともあり、大規模災害への不安が喚起された。

魚制限量　㊹80

6月24日、厚生省は水銀汚染魚介類の摂取許容量を発表。この魚献立表によると週に小鯵は12匹、マグロの刺身は47切れまで。

水銀公害　㊹84

PCBや水銀による魚介類の汚染が明らかになったことで、魚介の売上は激減。7月31日、東京で鮮魚商1万2000人が「食卓に魚を返せ」と水産物公害一掃総決起大会を開催した。

バイコロジー　㊹85

bicology〔英〕は、「自転車bicycle」と「エコロジーecology」の合成語。健康に良い自転車に乗ることで大気汚染などの公害を防ぎ環境保護を推進するというアメリカで生まれた市民運動。日本では昭和47〔1972〕年に使われ、日本自転車普及協会等が「バイコロジーを進める会」を設立。昭和47年、自転車生産台数は650万台となり、前年より155万台増加した。

ミネラルウォーター　㊹86

地下水を原水とする容器入りの飲料水。作品の中でサザエさんが備蓄用に並べているミネラルウォーターは、その形状から昭和3〔1929〕年に商品化された無発泡の「富士ミネラルウォーター」と思われる。1960年代、大手酒類メーカーが業務用ミネラルウォーターの販売を開始。昭和58〔1983〕年「六甲のおいしい水」〔現・「アサヒ おいしい水 六甲」〕等が発売され、ミネラルウォーターは一般家庭にも普及していく。サザエさんが地震対策用に並べている缶詰には牛肉、魚の他にカニ缶が見られる。

異変ノイローゼ ㊹87

1月、日本は各地で大雨、インドでは凍死者、モスクワは暖冬…と地球規模で異常気象となる。異変ノイローゼになっても仕方ないかもしれない。

金大中事件 ㊹96

8月8日、大韓民国の野党指導者金大中(きんだいちゅう)が韓国情報機関の中央情報部(KCIA)によって東京都内のホテルから拉致され、5日後にソウルの自宅付近で解放される事件が起きた。

恐竜 ㊹97

8月、石原慎太郎衆議院議員を総隊長とする「ネス湖怪獣国際探検隊」(吉田晋作隊長)がネッシーの存在を確認するため、8月31日から11月末までネス湖を探索する予定であると東京・永田町のホテル・ニュージャパンで記者会見を行った。

コインロッカーベイビー ㊹98

昭和47〔1972〕5月12日、新宿・地下コインロッカーで新生児の遺体が発見される。昭和48年、東京・渋谷駅コインロッカーで赤ちゃんの死体を発見。コインロッカーへの遺棄事件が続発する。

ロッキングチェア ㊹100

rocking chair〔英〕。「揺り椅子」ともいう。昭和30年代後半から洋室が増加し、日本でもロッキングチェアが売り出される。また雑誌に掲載された小林旭・美空ひばりの新居にロッキングチェアが置かれていたことから人気沸騰、普及するきっかけとなった。

水ききん[2] ㊹107

7月の高松市の降水量は例年の8%の12mm。8月も猛暑が続き完全断水が続出した。また8月19日には琵琶湖の水位が54cm沈下、20日には都の水道局が20%の給水制限を大口使用者に対して開始。

灯台下暗し ㊹109

身近なことは気がつかないことのたとえ。燭台は回りを明るく照らすが、真下は蔭になって暗いことからこのようにいわれる。The darkest place is under the candlestick〔最も暗いのはろうそく立ての下である〕。

従軍看護婦 ㊹112

軍隊に付き添って医療活動を行う女性看護師。

記念切手

セロハンテープ ㊹113

戦後事務用に本国から輸送していたGHQが、医療用絆創膏メーカーの日絆工業株式会社〔現・ニチバン〕に製造を打診して製作された、セロファンの片面に接着剤を塗って帯状にした粘着テープ。昭和23〔1948〕年4月15日、日絆工業はセロハンテープの製造を開始、6月、市販を開始したが、当初は使い方を理解してもらえず苦労したという。「セロテープ」はニチバンの登録商標。

スイッチョン、チンチロリン ㊹118

「スイッチョン」となくのはウマオイ、「チンチロリン」となくのは松虫。

バットで上役撲殺 ㊹125

9月3日、日本郵船の社員が野球のバットで上司を撲殺する事件が起こる。

風雅なご趣味 ㊹126

高尚で、みやびな趣のある趣味のこと。

愛猫の墓 ㊹128

昭和43〔1968〕年頃からペットの霊園が盛んになる。犬猫、小鳥など小動物の葬儀、埋葬の一切を行うことで評判となった。

モナリザ日本公開 ㊹134

日仏首脳会談でレオナルド・ダ・ヴィンチ作『モナ・リザ』の日本公開が、昭和48〔1973〕年9月28日に決定する。昭和49年4月20日〜6月10日、東京・上野の東京国立博物館で「モナ・リザ展」が開催。入場料は大人200円。初日は前売り券が売れ残るも、入場者総数は150万5239人となった。

モナリザ展の行列

私はこうして関東大震災を生き残った ㊹135
関東大震災は大正12〔1923〕年9月1日11時58分32秒、南関東中心に発生した巨大地震。昭和48〔1973〕年は関東大震災から50年の年。

ゴルフ練習マット ㊹136
昭和46〔1971〕年4月、積水化学は耐久性に富んで柔らかい人工芝を発表。人工芝はベランダ用、ゴルフ練習用などのスポーツ用として普及。

単衣 ㊹137
ひとえ。裏をつけずに作った着物のこと。

紺屋の白袴 ㊹137
こんやのしろばかま。他人のことばかりに忙しく、自分のことに手が回らないこと。類義には、医者の不養生。The tailor's wife is worst clad〔仕立屋の妻は最もひどい服を着る〕／The cobbler's wife goes the worst shod〔靴直しの女房は世間で一番ひどい靴を履いている〕。

助教授がいない大学 ㊹141
9月6日、立教大学助教授が恋愛関係の教え子を殺し、妻子と心中した。

中東戦争 ㊺3
1973年10月6日、第四次中東戦争〔ヨム・キプール戦争〕勃発〔～10月24日〕。1973年10月6日、ユダヤ教のヨム・キプール〔贖罪の日〕にエジプト・シリア軍が、スエズ運河、ゴラン高原に展開するイスラエル国防軍に対して奇襲攻撃を行った。これに対しイスラエルは反撃、イスラエル優位のうちに戦闘は終結。10月24日停戦が成立した。10月16日、石油輸出国機構〔OPEC〕加盟のペルシャ湾岸6カ国は石油公示価格の21％引き上げを決定。10月17日、アラブ石油輸出国機構〔OAPEC〕加盟10カ国は1973年9月の生産量を基準に毎月5％の生産削減を決定。親イスラエルの国々に対する石油禁輸処置は、オイルショックを引き起こし、石油消費量の99.7％を輸入に頼り、77.5％の原油を中東に依存し、そのほとんどを国際石油資本から購入していた日本では物不足パニックに陥った。

おしま台 ㊺4
結婚式等の慶事の際、反物で紅白の鯛、宝船等おめでたい形に仕立てたものを台に乗せ飾ったもの。三越、高島屋等のデパートなどで作られ、お嫁さんの自宅に届けられ、飾られた。

海外で二人だけの結婚式 ㊺7

10月31日、1ドル＝308円の固定相場制から変動相場制に移行。これにより円高となり、海外での挙式がブームとなる。グアムでは1組5万円、集団結婚式も行われた。

工場爆発 ㊺11

1月20日、東亜ペイント大阪工場が接着材製造に使う反応釜の過熱により爆発、4棟を全焼。この爆発の被害は半径1キロに及び、91人が重軽傷を負う。化学工場の爆発事故続出に、通産省は10月29日、3000カ所の高圧ガス工場の総点検を発表した。

美空ひばり紅白落選 ㊺16

11月21日、NHKは大晦日の紅白歌合戦出場歌手を発表。実弟と暴力団の関係が問題となった美空ひばりは落選となる。

トイレットペーパー買占め ㊺18

10月、第四次中東戦争勃発は、日本に石油危機をもたらし、モノ不足パニックを引き起こした。特に大阪に端を発したトイレットペーパー買占めは全国に波及し、怪我人も出たほど。この他、洗剤・砂糖等も買いだめの対象となる。11月2日、通産省はトイレットペーパーの品不足を否定する談話を発表した。

本裁ち ㊺21

「本裁ち(ほんだ)」とは、大人の和服〔着物〕の仕立て方〔裁ち方〕。大人と同じ裁ち方をして、巾・丈を子供用の大きさに縫い上げる。

節電 ㊺24

1973〔昭和48〕年10月6日、第四次中東戦争勃発後、10月17日、OAPEC加盟10カ国は原油価格を21％値上げすることを決定し、石油販売権を持つ国際石油資本は対日原油価格の30％値上げを通告する。11月5日、東京電力は暖房設定温度の緩和、ネオンの節減等を要請、6日、日本航空は燃料不足のため、国際便臨時便の減便を発表。16日、政府は石油緊急対策要綱を決定。週休二日制の実施、マイカー使用自粛等の石油節約運動、行政指導による企業への石油、電力消費の10％削減等が打ち出された。これにより、17日、百貨店協会は開店時間を30分遅らせ、23日、ガソリンスタンドの休日休業の実施、12月5日、TBSの深夜テレビは24時で自粛となる。12月、石油需給適正化法と国民生活安定緊急処置法が成立。日本は省エネ・省資源の時代になっていく。

石油でアメリカ・アラブ悪化

㊺26

10月6日、第四次中東戦争が勃発〔～24日〕。アラブ石油国機構〔OAPEC〕諸国は10月20日以降、イスラエルが占領地から撤退するまでアメリカ、オランダ他のイスラエル支持国へ石油禁輸の経済制裁を決定。

パンナムのかばん

㊺29

パンナムPANAM〔Pan American World Airways〕は、アメリカの航空会社で、昭和2〔1927〕年から平成3〔1991〕年まで運航した。パンナムのロゴが書かれた「パンナムバッグ」は、1960年代から1970年代、多くの人の憧れの品だった。映画『2001年宇宙の旅』〔昭和43年公開〕ではロゴが宇宙の旅客機として使用されたことでも有名。

パンナムバッグ（1960年代）

デパート火災脱出体操

㊺32

11月29日、熊本の大洋デパートの2～3階の階段から出火、地上9階〔一部13階〕の段階以上を全焼。客と従業員104人死亡、108人が重軽傷を負う。大洋デパートは改装中でスプリンクラーが稼働せず、従業員による避難誘導も行われなかった。

電子ジャー

㊺36

1970〔昭和45〕年5月、象印マホービンは、ポジスター〔半導体、商品名〕を熱源に採用、ご飯の温度を滅菌効果のある70度前後にコントロールできる「象印電子ジャー」を発売。女性の社会進出も増え、核家族化が進んだ当時、いつでも温かいご飯が食べられるというメリットは大きかった。価格は1万円。発売当初は月産50万台だったが、昭和47年には月産250万台を記録し、同年、炊飯ジャーも登場。

排気ガス

㊺38

ガソリンなどの燃料を燃やした時に排出されるガス。一酸化炭素、粒子状物質等の有害物質を含む。昭和48年、排出ガス規制が成立。

スーパー節電 ㊺44

11月16日、政府は石油危機対策として石油緊急対策要綱を決定。12月22日、石油需要適正化法・国民生活安定緊急処置法が成立。さらに昭和49〔1974〕年1月16日、第二次資源節減対策として電力使用制限令が発令され、供給量削減が15%に強化された。電力の大口需要家が対象で、国電の暖房停止、エスカレーター停止、ネオンの消灯、デパート・スーパーの営業時間短縮、テレビの深夜放送中止となり、NHKは放送時間を夜11時までに自粛。電気・ガスの値上がりもあり、これを機に企業による省エネ商品開発が活発となる。

とび職 ㊺46

鳶職。建築業で高いところの作業を専門に行う職人さん。名称は鳶の口ばしに似た鉄製の鋭いかぎが先端についた長い棒の鳶口という道具に由来。工事現場では常に鳶が工事を先行していく。祭・市などで熊手・羽子板・達磨などを販売したり、門松・正月のお飾りの制作・販売も鳶職がおこなっている。江戸時代の消火は、延焼を防ぐため家屋を解体する破壊消防だったため、家屋の構造をよく知っていて、道具の扱いを熟知した鳶の者が火消し衆の主力となっていた。

大廉売 ㊺51

だいれんばい。大安売り。

因業ババー ㊺53

「因業（いんごう）」とは頑固で無情なこと・残酷なこと。「因業ババー」とはいうが、なぜか「因業ジジー」とはいわない。

売り惜しみ ㊺58

品不足につけこんで売り惜しみをすること。昭和48〔1973〕年、生活関連物資等の買占め及び売り惜しみに対する緊急措置に関する法律が公布される。これは買占め、売り惜しみ防止法ともいわれ、昭和51年5月1日、指定解除された。この法律の特定物資は、昭和48年に生糸、灯油、ティッシュペーパー、トイレットペーパー、ガソリン他、昭和49年に合成洗剤、醤油、精製糖。

昭和49年

1974

出来事

01/12 福田蔵相、物価は狂乱状態と発言。
01/16 電力使用制限令発令。
03/10 フィリピン・ルバング島で元陸軍少尉小野田寛郎、上官の命令で下山（12日帰国）。
04/20 モナ・リザ展開幕（～06/10）
08/30 三菱重工ビル爆破事件。
10/08 佐藤栄作前首相、ノーベル平和賞受賞決定。
10/13 サリドマイド訴訟和解。
10/14 長嶋茂雄引退。
11/26 田中首相、辞意を表明。

01/18 イスラエル、エジプト停戦。
03/03 仏：トルコ航空機墜落。
08/08 米：ニクソン大統領辞意表明。
09/13 ハーグ事件。
11/05 伊：ローマで世界食糧会議開幕。
11/24 米ソ：第二次戦略兵器制限交渉（SALT II）大筋合意。

トピックス　狂乱物価■アメダス■砂の器■エクソシスト■エマヌエル夫人■ベルサイユのばらブーム■セブン・イレブン1号店オープン

ファッション　カラー：ミスト・カラー等、控え目な色、茶系統など自然の色■ビックファッション■スリーピース■プリーツスカート■バギーパンツ流行■ロングスカート（エスカルゴスカート）■ビッグスカート■細長いストール■ブリーチドジーンズ■ワイドブーツ

流行語　巨人軍は永久に不滅です■千載一遇のチャンス■ストリーキング

ベストセラー　リチャード・バック『かもめのジョナサン』■五島勉『ノストラダムスの大予言』■中村紘一『たべながらやせる健康法』

カイロ　㊺67

昭和48〔1973〕10月の第一次石油危機の影響により、国鉄は東京の電車の暖房を昭和49年1月16日から朝のラッシュ時〜夕方のラッシュ時まで止めた。この年の1月の平均気温は0.6度、例年にない厳しい寒さ。乗客は重ね着をしたり、カイロを持ちこんだりしたのかもしれない。年配者はカイロが熱すぎるのかハンカチで包んでいる。使用しているのはハクキンカイロだろうか。

日本沈没　㊺69

昭和48〔1973〕年、光文社カッパ・ノベルスから刊行の小松左京の長編SF小説。上下巻合わせて385万部の大ベストセラーとなり、昭和48年、平成18〔2006〕年に映画化された。地殻大変動により日本列島が水没、国を失った日本人が放浪の民族となるというストーリーで、難民となって世界に散っていった日本人を描く第2部〔仮題『日本漂流』〕は谷甲州との共著で2006年、映画の公開に合わせて発表された。狂乱物価、オイルショック等による社会不安、大規模災害への不安とあいまって大ヒットとなる。また、作中の地球物理学のプレート・テクトニクスに関する解説は、この分野を広く社会に紹介する役割も果たした。

背水の陣　㊺77

1 必死の覚悟で最後の勝負をすること。2 追い詰められてせっぱつまった立場で最後の力を尽くして事にあたること。「背水の陣を敷く」——漢の韓信(かんしん)が趙との戦いの際、兵を山上の砦から下して川を背にして陣立をして戦わせ、兵は一歩も退くことができない状態で必死に戦い、趙の軍を破ったという『史記』の「淮陰侯(わいいんこう)列伝」にある故事に基づく。burn one's boats〔bridges〕〔背後のボート（橋）を焼く〕。

カラカラ天気66日　㊺81

1974〔昭和49〕年、東京はカラカラ天気が続き、1月20日、史上最長の連続71日を記録した。

晴耕雨読　㊺ 82

せいこううどく。晴れた日は耕作し、雨の日は読書すること。

給食困難　㊺ 92

昭和 49〔1947〕年 2 月 21 日、朝日新聞連載『サザエさん』は事実上の最終回を迎える。ここに出て来るキーワードの 1 つが「給食困難」である。昭和 48 年～昭和 50 年、列島改造政策による地価・物価の高騰、金融緩和による過剰流動性経済とあいまって、第一次オイルショックによる石油価格の高騰が重なってインフレが加速し、狂乱物価を招いた。『サザエさん』に登場する 1974 年の消費者物価上昇率は特に高く、23%を記録。これにより給食用食材の仕入れ値が高騰。学校は給食費値上げか、質を落とすかの選択となり、熟慮の末、弁当持参の日を設けて給食の回数を減らすことで帳尻を合わせる学校が続出した。これが「給食困難」である。『サザエさん』最終回は、今では忘れられている狂乱物価により給食が困難となった時代を私たちに伝えている。

ソルジェニーツィン国外追放　㊺ 93

アレクサンドル・イサーエヴィチ・ソルジェニーツィン　Александр Исаевич Солженицын〔1918 年 12 月 11 日～2008 年 8 月 3 日〕は、ソヴィエト連邦の作家・歴史家。代表作は『収容所群島』『イワン・デニーソヴィチの一日』他。1970 年ノーベル文学賞受賞。1974 年 2 月 12 日逮捕、レフォルトヴォ監獄に拘束。2 月 13 日『収容所群島』等を通じて体制批判をしたとして、ソ連刑法第 64 条「国家反逆罪」によりソ連市民権を剥奪、西ドイツへ国外追放された。1990 年 8 月、大統領令でソ連の市民権を回復。1994 年 5 月 27 日、亡命先の米国からロシア連邦に帰国。

山本有三　㊺ 98

やまもと・ゆうぞう〔明治 20（1887）年～昭和 49（1974）年〕。小説家・劇作家。代表作は『路傍の石』『真実一路』『女の一生』など。戦後は参議院議員となり、昭和 40 年、文化勲章受章。

子孫に美田をのこさず　㊺ 98

西郷隆盛が大久保利通に寄せた『偶成』の一節「児孫（じそん）のために美田（びでん）を買わず」からきた言葉。土地が肥えていて、作物を沢山収穫できる土地を買って財産を残すと、子孫は仕事もせずに安楽な生活を送ることになり、子孫のためにはよくないことから、子孫のためにあえて財

給食困難のツケ

昭和49〔1974〕年2月21日付〔㊺92〕に掲載。オイルショックは狂乱物価を招き、学校給食の食材の仕入れ値高騰により、学校は給食費の値上げか、質を落とすか決断を迫られます。そこで考え出されたのが弁当持参の日を設けることで回数を減らし、帳尻を合わせるという「給食困難」。約28年間にわたる連載は、作者の健康上の理由により、しばしば休載となりましたが、昭和49〔1974〕年2月21日、新聞連載の『サザエさん』は事実上終了となります。しかし、翌日新聞紙上では「筆者急病につき休載」と掲載されたため、連載再開をずっと待ち続けた人は筆者のみならず、沢山いらっしゃったのではないでしょうか…。

産を残さないようにすることを意味する。

幾歴辛酸志始堅〔幾たびか辛酸を歴て志始めて堅し〕／丈夫玉砕恥甎全〔丈夫は玉砕するも甎全(せんぜん)を恥ず〕／一家遺事人知否〔一家の遺事　人知るや否や〕／不為児孫買美田〔児孫の為に美田を買わず〕。

付　録

給食[1]　学校給食の歴史

幼なじみが集まると給食の話に花が咲きます。育った地域・環境を問わず、誰もが懐かしむ子供の頃の思い出として…。

日本の学校給食の始まりは、明治22〔1889〕年、山形県鶴岡市の私立忠愛小学校といわれています。最初の給食では、貧しい子供たちを対象に、無料で、おにぎり、焼いた塩干魚、漬物が用意されました。以後、給食は、岩手・静岡・岡山等、各地で実施されることになります。

まずは、戦後の学校給食の歴史について、おさらいしましょう。

学校給食の歴史

	出来事	モデル献立
1945		ミルク（脱脂粉乳）1、みそ汁
1946/12/11	文部省・厚生省・農林省次官通達で戦後の学校給食の方針決定。	
12/24	東京・神奈川・千葉で試験給食開始（副食給食）。	
1947/01/20	全国主要都市の児童約300万人にララ物資の寄贈食料品による学校給食が週2回行なわれるようになる。23	ミルク（脱脂粉乳）、トマトシチュー
1949/10	ユニセフから脱脂粉乳の寄贈を受け、ユニセフ給食開始。	
1950/07	米国寄贈の小麦粉により、給食にパンが追加される。八大都市の小学校児童に完全給食実施。	コッペパン、ミルク（脱脂粉乳）、ポタージュスープ、コロッケ、せんキャベツ、マーガリン
1951/02～	全国市制地で完全給食実施。	
06末	ガリオア資金打ち切りによる学校給食の危機。4 →全国で国庫補助による学校給食の継続を要望する運動展開	
1952		コッペパン、ミルク（脱脂粉乳）、鯨肉の竜田揚げ、せんキャベツ、ジャム

1954/06/03	「学校給食法」成立・公布。	
1955		コッペパン、ミルク（脱脂粉乳）、あじフライ、サラダ、ジャム
1956	「米国余剰農産物に関する日米協定」調印。学校給食用として小麦10万t、脱脂粉乳7,500tの寄贈決定。3月中学校、6月夜間課程を置く高等学校も法律による給食の対象に。	
1957/05	盲学校、ろう学校及び養護学校も法律による給食の対象に。	コッペパン、ミルク（脱脂粉乳）、せんキャベツ、月見フライ、ぶどう豆、マーガリン
1963		コッペパン、ミルク（委託乳）、魚のすり身フライ、マカロニサラダ、マーガリン
1964/08	文部、農林次官通達「学校給食牛乳供給事業の実施について」により、学校給食への牛乳の供給開始。	揚げパン、ミルク（脱脂粉乳）、おでん
1965		ソフトめんのカレーあんかけ、牛乳、甘酢あえ、果物（黄桃）、チーズ
1969		ミートスパゲッティー、牛乳、フレンチサラダ、プリン
1970	米飯、米粉混入パン等米類の利用実験開始。	
1974		ぶどうパン、牛乳、ハンバーグ、せんキャベツ、粉ふきいも、果汁
1975		バターロールパン、牛乳、沖あみチーズロールフライ、八宝菜、くだもの（メロン）
1976/04	米飯が正式に導入。	
1977		カレーライス、牛乳、塩もみ、くだもの（バナナ）、スープ

＊モデル献立は独立行政法人日本スポーツ振興センター〔旧称：日本体育・学校健康センター〕の年代別モデル献立資料による。

付録

❶当初、給食では経済的で栄養価に優れた「脱脂粉乳」は「ミルク」と呼ばれ、牛乳とは全く別の飲み物でした。
❷ララ物資：アジア救援公認団体 LALA〔Licensed Agencies for Relief in Asia〕からの食糧・衣類・医薬品・石鹸・靴等、様々な援助物資、1946年～1952年。

昭和21〔1946〕年12月24日、ララからの救援物資の贈呈式が行われ、東京・神奈川・千葉各県の児童300万人に試験的に実施されます。これは、ララ物資・旧日本軍&米軍所有の缶詰等の提供によるものでした。ここで登場したのが、脱脂粉乳です。以来、この日は「学校給食感謝の日」とされ、現在は1月24～30日を「全国学校給食週間」としています。

また、昭和37年にはコロンビア・レコードから文部省選定『学校給食』の歌も発売されました。レコードには、冨田勲作曲のテーマ音楽『給食のお知らせ』、佐藤恵美子作詞・草川啓作曲『楽しい給食』が収められています。この他、『学校給食感謝の歌』など学校給食の歌は各地で存在したようです。
❸ララ物資による給食の実施に際し、給食用具・設備等を準備するために各地の学校では様々な試みがなされたようです。

例えば、茨城県常陸太田市立西小沢小学校『学校給食沿革誌』〔教育資料292・昭和37年10月編修〕の中の「本校給食の経過」によると、当時の綿引校長は資金調達のため、次のような方策を講じています。

1) 昭和22年11月19日　イナゴによる資金獲得
施設をつくるため、全児童を動員してイナゴ取りを実施。10俵30貫500匁〔≒約115kg〕を集め、売却。15,300円獲得。
2) 昭和23年1月13日　藁による資金獲得
児童1人につき藁5把を寄付してもらう。634把が集まり、売却。2,200円獲得。その資金で給食用具を購入。
3) 昭和23年1月19日　学校給食開始
持ち寄った野菜や燃料用の薪で味噌汁をつくり、給食を開始する。

❹ガリオア資金：占領地域救済政府資金 GARIOA〔Government Appropriation for Relief in Occupied Area〕。1947～1951年、アメリカ軍占領地の行政の円滑を図るため、アメリカ政府が陸軍省の軍事予算からドイツ、日本等に支出した援助資金。食糧、衣料品等生活必要物資の緊急輸入という形で行われました。日本には16億ドル弱〔一部、有償〕の援助がなされ、これが給食用物

資の財源となります。なお、1946年7月から陸軍救済計画としてSCAPIN〔Supreme Command for Allied Powers Instruction Note〕により実施された支出は「プレ・ガリオア資金」と呼ばれました。

給食[2] 脱脂粉乳、活躍す

学校給食といえば、アルマイトのお椀のカチャカチャという音、クジラの竜田揚げ、揚げパン、カレーシチュー、「牛乳もよくかんで飲みなさい」〔先生の指導〕等、様々なことが思い出されます。思い出に残る学校給食は、年代によって異なりますが、戦後の給食でまず思い出されるのは、なんといっても脱脂粉乳のミルクでしょう。事実、戦後の学校給食は脱脂粉乳と共に始まったと言っても過言ではありません。終戦直後を経験した子供たちからは、お腹がすいていたので何でもうれしかったという声も聞かれますが、多くの場合、少々泡立った白い脱脂粉乳は、おおむね敬遠されていたようです。今なお、あの粉っぽくうっすら塩味を感じさせる味と独特の匂いが忘れられないという方も少なくありません。

脱脂粉乳は、生乳から乳脂肪を分離した後の脱脂乳から水分を取り除き、粉末状にしたものです。牛乳の風味は脂肪分に関係するため、その脂肪分が除去された脱脂粉乳は、美味しいものではなかったのです。とはいえ栄養面では、タンパク質〔大部分は人間が体内でつくり出すことができないアミノ酸をほとんど含んでいるカゼイン〕、カルシウム、ビタミンB2等を多く含む栄養価が高い食品です。特にタンパク質は100g中37gで、同じ量の白米の約5倍の量という優れ物。アメリカではバターをつくった後に残る脱脂粉乳を家畜に与えていますが、当時はそれでも余剰があったため、援助物資として輸出され、日本の子供たちの給食となったのです。

当初GHQは、戦後の食糧難に苦しむ子供たちの空腹を満たすため、小麦粉を援助物資として考えていました。支援を開始するにあたり、GHQのハウ大佐は日本の有識者の意見を聞くため東北大学名誉教授近藤正二博士のもとを訪れています。そして、教授から示された資料をもとに食糧難による栄養不足が子供の体格に影響を与えていることを確認したハウ大佐は、子供たちに何を与えたらよいか、近藤教授に意見を求めます。ハウ大佐の「無料で小麦粉、もしくは脱脂粉乳を援助できる」という言葉を聞いた近藤博士は、小麦粉では空腹を満たせても体力・体格は向上しないという考えから、小麦粉より栄養価の高い脱脂粉乳を選びました。こうして援助物資は、当初アメリカ側が考えていた小麦粉ではなく、脱脂粉乳となり、昭和22年から脱脂粉乳が給食に供給されることになります。その後、脱脂粉乳は、ガリオア資金、ユニセフ等の支援で大量に輸入されました。何故、近藤名誉教授は、「脱脂粉乳と小麦粉、両方下さい」とおっしゃらなかったのでしょう…。悔やまれてなりません。

脱脂粉乳は、給食をつくって下さるおばさんたちをも悩ませました。

脱脂粉乳のミルクは、お湯を沸かした大鍋に粉を徐々に加えながら溶かすのですが、塵の如く舞い上がる脱脂粉乳の粉は、頭、まつげ、マスクに容赦なくふりかかります。お湯の温度も難しく、低いと溶けにくく、熱すぎると鍋の底に沈殿して焦げてしまいます。また膜が張ると一気に吹きこぼれるため、温度の維持に細心の注意を払いながら、大しゃもじでゆっくり撹拌し、のり状になるまでかき混ぜた、という苦労話が多く残っています。

そんな苦労も昭和40年代にはなくなっていきます。早い地域では昭和40年代頃から飲料用牛乳が登場し、脱脂粉乳は徐々に牛乳にその座を譲り、昭和49年には、「ミルク」は全て牛乳に代わります。しかし、脱脂粉乳は消えたわけではありません。栄養価の高い脱脂粉乳は飲料用としてではなく、給食のパンやおかずに使用され、現在も給食にそっと寄り添い、子供たちの健康を支えています。

今もなお、学校給食法施行規則には「完全給食とは、給食内容がパン又は米飯〔これらに準ずる小麦粉食品、米加工食品その他の食品を含む〕、ミルク及びおかずである給食をいう」と規定されています。脱脂粉乳は不滅です。

給食[3]　カレーシチュー物語

給食イコール「まずい」という印象が多い中、もう一度食べたいというメニューがある？　そんな要望が多いのはカレーシチューでしょう。大人になって、何とか「あの味」をもう一度と、レストランや家庭で試した方も多いようですが、いずれも「見果てぬ夢」で終わっているようです。それだけに学校給食のカレーシチューは、あの独特の香りと共に人の心を掻き立てるのかもしれません。

カレーシチューの材料は、豚肉、にんじん、玉ねぎ、ジャガイモ、グリーンピース、コンソメスープで、タンパク質、脂肪、カルシウム、ビタミン等の栄養素が盛り込まれたバランスの良いメニューだとされています。

カレーシチューが学校給食に登場したのは、昭和23〔1948〕年4月。翌年には中学校にも登場します。当時、カレー業界は学校給食への導入を目指していました。同業界はそれこそ手持ちの原料でカレー粉を案出し、都内小学校の給食の献立にカレーが試験的に加わります。戦後、カレー業界は輸入に頼らざるを得ないカレー粉の香辛料〔原料〕の確保に苦心していました。ターメリックやナツメグ等の香辛原料の代用として、国内のドングリを考えていたこともあり、どんぐりがあるときくとどこへでも駆けつけるという有様だったとか。

当時のカレー業界の記録を見ると、①ウコンの代用品の研究、②たくあん用ウコンの入手、③クミン代用のくろもじの葉の採取、④コリアンダーの国内栽培等が審議されていて、いかに香辛料原料の確保に苦心したかが分かります。

さて、都内の学校給食で試験的に出されたカレーシチューに子供たちは大喜び。そこで農林省が澱粉を供出、連合軍も香辛料〔オールスパイス、ブラックペッパー、マスタード〕5トンを放出してくれました。また、対外貿易に拘束を受けていた日本に対し、日本からの要請に応えてインド外交使節団が香辛料を提供。この時、尽力したのが、ボースと共にインド独立運動に携わっていたA. M. ナイル氏です。京都帝大に留学していたこともある彼は、「インデラカレー」を作った一人で、インド外交使節団の顧問を務め、日印友好の架け橋となって日本のために奮闘したのです。

カレー業界の努力と各界からの援助のおかげで、カレーは学校給食の中で確固たる地位を得、カレーシチューは子供たちを魅了しました。これ以後、昭和30～40年代、学校給食の好きなメニューの中でカレーは常に上位を占めるようになります。デビューしたばかりの頃のカレーシチューにはコッペパンという強い仲間がいました。アルマイトの食器に入ったカレーシチューを最後まできれいにふき取るには、コッペパンはなくてはならない存在だったのです。

昭和30年代以降、カレーシチューは「カレー炒め」「カレー煮」等にも変身していき、昭和40年、ソフト麺が登場します。ソフト麺の正式名称は「ソフトスパゲティ式めん」。1960年代、パン用の全粒粉を原料にした麺を開発し、麺をソースにからめるメニューを提供し、牛乳に合うようにつくられました。お相手はミートソース風の時もありましたが、なによりカレーシチューがよく似合いました。

昭和40〔1965〕年1月、東京都はソフト麺を全国に先駆けて給食に採用。その後、中部以東の東日本でソフト麺は給食の定番メニューとなります。そしてその後、究極のパートナー、米飯が給食に導入され、カレーは「給食の中の給食」となります。

ところが平成21〔2009〕年、ソフト麺に危機が訪れます。文部科学省は「学校における米飯給食の推進について」で米飯給食を週3回から4回に増やす新たな目標を設定。これにより〔パン給食の日もあるため〕麺給食の比率は少なくなりました。さらに、東京都はソフト麺を提供していた「懐かしの給食メニュー」を、平成28〔2016〕年度から中止します。

ソフト麺は、1 小学校給食では低中高、教員用にそれぞれ1パックの量を変える、2 配送当日は90度で40分間蒸気殺菌をし、学級ごとの人数分を容器に入れ、11時頃に学校に配達、3 容器の回収も当日、と製造者の負担も大きく、それにより、製造業者が減り、給食からソフト麺が消えていきました。しかし、カレーは生き続けます。

現在、日本のソールフードの一つともいわれるカレー。さらに、本場インドでも日本製のカレーのレトルトパックが売られているといいます。現在のカレー業界の成功は戦後の学校給食への導入が大きなカギとなっているのではないでしょうか。

ララ物資

ララ物資を覚えていらっしゃいますか。

「ララ物資」とは、宗教団体・奉仕団体で組織されたアジア救援公認団体LARA〔Licensed Agencies for Relief in Asia〕から送られた食糧・衣類・医薬品・石鹸・靴など、様々な援助物資のことです。「ララ」には中南米諸国の邦人グループ、カナダ・ハワイ等の日系人、邦人も参加していました。この援助物資のおかげで、戦後多くの子供たちが救われたことは周知の事実であり、私たちはそのことを忘れてはならないでしょう。

アメリカが占領期間中に日本に行った援助は、米陸軍省対外援助予算である「ガリオア」〔Gavernment and Relief in Occupied Area（占領地施政および救済)〕そしてその一部である「エロア」〔Economic Rehabilitation in Occupied Area（占領地復興資金)〕もありますが、アメリカは昭和28年これらの援助に対して返済を求め、日本は昭和48年までに最終確定債務4億9000万ドルをアメリカに償還しました。

これに対し、「ララ」は人々の善意による無償の援助でした。「ララ」の代表として派遣されたエスター・ローズ女史Miss Esther B. Rhoadsは、エリザベス・ヴァイニング夫人Mrs. Elizabeth Gray Viningの後を継いで、当時の皇太子の英語の家庭教師を務めた人でもあります。

ララは昭和21〔1946〕年、アメリカで設立され、昭和21年11月〜昭和27年6月の5年半の間に合計458隻の輸送船を駆使して援助物資を日本へ送り続けました。ララの援助物資は多種多様ですが、食料が全体量の75.3%、衣類が17.5%で、他に靴〔2.0%〕、綿〔1.3%〕石鹸〔1.0%〕、医療品〔0.5%〕などが含まれていました。その中には乳牛45頭、山羊2036頭もいました。

輸送船第1〜第3船では米粉、乾燥スープ、塩、砂糖、粉全乳、脱脂粉乳、小麦粉、干しジャガイモ、キャンディー、缶詰、石鹸、古着、靴、医療器具、ビタミン剤等が積まれ、クリスマスが近いこともありクリスマス用品も含まれていました。第4船以降は上記の品以外に各種干し果物、干し肉、植物油、スパゲッティ、シロップ、バター、チョコレート飲料、毛布、中古寝具、台所用品、裁縫道具、文房具、子供玩具等も含まれていました。

古着は洗濯され、アイロンがかけられていて、すぐにも着用でき、医療品は結核や赤痢等に驚くほどよく効いたとされました。これらの援助物資が主に子供たちや困窮者に配布されたのです。ララは聖書の言葉通り、私たち日本人が「飢えていた時に食べさせ」「裸の時に着せ」てくれたのです。昭和21年11月30日、ララ物資第1便が横浜港に到着。12月23日、ララ物資が都内各施設に配布され、24日、東京・永田町国民学校で学校給食が行われました。

ララ救援物資（昭和21年11月〜昭和27年6月）

食料	25,220,149 ポンド	石鹸	321,225 ポンド
衣類	5,863,400 ポンド	綿	444,276 ポンド
靴	662,289 ポンド	医薬品	170,367 ポンド
原反〔生地〕	301,830 ポンド	その他	492,856 ポンド
総計	33,477,122 ポンド		

＊昭和 27 年厚生省発行『ララ記念誌』の「ララ救援物資月別受入表」より。

ところで、戦後一部のミッションスクールにも海外の修道会から乳牛が送られていました。筆者が育った学校には、大きな美人の母牛と子牛がいました。私たちは親牛の牛乳で育ち、子牛は私たちの乳姉妹でした。ある時、牛たちは札幌にある姉妹校へ引っ越していきました。

あれから数十年、東京の姉妹校の卒業生から、戦後直後、あの牛たちの何代か前の先祖がオーストラリアから東京へやって来たことを伺いました。当時、母校を運営する修道会はオーストラリア管区に属していて、栄養失調で苦しむ生徒や周囲の方々のため、オーストラリアにある修道会が乳牛をつがいで送って下さったのだそうです。一緒に遊んだあの子牛、そしてあの子の子供たち、孫たちを通して今も広がっているかもしれない乳兄弟〔姉妹〕の輪。ララ物資として来日した乳牛や山羊たち、そしてその子孫も多くの人たちの命を繋ぎ、乳兄弟の輪を広げているのかもしれません。

玉音放送と音楽の謎

玉音放送を覚えていらっしゃる方も、昨今少なくなりました。

「玉音放送」とは、天皇の肉声を電波に乗せること、すなわち、終戦の詔書を読まれたラジオ放送のこと。昭和 20〔1945〕年 8 月 1 日、情報局の久富次長が内閣情報局の下村宏総裁に終戦の宣言を陛下自らマイクの前に立って行っていただくのが一番いい方法ではないかと進言したことにはじまり、下村総裁が天皇に拝謁した後、実現に動き出します。「玉音放送」実施の直接の管轄は内閣情報局となり、準備は着々と進みます。

放送時間は、聴取率の一番高い正午。予告は8月14日21：00のニュースの時間で1回、15日7：21のニュースの時間で2回。当日の新聞配達は玉音放送以降にするように指令され、朝刊は昼刊となります。

順を追って、予告〜玉音放送を追体験してみましょう。

8月14日21：00　「明日正午重要な発表があります。書間配電の無い所にも此時間は配電される事になっております」

8月15日：7：21　定時より大幅におくれて館野守男放送員〔アナウンサー〕によるこの日最初の予告放送〔原稿作成・内閣情報局放送課・周藤二三男〕。

「謹んでお伝へ致します。

畏きあたりにおかせられましてはこの度、詔書を渙発あらせられます。(間) 畏くも天皇陛下におかせられましては本日正午おん自ら御放送遊ばされます。国民は一人残らず玉音を拝しますように。(間)〔この3行を繰り返す〕

なお、書間送電のない地方にもこの時間には特別に送電致します。又、官公署、事務所、工場、停車場、郵便局におきましては手持ち受信機を出来るだけ活用して国民もれなく厳粛な態度でかしこき御言葉を拝し得ますよう御手配願います。〔この4行を繰り返す〕

なお、けふの新聞は、都合により、午後1時頃配達されるところもあります」

8月15日　正午特別放送が始まります。

・正午の時報。和田信賢放送員の進行で特別放送が開始——

「只今より重大なる放送があります。全国聴取者の皆さまご起立を願います」

・下村情報局総裁——

「天皇陛下におかせられましては、全国民に対し、畏くも御自ら大詔を宣らせたもうことになりました。これよりつつしみて玉音をお送り申します」

・前奏の『君が代』の演奏〔1回〕に続いて、天皇陛下による「終戦の詔勅」朗読〔録音〕——

「朕、深く世界の大勢と帝国の現状に鑑み、非常の措置を以て時局を収拾せんと欲し、茲に忠良なる爾臣民に告ぐ……」

・詔勅の放送後、『君が代』奏楽。
・下村情報局総裁——
「謹みて天応陛下の玉音放送を終わります」
〔この後、和田信賢放送員により約40分にわたって終戦関連ニュースが放送される。〕

玉音放送は録音だったにもかかわらず、ラジオの聴取者に「ご起立を願います」と行動を促し、番組を進行していることからもわかるように、天皇がその場にいらっしゃるかのような演出がなされました。これによって、降伏の告知ということだけでなく、降伏の儀式空間をラジオの聴取者にもたらしたといえるでしょう。

8月15日は、普段10キロワットの放送出力を60キロワットに増力して放送が行われ、通常昼間には送電がない地域にも配電されるよう指示されました。そして、正午の時報と共に玉音放送は日本全土、そして短波によって中国・満州・朝鮮・台湾・南方諸地域へ伝えられ、さらに二十数カ国語に翻訳され、8月15日以降も放送されました。しかし、当時のラジオの受信契約数は572万8076件。普及率は39.2%でしたので、玉音放送を聞かなかったという人たちも少なくありませんでした。

ところで、玉音放送は有名ですが、不思議なことにその際、前奏として『君が代』が流されたことを覚えていらっしゃる方はほとんどいないようです。さらに、大本営発表の際も『君が代』が流されていたことを覚えていらっしゃる方もほとんどおりません。

大本営発表では、『君が代』と共に前奏曲として流されていた曲は、陸軍発表で『陸軍分列行進曲〔抜刀隊の歌〕』、海軍発表で『軍艦行進曲〔軍艦マーチ〕』、陸海軍共同発表で『敵は幾万』でした。また、いつのまにか準国歌とされるようになった『海ゆかば』も玉砕報道のたびに流されたので、特にこの曲のイメージが強く残っている方が多いようです。

大本営発表は、大本営陸海軍部による戦果・戦況の公式告知です。しかし戦況の悪化に伴い、大本営は損害を過少に発表したり、「撤退」を「転進」に置き換える情報操作も行われました。

その一環でしょうか、ミッドウェイ開戦以降、大本営発表の際に流される前奏の『君が代』の回数が異なっていたことをご存じでしょうか。この開戦以降、大本営発表で流される前奏の『君が代』は、本当の勝ち戦の場合は2回、そうでない場合は1回流されていて、玉音放送の際もこの法則に倣って前奏の『君が代』は1回だけ流されました。

戦時中のことゆえ、『君が代』にしても放送する回数はまちまちだったのではないかと思っていたのですが、先般、偶然にSさんとお目にかかったことで、そうでないことがわかりました。驚くべきことに作家のSさんは玉音放送の1年前に、「ラジオで天皇が録音した無条件降伏の詔書が放送される」ことを予告されていたのです。戦時中Sさんはご自身の短編小説がラジオ番組で使用されたこともあり、放送の仕組み・その効力等をよくご存じだったようです。

「無条件降伏を発表するなら、天皇が言うしかない。そして無条件降伏を発表したら天皇と刺し違える人が沢山出るだろう。しかし、ラジオなら前もって録音しておいて放送できるから刺し違えに遭うこともない…」というのがSさんの見方でした。さらに彼女は情報局、大本営による戦況発表の折、勝ち戦の時、前奏の『君が代』は2回、負け戦の時は1回と発表形式が決まっていることを察知されていました。

それにしても、一体誰がこのようなことを企画・実行したのでしょう。誰が、誰に向かって、何のために行ったのでしょう。大本営発表にしろ玉音放送にしろ、果たして『君が代』が流れたか、また何回流れたかを一般の方はほとんど覚えていません。素晴らしい選曲です。第二次世界大戦中、放送は情報局の管理下に置かれていて、『君が代』を何回流すかを放送局で決めることはまず不可能だったと思われます。となると、それを決めたのはもっと上の方と考えられます。

そんな折、ずっと忘れていたもう1つの疑問が偶然溶けました。戦時中、ニュースのあとにピアノ曲が流されていたのですが、そのピアノが演奏中、毎回1カ所、弾き間違えていたそうです。この放送を覚えていた筆者の祖父は「戦時中で練習できなかったのだろう。かわいそうに…」と話していました。しかし、これはわざと弾き間違えられていたのです。陸軍中野学校の関係者が処分せずに持っていた遺品から、弾き間違える箇所・音で「情報」を伝えていたことが分かりました。ひょっとしたら、『君が代』も同様に利用されていたのではないでしょうか。つてをたどって中野学校の関係者に伺ったのですが、「今は話せない」とのお答えでした。いつの日か教えていただける日が来るのでしょうか。戦時中のことにはまだまだ多くの謎が秘められています。

記憶の中の音

占領下日本での放送で、いろいろな意味で忘れられない番組は『真相はかうだ〔Now It Can Be Told〕』〔放送期間、昭和20（1945）年〜昭和21（1946）年〕と『極東国際軍事裁判〔東京裁判〕』〔昭和21年〜昭和23年〕ではないでしょうか。

『真相はかうだ』は、NHKラジオで昭和20年12月9日〜昭和21年2月10日、毎週日曜日20:00から全10回放送されました。一人でも多くの日本人に聞かせるため、NHKラジオ第一&第二で日曜日20：00〜20：30〔家庭用〕に同時放送し、月曜日12：30〜〔ビジネスマン用〕、木曜日11：00〜〔生徒用〕、と週3回放送され、また日曜日の番組の前には徳川夢声の番組『千夜一夜譚』や『風と共に去りぬ』、そして番組後は『歌と軽音楽』で人気歌手や俳優を出演させて、注目を集めようとしていました。

この番組は、まず強烈な音楽と共に大声でまくしたてる声が響き、本題に入る前のプロローグが来ます。

「これが連続放送『真相はこうだ』の第○回目であります。
　この放送によって大戦のいつわりのない事実と、戦争を引き起こすに至ったいきさつがお分かりになることと存じます。これは皆様に関係の深い話であります」

そして、本題では、文筆家が太郎君という少年に、日本の敗戦に至る出来事、戦争の真相、軍国主義者のリーダーの罪状を明らかにするといった、ドラマ形式の番組になっていました。

番組は1931年3月からアメリカCBSラジオ〔後にNBC, ABC〕で放送されたニュース・ドキュメンタリー『マーチ・オブ・タイム〔The March of Time〕』をモデルにしたもので、対話・解説等の間に場を盛り上げる効果音〔砲弾の炸裂音等〕や音楽がふんだんに入る演出となっていました。

『真相はかうだ』の企画・脚本・演出は、GHQの教育、メディア改革担当の民間情報局〔CIE〕放送課が担当しましたが、CIEの意向で、NHKが企画放送したかのように偽装されていたのです。そのため、反感や危害が加えられないよう、出演者その他スタッフは一切発表しない約束となっていました。

ところが、番組が始まると出演者の東京放送劇団員宛てに、「分からないと思っているかもしれないが貴様だということはよく知っている」「月夜ばかりじゃないからな」「あなたという方を見損なっていました」といった非難・脅迫の手紙が山積みとなり、抗議の電話が鳴り響いたそうです。

一方、アメリカ風の演出手法に慣れていない人たちからは、早口のナレーションに「早すぎて、ついていけない」「しゃべっている間は、音楽や効果音を消してほしい」「話の内容を理解するため5分間の空白を与えてほしい」という意見も寄せられました。日に300通を超す投書は全てCIEに届けられ、翻訳、統計分類・分析され、ラジオ課全員で読み、討議されました。

この激しい拒否反応にCIEは『真相はかうだ』の終了後、後続の番組『真相箱〔Truth Box〕』〔1946年2月17日～11月29日、日曜日20：00～20：30、6月28日以降、金曜日20：30～21：00〕では、聴取者からの質問に答える形を導入し、日本人の善行も合わせて紹介してのソフトなものとなって民主主義思想の定着に方向転換を図っていきます。CIEも日本人相手に、熱意はあったけれど「きめ細かな配慮が欠けていた」ことに気付いたのかもしれません。

ラジオ番組『極東国際軍事裁判〔International Military Tribunal for the Far East 東京裁判〕』は1946～1948年に放送されました。これは横浜裁判所からのB級〔戦争犯罪〕・C級〔人道に対する罪〕戦犯の「戦争裁判報告」〔1945年開始〕に続き、1946年5月～1948年A級〔平和に対する罪〕戦犯に関する「極東国際軍事裁判」を市ヶ谷から実況放送〔実際の極東国際軍事裁判は1946年4月29日～1948年11月12日〕。東京裁判では、被告28人のうち死亡〔松岡・永野〕、発狂〔大川周明〕の3人を除き、全員有罪とされ〔絞首刑7名、終身禁固刑16人、禁錮20年1名、禁錮7年1名〕、この番組は映画館でのニュースでも見ることができました。

ところで、『真相はかうだ』も『極東国際軍事裁判』も、音響効果用の音源は全てアメリカ提供のレコードでした。『真相はかうだ』ではテーマソングとして「ジャジャジャジャーン」で有名なベートーヴェンの第5シンフォニー〔Ludwig van Beethoven, “Sinfonie Nr.5 c-moll, op67”〕『運命』が使われました。効果音や音楽の後、流れる阿鼻叫喚の世界…。一方、第二次世界大戦中「ジャジャジャジャーン」のリズムがモールス符号のVに当ることから、

victoryの頭文字としてBBCでは放送開始時にこの曲を放送していました。そのため、同じ音楽を聴いていても、連合国側と私たちとでは受け取る印象は異なっている可能性はあります。

一方、『極東国際軍事裁判』では、映画館でのニュース映画などでもヨハン・セバスティアン・バッハ作曲『トッカータとフーガ ニ短調』〔Johann Sebastian Bach, “Toccata und Fuge in d-Moll” BW565〕が使用されました。こちらは冒頭からの荘厳な響きの、おなじみのオルガン曲です。『トッカータとフーガ』の音とともに始まる東京裁判の映像…。

戦後、日本でこの2曲は、突然の不幸や悲劇等のBGMとして、長い間使用されて来ました。ひょっとしたらこの2つの番組の音楽が日本人の心にしみ込んでしまったのかもしれません。

消えゆく勅語唱歌

第二次世界大戦を境に日本では様々な断絶が生じました。その中で、戦後思い出されることもないほど、その存在を消されたものの1つが『勅語奉答』です。

終戦まで日本の学校教育で最も歌われた歌は『君が代』と『勅語奉答』でしょう。『勅語奉答』は、その名の通り「教育勅語」に「奉答」する唱歌です。

明治23〔1890〕年10月30日発布された「教育ニ関スル勅語」に対し、明治24年6月17日「小学校祝日大祭日儀式規程」〔文部省令第四号〕が発布され、祝祭日には学校長以下、生徒一同が式場に参集して式典を挙行し、当日には「其祝日大祭日ニ相応スル唱歌ヲ合唱スル」と定められます。

明治26年8月12日、文部省は「小学校ニ於テ祝日大祭日ノ儀式ヲ行フノ際唱歌用ニ供スル歌詞竝楽譜別冊ノ通選定ス」とし、儀式用〔祝日大祭日〕唱歌として『君が代』『勅語奉答』『一月一日(いちじつ)』『元始祭』『紀元節』『神嘗祭』『天長節』『新嘗祭』の8曲を公表します。こうして学校では祝祭日に各祝日用の曲に加えて『君が代』と『勅語奉答』が歌われることとなります。しかし他の曲と異なり、勅語唱歌は明治期だけでも28曲(作詞のみ、朗読だけのものも含む)が作られ、教育勅語の名称が題名についている唱歌は、譜面が現存するものだけで16曲も存在しています。

祝日大祭日唱歌の『勅語奉答』は、勝安芳（勝海舟）作詞・小山作之助作曲〔「あやに畏き、天皇の…」〕ですが、明治34年に発表された中村秋香作詞・小山作之助作曲〔「あな、とうとしな大勅語…」〕も歌詞が短く歌いやすかったこともあり、大正期以降、小学校低学年等で広く歌われました。小山は明治25年3月、祝日唱歌審査委員に加わり、歌詞及び曲の選定にもあたっていて、武島又次郎作詞『教育勅語唱歌』〔100番まで〕にも作曲し、明治期に3曲の勅語唱歌を作っています。

ところで、この中村秋香作詞・小山作之助作曲『勅語奉答』と兄弟のような曲があるのをご存じでしょうか。それは東くめ作詞・瀧廉太郎作曲『四季の瀧』という曲です。この2曲は音符の位置だけ比較すると、旋律もリズムもほとんど同じです。両曲が作曲された頃は同じ旋律に異なった歌詞と題名をつけて発表することはよくあることでした。ところが、『勅語奉答』と『四季の瀧』では2曲の関係が巧妙に隠されています。

『勅語奉答』はレの音から始まる長調、『四季の瀧』はレの音から始まる短調。このような関係を「同名調」、または「同主調」と呼びます。この場合、音符が五線の同じ位置に書かれていても旋律はまるで異なったものとなります。さらに瀧の曲は二重唱で、分散和音の伴奏がついているため、音だけ聞いて『勅語奉答』と『四季の瀧』の関係に気づくのは至難の業といえるでしょう。しかし、意識して楽譜を比べれば、この2曲のどちらかがもう1曲の同名調として作曲されたことが分かります。どちらが手本だったかは、どちらが先に作曲された曲かが分かれば判別することができます。

『四季の瀧』は明治32年の作品で、この楽譜は長い間メロディだけが伝えられており、伴奏つき二重唱の楽譜は瀧の友人、鈴木氏が所蔵していました。一方、『勅語奉答』は掲載されたとする『新編教育唱歌集〔三〕』が改訂と合本が繰り返され、現存する資料では作曲された時期が特定できません。

『勅語奉答』はその曲の性格上、どちらが手本だったにせよ、改作を別の曲として発表できるような曲ではなかったと思われます。何故このような曲が存在し得たのか、可能性を考えてみましょう。

大きく分けて、1 小山もしくは瀧が模倣、2 合作、3 他に原曲があった、ということが考えられますが、小山は瀧の東京音楽学校へ入学する前からの恩師であることから、小山がこれほどあからさまなことをするとは思えません。また、師の作品を基に習作をつくることはよくあることですが、それを作品として発表するには師の同意がない限り許されることではありません。また、合作の可能性はありますが、その検証はできませんし、原曲の存在も確認されていません。

『四季の瀧』と『勅語奉答』の比較

＊棒が上にのびているのが『勅語奉答』、下に伸びているのが『四季の瀧』の主旋律。
＊♯や♭をはずし、音の位置だけを比べた。数字は音の異なる箇所。
＊１の部分のリズムは違うように見えるが、演奏の仕方でほとんど同じになる。

『勅語奉答』　中村秋香作詞・小山作之助作曲

あな、とうとしな、
大勅語。
みことの趣旨を、心に刻りて
露もそむかじ、朝夕に、
あな、とうとしな、
大勅語。

『四季の瀧』　東くめ作詞・瀧廉太郎作曲

みなぎり落つる瀧つ瀬を
おほいて咲ける山桜
散るは水泡か　はた花か
わかちかねたる春の朝

小山は自ら瀧のドイツ留学を推薦しています。しかし、瀧は留学の出発を1年延期し、出発の直前に原稿を出版社に渡し、明治34年7月の小山の『新撰国民唱歌〔五〕』の出版にあわせて、東・鈴木たちと作った『幼稚園唱歌』を出版しています。この行動に何か意味が隠されているのでしょうか。また『四季の瀧』の作詞者東くめと楽譜を所蔵していた鈴木氏は共に小山・中村の生徒でしたから、少なくともこの二人は『勅語奉答』との関係に気づいていたのではないでしょうか。真実は霧の中です。小山と瀧の資料や『新編教育唱歌集〔三〕』の初版が発見されれば謎がとけるかもしれません。小山と瀧に関する研究が待たれます。

『ビルマの竪琴』の真実

「オーイ、ミズシマ、イッショニ、ニッポンヘカエロウ」という呼びかけに応えるかのようにつま弾かれる『埴生の宿』と『仰げば尊し』。このシーンに涙した方は多いのではないでしょうか。映画『ビルマの竪琴』の原作は、昭和22〔1947〕年～23〔1948〕年、『赤とんぼ』に連載され、昭和23年に刊行された竹山道夫著『ビルマの竪琴』でした。昭和31年には映画化され、ベネチア映画祭サンジョルジオ賞を受賞。昭和60年にも再度、映画化されました。

映画の舞台は終戦前後のビルマ。日本軍は帰国することになりますが、弔う人もなく横たわる多くの日本兵の遺体を目の当たりにした水島上等兵は、残された者の責任として、亡くなった人たちの魂を弔うため、出家してビルマに残ることを決意します。

映画ではイギリス軍に囲まれた日本の小隊が里見義作詞の『埴生の宿』を歌うと相手のイギリス軍の兵士たちも『埴生の宿』の原曲、ペイネF. Payne作詞、ビショップH. Bishop作曲“Home, Sweet Home”を歌います。竹山は、兵士たちが戦場でも人間として生き、そして戦場には「音楽による和解」もあったという話を考えていました。そのため、敵兵と日本兵が共通の歌を歌うことで戦闘を回避する状況が重要でした。

当初、竹山は物語の舞台を中国に設定しようとしましたが、中国人と日本人とが共通の歌を知っている可能性がみつからず、イギリス兵となら可能性があるとしてビルマ戦線が選ばれました。竹山は「音楽による和解の歌」となる共通の歌は、私たち日本人が子供の頃から自分の国の歌と思って歌っているけれど、実は『庭の千草』『蛍の光』『「埴生の宿』のように外国の歌でなければならない、と語っています〔竹山道雄「ビルマの竪琴ができるまで」『ビルマの竪琴』新潮文庫 1959 年〕

竹山は第一次世界大戦中の 1914 年 12 月 24 日～ 25 日、西部戦線の一部でドイツ軍とイギリス軍との間で行われたクリスマス休戦 Christmas truce〔英〕, Weihnachtsfrieden〔独〕について知っていたのでしょう。クリスマス休戦では、12 月 24 日のクリスマス・イヴにドイツ兵がクリスマスツリーを飾り、“Stille Nacht” を歌っているのを耳にしたイギリス兵が英語訳の “Silent Night” を歌い、翌日両国の兵隊は塹壕から出、戦死者の遺体を回収し埋葬。そして、互いにチョコレート、コーヒー、たばこ、お酒などを交換してクリスマスを祝い、空き缶などを使って一緒にサッカーに興じました。

ビルマは現在のミャンマー。ビルマ語への翻訳の企画もあり、竹山は喜んで同意したようですが、結局翻訳は実現せず、映画もミャンマーで上映されることはありませんでした。一昔前まで、日本ではビルマについての印象は『ビルマの竪琴』といってもよい状況でした。しかし、竹山自身も認めていますが、竹山はビルマを全く知らず、お坊さんの生活など何も分からず、ビルマを訪問したこともありませんでした。さらに、小説を映像化することにより、映画では様々な誤解が生じました。

現地の僧侶は歌を歌うことも楽器にさわることも、装飾品を身に着けることも禁止されています。物乞いの子供に竪琴の弾き方を教えることも、鳥を肩にとまらせることもありません。さらに袈裟（けさ）も拝み方も異なるようです。

現実と虚構を取り交ぜた『ビルマの竪琴』は、優れた文学作品だったゆえに、時と共にいつの間にか「事実」のように思われてきました。しかし、信仰心厚いミャンマーの方が『ビルマの竪琴』を見たら、私たちとは全く異なった印象を受けることでしょう。

『ハティクヴァ』 希望に寄す

明治天皇に捧げられた詩の一部がある国の国歌になっているのをご存じで

しょうか。

19世紀ロシアでは「ポグロム」〔погром　ロシア語では破滅・破壊を意味。ユダヤ人に対して行われる集団的迫害行為〕が帝制ロシア政府の奨励と黙認によって盛んに行われていました。1903年、キシネブでは1500件ものユダヤ人の家や店が襲われ、略奪される暴動が起き、49名の死者、500人以上の負傷者が出ました。また同年夏、ゴメルでも8名のユダヤ人が虐殺され、多数の負傷者が出ています。これらのロシアにおけるポグロムはミュージカル『屋根の上のヴァイオリン弾き』のモデルとなりました。この虐殺は世界中のユダヤ人にショックを与え、欧米のユダヤ人はロシアの同胞を救いたいと願っていました。

ちょうどその頃、日本は日露戦争のための資金が必要で、日銀副総裁・高橋是清は戦費を確保するため、ロンドンに1カ月以上滞在していました。高橋は戦時国債1000万ポンドを調達する任務を帯びていましたが、日英同盟のおかげで英国の銀行団から500万ポンドの日本の国債を引き受けてもらう約束を得ることはできましたが、まだまだ足りず、途方に暮れていました。

ある日、英国の銀行家が催す晩餐会に招待された高橋は隣に座ったアメリカ人の銀行家から様々な質問を受け、高橋はそれに答えます。翌日、晩餐会を開いた英国の銀行家が高橋のホテルを訪ね、「昨晩、あなたの隣に座ったアメリカ人の銀行家が日本の国債を引き受けようといっている」と告げてきました。高橋の隣に座っていたのは、ドイツ生まれのアメリカの銀行家で慈善家のヤコブ・ヘンリー・シフ Jacob Henry Schiff〔生まれた時の名は Jacob Hirsch Schiff、1847年1月10日～1920年9月25日〕でした。彼もまたロシアでポグロムに苦しむ同胞のユダヤ人を救おうと尽力している一人だったのです。

シフは高橋是清の国債募集に応じ、その後も全世界のユダヤ人に日本の戦時国債を買うよう呼びかけます。シフの力によってユダヤ人たちが、日本が日露戦争の戦費を賄うために、戦争中に海外で発行した戦時国債のおよそ半分を引き受けてくれました。そして、1904〔明治37〕年2月、日露戦争が勃発すると、ヨーロッパのユダヤ人資産家たちは、ユダヤ人を敵視していた帝政ロシアへの援助を拒否しています。

パレスチナでは、ユダヤ人帰還の受け入れ活動を行っていた英国外交官ローレンス・オリファント卿　Sir Laurence Oliphant の秘書としてナフタリ・ヘルツ・インベル Naftali Herz Imber〔1856～1909年10月8日〕が働いていました。彼はガリティア出身の詩人で、1882年にパレスチナへやってきていたのです。1904年秋、彼は日露戦争での日本の勝利を信じて『Barkai III』Morning Star III〔ברקאי, Barkai〕を出版します。この中にある「我等が希望 Tikvateinu」〔“Our Hope”〕というタイトルの詩がイスラエル国歌の原詩となります。

イスラエル国歌『ハティクヴァ〔希望〕』〔הַתִּקְוָה ; Hatikvah〕は、ナフタリ・ヘルツ・インベルの詩「Tikvateinu」にサミュエル・コーエン〔シュムーエール・コーヘーン〕Samuel Cohen がモルタヴィア民謡を基して編曲した曲をつけたものです。この曲は、1897年第1回シオニズム会議〔バーゼル会議〕でシオニズムの讃歌とされ、1948年のイスラエル建国の際に国歌となります。

『ハティクヴァ〔希望〕』(大意)

私たちの胸の内にユダヤの魂が湧き立つ限り
そして私たちの目が東の涯、前方へ
シオンに向かってのぞみ見ている限り
2000年にもなる私たちの希望は失われることはない
その希望は、私たちが自由の民となり、
私たちの国シオンとエルサレムの地に暮らすことである

インベルは「Barkai III」の詩集の扉に、こう記しています――

Dedicated to His Majesty, the
MIKADO MUTSUHITO
Ruler of Japan,
BORN NOV. 1852

「1852年11月生まれの日本の統治者、睦仁（むつひと）天皇〔明治天皇〕に捧ぐ」

イスラエルと日本、二つの国は不思議なご縁で結ばれた国なのかもしれません。

戦後昭和のTVコマーシャル・ソング／フレーズ集

戦後昭和のサザエさん時代に流行したTVコマーシャル・ソング／フレーズの数々…。企業の新製品販売戦略としてのいわばコピー文化の変遷が垣間見えてきます。〔以下に登場するフレーズはあくまでも年代が確認できたものに限ります。〕

昭和28年

「セイコー舎の時計が正午をお知らせいたします」〔精工舎／時報〕

＊8月28日、テレビでの最初のCM。

昭和29年

「ワ・ワ・ワ　ワが3つ」〔ミツワ石鹸／石鹸〕

昭和30年

「ミルキーはママの味」〔不二屋〕

＊標語は昭和26年から。テレビ登場は昭和30年以降。

「1粒で2度おいしい」〔江崎グリコ／アーモンドグリコ〕

＊発売と同時にCM放送。

昭和31年

「明る〜いナショナ〜ル」〔松下電器産業（ナショナル、現・パナソニック）〕

＊ラジオでは昭和26年から登場。

「かっぱの唄」〔黄桜酒造／黄桜〕

＊“カッパッパ、ルンパッパ、キーザクラー”

昭和32年

「クシャミ3回　ルル3錠」〔三共〕
「ジンジン、ジンタン、ジンタカタッタター」〔仁丹〕

昭和33年

「ミュンヘン　サッポロ　ミルウォーキー」〔サッポロビール〕
「何はなくとも江戸むらさき」〔桃屋〕
　＊第1号は「助六篇」。
「アンクルトリス」〔寿屋（現・サントリー）／トリス〕
　＊飲むと顔が赤くなる。

昭和34年

「ヤン坊マー坊天気予報」〔ヤンマーディーゼル（現・ヤンマー）〕
「姓はオロナイン、名は軟膏」〔大塚製薬〕

昭和35年

「カステラ1番電話は2番」〔文明堂〕
「渡辺のジュースの素の歌」〔渡辺製菓〕
　＊“ワタナベの、ジュースの素です、もう一杯。…”

昭和36年

「伊東に行くならハトヤ」〔ホテルサンハトヤ〕
「トリスを飲んでハワイへ行こう！」〔サントリー／トリス〕
　＊ハワイ旅行が当たる懸賞広告キャッチフレーズ。
「ワンサカ娘」〔レナウン〕
　＊“ドライブウエイに春がくりゃ　イェイ　イェイ”

昭和37年

「スカッとさわやかコカ・コーラ」〔日本コカ・コーラ〕

＊10月からテレビCM大量投入。

「かあちゃん、いっぱいやっか」〔山本本家／清酒『神聖』〕

「オレがこんなに強いのも、あたり前田のクラッカー」〔前田製菓〕

昭和38年

「ナンデアル・アイデアル」〔丸定商店／洋傘〕

「ブタブタコブタ」〔エースコック／即席ワンタンメン〕

「キンカンぬってまたぬって」〔金冠堂〕

＊ラジオCMも同時放送。

昭和39年

「インド人もビックリ」〔エスビー食品／カレー〕

「ライオネスコーヒーキャンディ」〔篠崎製菓（現ライオン菓子）〕

「飲んでますか」〔武田／アリナミン〕

＊このキャッチフレーズはこの年に大ヒット〔テレビCM自体はそれ以前から〕。

昭和40年

「ファイトでいこう」〔大正製薬／リポビタンD〕

「ハウスバーモントカレーだよ」〔ハウス食品〕

「私にも写せます」〔富士フィルム／フジカ・シングル8〕

昭和41年

「桃屋花らっきょう」〔桃屋〕

＊クレオパトラ編

「どこまでもいこう」〔ブリジストン〕
「水虫出たぞ　イッヒッヒ」〔明治ポリック〕
「明治チョコレート・テーマ」〔明治製菓〕
　＊“チョッコレート、チョッコレート、チョコレートは明治”

昭和 42 年

「光る光る東芝」〔東芝〕
　＊“回る、回る東芝、…”。東芝日曜劇場のテーマソングとして使用〔曲の発表は昭和 31 年〕。
「おかあさ〜ん」〔ハナマルキ／味噌〕
「コークと呼ぼう」〔コカ・コーラ〕
「大きいことはいいことだ」〔森永製菓／エールチョコレート〕

昭和 43 年

「愛のスカイライン」〔日産〕
「お正月を写そう！」〔フジカラー／富士フィルム〕

昭和 44 年

「オー、モーレツ」〔丸善石油（現・コスモ石油）／丸善ガソリン 100 ダッシュ〕
「はっぱふみふみ」〔パイロット／万年筆〕
「ハヤシもあるでよ！」〔オリエンタル／スナック・カレー〕

昭和 45 年

「違いがわかる男」〔ネッスル日本／ネスカフェゴールドフレンド〕
「男は黙ってサッポロビール」〔サッポロビール〕
「ウーン、マンダム」〔マンダム〕
「振り向かないで〜の人」〔ライオン／エメロンクリームリンス〕
　＊“泣いているのか　笑っているのか　…”

「ディスカバージャパン」〔国鉄〕

昭和 46 年

「飲んでもらいます」〔アサヒビール〕
“Durban. C’est l’elegance de le homme modern”〔レナウン／ダーバン〕

昭和 47 年

「ゴホン！といえば龍角散」〔龍角散〕
＊昭和 29 年頃から発信。
「金曜日の男」〔サントリー／ワイン「デリカ」〕
＊“金曜日には、花買って…”
「おれ、ゴリラ　これデラックス」〔明治製菓／ミルクチョコレートデラックス〕

昭和 48 年

「三分間待つのだぞ」〔大塚化学〔現・大塚製薬〕／ボンカレー〕
「狭い日本そんなに急いでどこへゆく」
＊全国交通安全運動の標語。高知県の警察官が製作。

昭和 49 年

「英語でやってごらんよ、あんた外人だろ」〔松下電器（現・パナソニック）／クイントリックス〕
「ちかれたぴー」〔中外製薬／新グロモント〕
「それはいえる」〔マルちゃん／ホットワンタン〕

索 引

プロフィール

志田英泉子（しだ　えいこ）
聖心女子大学卒業。上智大学大学院（西欧中世文化史）、ウィーン国立音楽大学宗教音楽研究科およびオペラ研究科他修了。元ウィーンフォルクスオーパー他契約歌手。元オーストリア・ビザンツ研究所研究員。RCA（ロッテルダム）契約歌手（オペラ・宗教曲）。文化企画アヴェマリア代表。著書に『ラテン語宗教音楽キーワード事典』『全国旧制高等学校寮歌名曲選』（共著）（いずれも春秋社）等がある。

サザエさんキーワード事典　戦後昭和の生活・文化誌

発　行　2017年11月20日　第1刷

編著者　志田英泉子
発行者　澤畑吉和
発行所　株式会社　春秋社
〒101-0021　東京都千代田区外神田2-18-6
電話　03-3255-9611（営業）03-3255-9614（編集）
振替　00180-6-24861
http://www.shunjusha.co.jp/

装丁者　本田　進
印刷所
製本所　萩原印刷株式会社

定価はカバー等に表示

ISBN 978-4-393-49915-3